# Sylt à la carte

## Die Insel mit Geschmack

*Keitumer Kapitänstorte*
*Nielsens Kaffeegarten*
*Gestaltet von Ophelia Nielsen*

# Liebe Sylt-Gourmets!

Als es um die Ideenfindung eines Titelbildes für die neue Ausgabe unseres Genussführers „Sylt à la carte" ging, fanden wir, dass der erste Eindruck nach einer entbehrungsreichen Pandemie-Pause vor allen Dingen farbig und strahlend sein sollte. Denn das Leben ist so bunt, wie man es sich ausmalt.

Mit dem „Kapitäns-Kuchen" und den nachhaltig gepflückten Keitumer Kirschen – gebacken und designt von Nielsens Kaffeegarten – wäre das Outfit der 43. Ausgabe eigentlich schon perfekt.

Aber nun kam die Redaktion in den Farbrausch: Gleich vier peppige Farbvarianten sollten es nun sein, sowie Blink- und Glanzeffekte wären nicht schlecht... Bitte schön, Sie haben ein Exemplar aus dieser Viererreihe in der Hand.

Wir malen uns das Leben schön und das spiegelt auch der Inhalt wider. Der hat es bekanntlich in sich. Siehe den nachdenklich stimmenden Text der Sylter Autorin Susanne Matthiessen auf der letzten Seite.

Viel Freude beim Stöbern und Schmökern wünscht die Sylt à la carte Redaktion

Frank Rosemann

Frank Rosemann

Stefanie Hiekmann · Simone Steinhardt
Christiane Baals · Gregor Baals
Franziska Heinemann

P.S.: Dass wir positiv in die Zukunft blicken, zeigt auch das Engagement meiner Kids Fiona und Lennart Rosemann für die Präsentation von Sylt à la carte in den neuen Medien.
So ist das Gastro-Buch bei Instagram schon erfolgreich auf Sendung und die App von Sylt à la carte steht kurz vor dem ToGo...

# Sylter Gourmet-Bilanz der Guides 2021

Die jährlich erscheinenden überregionalen Restaurantführer Michelin, Gault Millau und Varta hatten durch die pandemiebedingten langen Restaurantschließungen anscheinend große Probleme bei einer angemessenen Bewertung der ausgewählten Restaurants. Dementsprechend erscheint die Bewertungsliste auch etwas dürftig.

Erstaunlich, dass einige Restaurants in einem Buch hochgelobt, vom anderen völlig ignoriert werden. So ist unsere Auflistung der unterschiedlichen Ergebnisse in den Gastro-Führern Michelin, Gault Millau und Varta nicht als Restaurant-Hitparade von „Sylt à la carte“ misszuverstehen.

Der „Leithammel“ unter den Gastro-Führern ist nach wie vor „der Michelin“. Dessen Sterne haben die größte Strahlkraft. Sie sind von den Köchen genauso geliebt wie gehasst.

Die Touristik-Website TripAdvisor sammelt von ihren Usern Restaurant-Kritiken und wertet sie nach der Menge der Erfahrungsberichte und nach den Ergebnissen in Rankings aus.

Unsere Liste dokumentiert die TripAdvisor-Liste für die gehobene Sylter Gastronomie vom Frühjahr 2021.

Bis auf drei Restaurants sind alle genannten Gastro-Adressen ausführlich in unserem Buch vertreten.

Dieses Ranking lässt viele Fragen offen, denn was ist mit den Restaurants, die in anderen TripAdvisor-Listen ganz oben rangieren?

Z.B. Samoa Seepferdchen, Möller's Anker, Hardy's / Stadt Hamburg – sie fehlen völlig.

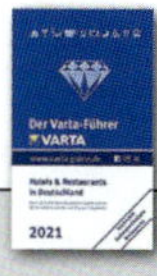

| Restaurant | Seite | Michelin Sterne Bestecke | Gault Millau max. 20 Pkt. | Varta Diamanten |
|---|---|---|---|---|
| SÖL'RING HOF | 172 | 2 Sterne/3 Bestecke | 18 Punkte | 4 |
| BODENDORF'S | 112 | 1 Stern/3 Bestecke | 18 Punkte | 4 |
| KAI 3/BUDERSAND | 188 | 1 Stern/3 Bestecke | 16 Punkte | 3 |
| STADT HAMBURG HARDY´S | 48 | 3 Bestecke | 15 Punkte | 2 |
| JÖRG MÜLLER RESTAURANT | 60 | --- | 16 Punkte | 2 |
| KÄPT'N SELMER STUBE | 111 | 2 Bestecke | --- | 2 |
| TIPKEN´S/SEVERIN*S | 136 | 2 Bestecke | --- | --- |
| SANSIBAR | 176 | --- | • | --- |
| STADT HAMBURG BISTRO | 48 | --- | • | --- |
| BENEN DIKEN KØKKEN | 112 | --- | --- | 3 |
| RAUCHFANG | --- | --- | --- | 2 |
| SIEBZEHN84 | 114 | 2 Bestecke | --- | 2 |
| FRANZ GANSER | 35 | --- | --- | 2 |
| FITSCHEN | 74 | --- | --- | 2 |
| COAST | 164 | 2 Bestecke | --- | 2 |
| KÖNIGSHAFEN | --- | 1 Besteck/Bib | --- | --- |
| SHIROBAR | 35 | --- | --- | 2 |
| BROT & BIER | 116 | 1 Besteck | • | --- |
| MÖLLER'S ANKER | 186 | --- | --- | 1 |
| HOOG | 138 | --- | --- | 2 |
| OMA WILMA | 118 | --- | --- | 2 |
| GOLDGELB | 45 | --- | • | 1 |
| WEBCHRISTEL | 70 | --- | --- | 1 |
| TAPPE'S | --- | --- | --- | 2 |
| STRÆND | 185 | --- | --- | 1 |

• Gault Millau – empfehlenswerte Adresse

tripadvisor

| Restaurants der Kategorie „gehobene Küche“ | Anzahl der Bewertungen |
|---|---|
| TELLERRAND | 237 |
| ALTE FRIESENSTUBE * | 557 |
| ALTES ZOLLHAUS * | 321 |
| WEB CHRISTEL * | 422 |
| SÖL´RING HOF * | 195 |
| SIEBZEHN84 * | 200 |
| FRANZ GANSER | 198 |
| JÖRG MÜLLER * | 254 |
| GOGÄRTCHEN | 199 |
| KAI3 | 144 |
| COAST * | 239 |
| FITSCHEN * | 227 |
| VOGELKOJE * | 326 |
| BROT & BIER | 307 |
| BODENDORF´S * | 95 |
| BISTRO STD. HAMBURG * | 92 |
| BUTCHEREI | 289 |
| RAUCHFANG | 107 |
| HOOG | 70 |

* Präsentation mit Speisenkarte in Sylt à la carte

# Sylt hält

Eine Fotografie aus dem Frühjahr 2020 vom „Sansibar“-Parkplatz. Es ist ein Dokument vom Lost-Eiland. Sylt am Anfang der allgemeinen Kontaktbeschränkungen durch die Corona-Pandemie. Die Insulaner bildeten zwangsweise eine „geschlossene Gesellschaft“. Sylt war zeitweise touristenfrei. Der ansonsten prall mit der Oberklasse gefüllte Sansibar-Parkplatz blieb fast leer. Der einsame weiße Porsche und die wartenden Windhunde unterstreichen die unwirklich wirkende Szenerie einer verlassenen Insel.

Wie gut, dass es eine Zeit nach Corona gibt…

den Atem an!

FOTO: MARTINA ALMER

# Sylt auf einen Blick

## Sehenswürdigkeiten und Wanderziele

1. **Seebäderhafen Hörnum:** Schiffsausflugsverbindung zu den Halligen und Nachbarinseln.
2. **Rantum Becken:** Das größte Seevogelschutzgebiet der deutschen Nordseeküste am Tinnumer Außendeich; von Mai bis September täglich Führungen.
3. **Tinnum-Burg:** Entstanden um Christi Geburt. Ein Ringwall: 440 Meter äußerer Umfang, 120 Meter Durchmesser, 7 Meter hoch.
4. **Morsum Kliff:** Naturschutzgebiet. Am flachen Watt steil aufragend zeigt es den geologischen Aufbau der Insel und gibt Einblick in 20 Millionen Jahre Erdgeschichte. Ablagerungen: blauschwarzer Glimmerton mit Versteinerungen vom Meeresboden (20 Millionen Jahre alt), rotbrauner Limonitsandstein (15 Millionen Jahre alt) aus der Ur-Nordsee, weißer Kaolinsand aus der Zeit, in der Sylt Flussgebiet der Urstromlandschaft war. Eine Pilgerstätte für Geologen aus aller Herren Länder.
5. **Das Heimatmuseum Keitum:** Gibt Aufschluss über Geschichte und Sylter Kultur, über Funde in 400 Grabhügeln aus der Zeit von 1800 v. Chr. und in 92 Grabhügeln der Wikingerzeit (800-1100 n. Chr.). Das Altfriesische Haus (1739), ein Beispiel für friesische Wohnkultur. Sensationell ist der ausgestellte Sylter Fund einer filigran gearbeiteten goldenen Ringschließe – der über 1.000 Jahre alte „Wikingerschatz von Morsum".
6. **Kirche St. Severin, Keitum:** Seit Jahrhunderten den Seeleuten ein Wegzeichen, hoch auf der Geest gelegen. Etwa 800 Jahre alt. Romanisches Langschiff mit Rundbogen. Der Turm entstand später in Backsteingotik. Mittwochs Kirchenkonzerte.
7. **Westerländer Friedrichshain:** 1895 angepflanzt. Sylt war um 1800 noch fast ohne Baumbestand.
8. **St. Niels, Alte Dorfkirche von Westerland:** Erbaut um 1635. Die zum Bau benutzten Steine stammen zum Teil von der alten Eidumkirche, in der vor der Allerheiligenflut 1436 der letzte Gottesdienst abgehalten wurde und die dann viele Jahrzehnte als einziges Bauwerk aus dem Meer aufragte.
9. **Westerländer Kurpromenade:** Zum Sehen und Gesehenwerden. „Musikmuschel" mit saisonaler Kurmusik, Hauptstrand von Westerland und Syltness-Center mit Spaßbad „Sylter Welle". Im Sommer viel Trubel. Beachtenswert: Das große Sylt-Aquarium.
10. **Wenningstedt** mit schönem Strand und Steilküste. „Haus am Kliff". Neu gestaltete Promenade mit großer Strandtreppe. Dorfteich, Hünengrab Denghoog: Thinghügel in Wenningstedt. Ein 6000 Jahre altes Steinzeitgrab, das 1868 geöffnet wurde. Zur Besichtigung steigt man in das Steingrab hinab.
11. **Rotes Kliff:** Zwischen Wenningstedt und Kampen. Westlicher Rand des Geestrückens, der vor 120.000 Jahren durch Gletscher aufgeschoben wurde. Die Steilwand des Roten Kliffs, bis zu 30 Meter hoch, beginnt bei Wenningstedt und führt bis nach Kampen. Im Schein der späten Sonne leuchtet der Geschiebelehm orangerot.
12. **Uwe-Düne, Kampen:** Nach dem Freiheitskämpfer Uwe Jens Lornsen benannt, ist die Kuppe mit 52 Metern Sylts höchste Erhebung. Gute Rundumsicht.
13. **Vogelkoje bei Kampen:** Eine alte Wildentenfangstätte, Naturschutzgebiet. Kann besichtigt werden.
14. **Die Blidselbucht und die Lister Wanderdünen:** Eine Strandwanderung am Wattenmeerrand der Blidselbucht nach List vermittelt interessante Einblicke in das Gebiet der wandernden Dünen.
15. **Lister Hafen** mit Fähre List – Rømø. Große Bootshalle mit Läden, überall „Gosch", aber auch andere Hafenrestaurants. Buntes Treiben.
16. **Erlebniszentrum Naturgewalten**: Einblick in die Klimaproblematik. Sehenswerte Naturschau. Veranstaltungen.
17. **Königshafen:** So genannt nach dem Sieg des dänischen Königs in der Seeschlacht von 1644, die in den Gewässern dieses Hafens zwischen Dänen, Holländern und Schweden entbrannte.
18. **Halbinsel Ellenbogen:** Vogel- und Naturschutzgebiet mit unergründlichen Dünen. Strömung und Strudel zeichnen die Grenzen zwischen Wattenmeer und offener See. Allerschönste Strände. Zwei fotogene Leuchttürme (Mautgebühr, da privat).

# Lage Lage Lage...

## Genuss in der ersten Reihe an der 40 km langen Sylter Strandküste

## Wir machen Sie mit 38 Lokalen in Strandnähe bekannt.

★ *Die gekennzeichneten Lokale werden in diesem Buch mit Abbildungen, Text und teilweise auch mit einem Speisenkarten-Auszug vorgestellt.*

Gosch am Kliff

Friends

1 **Onkel Johnny´s Strandwirtschaft, Wenningstedt:** Wo früher der Hot Spot Wonnemeyer auftischte, steht jetzt *Onkel Johnny* bereit für die Strandversorgung.

2 **Aldente, Wenningstedt:** Das bunte, rustikale Restaurant ist gleich hinter den Dünen am Campingplatz zu finden.

3 **Twisters, Wenningstedt:** Das etwas andere Fastfood, Burger at its best! An der großen neuen Strandtreppe.

4 **Meeresblick, Wenningstedt:** Restaurant mit Terrasse. Sehr gute Kuchenauswahl.

5 **iismeer, Wenningstedt:** Im „Haus am Kliff." Meerblick, Bio-Eis, Stockbrot überm Lagerfeuer und viel Meer.

6 **Gosch am Kliff von Wenningstedt:** Das architektonische Highlight im Fischimperium von Jünne Gosch. Einmalige Lage und das bewährte maritime Gosch-Konzept.

7 **Marinara Beachclub, Westerland:** Standort höhe Nordseeklinik – gleich hinter den Dünen am Strandübergang. Einfach gute Pizzen und dazu der passende Wein. Was will man mee(h)r.

8 **S-Point, Westerland:** Eine Hütte hinter den Dünen an der großen Dünentreppe. Küche ideenreich. Ein Top-Tipp, der sich rumspricht!

9 **Seenot, Westerland:** Auf einer Düne gelegen mit großer Terrasse für den ungestörten Meerblick. Ein durch und durch gutbürgerliches Ambiente, eine Karte mit meist regionalen Gerichten.

10 **Sunset Beach der „Hans' Hütte", Westerland:** Das Blockhäuschen mit Terrasse am „Brandenburger"-Surf-Cup-Strand. Beste Aussichten sowie Deftiges aus Trixis Küche – für die Strandläufer und die ausgelaugten Surfer.

11 **Gosch auf der Seepromenade:** Jetzt wird auch auf der Strand-Flaniermeile gegoscht.

12 **Luzifer, Westerland:** Über der Promenade und der Musikmuschel. Mega-Terrasse, Buffets fürs Mittagsmahl, Spielecke, Kurkonzerte bei schlechtem Wetter, Abendgastronomie, Barbetrieb und ein fast freier Blick auf die Weite der Nordsee.

13 **Friends Bistro, Westerland:** Auf der Strandpromenade vis à vis der Musikmuschel. Ein ganzjähriger Treff für Snacks, Pizza, Salate und Süßes. Windgeschützte Terrasse und Meerblick!
**Crêpes-Stand** ein paar Meter weiter. Schlange stehen!

14 **Hotel Miramar, Westerland:** Seit über 100 Jahren steht das Miramar an erster Stelle an der Strandpromenade. Auch Nicht-Hotelgäste können hier einkehren und in gepflegtem Rahmen den Blick aufs Meer vom Restaurant oder von der Strandkorbterrasse genießen.

15 **Badezeit, Westerland:** Auf der Restaurantterrasse an der Promenade lassen sich traumhafte Sonnenuntergänge und leckere Speisen in der ersten Reihe genießen. Super für abendliche Partys.

16 **Beach Box, Westerland:** Am Strandübergang Käpt'n-Christiansen-Straße. Man sagt hier gibt es die besten Burger. Die Hütte ist Kult.

17 **BeachHouse Sylt, Westerland:** Hoch über der Nordsee thront dieses im gepflegten Shabby-Look eingerichtete Restaurant, das seit Jahren beste gastronomische Leistungen zeigt. Auch für Familienfeste ein fantastischer Ort mit riesiger Terrasse.

18 **Osteria:** Standort Campingplatz im Süden von Westerland, gleich hinter den Dünen. Ein lohnendes Ziel. Ein Lokal mit Kultstatus – vom Ambiente, von der Küche und den Weinen.

19 **Strandoase, südlich von Westerland:** Ein Klassiker unter den Sylter Strandlokalen, mit großer Terrasse vor großem Blockhaus mitten in den Dünen und nur wenige Meter zum Strand. Meerblick vom Steg in „Kuschel-Muscheln".

14

Miramar

15

Badezeit

17

BeachHouse Sylt

18

Osteria

2
A-ROSA
7
Buhne 16
8
KAAMPS7
12
Seepferdchen
13
Sansibar
1
2
3
4
5
6
7
8
9
10
11
12
13
14
15
16
17
18
19

# Der Norden

1 **Lister Austernperle - L.A.:** An der Strandpromenade des Lister Oststrands. Eine perfekte Holzhütte als „Strandversorgungseinrichtung" bietet neben Bockwurst und Sylter Lamm natürlich Muscheln und hiesige Austern sowie Seezunge und Steinbutt – und nicht zu vergessen einen grandiosen Wattenmeerblick.

2 **A-ROSA-Spa-Resort, List:** Imposanter 5-Sterne-Superior Hotel-Komplex direkt hinter den Dünen am Lister Oststrand in Hafennähe. Dünenrestaurant mit Terrasse und „Fish-Club".

3 **Lister Markt, List:** Das etwas andere Einkaufszentrum. Neben dem großen Edeka ist dieser Markt ein Genusszentrum mit Restaurant, Brauerei, Kochschule, Kochinsel und Bäckerei.

4 **Marktplatz am Lister Hafen:** Gosch-Fischpalast mit Aussichtsplattform. Fischbrötchen essen und „Meehr" in der ersten Reihe. Im 1. Stock Meerblick. Das „Piratennest" liegt direkt am Hafen.

5 **Bistro Naturgewalten, List:** Das futuristische Erlebniszentrum Naturgewalten hat eine exponierte Lage direkt am Meer. Kleine Gerichte, Kaffee, Tee und Kuchen mit weitem Blick nach Dänemark.

6 **Wonnemeyer in der Weststrandhalle, List:** Alles neu. Große Terrasse in den Dünen. Cross-over Küche. Ein schönes Ausflugsziel.

7 **Buhne 16, Kampen:** Nur zu Fuß über Strand oder Dünen zu erreichen. Kult seit den 70ern. Urige Strandlocation. Surfertreff. Küche einfach, aber gut. Der Sommerhit.

8 **Kaamps7, Kampen:** Strandbistro an Kampens Hauptstrand unterhalb des kleinen Leuchtturms. Die imposante Holzkonstruktion bietet wetterfeste Innen- und rustikale Außenplätze. Top Küche!

9 **Sturmhaube, Kampen:** Das Highlight auf dem Roten Kliff macht immer noch eine Renovierungspause.

# Der Süden

10 **Strandmuschel, Rantum:** Das Bistro direkt an der Treppe zum Rantumer Hauptstrand, ein echter Geheimtipp für entspannte Stunden bei mediterranen Snacks, deftigen Tellergerichten und einem grandiosen „Weinkeller" – mit Meerblick und schlechtwetterkompatibel.

11 **Tadjem Deel, südlich von Rantum:** Zwar hinter den Dünen in einem Tal gelegen, aber absolut strandnah. Gutbürgerliche regionale Küche. Familiäres Lokal mit großer Terrasse.

12 **Seepferdchen, am Strand von Samoa:** Ein Abend im Restaurant ist Romantik pur: wunderbar zubereitete Nordseefische, herrliche Weine, Kerzenschein und Meeresrauschen. Tagsüber reger Strandbetrieb. Strandkorb-Terrasse mit Meerblick.

13 **Sansibar, zwischen Rantum und Hörnum:** Ganzjähriger Renner. Immer gut besucht ist Herberts Hütte in den Dünen. Mittags günstig, abends immer ausgebucht. Top-Weine im Dünen-Keller. Lecker Kuchen im Strandkorb.

14 **Campingplatz, Hörnum:** Restaurant **Strænd** lohnt den Besuch. Von der Einrichtung bis zur Küche: alles homemade.

15 **Strandbistro Breizh, Hörnum:** Das Strandhaus in trendiger Architektur. Auf Höhe des modern gestalteten Hapimag-Resorts auf einer Düne gelegen. Das Angebot ist – wie der Name vermuten lässt – bretonisch beeinflusst. Ungestörter Meerblick inklusive.

16 **Kap-Horn, Hörnum:** Urgemütliches Blockhaus in den Dünen gelegen – kurz vor dem Hörnumer Weststrand.

17 **Südkap, Hörnum:** Ganz am Ende der Hörnumer Hafenpromenade ist das „Südkap" die ideale Station für eine kleine oder große Stärkung vor oder nach einem herrlichen Spaziergang um die südlichste Spitze der Insel.

18 **Hafen Hörnum:** Mit Fischbuden und einer angesagten Muschel- und Hummer-Hütte.

19 **KAI3 Budersand, Hörnum:** Das große 5-Sterne-Superior-Golfhotel bietet vom Restaurant „KAI3" einen ungestörten Blick auf Meer und Nachbarinseln. Die Terrasse direkt über der Nordsee lädt zu Kaffee, Tee und herrlichem Kuchen ein. Über allem thront auf einer Düne das Bistro Strønholt.

# Sylt auf die Hand

## Auch unterwegs isst es sich hervorragend auf Sylt.

### Beach Box

Die besten Burger der Insel soll es in der *Beach Box* von *Carina* und *Lars* geben. Zu finden am Strandübergang der Käpt'n-Christiansen-Straße.
Frische Zutaten sind die Voraussetzung jedes Burgers, ob Baconburger mit Spiegelei, vegetarisch, Chiliburger, griechisch oder italienisch. Saftig, großzügig und in weißem Packpapier eingewickelt, lässt sich der wirklich hervorragende Burger gedankenverloren mit Blick auf das Meer genießen.
**Strandübergang Käpt'n Christiansen-Straße, Westerland, Dienstag-Sonntag 11.30-18.30 Uhr.**

Die **City Beach Box** befindet sich zentral in der Paulstraße – etwas versteckt neben oder hinter dem Beton-Monster der Sparkasse. Auch hier sind die Super-Burger angesagt: u.a. Babyburger schon für 4,50, Chiliburger 12,-, alle mit Rinderhack, bis auf den „Vegiburger" 10,50 – Alle machen richtig satt.
**Paulstraße 6, Westerland, Dienstag-Sonntag 17-21 Uhr.**

### Marinara Pick up & Delivery

Nach seinem Restaurant goldgelb und dem sommerlichen Marinara Beachclub in Westerland hat *Bastian Falkenroth* mit dem *Marinara Pick Up & Delivery* im ehemaligen Schneckenhaus Einzug gehalten.
In der Luft liegt der Duft saftiger neapolitanischer Pizzen. Sowohl die Red & White genannte mit Mozzarella und frischen Tomaten als auch die Green & Glamour mit Spinat und Trüffel sind sehr zu empfehlen und schmecken am besten direkt aus dem Karton. Doch auch Salate oder Hummus gibt es to go.
**Norderstraße 6, Westerland, Tel: 0 46 51 / 83667 64, beach@marinara-sylt.de, www.marinara-sylt.de, 14-22 Uhr.**

### Eintopf Sylt

In ihrem zierlichen hellbläulichen Retro-Anhänger steht *Franzi* schon seit drei Jahren auf dem Platz von EDEKA Gehrke in Westerland. Für Sylter und ihre Mittagspause und für Angereiste kocht sie jeden Morgen in dem Supermarkt selbst frisch und wohlig ihre Eintöpfe und Suppen. Abwechslungsreich und auch für Vegetarier ist immer etwas dabei.
Ob indisches Butter Chicken in würziger Tomatensauce, dazu Reis und Joghurt oder eine Sellerie-Kartoffelsuppe, wahlweise mit Würstchen oder ein Curry, jedes Gericht schmeckt nach Erholung.
In Zusammenarbeit mit einigen heimischen Köchen können Königsberger Klopse aus dem ehemaligen Alten Gasthof auf der Karte stehen sowie zukünftig auch weitere Kreationen – die einen Topf füllen – ihren Weg in das Bauwägelchen finden.
**Andreas-Nielsen-Straße 3, Westerland, Tel.: 0151 / 27238679, ab 11 Uhr bis ausverkauft.**

## Crêperie am Meer

Liebe und Leidenschaft gehen schon seit über 20 Jahren von *Ivonne* und *Mario* von der *Crêperie am Meer* aus.
Schon von Weitem weht der bekannte Zucker und Zimt-Duft hinüber vom Strandzugang der Friedrichstraße in Westerland. In entspannt fröhlicher Atmosphäre wartet es sich gern auf die hauchdünnen Crêpes, ob süß mit Nutella und Sylter Meersalz oder auch auf die herzhaften Varianten, die es dann abgeschirmt mit Wellenrauschen im Strandkorb zu genießen gilt.
**Friedrichstraße/Kurpromenade 1, Westerland,**
**Tel: 0 46 51 / 201889,**
**crepespoint@aol.com, www.creperie-am-meer.de**

## Sylter Suppen

Angefangen in List, hinter der beliebten Sylter Eismanufaktur steht der kleine Anhänger von *Maurice Morell* und seinen *Sylter Suppen*. Aus regionalen Zutaten und mit Liebe kocht er morgens frisch und so wechseln regelmäßig seine wärmenden und komplett veganen Suppen. Ob Currycrème-, Tomaten- oder Kartoffel-Möhren-Kokossuppe, Maurice' Wagen mit goldener Schrift tröstet über jedes Wetter hinweg und besinnt mit einem freundlichen Wort auf das Wesentliche.
**Dünenstraße 1, List, Tel.: 0160 / 4307070,**
**www.sylter-suppen.de,**
**Dienstag-Donnerstag ab 12 Uhr bis ausverkauft.**

# Sylt lässt liefern

## Pizza & Meer

Im Künstler Café in der Boysenstraße 9. Großes Lieferangebot mit Pizza, die frisch aus dem Steinofen kommt. Auch Fisch, Fleisch und Burger sind im Lieferangebot. Einfachster Zugang bei Abholung ist beim Parkplatz neben dem Kaufhaus H.B Jensen.
**Tel.: 0 46 51 / 9575000, info@kuenstler-cafe-sylt.de,**
**www.kuenstler-cafe-sylt.de**

## Pizza Deluxe

Der Lieferservice befindet sich im Flughafen Abfertigungsgebäude. Neben den Pizzen stehen auch Pasta, Croques und Asia auf der Speisenkarte.
**Flughafenstr. 1, Tinnum, Tel: 0 46 51 / 8 35 35 0**
**www.pizzadeluxe.de, info@pizzadeluxe.de**
**Öffnungszeiten: täglich von 11.30 - 23.30 Uhr**
**Instagram #PIZZADELUXESYLT**
**Facebook Pizza Deluxe Sylt**

## Croque Sylt

Neben 14 verschiedenen Croques werden 16 Pizzen und 7 Salate angeboten.
**Ingewai 3c, Tinnum, Tel: 0 46 51 / 957 60 30**
**www.croque-sylt.de, croque-sylt@web.de**
**eigene App Croque Sylt, Instagram croquesylt**
**Facebook Croque Sylt**
**Öffnungszeiten: Montag Ruhetag, Di - Fr 16 - 22 Uhr**
**Mi auch 11.30 - 14 Uhr, Sa, So u. Feiertag 13 - 22 Uhr**

## Hot Meals by Lucky´s Sylt

In der Straße die zur Autoverladung führt, gegenüber von Famila werden Pizzen, Pasta, Burger, Asia und Fleischgerichte angeboten.
**Industrieweg 10, Westerland, Tel: 0 46 51 / 7577**
**www.luckys-sylt.de, mail@luckys-sylt.de**
**Öffnungszeiten: Mo 17 - 21 Uhr, Di - Do geschlossen,**
**Fr, Sa 17 - 21 Uhr, So 15 – 21 Uhr**

# Die Restaurants in Sylt à la carte 2021

- Sylt Entrée — Westerland · Seite 32
- www.SunsetBeach.de Westerland/Sylt — Westerland · Seite 33
- Friends come together... — Westerland · Seite 33
- wein:momente — Westerland · Seite 34
- 49er Al Dente — Westerland · Seite 34
- SHIROBAR — Westerland · Seite 35
- Franz Ganser – Das kleine Restaurant — Westerland · Seite 35
- 1648 Alte Friesenstube — Westerland · Seite 36
- Altes Zollhaus – Restaurant Weinlounge – Westerland — Westerland · Seite 38
- BADEZEIT — Westerland · Seite 40
- Casa Bianca – Ristorante Weinhandlung — Westerland · Seite 42
- BLUM Fisch-Spezialitäten — Westerland · Seite 44
- goldgelb Sylt — Westerland · Seite 45
- food porn – So schmeckt Sylt — Westerland · Seite 46
- Hardy's Bar & Restaurant — Westerland · Seite 48
- NEU auf Sylt: L'OSTERIA Pizza e Pasta — Westerland · Seite 52
- riva — Westerland · Seite 54
- MARISO Restaurant · Bistro — Westerland · Seite 55
- Pablito Tapas & Wein — Westerland · Seite 55
- M Kaffeehaus Mateika — Westerland · Seite 56

SYLTGO!
Die neue
Mobilitäts-App
für Sylt
Jetzt App downloaden und die Insel neu entdecken!
Powered by
SVG®
Sylter Verkehrsgesellschaft
INFOS AUF SEITE 330

# Die Restaurants in Sylt à la carte 2021

# Die Restaurants in Sylt à la carte 2021

# Die Restaurants in Sylt à la carte 2021

Reblaus Wine & Dine
Keitum · Seite 130

Salon 1900
Keitum · Seite 132

Sünhair by Klaus
Keitum · Seite 134

Tipken's Severin's
Keitum · Seite 136

Hoog Severin's
Keitum · Seite 138

Landhaus Severin's Morsum Kliff
Morsum · Seite 138

Kleine Küchenkate zu Gast bei Heike und Detlef
Keitum · Seite 139

Original Sylter Backkultur Jürgen Ingwersen
Morsum · Seite 140

Zur Mühle
Munkmarsch · Seite 143

Alte Backstube Voigts Sylt cafe · teestube · restaurant
List · Seite 146

NEU auf Sylt

The Fish Club
List · Seite 148

Sylter Eismanufaktur
List · Seite 151

Gosch Sylt
List · Seite 152

NEU im Buch

Lister Markt Sünder
List · Seite 154

Dittmeyer's Austern-Compagnie Sylter Royal
List · Seite 156

wonnemeyer weststrandhalleLIST
List · Seite 158

Sylter Borscherei
Rantum · Seite 163

Kaffeerösterei Sylt Christian Appel
Rantum · Seite 163

Coast Restaurant & Weinbar
Rantum · Seite 164

Hus in Lee
Rantum · Seite 166

# Die Restaurants in Sylt à la carte 2021

Der Pate Pizzeria Rantum
Rantum · Seite 168

Samoa Seepferdchen
Rantum · Seite 170

Söl'ring Hof Sylt
Rantum · Seite 172

Sansibar Sylt
Rantum · Seite 167

Strandmuschel Rantum · Restaurant
Rantum · Seite 178

NEU im Buch
Sylter Muscheln Hörnum
Hörnum · Seite 182

Strænd Sylt
Hörnum · Seite 185

Möller's
Hörnum · Seite 186

Kai 3 Restaurant
Hörnum · Seite 188

Strönholt Bistro · Cafe · Restaurant
Hörnum · Seite 189

Eiland
...immer etwas Meer!

Folgen Sie uns auf Instagram!

SUCHE NACH...
Café
Brunch
Meerblick
Frühstück
Kinderfreundlich
und vieles mehr..

H.B. JENSEN
SYLT

»MEIN ALTES SYLT«
Heute bei Facebook
bald als Buch

# Westerland

## quicklebendige Inselmetropole

Westerland, das ist die quicklebendige Seite der Insel Sylt. Um die Inselmetropole kommen Sie nicht herum: Wahrscheinlich schon bereits bei der Anreise, wenn Sie mit der Bahn oder dem Autozug eintreffen, spätestens aber beim Shopping oder beim Eintauchen ins Nachtleben. Das Zentrum bildet die Fußgängerzone mit ihren zahlreichen Geschäften. Abends beginnt hier die zweite Tageszeit, wird in Kneipen und Discos ausgelassen gefeiert und geflirtet und im Spielcasino gezockt.

Geboren wurde Westerland quasi aus der Not: Als eine schwere Sturmflut im Jahre 1436 das Sylter Hauptdorf Eidum verschlang, erbauten die Bewohner in sicherem Abstand ihr Alt-Westerland.

Heute ist Westerland eine Stadt, die wieder ans Meer gewachsen ist. Sie zeigt ganz unterschiedliche Gesichter: Während im Kurzentrum mächtige Appartementhäuser urbanes Flair vermitteln, gruppieren sich im alten Kern verträumte Friesenhäuser rund um die Alte Dorfkirche.

In Westerland ist immer was los, denn zahlreiche Veranstaltungen und Events wie etwa der World-Surf-Cup sorgen für kurzweilige Urlaubstage. Beachtenswert ist das Sylt Aquarium, die Promenade mit ihrer Musikmuschel oder das Freizeitbad „Sylter Welle“. Kurzum: In Westerland schlägt der Puls der Insel.

**Weitere Informationen bietet der Insel Sylt Tourismus-Service (ISTS) Tourismus-Service Westerland**

**Telefon:** **04651/998-0**
**E-Mail:** **urlaub@insel-sylt.de**
**Internet:** **www.westerland.de**
**www.insel-sylt.de**

Sylt Entrée

Ankunft oder Abfahrt – es geht kein Weg am *Sylt Entrée-Bistrorant* vorbei. Aber auch sonst lohnt hier der Besuch in diesem trendy aufgepeppten Wohlfühlort im Fifties-Style.
Der Tag beginnt mit Frühstücksvariationen (ab 4,50) als „Entrée" für den Tag und setzt sich über Suppen (ab 4,50) und Flammkuchen (ab 7,50) fort bis hin zu Deftigem wie Currywurst (ab 4,90), Burger (ab 9,90), Schnitzel (ab 12,90), Gemüsecurry (9,50), Matjes mit Bratkartoffeln (8,50). Frühstücken können hier übrigens auch Langschläfer von 8 bis 18 Uhr.
Täglich wechselnder günstiger Mittagstisch. Aus „Omas Milchküche" kommen Vanille-Grieß (4,50), Pancakes (6,50) beides mit frischen Früchten, aber auch Milchreis „mit alles" – ab 4,90.
Im „Sylt Entrée" fließt das Bier aus Sylts erster Draft-Master-Anlage; das neuartige Zapfkonzept bürgt für mehr Geschmacksintensität – Biertrinker werden's danken, aber auch andere Positionen wie der Marillenlikör und der Weißbierschnaps sind eine Versuchung wert. Na dann Prost! Aber bitte nicht den Zug verpassen, nur weil´s hier so gemütlich ist ...
Last but not least: Ideale Location für Veranstaltungen bis zu 150 Personen – wenn´s dann wieder erlaubt ist.
**25980 Sylt / OT Westerland, im Bahnhof,**
**Tel.: 0 46 51 / 929314, Fax: 929318, tägl. ab 6 Uhr, sonntags ab 7 Uhr, Küche bis 19.30 Uhr,** P f
**www.sylt-entree.de, info@sylt-entree.de**

Eine Auswahl empfehlenswerter Restaurants in **WESTERLAND**, die aus Platzgründen leider keine entsprechende Erwähnung finden konnten.

## Susi's Sylt Kantine
Der „Günstig-Tipp". Frühstück ab 7 Uhr, Tagesgerichte ab 5,90, täglich wechselnd.
**Keitumer Chaussee 6a, www.susis-sylt-kantine.de**

## Block House
Bewährtes allseits bekanntes Steak-Programm at its best.
**Neue Straße 1, www.block-house.de**

## Gode Stuv
Regionale bis internationale Küche.
**Friedrichstraße 33b / Eingang Elisabethstraße**

## Tobis Hüs
Ambitionierte Küche – großer Weinfundus.
**Gaadt 7, www.tobishues.de**

## Café Wien
Frühstücksvielfalt, Stullenschmiede, regionale Küche und Tortenparadies.
**Strandstraße 13, www.cafe-wien-sylt.de**

## Ingo Willms
Bodenständig bis ausgefeilt. Große Terrasse.
**Elisabethstraße 4, www.willms-sylt.de**

## Culinarium
Von Leber mit Kartoffelstampf bis zu Fisch- und Fleischvariationen. Umfangreiches Weindepot.
**Strandstraße 6, www.culinarium-sylt.de**

Das Westerländer Highlight am Strand nicht nur für Surfer. *Sunset Beach* ist ein Wohlfühlort. Ein Logenplatz für jedermann an der Seepromenade mit fantastischem Meerblick und dazu ein friesisch herbes Jever vom Fass. Wow! Das Restaurant mit windgeschützter Terrasse ist klein, das Speisenangebot aber erstaunlich groß. Das Schöne, hier wird richtig gekocht, Convenience? Nein danke! – und das schmeckt man auch. Der Kurs der kleinen Küche: gutbürgerlich bis mediterran. Flammkuchen „klassisch" mit Speck und Zwiebeln (11,90), Matjes mit hausgemachter Sauce und krossen Bratkartoffeln (15,90). Nordseescholle „Finkenwerder" mit Bratkartoffeln und Gurkensalat (21,90). Täglich wechselnde Gerichte auf der Tafel. *Trixi* und *Hans Heinicke* führen das Restaurant zusammen mit dem Wassersportcenter nun schon 34 Jahre und haben mit dem Sunset Beach mittlerweile Kultstatus erreicht.

**25980 Sylt / OT Westerland, Brandenburger Str. 15,**
**Tel.: 0 46 51 / 27172,** P
**www.sunsetbeach.de, info@sunsetbeach.de**

Genialer Standort. Bester Meerblick. Die Terrasse auf der Westerländer Seepromenade ist schließlich leicht zu erreichen. Die Strandversorgung klappt reibungslos.

Ab 10 Uhr lockt schon mal das Frühstück, entweder „klein" ab ca. 3,- oder ausgiebig für 11,50. Dann beginnt es auch schon hinter dem Tresen in der offenen Küche zu brutzeln.
Hier wird eine unkomplizierte schmackhafte Strandbistro-Küche geboten: Die unverwüstliche Currywurst mit Pommes rot/weiß darf da nicht fehlen (6,90). Die Flammkuchen kommen in diversen Variationen auf den Tisch – mit Speck und Zwiebeln (8,50), mit Pulled Pork (13,-) bis zu den Scampi (14,50). Wir sahen noch Seelachs mit Oliven-Tomaten-Tapinade (15,50) und Roastbeef vom Angus auf der Karte (16,50). Dazu werden alle gängigen Erfrischungsgetränke und sehr gute Weine offeriert. Außerdem Bier vom Fass, Longdrinks, Liköre und Obstler. Auch für die legere Strandversorgung ist mit „to go"-Speisen ausreichend gesorgt.
Nun warten wir auf den Sonnenuntergang. Was will man eigentlich mehr? Oh ja z.B. im Herbst und Winter, da sind die Singer/Songwriter-Konzerte der große Hit (siehe Tagespresse).
**25980 Sylt / OT Westerland, Strandpromenade,**
**Tel.: 0 46 51 / 7683, ab 10 Uhr geöffnet bis Sonnenuntergang,**
**Frühstück 10-12 Uhr,**
**www.vosssylt.de**

## wein:momente

Ein charmanter, ruhiger Treff im quirligen Westerland, in der Elisabethstraße. Ein kleines Weinlokal, das mit seinem Namen *wein:momente* schon die gastronomische Richtung vorgibt, ist im *Hotel Dünenburg* zu suchen und zu finden *(siehe Hotel-Report)*. Wir sahen auf der Weinkarte ca. 20 gut ausgewählte Positionen. Auffällig sind eine ganze Anzahl von bewährten „only Sansibar"-Weinen. Erstaunlich ist auch die Preisgestaltung, die sich wohltuend auf den Geldbeutel auswirkt. Das Gros der Flaschen pendelt sich um die 25,- ein.

Glasweise wird im 0,1 Glas ab 3,50 oder in 0,2 Gläsern ab 6,50 ausgeschenkt. Ein breites Sortiment an Sekt, Prosecco und Champagner wird kredenzt. Dass diese nette Bar auch bunte Cocktails (7,90) offeriert und „geistreiche" Spirituosen bereithält, versteht sich eigentlich von selbst. Die Edelbrände mit eigenem Etikett eignen sich auch als Geschenk.

Eine kleine Speisenkarte sorgt für die Möglichkeit, sich für die „Weinprobe" eine gute Grundlage zu schaffen: z. B. Käsevariationen und Flammkuchen. Als „Notprogramm" für Freunde eines kühlen Bieres wird auch ein Stauder Pils gezapft.

wein:momente lädt, in warmes Bordauxrot gehüllt, ein für einen „Absacker" nach Kinobesuch oder Konzert oder einfach „nur so". Das wein:momente-Motto besteht zu Recht: „Leben und genießen".

**25980 Sylt / OT Westerland, Elisabethstraße 9,**
**Tel.: 0 46 51 / 82200, Fax: 24310, täglich geöffnet bis 21 Uhr**

## 49er Aldente

Das beliebte unkomplizierte Restaurant *49er Aldente* im Hause des Aquariums in Westerland. Ideal für Familien als Ausflugsziel. Minigolf und eine Hüpfburg sind ein einsehbarer Zeitvertreib für die Kids. Auch der Strand ist nicht weit, denn der Strandübergang 49 gab dem Lokal schließlich den Namen. Hier fühlen sich aber nicht nur die Kids sauwohl. Das 49er Team sorgt für eine beachtliche Küche zu wirklich akzeptablen Preisen. Pizza und Pasta sind hier der Hit, dass die Gäste ins Schwärmen geraten. Die Kids-Karte beginnt bei 4,50 für Pasta mit Tomatensauce.

Beim Meeresgetier seien Pannfisch und die Riesengarnelen-Pfanne erwähnt. Rigatoni mit Rinderfiletstreifen gehören zu den Lieblingsgerichten. Saisonales findet man auf der Tageskarte und mit über 50 Top-Positionen werden die Weinkenner zufriedengestellt. Hier sind die Preise echt freundlich kalkuliert. Pasta ab 10,50, Pizza ab 9,-, Wein 0,2 ab 6,40, Bitburger 0,3/3,50.

Kindergeburtstag feiern? Die „49er" machen es mit vielen Ideen möglich: Deko, Essen, Trinken, Süßes... (Pauschalen pro Kind ab 9,90). Aldente ist eine wahre Erlebnislocation für alle. Auch für Feste aller Art. Und bei großen Sportereignissen gibt´s natürlich Public Viewing!

**25980 Sylt / OT Westerland, Gaadt 33,**
**Tel.: 0 46 51 / 4609962, geöffnet von 10 bis 22 Uhr, Küche durchgehend ab 12 Uhr**
**www.49er-aldente.de, info@49er-aldente.de**

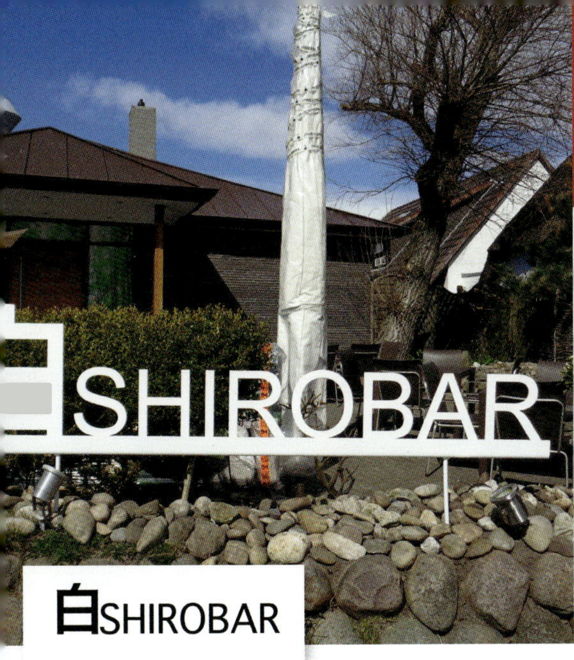


## SHIROBAR

Die *Shirobar*, schon seit 10 Jahren in Westerland mit einem Restaurant präsent, zeichnet sich durch eine wirkungsvolle Gradlinigkeit aus. Wie der japanische Name „shiro" schon andeutet, zeigt sich viel Weiß, Holz; zarte Schirme schweben in der Luft und auf dem Tisch dominieren farbenfroh die traditionellen Sushi- und Sashimi-Speisen. Jene begeistern durch beste Qualität von Fisch und Fleisch, doch auch vegetarisch und vegan wird bei den leichten Köstlichkeiten wie der Green Roll mit gebackener Schnippelbohne, Avocado, Thaispargel und Shiro-Miso-Topping nichts vermisst. So findet sich die ganze Geschmackspalette eines kompletten Gerichts in jedem einzelnen Sushi von Sushimeister *Thomas Meusel*, der gemeinsam mit seiner Frau und Gastgeberin *Andrea* die Shirobar führt. Von der Ausbildung in L.A. mitgebracht, erfreuen kalifornische Rollen mit warmen Bestandteilen und knuspriger Textur und schenken dem Gast in kleinen Häppchen geschmacklich die ganze Welt. Einen direkten Blick auf das filigrane Handwerk geben die Hochstühle an der Sushibar und lassen große Vorfreude auf das vielleicht beste Sushi der Insel aufkommen.
Im Winter übrigens lockt auch Sukiyaki, japanisches Fondue vom Wagyu Beef. Kein Wunder, Sushi- und Sashimi-Fans pilgern in die Shirobar in Alt-Westerland. Die Bewertungen sind z.B. bei Yelp überschwänglich: Alles superlecker, jedes Sushi exzellent, Genussreise durch die Sushiwelt.

**25980 Sylt / OT Westerland, Keitumer Chaussee 5a, Tel.: 0 46 51 / 9679449, geöffnet 17.30 bis 22.30 Uhr, Montag und Dienstag Ruhetag, www.shirobar.de, info@shirobar.de**

## Franz Ganser
DAS KLEINE RESTAURANT

Top-Restaurant im Herzen Westerlands, exzellente, saisonal geprägte Gourmetküche. Seit 1979 eine der führenden Sylter Genussadressen. „Schnörkellose" Kochkunst von *Franz Ganser* und seiner Küchencrew.
Stilvoll designtes Ambiente, schön eingedeckte Tische, Speiseterrasse unter der Linde. Kreative Abwechslung, von delikaten Schmorgerichten bis zu sonst selten gebotenen Klassikern (Kalbsnierchen in Cognac-Dijonsenfrahm mit Blattspinat und Püree). Abendkarte ab 18 Uhr (Medaillons vom Seeteufel mit gestovten Schwarzwurzeln). Hervorragende Weinkarte, ausgezeichnete deutsche Lagen, vornehmlich „weiß". Spezialitäten vom Weingut Poss, Nahe.
Aromenfülle, regionale Zutaten und Fische, ausschließlich aus Nordseefang, sind dabei nur drei Komponenten des durchdachten Gourmetkonzeptes, das sich in ganzer Breite auf der Abendkarte wiederfindet.
„Klassisch mit französischen und mediterranen Elementen" wäre dabei die Headline über Franz Gansers Speisekurs. Z.B. Steinbuttfilet und Hummer mit zwei Saucen, Hummerrahmsuppe, Barbarie-Entenbrust mit Rahmwirsing, gebratene Heilbuttfilets und eine ganze Dessertpalette – von der Mousse au Chocolat mit Früchten bis zum Mandelkuchen mit Quitteneis, sind weitere Must-haves.

**Bötticherstraße / Ecke Boysenstraße, 25980 Sylt / OT Westerland, Tel.: 0 46 51 / 2 29 70, Fax: 83 49 80, ganzjährig geöffnet. Mittags: freitags, samstags und sonntags 12 bis 14 Uhr. Abends: ab 18 Uhr, montags Ruhetag. www.ganser-sylt.de, franz@ganser-sylt.de**

# Altfriesische Gastlichkeit

## Nu gift dat wat to eeten

Eines der schönsten historischen Restaurants in einem alten Friesenhaus mit traumhaftem Garten. Regionale Spezialitäten, innovativ zubereitet. Vorspeisen ab 11,50, Hauptgerichte ab 23,-. Umfangreiche Weinkarte. Vor allem deutsche und österreichische Anbaugebiete (offene Weine 0,2 ab 8,-, Flaschen ab 22,50). „Bitburger Pils" vom Fass (0,2/3,-), empfehlenswert ist auch die große Auswahl an Obstbränden.

Treten Sie ein! Das älteste Sylter Friesenhaus – anno 1648 – ist ein Paradebeispiel für die historische Baukultur der Insel und von ganz Nordfriesland. Äußerlich und innerlich bildschön und einfach supergemütlich!

Doch nicht nur das Auge, sondern auch Leib und Seele werden in dem behaglichen gastronomischen Kleinod der Familie *Schacht* verwöhnt.

„Moin! Nu gift dat wat to eeten!" („Moin! Nun gibt das was zu essen!") begrüßt die Speisenkarte den Gast auf Plattdeutsch und beschert die feine Qual der Wahl.

Küchenchef *Carsten Banse* dokumentiert seine Liebe für eine innovative Regionalküche mit besten Zutaten in den unterschiedlichsten Varianten – seien es Vorspeisen wie Jakobsmuscheln „op anwarmten Wakame-Algensalaat an Safranschü", seien es Hauptgerichte wie das Filet vom Husumer Ochs oder der nordfriesische Pannfisch oder aber eine aromatische Fliederbeersuppe mit „Appeln und Klümp" zum Dessert. Weitere Gerichte offeriert die wechselnde Tageskarte mit jeweils saisonalen Gerichten, die vom Küchenteam ideenreich zubereitet werden.

Stilvoll gespeist wird an festlich gedeckten Tischen – bei schönem Wetter gern auch im gepflegten Garten zwischen Rosen und Hortensien.

Dass die Gäste in der *Alten Friesenstube* schöne, unvergessliche Abende verbringen, dazu tragen viele Hände bei: „Ich habe wirklich sensationelle Mitarbeiterinnen und Mitarbeiter, die einen top Job machen und dies bereits seit vielen Jahren", unterstreicht Nico Schacht. Neben dem Küchenchef ist Restaurantleiter *Sebastian Ahrend* mit seinem Service-Traumteam zu erwähnen. Diese „Friesenstube" ist ein Muss!

**Alte Friesenstube,** Gaadt 4, 25980 Sylt / OT Westerland, Tel.: 0 46 51 / 1228, geöffnet täglich ab 17.30 Uhr, ab Ende November Betriebsferien,
www.altefriesenstube.de, altefriesenstube@t-online.de

Alte Friesenstube 1648

## Moin!

Nu gift dat wat to eeten!

Een goodes Eeten hertorichten bruukt siene Tied.
Een beten wat vörweg un schon vergeiht se gauer, seggt de Köksch!

Un noch watt: wenn se nich allns eeten kunnt, wat wi hebbt,
dann fraagt uns Züüd, de vertell se, wat dor in is'...

Tatarvariationen vunt Rind op gréösteten Swattbrood,
Matjes op Freesenbrood un Norweger Lachs-Tatar 17,00

Jacobsmuscheln
op anwarmten Wakame-Algensalaat, an Safransoß 16,50

Een Dutzend Wiinbargsschnecken
mit uns lecker Curry-Krüüderbodder 11,50

Roote Beet-Carpaccio mit groden Scampi
un een fiin Vinaigrette 17,00

Variatonen vunt Vörspiisen "Oole Freesenstuv"
laat di mol övernaschn, watt wi allns hebbt ... 17,00

Kees vun unse Keitumer Zeegen
in Speck anbrüllt, dorto Feldsalaat
un Kantüffel-Rosinstipp 15,50

### All' ns wat ut Fleesch maakt is:

Maispoulardenbost op Arften-Kapern-Püree
an Riesling-Schuum, dorto een Salaat vun Feld 25,00

Filet vun freelopen Schaap
mit anmaakte Knollauchtunk dorto
mediterran' Gemös un Kantüffelgratin 27,50

Filet vun Husumer Ochs,
op Balsamico-Schalott' un Selleriepüree 37,00

Braaden Aant
een Holstiener Spezialität freesch ut 'n Backofen
mit lecker Soß, Rotkruut
un Kantüffelklüten vun uns sellen maakt 20,50

Roulade vun Rind
lecker schmord mit Rotkruut
un Bodderkantüffeln 25,00

Rindertartar, 220gr, lecker anmaakt
mit Freesenbrood un solten Bodder
oder kott anbraaden, mit 'rösten Zippeln,
Jus un Braadkantüffeln 28,00

### All' ns wat ut 'n Meer kümmt
### dor löppt een doch de Snuut vull Water!

Nordfreesische Pannfisch
as dat ward all seggt unnerschiedlich
Fisch un Kantüffel schmort in de Pann,
mit Senfstipp un Salaat,
dat smeckt nach Meer.....! 25,50

Filet vun een Dorade Royal
mit Oliven-Thunfisch-Ragout
un dorto hebbt wi Rosmarinkantüffeln 28,00

Schull freesch vun Lister Kutter, braaden in een Stück
braaden up „Finkwarder Aart" in Speck
dorto lecker Braadkantüffeln un Gurken-Salaat 24,50

Stoven Nordsee-Angeldorsch
in lecker Pomery-Senf-Soß, dorto Wottelgemös,
Soltkantüffeln und Gurkensalaat in Rahm 26,50

Steenbutt ut de Nordsee un Hummer vun Canada
braaden, up Suurkruut-Kantüffelpüree
un Jus vun Krustendiert 38,50

See-Duevel-Stücken
im Serrano-Schinken-Övertrecker mit Scampi
up unsern witten Tomaten-Risotto
dorto een Rucolasalaat in olen Balsamico 32,00

Speisenkarten-Auszug | Angebot und Preise können sich je nach Marktlage ändern

# Crossover-Genuss

## Die kulinarische Verführung

*Historische Fassade, stylish-gemütliches Interieur. Highlight: die prachtvoll mit Blumen dekorierte Terrasse. Internationale Speisenkarte, täglich wechselnde saisonale Empfehlungen. Einfallsreiches für Liebhaber fernöstlicher Aromen. Vorspeisen ab 9,- (Zollhaus Salat). Hauptgerichte ab 25,- (Kross gebratenes Zanderfilet). Weißburgunder Hoffmann/Rheinhessen, Merlot Hacienda Sanoma/Kalifornien. Weinlounge mit gehobenem Sortiment aus Deutschland (Schwerpunkt) und der Welt.*

Das über 100 Jahre alte Backsteingebäude ist ein Hingucker, die üppig blühende Hortensienpracht auf der stilvoll gestalteten Terrasse erst recht. Im *Alten Zollhaus* verschmelzen Architektur, Interieur und Kulinarik zu einer harmonischen Einheit, die alle Sinne anspricht. Abends sind Fassade sowie Terrasse dezent beleuchtet und in romantisches Kerzen- und Fackellicht getaucht – ein Ort zum Ankommen und Bleiben. Bleiben möchte man am liebsten auch in dem stylishen Gastraum, der das Auge mit einem zurückhaltenden Farbkonzept, stilsicherer Dekoration und edlen Materialien verwöhnt.

Ganzheitlich wird auch der Gaumen verwöhnt: etwa mit dem Genießer-Frühstück von 9 bis 11 Uhr, auch für Außer-Haus-Gäste (Reservierung bis spätestens 12 Uhr des Vortags, Buffet 24,50). Ab 18 Uhr zeigt das Team am Herd dann seine Interpretationen einer euro-asiatischen Genussreise. Die könnte z.B. mit einer Curry-Zitronengras-Suppe mit Maishuhn, Kokos und Ingwer beginnen (11,-). Die „Zollhaus Bowl" ist als Zwischengang u.a. mit Sylter Ei, Garnele und Tuna eine feine Fusion aus regionaler und internationaler Küche (19,-). Als Hauptgang würde sich unsere Autorin für den Stör mit Gamba, Spitzkohl und Roter Bete entscheiden, fein abgerundet mit Madrocas Curry (34,-). Fleischliebhaber freuen sich auf ein schönes Black Angus Filet mit klassischem Kartoffelpüree und raffiniert verfeinert mit Wakame, Pak Choi, Shiitake-Pilzen und Crunch (36,-).

So ein Abend voller kulinarischer Verführungen soll am liebsten gar nicht enden. Und wenn doch, dann gerne in der einladenden Weinlounge. Dort genießt man einen guten Tropfen aus dem sorgfältig zusammengestellten Weinsortiment. Weinkenner und -liebhaber dürfen sich auf hochwertige Rieslinge und Große Gewächse ebenso freuen wie auf elegante Rotweine aus besten Lagen. Man kann übrigens auch einfach mal „nur" auf ein Glas Wein vorbeikommen. So wundert es nicht, dass Gäste immer wieder gerne ins Alte Zollhaus zurückkehren, um genussvoll durch internationale Aromen- und Weinwelten zu reisen.

**Altes Zollhaus,** Boysenstraße 18, 25980 Sylt / OT Westerland, Tel.: 0 46 51 / 449443, ganzjährig geöffnet, Küche von 18 bis 21.30 Uhr. Feierlichkeiten bis 40 Personen
www.altes-zollhaus-sylt.de, info@altes-zollhaus-sylt.de

Speisenkarten-Auszug
Angebot und Preise können sich je nach Marktlage ändern

# Logenplatz am Meer

## Genießen von morgens bis abends

Restaurant im Strandhaus-Stil auf der Westerländer Kurpromenade. Frühstück ab 9.30 Uhr. Regionales mit mediterranen und asiatischen Akzenten. Neben der „großen" Karte kleine Strandkarte bis 16.30 Uhr, Gerichte ab 6,90 (Kartoffelsuppe mit Würstchen), frische Blechkuchen (3,50). Kreatives für Fisch- und Fleischliebhaber sowie Vegetarier. Vegane Gerichte. Gutes Preis-Leistungs-Verhältnis. Gut sortierte Weinauswahl vom Hauswein „Badezeit-Cuvée" (Bio-Weißwein, 0,2/6,90) bis hin zu Spitzengewächsen. Speisenkarte inkl. Frühstückskarte im Internet.

Ja, die Badezeit ist die schönste Jahreszeit auf Sylt. Und sollte es mal doch nicht klappen mit dem Baden, gibt's ja zum Glück ganzjährig das Restaurant *Badezeit*. In exponierter Lage auf der Westerländer Promenade. Mit einzigartigem Blick auf Strand, Meer und Horizont – und das von jedem Platz aus, ob Gastraum oder Sonnenterrasse. Genießen von morgens bis abends lautet hier die Devise: vom Frühstück für den perfekten Start in den Tag über eine genussvolle Mittagspause bis hin zum entspannten Abendessen. Dass man am liebsten gleich den ganzen Tag bleiben möchte, liegt auch am lässigen Strandhausflair der „Badezeit" mit viel Holz und natürlichen Materialien, maritimen Sand- und Türkistönen, Strandgut sowie stimmungsvollen Schwarz-Weiß-Fotografien an den Wänden.

Am Herd sind *Christian Dieckmann* und *Manuel Schröder* ein eingeschworenes Team. Und unsere Autorin hat ein paar Tipps für einen genussvollen Badezeit-Tag zusammengestellt: Der beginnt natürlich mit Frühstück. Am besten dem „Für zwei". Da ist alles dabei, was Spaß macht. Unter anderem Serrano-Schinken, Käse, Salami, Kräuterquark und Rührei. Die gefutterten Kalorien wird man dann leicht bei Aktivitäten am Strand wieder los. Der liegt ja vor der Badezeit-Tür. Mittags schmeckt dann Köstliches von der kleinen Strandkarte. Etwa ein Reibekuchen mit Apfelkompott oder kleine Kartoffeln aus Nordfriesland mit verschiedenen Beigaben wie eingelegter Schafskäse, Petersilienpesto und Sourcreme.

Abends sollte man sich die ganzen Fische aus dem Ofen nicht entgehen lassen – sie sind das Aushängeschild des Restaurants. Und wer kann schon einer feinen Nordsee-Seezunge mit Limonenbutter, kleinen Kartoffeln und Gurkensalat widerstehen? Äußerst lecker ist aber auch das „Feinste vom Landhuhn" – die ausgelöste Keule wird gegrillt und mit Ziegenkäse gratiniert, dazu gibt's mediterranes Gemüse und Rosmarinkartoffeln. Ein würzig-leckeres Geschmackserlebnis!

Fehlt eigentlich nur noch der romantische Sonnenuntergang, um den Tag perfekt abzurunden. Und ein begleitender Drink dazu. Auf die Genusszeit in der Badezeit!

**Badezeit Strandrestaurant,**

Strandpromenade, 25980 Sylt / OT Westerland, Tel.: 0 46 51 / 83 40 20,
Fax: 83 40 22, ganzjährig geöffnet ab 9.30 Uhr, warme Küche
im Sommer 11.30 bis 22 Uhr, im Winter bis 21 Uhr.
Feiern bis zu 120 Personen.
www.badezeit.de

# BADEZEIT

## Vorspeisen

| | |
|---|---|
| **Panzanella - italienischer Brotsalat** - Tomate - Mozzarella - Rucola | **9,50** |
| **Lammbratwürste vom Keitumer Gänsehof** - Provenzialischem Gemüse | **12,90** |
| **Gratinierter Ziegenkäse** - Trüffelhonig - Salat in Balsamico Dressing - Croutons | **12,50** |

## Fischgerichte

| | |
|---|---|
| **Blumenkohl-Kichererbsen-Dal & gebratene Seawater Garnelen**<br>Tomaten - Ingwer - Kokosmilch - Curry - Knoblauch - Salat mit Balsamico Dressing | **19,90** |
| **Zanderfilet auf der Haut gebraten mit Seawater Garnelen**<br>Provenzalisches Gemüse - Rosmarin-Kartoffeln - Aioli | **23,90** |
| **Filets von Nordseefischen** - Pommery-Senfsauce - Bratkartoffeln - Gurkensalat | **23,90** |
| **Zarte Matjesfilets** - Joghurt & Mayonnaise - Apfel - Zwiebel - Gewürzgurke - Bratkartoffeln | **18,90** |
| **Paul´s Lieblingsessen** - Filet vom Brathering - Wasabi-Garnelen - Zartes Matjesfilet - Bratkartoffeln | **19,90** |
| **Gebratene Nordseescholle** - Speck - Bratkartoffeln - Gurkensalat | **21,90** |
| **Wolfsbarsch aus dem Ofen** - Limonen-Butter - Mediterranes Gemüse - Rosmarin-Kartoffeln - Aioli | **25,90** |
| **Dorade aus dem Ofen** - Limonen-Butter - Mediterranes Gemüse - Rosmarin-Kartoffeln - Aioli | **25,90** |

## Fleischgerichte

| | |
|---|---|
| **Rib Eye Steak von der Holsteiner Färse** - Trüffelmayo - Pommes Frites - Salat mit Sylter Dressing | **27,90** |
| **Das Feinste vom Landhuhn**<br>Ausgelöste Keule auf dem Grill gebraten und mit Ziegenkäse gratiniert<br>Mediterranes Gemüse - Rosmarin-Kartoffeln - Trüffelhonig - Aioli | **21,90** |
| **Geschmortes vom Holsteiner Weiderind** - Wurzelgemüse - Zwiebeln<br>gebratene Kräuterseitlinge - Kartoffelgratin | **23,90** |
| **Lammfilets vom Grill** - Kräuter-Butter - Rosmarinjus - Provenzalisches Gemüse - Kartoffelgratin | **27,90** |
| **Lammbratwürste vom Keitumer Gänse Hof** - Provenzalisches Gemüse - Rosmarin-Kartoffeln | **19,90** |
| **Das Beste zum Schluss** - Kleines Kalbsfilet - Tandoori-Hühnchen & Garnelen vom Grill<br>Provenzalisches Gemüse - Rosmarin-Kartoffeln - Aioli | **25,90** |

## Vegane Gerichte

| | |
|---|---|
| **Karotten-Ingwersuppe** - Kokosmilch - Kräutercroutons | **7,90** |
| **Blumenkohl-Kichererbsen-Dal** - Tomaten - Ingwer - Kokosmilch - Curry - Knoblauch<br>Salat mit Balsamico Dressing | **15,90** |
| **Rigatoni Grillgemüse** - Tomatenragout - geröstete Pinienkerne | **15,90** |
| **Gebackene Aubergine mit Falafel** - Tomaten-Paprikaragout „Shakshuka" - Falafel<br>Gemüsecouscous - Hummus - Salat mit Balsamico Dressing | **19,50** |
| **Couscous** - Grillgemüse - gebratene Pilze - Salat mit Balsamico Dressing | **17,90** |
| **Karamell-Toffee-Eis** - Rote Grütze, Zimtpflaumen oder Mango-Kompott | **8,50** |

**Speisenkarten-Auszug-Frühjahr 2021**
**Angebot und Preise können sich je nach Marktlage ändern**

Casa Bianca
RISTORANTE
WEINHANDLUNG

# Der Italo-Klassiker

## Buona cucina nella Casa Bianca

*Das bewährte Ristorante mit authentisch italienisch-sizilianischer Küche. Elegantes Ambiente und perfekt für das romantische Dinner zu zweit oder den italienischen Abend in großer Gesellschaft. Original italienische Pizza (10,- bis 17,50), hausgemachte Pasta (11,- bis 25,50) und typisch italienische Fisch- und Fleischgerichte (21,50 bis 33,-). Täglich wechselnder Mittagstisch von 12 bis 17 Uhr (ab 7,-). Holsten 0,3/3,90, Wein 0,2 ab 6,-. Weine und Speisen auch außer Haus mit Lieferservice.*

Eigentlich ist der Sizilianer *Pippo Borzi* der einzig wahre Italiener, der auf Sylt ein Restaurant betreibt. Und nach 30 Jahren Cucina originale kennt er sich wahrlich aus, was anspruchsvolle Gäste an seiner guten italienischen Küche schätzen. Der Standort *Elisenhof* in der Elisabethstraße ist für die *Casa Bianca* von Pippo und Bogna ideal. Hier ist man mitten im Geschehen, kann sich aber auch zurückziehen.

Auf der gemütlichen Straßenterrasse sitzt es sich windgeschützt und gerade so weit ab vom Trubel der Innenstadt, dass man entspannt zur Ruhe kommen kann. Innen zeigt sich die Casa Bianca elegant, mit holzvertäfelten Wänden in gedeckten Cremetönen.

In der Küche knetet Pizzabäcker *Antonio Trollio* die Teigfladen aus hochwertigem, italienischem Mehl und macht aus dem einfachen Klassiker ein kreatives Genusserlebnis: beispielsweise die Pizza Napolitana mit Sardellen und Kapern. Chefkoch *Davide Sabister* weiß, wie man mediterrane Küche gehobener Art zelebriert – dass die Pasta hier hausgemacht ist, versteht sich von selbst. Die Spaghetti Vongole beispielsweise mit Herzmuscheln oder Spaghetti Aglio e Olio mit gebratenen Riesengarnelen. Unvergesslich auch die Fleisch- und Fischgerichte wie das Saltimbocca alla Romana mit frischem Salbei oder die perfekt gegrillte Dorade mit Salsa verde.

Der Geheimtipp für das nächste Familiendinner: Für Kinder und Senioren mit kleinem Appetit kann jedes Gericht auf der Karte auch als kleine Portion bestellt werden!

Wer es original sizilianisch möchte, dem sei die Zuppa di Pesce, die Fischsuppe nach Pippos Hausrezept, ans Herz gelegt. Die traumhaften Desserts wie Panna Cotta oder Tiramisù sind hier ebenfalls alle hausgemacht. Für die mittägliche Stärkung lockt von 12 bis 17 Uhr der Mittagstisch mit einer ständig wechselnden, tagesaktuellen Mittagskarte. Der nächste gemütliche Abend zu Hause steht dank des Außer-Haus- und Lieferservice ebenfalls unter dem Motto „Bella Italia“.

Die große Weinkarte hält – wie sollte es anders sein – überwiegend italienische Weine parat, wie den sizilianischen roten Nero d'Avola oder den im Barrique gelagerten Il Bruciato. Alle, die gerne verschiedene Weine probieren möchten, werden sich freuen, dass auch hochwertige Weine hier offen serviert werden.

**Casa Bianca,** Elisabethstraße 4, 25980 Sylt / OT Westerland, Tel.: 0 46 51 / 23102, Fax: 29300, Vinothek, Weine und Speisen auch zum Mitnehmen. Lieferservice ab 15 Uhr. Ganzjährig geöffnet 12 bis 23 Uhr. Im Winter dienstags Ruhetag.

www.casa-bianca-sylt.de, info@casa-bianca-sylt.de

# Casa Bianca

RISTORANTE
WEINHANDLUNG

## APERITIVO

| | |
|---|---|
| Gl Ferrari Brut oder Rose DOC | 10 |
| Gl Prosecco Sacchetto / oder auf Eis | 7.5 / 9.5 |
| Hugo Holunder Blütensirup – Prosecco –Eis und Minze | 9.5 |
| Aperol Spritz auf Eis und Orangenscheibe | 9.5 |
| Ramazzotti Rosatto mit Prosecco und Basilikumblätter | 9.5 |
| Martini Bianco auf Eis mit Zitronenscheibe | 5 |
| Campari Soda oder Orange auf Eis | 8.5 |
| Red Bitter auf Eis alkoholfrei | 5 |
| Sherry Medium / Dry | 6.5 |

## ANTIPASTI / VORSPEISEN

| | |
|---|---|
| Schafskäse im Ofen gebacken mit roten Zwiebeln & Tomaten | 10 |
| Parmaschinken & Parmigiano Reggiano | 16.5 |
| Ruccola mit Pinienkernen, Parmesan & Balsamico Riserva | 10 |
| Insalata Mista /Gemischter Salat Olivenöl & Balsamico | 7.5 |
| Insalata di pomodoro Tomatensalat mit roten Zwiebeln & Basilikum | 7,5 |
| Caprese di Bufala Büffelmozzarella Tomaten & Basilkum | 12.5 |
| Vitello Tonnato / hauchdünnes gebratenes Kalbfleisch mit Thunfisch Kapernsosse | 14.5 |
| Carpaccio di Manzo vom Rind mit Olivenöl, Parmesan,Champignons | 18 |
| Bruschetta geröstetes Brot & Tomaten, Zwiebeln & Olivenöl | 7,5 |
| Frisch gebackenes Knoblauchbrot | 5 |
| Antipastiteller a la Casa / aus der Vitrine / für 1 Person | 14,5 |
| für 2 Personen | 21.5 |

## ZUPPA / SUPPE

| | |
|---|---|
| Zuppa di Pomodoro Tomatencremsuppe mit frischen Basilikum | 6.5 |
| Minestrone – Italienische Gemüsesuppe mit frischen Gartenkräutern | 7 |
| Zuppa di Pesce – originale sizilianische Fischsuppe nach Pippo's Hausrezept | 18.5 |

Wenn Sie eine Speisekarte mit der Kennzeichnung aller Zusatzstoffe und Allergene wünschen, wenden Sie sich bitte an unserer Personal.

## PASTA

| | |
|---|---|
| Penne Arrabiata in pikanter Tomatensoße | 14.8 |
| Spaghetti aglio e olio mit gebratenen Riesengarnelen /ausgelöst | 23.5 |
| Spaghetti Bolognese mit Tomatenhackfleischsoße | 15 |
| Fettuccine mit Trüffel | 18.5/26.5 |
| Spaghetti Frutti di Mare | 24.5 |
| Lasagne mit Hackfleisch heiß aus dem Ofen | 16.5 |
| Spaghetti alla Carbonara mit Sahne, Ei & Schinken | 16 |
| Tagliatelle al Salmone hausgemachte Bandnudeln mit Lachs & Spinat in einer Gorgonzolasoße | 21.5 |
| Hausgemachte Tagliatelle mit Büffelmozzarella & Kirschtomaten | 17.5 |
| Hausgemachte Riesenravioli / Ricotta Spinat / in Salbei-Butter oder Tomatencremsoße & Basilikum | 18.8 |
| Tortellini mit Schinken & Champignons in Sahnesoße | 16.5 |
| Maccheroni mit Rinderfilet Spitzen in leichter Sahne-Lauch-Soße | 25.5 |
| Maccheroni al forno mit Zucchini /Aubergine in würziger Tomatensoße überbacken | 16.5 |

## CARNE / FLEISCH

| | |
|---|---|
| Saltimbocca a la Romana Kalbfleisch in Salbei-Weissweinsoße | 24.5 |
| Zarte Lammkoteletts vom Grill & Salsa Verde / grüne Soße | 27.5 |
| Feinste Kalbsleber in Butter Salbei & Kartroffelpüree | 23.5 |
| Rinderfilet vom Grill mit Balsamico Riserva & Parmesanspäne | 35 |
| Rinderfilet mit Gorgonzola oderPfeffersoße | 36.5 |
| Paillard hauchzartes Kalbfleisch vom Grill | 24.5 |
| Pippo's Kalbskotelett mit Butter Salbei oder Natur vom Grill | 29.5 |

## PESCE / FISH

| | |
|---|---|
| Doraden Filets mediterran mit Knoblauch & Cherry Tomaten | 22.5 |
| Lachsfilet vom Grill auf Spinat | 22.8 |
| Riesengarnelen aglio e Olio, Peperoncini , heiß in der Pfanne | 25 |
| Dorade Royal vom Grill dazu unsere Salsa-Verde | 23.5 |

*Alle Gerichte werden serviert mit Rosmarinkartoffeln aus dem Ofen & Saison- Gemüse ODER gemischtem Salat

*Andere Beilagen oder Extras können Sie sich nach Belieben in den Beilagen raussuchen

Speisenkarten-Auszug | Angebot und Preise können sich je nach Marktlage ändern

# Frischer Fisch direkt von der Quelle

## Eine Sylter Institution

*Der Sylter Frischfischspezialist seit über 50 Jahren. Beste Qualität zu fairen Preisen, z.B. edler Steinbutt aus dem Sud mit Meerrettichsauce und Salzkartoffeln oder Riesengarnelen in der Schale gebraten mit hausgemachten Saucen und Baguette. Hummer aus eigener Hälterei. Feiner Brat- und Kochfisch. Dazu eine große Auswahl an guten Weinen.*

*Familie Blum* ist auf Sylt in Sachen Fisch eine kulinarische Institution. Die Urlauber kennen *Fisch Blum* durch die Läden in Westerland, Wenningstedt und Tinnum, in denen frischer Fisch für den häuslichen Herd verkauft wird, aber auch diverse Fischgerichte vor Ort geschmackvoll zubereitet werden.

Es ist egal, welche der fünf Filialen von Blum man auf der Insel betritt, der Duft von frisch geräuchertem Aal, Bratheringen oder den hausgemachten Fischsalaten umgarnt einen sofort. Frischer Kabeljau, Stremellachs aus hauseigener Räucherei, hausgebeizter Graved-Lachs oder Flusskrebscocktail in Calvados – Angebote aus einem riesigen Sortiment bester Qualität.

In allen Bistros gibt es eine Vielfalt an feinen und nicht immer alltäglichen Edelfischen, die mit den selbstgewählten Beilagen direkt vor Ort zubereitet, verzehrt oder auch speziell verpackt mitgenommen werden können. Gut ausgewählte Weine sind in allen Filialen erhältlich. Die Frischfischauslage *im Westerländer Fachgeschäft, Neue Straße 2*, ist eine kulinarische Sehenswürdigkeit, die immer von Schaulustigen umlagert wird. *Blums Zentrale* mit Bistro, Fachgeschäft, Salatproduktion, Räucherei und Versandhandel liegt in Tinnum. Unbedingt erwähnenswert sind die bunten, leckeren Party-Fischplatten für alle Anlässe.

### Blum´s Seafood Bistro/Restaurant,
Neue Straße 4, Westerland, Tel.: 04651-29420

### Blum´s Fachgeschäft
mit kleiner Bistro-Ecke, Neue Straße 2,
Westerland, Tel.: 04651-835014

### Blum´s Bistro/Fachgeschäft,
Westerlandstraße 8,
Wenningstedt, Tel.: 04651-4710, P

### Blum´s Bistro/Fachgeschäft,
Süderstraße/Ecke Gaadt,
Westerland, Tel.: 04651-22033, P
Bei Redaktionsschluss war die
Filiale im April 2021 geschlossen.

### Blum´s Bistro/Fischmarkt, Produktion und Räucherei, P
Mittelweg 7, 25980 Tinnum,
Tel.: 04651-3401, Fax: 33400,
Online-Shop: www.fisch-blum-sylt.de
info@fisch-blum-sylt.de,

# Ein kreativer Könner

## Casual-Fine-Dining

*Aufgemerkt! Neues Restaurant, zentral in Westerland gelegen. Düsseldorfer Sternekoch Bastian Falkenroth wechselt vom Rhein an die Nordsee. Casual-Fine Dining! Fish & Chips, Labskaus, Hot Chicken, Nordsee-Bouillabaisse bis zum Côte de Boeuf. Terrasse. Kaffee und Weinkultur. Gute Weinkarte „quer durch die Welt". Wein 0,1/4,50.*

Casual-Restaurant statt Sterneküche, Inselluft statt Großstadt: Vor zwei Jahren ist Spitzenkoch *Bastian Falkenroth* (1 Michelin Stern Restaurant „Nenio") mit seiner Familie von Düsseldorf auf die Insel gezogen und hat das stylische *Goldgelb* in Westerland in Bahnhofsnähe eröffnet: Restaurant und Weinbar, Frühstückslocation und Café – im „Place to be" fühlt man sich ganztägig wohl. Wahlweise beim „Alldaybreakfast" und das ausgiebig, noch schnell vor dem Strandbesuch auf einen Kaffee, zwischendurch auf ein gutes Glas Wein oder später für einen gemütlichen Genießer-Abend – ganz, wie es gerade passt.

Wer die Karte aufschlägt, wird schnell neugierig: Kikokhuhn, Masala, Süßkartoffel und Puffreis oder Schweinebauch mit Oktopus, weißen Bohnen und Bohnenkraut – es sind Klassiker, die der Spitzenkoch mit seiner persönlichen Handschrift zu ganz eigenen Kreationen werden lässt – die Falkenroth-Küche eben.

Ein zentrales Merkmal dieser Küche: Geht nicht, gibt's nicht! Warum sollte man nicht den ganzen Tag frühstücken können? Korrekt: Es gibt keinen triftigen Grund. Erst recht nicht, wenn man sich auf Sylt befindet – Wohlfühlen, Urlaub, Seele baumeln lassen!

Da schmecken auch mitten am Nachmittag die legendären „Egg Benedict" mit Hollandaise, Spinat, Tomate und Bacon. Oder darf's der Breakfast-Burger sein mit hausgemachtem Bacon-Jam, Spiegelei, Avocado und Tomate? Wer schon in Inselstimmung ist, bekommt auch eine Variante mit geräuchertem Lachs und Limettensenf. Auch spannend: Avocado-Hanfmash mit Pink-Hummus und Dinkelbrot. Oder lieber süß? Dann lockt die Kokosbowl mit Kokosjoghurt, hausgemachtem Granola und Früchten.

Und wer vom Frühstück direkt weiter in Urlaubs- oder Feierabendstimmung wechseln möchte, wählt aus der gut sortierten Weinkarte: Vielleicht ein Glas vom ausgezeichneten Riesling von Nik Weis, der übrigens als weißer Hauswein des „Goldgelb" daherkommt? Genießen und Wohlfühlen ist hier angesagt.

A propos Wohlfühlen: Auch bei der Einrichtung hat man hier nichts dem Zufall überlassen: Der Name des Restaurants ist auch in der warmstimmig-gelbgoldtonigen Einrichtung Programm. Es sind viele kleine Details, die hier auffallen – ein Konzept mit viel Herzblut.

Fazit: Wer gute Küche liebt, am liebsten auch einen passenden und gut ausgewählten Wein dabei hat und dazu eine lockere und legere Inselatmosphäre sucht, der ist im familiengeführten „Goldgelb" goldrichtig: Hier treffen internationale Wohlfühlgerichte ganztägig auf ausgezeichnete Spitzenküchen-Kompetenz, dazu gibt es ausgewählte regionale Produkte und immer wieder neue Ideen, die die Karte bereichern. Ein Gewinn für die Insel.

**Goldgelb,** Wilhelmstraße 5, 25980 Sylt / OT Westerland,
Tel.: 0 46 51 / 8069900, ganzjährig geöffnet 10 - 22 Uhr;
Goldgelb Sylt; goldgelbsylt, EC
www.goldgelb-sylt.de

# WOW! Was für ein Feuerwerk

## Creative Kitchen · Coole Drinks

*Neues trendy Bistro in der bunten Elisabethstraße. Kreatives Gastrokonzept mit regionalen Produkten, das die natürlichen Aromen in den Fokus rückt. Fantasievolle Gerichte, liebevoll-einfallsreich auf dem Teller präsentiert – wecken die Lust, Essen neu zu entdecken. Bistroküche im mittleren Preissegment. Außerdem kreative Cocktails. Weinbar. Weißwein 0,2 ab 8,40, Rotwein 0,2 ab 8,20. Raritäten.*

Mit neuem Küchenchef und spannenden Ideen für eine aufregende Aromenküche startet das Westerländer Bistro *Foodporn* in die neue Saison: *John Kasraei*, in Hamburg aufgewachsen und schon seit Kindheitstagen immer wieder auf der Insel zu Hause, hat zum Jahresstart 2021 die Küchenleitung in der Elisabethstraße übernommen. Und wer sich mal seine bisherigen Stationen anschaut, der ahnt schon, dass es im Foodporn spannend weitergehen wird…

Aber der Reihe nach: Gerade erst vor zwei Jahren haben *Dr. Rainer Berchtold* und Sohn *Stefan Berchtold*, die Macher des erfolgreichen „Reblaus"-Konzepts in Keitum, ihr neues „Foodporn"-Bistro im Herzen von Westerland eröffnet. Der Start lief wunderbar, die kreative Küche jenseits bekannter Klassiker kam von Anfang an gut an. Wer sich hier ein genaueres Bild machen möchte: Der Name Foodporn ist auf der Speisenkarte und auf den Tellern Programm. Es geht um gute Küche, die glücklich macht. Kein Chichi, dafür angesagte und hochwertige Zutaten in neuen und spannenden Kombinationen. Ein Konzept, das zum Entdecken und Wohlfühlen gleichermaßen einlädt – Soulfood vom Feinsten.

Man nehme sich den Feldsalat. Der kommt eben nicht mit klassischem Essig-Öl-Dressing daher. Im Foodporn lebt man aufregende Kulinarik, entdeckt Länderküchen und Kombinationen neu. So kommt der knackige Salat mit einer herrlich nussigen, asiatisch angehauchten Sesam-Vinaigrette. Und manch ein Hobbykoch denkt sich schon beim Kosten, dass er sich zu Hause doch unbedingt mal an ein Dressing mit geröstetem Sesamöl machen sollte... Ein kleiner Twist mit großem Wow-Effekt.

Ganz ähnlich sieht es bei Gerichten wie dem Red-Cocos-Fishcurry mit Schweinebauch und Fischfilets im Kokos-Tempura-Mantel aus. Surf and Turf neu gedacht. Wenn man mit dem Löffel in das herrlich cremige Curry geht: Wow, was für ein Feuerwerk von Gewürzen und Aromen!

„Für mich ist ein gutes Curry ein Eintopf, den ich Stück für Stück selbst zusammenbaue", erzählt Küchenchef John Kasraei, der auf der Insel bereits Küchen in Kampen geleitet und ein Jahr für Küchenstar Gordon Ramsey in Tokio gekocht hat. Ein Besuch im Foodporn verspricht definitiv immer auch eine kleine Reise und spannende Inspirationen für die Küche daheim.

„Ich versuche, die Küche meiner Mutter, also die persische Küche, mit ihren Geschmäckern und Aromen in meine kulinarische Identität einfließen zu lassen", erklärt der Küchenchef. Auf dieses Foodporn sollte man sich ruhig mal einlassen …

**#Foodporn …so schmeckt Sylt,**
Elisabethstr. 1a, 25980 Sylt / OT Westerland, Tel.: 0 46 51 / 2009208,
Öffnungszeiten: täglich von 11 bis 23 Uhr,
www.foodporn-sylt.de

# TAPAS/SNACKS

**OCHSENSCHWANZ-TRAMAZINI TRÜFFEL**

**MERGUEZ HAGEBUTTEN-KETCHUP**

**LACHS-GYOZA**

**BRIOCHEKNÖDEL TRÜFFEL PARMESAN**

**BAKED BEAN KNÖDEL AHORNSIRUP**

**SAFRAN KEBAB WINGS LIMONE**

**3 TAPAS = 14,90 €**

# STARTERS

**AUTHENTIC RAMEN** **16,50 €**
WACHTELEI - BAMBUS - BABY PAK CHOI -
SCHWEINEBAUCH - BUCHENPILZE - FISCHKLÖSSE
MIT HAUSGEMACHTEN BASISCHEN NUDELN

**SALAT SESAM CHILI** **15,50 €**
MIT GEBACKENEN KOKOS-TEMPURAFRÜCHTEN
(ANANAS, PAPAYA, BANANE)

**RED SEAFOOD-CURRY** **21,50 €**
ROTBARSCH - SCAMPI - CALAMARI - OKTOPUS -
MIESMUSCHEL

# MAINS

**TASTE OF PERSIA LAMMHAXE** **28,50 €**
KURKUMA - ZIMT - TOMATE - AUBERGINE -
MINZE - NAN - ZITRONE - JOGHURT

**GEILE SAU AUS SCHWÄBISCH HALL** **26,50 €**
BLUMENKOHL POLSKI STYLE - PARMESAN -
HAGEBUTTEN-KETCHUP - EIGELB

**SOFT PORN LABLE ROUGE LACHS** **25,50 €**
FRANKFURTER HOLLANDAISE - KARTOFFEL -
PINIENKERNCREME - GRÜNER SPARGEL

**RATATOULLI-CANNELONI** **22,50 €**
**VEGAN AND SEXY**
POLENTA

# SWEETS

**DER SÜSSE RUSSE** **9,50 €**
NATÜRLICH MIT VODKA

**ERD-APFEL** **12,50 €**
CRÈME FRAÎCHE - SCHOKOLADE - APFEL

# PORNSTAR

**BURGER VOM SYLTER GALLOWAY RIND**
BRIOCHE BRÖTCHEN - GRUYÈRE KÄSE - OCHSENHERZTOMATE - BACON - AHORNSIRUP
**16,00 €**

HARDY`S Restaurant

# Zwei kulinarische Perlen

## Bistro und Hardy's in neuem Glanz

Zwei Top-Restaurants im Traditionshotel Stadt Hamburg – zentral in Westerland. 1. Neu gestaltetes, legeres Bistro mit Sonnenterrasse und durchgehend warmer Küche. 2. Casual Fine Dining Restaurant Hardy's. Wunderschön gestylte Bar. Opulentes, serviertes Frühstück im Restaurant (35,-), kleine Gerichte im Bistro ab 10,50 (Holsteiner Kartoffelsuppe mit Schinkenwurst) sowie täglich wechselndes 3-Gang-Menü 35,- und im Restaurant Hardy's Hauptgänge ab 26,-, KöPi 0,25/3,80, Weine 0,2 ab 7,-, Flasche 0,75 ab 26,-. Spitzen-Weinkeller mit rund 500 Positionen, nennenswerte Raritäten.

Zwei kulinarische Perlen befinden sich im Traditionshotel Stadt Hamburg, das schon seit 1869 Gäste empfängt. Dieses Hotel war immer führend was Gastfreundschaft, Interieur und Küche betrifft. Hier bleibt man aber immer am Puls der Zeit. *HARDY'S Bar & Restaurant*. Casual Fine Dining bedeutet hier in entspannter Umgebung die gehobene Küche (auch vegetarisch und vegan) vom Chef de Cuisine *Ulrich Person* zu genießen. Dieser schwingt inzwischen aus gutem Grund ein Vierteljahrhundert den Löffel in der Küche. Seine Gerichte haben eine Leichtigkeit, sind regional, zuweilen mediterran geprägt und begeistern. Die Krake mit Erbsen-Lasagne (26,-) bestätigt das in bester Form, genauso wie ein auf den Punkt gebratener Heilbutt mit Jakobsmuschel-Ceviche (38,-). Zum Finale verzücken die süßen Kreationen aus der Pâtisserie: der Klassiker Krokantparfait mit Whiskeyschaum (14,-) geht immer.

Ein Besuch in *HARDY'S Bar* ist nicht nur eine Empfehlung, sondern ein Muss: Sie schließt direkt an das Restaurant an, ist für jedermann geöffnet und hat sich einen hervorragenden Ruf erworben. Hier genießt man klassische Drinks, moderne Mixology-Experimente oder einfach nur ein frisch gezapftes Bier.

Als drittes Highlight erstrahlt das Bistro in neuem Glanz. Sehenswert! Ein Grund mehr hier einmal reinzuschauen und nicht zuletzt die beliebte Küche von Ulrich Person von bodenständig bis exklusiv zu genießen. Renner sind weiterhin das Labskaus, der Stadt Hamburger und der Pannfisch mit Bratkartoffeln. Tipp: Nachmittags auf der sonnigen Terrasse zur Strandstraße mit Kaffee und Kuchen „Leute gucken"!

### Hardy's Bar & Restaurant / Bistro im Hotel Stadt Hamburg,

Strandstr. 2, 25980 Sylt / OT Westerland, Tel.: 0 46 51 / 85 80,
Fax: 85 82 20, warme Küche im Bistro von 12-23 Uhr,
Hardy´s Restaurant: 18-21 Uhr, Hardy´s Bar 16 Uhr bis open end.
Ganzjährig geöffnet, Garage für Gäste,
www.hotelstadthamburg.com, mail@hotelstadthamburg.com

DAS NEU GESTALTETE BISTRO IM HOTEL STADT HAMBURG

## Uli Person`s
## Signature Dish

Hummer
Spargelsalat | Erbsencreme | Feta | Chili
36
Variation Jacobsmuschel
Avocado | Gurke | Koriander | Joghurt
32
Heilbutt
Zucchini-Fregola-Pancetta | Thymianbouillion
44
Seeteufel
Wildgarnelen | Bouillabaise | Fenchel | Aiolli
46
Lamm Allerlei
Polenta | Artischocke | Kapern-Olive-Salsa
44

## HARDY`S Menü

Hummer
Spargelsalat | Erbsencreme | Feta | Chili

Kalbsschwanzessenz

Lamm Allerlei
Polenta | Artischocke | Kapern-Olive-Salsa
Oder
Heilbutt
Zucchini-Fregola-Pancetta | Thymianbouillion

Rhabarber-Erdnuss-Feuillantine

114

HARDY'S
BAR & RESTAURANT

## VORSPEISEN

Sylter Royal
4
Rindercarpaccio
Pesto | Parmesan
22,5
Frühlingssalat
10,5
Jacobsmuscheln
19,5
Nordseekrabben
12
½ Hummer
34
Ossetra Kaviar
Blinis | Ei | Schnittlauch | Schmand
75

## DIPS

Cocktaildip
Guacamole
Kapern-Oliven-Salsa
Je 3

## SUPPEN

Kalbsschwanzessenz
Kerbelklöschen
14
Hummersuppe
Estragon
18,5

## FISCH
Seeteufel
30
Dorsch
24
Wolfsbarsch
32
Label Rouge lachs
25
Seezunge
11,5 / 100g

## FLEISCH
Filetsteak 200g
30
Rumpsteak 200g
26
Kalbsrückensteak 200g
28
Maispoulardenbrust
24
Lammkoteletts
30
Wiener Schnitzel
24

## SAUCEN
Zerlassene Butter
Kräuterbutter
3
Hollandaise
Bernaise
Rotweinjus
Champagner-Senf-Sauce
Chardonnaysauce
Terriyaki Sauce
Je 3,5

## BEILAGEN
Petersilienkartoffeln
Kartoffelpüree
Bratkartoffeln
Gratin
Kartoffel-Gurken-Salat
Speckkartoffelsalat
Linguine
Je 4,5
Frühlingsgemüse
Blattspinat
Zucchini-Fregola-Pancetta
Pak Choi
Je 5,5

Polenta Artichoke
7,5

## DESSERT
Kokos Brûlée
Passionsfrucht-
Schokoladenmousse
Rote Grütze
Je 9
Krokantparfait
Whiskyschaum
14
Sorbet / Eis
Klein 2,8
Groß 6,5

Rhabarber-Erdnuss-Feuillantine
Madrascurry-Eis
14
Schokoladensauce
4,5

# Bistro Stadt Hamburg

## Bistro-Menü

Fenchelsuppe
mit Lachs

10,50

*

Königsberger Klopse
in Kapernsauce mit Spargel und Reis

28

*

Crème Caramel
mit Früchten

9,50

Menüpreis 35

**Samstag, 1. Mai 2021**

## Specials

Frühlingssalate / Wildgarnelen / Tomaten-Aprikosenchutney
24

Filet-Burger / Passionsfruchtmayonnaise / Paprikachutney
24,50
mit Hummermedaillons
43

Nordseefische / Bouillabaisse / Crostini / Fenchel / Sauce Rouille
38

Gemüse Curry / Kräuterseitlinge / Erdnussreis
21,50
mit Dorsch
34

Geschmorrte Lammkeule / Ofentomaten / Bohnen / Polenta
28

Chili-Zitronengrassuppe / Champignons / Koriander
10,50
mit Seeteufelspieß
14,50

## Bistro-Klassiker

Holsteiner Kartoffelsuppe
Schinkenwurst
10,50

Nordseekrabben / Friesenbrot
Spiegelei
19

Stadt Hamburger – Reibekuchen
angebratenes Lachstatar
19

Labskaus / Spiegelei / Rote Bete
Gewürzgurke / Rollmops
21,50

Tafelspitzsülze / grüne Sauce
Bratkartoffeln
26

Ceasar Salad
11

Hauseingelegte Bratheringe
Bratkartoffeln
19,50

## Offene Weine:

### Weißwein 0,2l

| | |
|---|---|
| 2019 Chardonnay 3055<br>Jean Leon, D.O. Penedès | 13,50 |
| 2018 Grauburgunder<br>Weingut Salwey | 18 |
| 2018 Weissburgunder<br>Dreissigacker, Rheinhessen | 10 |
| 2019 Weissburgunder<br>Dr. Wehrheim, Pfalz | 10 |
| 2019 Sauvignon Blanc<br>Rings Pfalz | 10 |
| 2018 Grüner Veltliner<br>Bründelmayer Langenlois | 10,50 |
| 2019 Riesling<br>Rings Pfalz | 10 |
| 2019 Riesling<br>Hensel Pfalz | 10 |

### Roséwein

| | |
|---|---|
| 2019 AIX<br>Côtes de Provence | 14,50 |
| 2018 verBLENDed – vollmundig<br>Weingut Windisch, Pfalz | 9 |

### Rotwein

| | |
|---|---|
| 2019 M A N<br>Pinotage Südafrika | 10 |
| 2017 Shiraz<br>Slowine, Afrika | 10 |

L'OSTERIA
PIZZA E PASTA

NEU auf Sylt

# Bella Italia in der Friesenburg

## Da wo die Pizza über den Teller ragt

Neueröffnung im Jugendstil-Ensemble anno 1907 mitten in Westerland. Stilvoll restauriert. Großzügige Gasträume. Offene Küche. Sonnenterrasse. Wintergarten. Vorspeisen 4,50 bis 12,90, Salate 5,75 bis 12,90, Pasta 8,75 bis 12,90, große Pizzen individuell belegt 8,75 bis 13,40, Dolci 4,75 bis 7,-. Gute Weinauswahl.

Es ist geschafft! Zur Saison 2021 eröffnet in einem wunderschönen, stilvoll restaurierten Jugendstilgebäude das in ganz Deutschland bekannte Restaurant-Konzept *L'Osteria*. Nun kommt wieder richtig Leben in das Haus anno 1907. Kein geringerer als *Dirk Block* (aus der Hamburger Gastrofamilie) war beeindruckt von diesem zentralen Ort in der Seitenstraße der Friedrichstraße. Genau hier sah er seine L'Osteria.

Der Erfolg scheint an diesem Standort – in der Nachbarschaft von Fischpapst Gosch – mit so einem Restaurant vorprogrammiert. Restaurantleiter *Marcello Ceresini* hat dafür alles bestens im Griff.

Bekannt ist die L'Osteria für ihre legendäre Pizza – mit 45 cm im Durchmesser reicht sie weit über den Tellerrand hinaus. Auf Wunsch kann man sie mit zwei unterschiedlichen Hälften belegen und so perfekt teilen – mit Freunden, dem Lieblingsmenschen oder der Familie.

Jung und Alt kommen in der L'Osteria zusammen. Ein lebhafter Insel-Treffpunkt, an dem man sich wie zu Hause und willkommen fühlt – für kleine Vierbeiner gibt es sogar eine Hundebar. Hier wird alles frisch und „à la mamma" zubereitet und das schmeckt man. Neben der besten Pizza verbreiten frische Pasta aus der eigenen Manufaktur Pastificio No. 12, leckere Antipasti, Salate und himmlische Dolci echtes Dolce Vita Feeling. Und für alle kleinen Gäste gibt es eine extra Bambini-Speisenkarte.

Auf der Sonnenterrasse lässt man mit einem Aperol Spritz wunderbar den Tag ausklingen und wenn die Nordseebrise rauer weht, kuschelt man sich mit einer Kaffeespezialität im Wintergarten ein.

Wer sich doch lieber für einen gemütlichen Abend zu Hause entscheidet, kann Pizza e Pasta zum Mitnehmen bestellen oder lässt sie sich von der L'Osteria Crew bis zur Haustür liefern. Den verführerischen Pizzaduft, der aus der offenen Show-Küche ins Restaurant weht, gibt es allerdings nur in der Boysenstraße 3.

Aktuell ist L'Osteria an über 130 Standorten in acht europäischen Ländern vertreten. Die L'Osteria Sylt ist die erste, die auf einer Insel liegt. Eben ein ganz besonderer Ort.

**L'Osteria,** Boysenstraße 3, 25980 Sylt / OT Westerland,
Tel.: 0 46 51 / 88 63 385, Öffnungszeiten: täglich 12 bis 23 Uhr.
Mehr Informationen unter losteria.net, P ec f

Speisenkarten-Auszug-Frühjahr 2021
Angebot und Preise können sich je nach Marktlage ändern

Ein wunderbares kleines Ristorante, das sich – mit wenigen Ausnahmen – ausschließlich auf ganz knusprige Pizzen und perfekte Pasta verschrieben hat. *Riva* – eine Bezeichnung, die positive Assoziationen freisetzt. Ein bisschen „Dolce Vita" klingt mit, vielleicht auch der Traum vom schnellen Sportboot auf dem Gardasee. Immerhin kommen im Riva in der Westerländer Paulstraße knusprige Pizzen aus einem typischen Steinofen wie man sie auch nicht besser in Bella Italia bekommt. Da wären zum Beispiel die „Pizza Finito" mit Rindercarpaccio, Parmesan und Pesto, die „Pizza Andrea" mit Gorgonzola und Parmaschinken oder die vegetarische „Pizza Alberto" mit Gorgonzola, Knoblauch und Spinat. Auf der Pasta-Seite liest man von „Penne Manzo" (mit kleinem Steak vom Galloway, getrockneten Tomaten und Pesto) und „Spaghetti Pomodori & Rucola". Aber auch an die Veganer wird gedacht. Wir sahen noch viele typisch südliche Leckereien auf der Speisenkarte: Tomatensuppe mit Pesto und Mandelspalten als Appetizer, gefolgt von großen Salaten mit Thunfisch oder warmem Ziegenkäse.

Das „Dolce Vita" wäre allerdings nicht komplett ohne die „Dolci riva", die vom Tiramisù über das mit Espresso überzogene dunkle Schokoladeneis bis zum hausgemachten Gelato in verschiedenen Geschmacksrichtungen reichen. Für noch mehr italienische Momente im Leben sorgen süffige Landweine wie ein Montepulciano d'Abruzzo oder aber ein Großes Gewächs wie der Weiße mit dem schönen Namen „Were dreams – now it is just wine". In diesem Sinne: Träumen Sie doch mal auf Italienisch!

**Paulstraße 8, 25980 Sylt / OT Westerland, Tel.: 0 46 51 / 299713, täglich 16-22 Uhr, Fr und Sa bis 23 Uhr, während der Saison ganztägig 12-23 Uhr, Familienfeste bis 40 Pers. EC www.riva-sylt.de, info@riva-sylt.de, pizzarivasylt**

MARISO
RESTAURANT · BISTRO

Dass man nicht in den Süden fahren muss, um ein mediterranes Urlaubsfeeling zu spüren, beweist das Restaurant *Mariso* seit vielen Jahren und das Tag für Tag. Hier in der Westerländer Paulstraße scheint immer die Sonne. Denn ein Haus weiter befindet sich die Pizzeria *Riva* und gleich daneben lockt die Bodega *Pablito* mit Tapas. Die Farbigkeit der Innenräume, die Einrichtung, die Terrasse und schließlich die gute südländisch ausgerichtete Küche machen aus diesem Laden eine äußerst erfolgreiche mediterrane Location.
Aber auch hier im Mariso beginnen wir mit einer kleinen Tapas-Auswahl oder mit der hausgemachten Möhren-Kokos-Suppe mit eingelegtem Ingwer. Danach wird Feines aus dem Meer oder vom Land präsentiert. Das Fleisch für das Steak kommt zwar vom Sylter Galloway und die Kartoffeln aus Kampen – man kauft regional ein – daraus wird dann allerdings im Mariso ein kanarisches Gericht.
Es ist eben ein idealer Mix. Der Lachs kommt hier mit einer Haube von Schafskäse auf den Teller und Gambas, Calamari und Oktopusse tummeln sich zwischen „kanarischen Kartoffeln" und „mediterranem Gemüse". Das Hühnchen ebenfalls südländisch mit Rosmarinkartoffeln kommt dann „portugiesisch" aus dem Ofen.
Ganze Fische wie Wolfsbarsch, Butt und auch Dorade werden in der Saison freitags und samstags gegrillt. Die Tagesempfehlungen werden auf der großen Schiefertafel annonciert. Probieren Sie unbedingt den von Fuerteventura mitgeschleppten Palmhonig, der sich bestens macht mit einem Ziegenkäse. Gut, dass hier auch die Weinauswahl vorzüglich ist.
**Paulstraße 10, 25980 Sylt / OT Westerland, Tel.: 0 46 51 / 299711, ganzjährig geöffnet 16-22 Uhr, Fr und Sa bis 23 Uhr, Hauptsaison 12-22 Uhr, EC, www.mariso-sylt.de, kontakt@mariso-sylt.de, marisosylt**

Pablito
Tapas & Wein
...die kleine TapaBar im Herzen der Stadt

Die kleine Paulstraße hat mit gleich drei südländischen Gastro-Adressen längst ein mediterranes Ambiente. Die urige Bodega *Pablito* kommt ziemlich authentisch rüber. Es geht hier oft zu wie bei einer ausgelassenen Familienfeier. Man bekommt schnell Kontakt mit dem Nachbartisch und tauscht Tapas-Empfehlungen aus.
Tapas sind von 3,50 bis 6,50 Euro pro Portion zu haben, z.B. Aprikosen, Ziegenfrischkäse und Mohn. Alle ergänzen sich zu der „Plato mixto" (13,50) oder der „Plato variado" (p.P. 17,50) mit Tapas „8x warm und 4x kalt", dazu kanarische Kartoffeln. Wer das frischgebackene Brot zu häufig in köstliche Aioli, Mojo oder Avocadomousse dippt, der wird bald keinen Platz mehr für die warmen Tapas haben, was angesichts der Datteln im Speckmantel (5,-), der gebackenen Calamari (6,50), der kanarischen Kartoffeln mit Mojo (4,50) und des Lammfilets mit Kräuterschmand (11,50) extrem schade wäre. Auch die Hühnchenspieße in Chilisauce (5,-) oder das Kartoffelomelette (5,50) würde einem dann entgehen. Alternativ zu den Tapas kann man auch zwischen verschiedenen Salaten (ab 6,50) wählen. Dazu passt natürlich am besten ein kräftiger spanischer Rotwein, wie ein Rioja oder auch ein San Miguel Bier. Da man im Pablito, das übrigens nach dem jüngsten Spross vom Chef *Bernd Gröninger* benannt wurde, aber gerne etwas länger sitzen bleibt, wird auch die Dessertkarte wieder interessant. Wer will seinen Kurztrip nach Spanien schon ohne eine Crema Catalana beschließen, die zusammen mit einem starken Café Cortado einen wahrlich krönenden Abschluss für die Fiesta española bildet.
**Paulstraße 6, 25980 Sylt / OT Westerland, Tel.: 0 46 51 / 299712, ganzjährig geöffnet ab 16 Uhr, Hauptsaison 12 - 22 Uhr, Fr und Sa bis 23 Uhr, Familien- und Firmenfeste ab 35 Pers. www.pablito-sylt.de, info@pablito-sylt.de, pablitowesterland**

# Nostalgische Kaffeehaus-Atmosphäre

## Ein halbes Jahrhundert Gastlichkeit

Zu finden nur wenige Schritte entfernt der geschäftigen „Hauptschlagader" Westerlands, zentral in der Bismarckstraße. *Familie Mateika* hat sich mit der traditionellen, alteingesessenen Conditorei nach einer Neuaufstellung im Jahre 2016 farbenfroh, klein&fein in einem historischen Haus eingerichtet.

Ein genussvoller Einstieg in den Tag ist das „Mateika" Frühstück, das je nach Wetterlage auch auf der kleinen Terrasse serviert wird.

Es gibt je nach Gusto z.B. das „Kontinentale" ab 7,50, das „Süße" 11,50 oder das „Strandfrühstück" 14,90. Eine Besonderheit sind die Eggs Benedict, pochierte Eier auf Toast wahlweise mit Bacon, Lachs oder Nordseekrabben mit Sauce Hollandaise, 16,80.

Auch das hausgemachte Birchermüesli 6,80, ist perfekt für den Einstieg in den Urlaubstag.

Übrigens werden in der Küche Sylter Eier, Milch, sowie bevorzugt regionale Rohstoffe verwendet.

Neues Schmuckstück im Kaffeehaus ist die Siebträgermaschine „Belle Époque" des berühmten italienischen Herstellers ELEKTRA für den bestens aufgebrühten Kaffee. Das im Retrostil gebaute, handwerkliche Meisterstück aus Kupfer ist nicht nur optisch ein Highlight. Hier werden aus einer exklusiv für das Kaffeehaus Mateika gerösteten Bohnenmischung der Sylter Kaffeerösterei aus Rantum Kaffeespezialitäten gezaubert.

Dazu passend: eine große Tortenauswahl zum Dahinschmelzen, Petits Fours und vieles mehr, hergestellt in der hauseigenen Pâtisserie. Verkauft werden die Köstlichkeiten nur wenige Meter entfernt an der Kuchentheke, dies ist heutzutage leider eine Seltenheit geworden.

Gelebte Kaffeehauskultur seit 50 Jahren – Familie Mateika feiert im Jahr 2022 ein halbes Jahrhundert traditionelle Gastronomie-Kompetenz auf Sylt, nach der Gründung am 1. Juli 1972. Und wer gerne länger als nur auf Kaffee und Kuchen bleiben möchte:

Über dem Cafébetrieb wurden unter dem Namen: „La Maison M" Gästezimmer eingerichtet, die den gleichen fröhlichen und lebendigen Charme der Kaffeehaus-Atmosphäre ausstrahlen.

Die Top-Lage des Hauses in Strandnähe, sowie die persönliche Atmosphäre vom Frühstück an, bietet den Gästen einen ganz besonderen Aufenthalt.

### M Kaffeehaus Mateika,

Bismarckstraße 13, 25980 Sylt / OT Westerland, Tel.: 0 46 51 / 24081,
tägl. geöffnet 8-18 Uhr (je nach Jahreszeit),
www.mateika.de, cafe@mateika.de

## FRÜHSTÜCKSVIELFALT
## À LA MATEIKA

# Das elegante Grandhotel

## Speisen in vorderster Reihe

Familiengeführtes Grandhotel anno 1903 mit großzügigem Speiseraum. Genuss auch fürs Auge, schöne Restaurantterrasse mit weitem Meerblick. Außer-Haus-Gäste herzlich willkommen. Internationales Frühstücksbuffet (ab 7.30 Uhr, 40,-), Mittags- und Hauptkarte, von Matjesfilet mit Dillsauce auf Sylter Schwarzbrot bis zum gegrillten Kalbsfilet, Zanderfilet auf der Haut gebraten, Madras Gemüsecurry. Auf Vorbestellung: Meeresfrüchte (Muscheln, Hummer, Kaviar, Austern) und Fondues. Große Wein- und Cocktailkarte.

Das Seebad Westerland kann sich glücklich schätzen mit diesem in über 110 Jahren stets gepflegten Grandhotel, das quasi über der Nordsee thront und eine Art Aushängeschild für die Hotellerie der Insel ist. Dieser Zeitzeuge der Belle Époque ist aber immer mit der Zeit gegangen und hat sich die modernen Annehmlichkeiten ins Haus geholt *(siehe auch Hotel- und Wellness-Report)*.

Auch speist man hier auf einem Niveau, das die klassische Kulinarik mit heutigen Genusstendenzen vereint. Die Gastgeberfamilie *Christiana* und *Nicolas Kreis* sowie Tochter *Mariella* und Küchenchef *Paul Becker* haben die Wünsche der Gäste voll im Blick, wenn es um den Trend und die Aktualität geht. So achtet das achtköpfige Küchenteam immer auf Regionalität und Saisonfrische der Produkte, hat saisonal Spargel, Pfifferlinge und frische Fänge aus der Nordsee an Bord und ergänzt die Klassiker mit jahreszeitlichen Produkten.

Bei dem langjährig im Haus tätigen Küchenchef Paul Becker sind Leichtigkeit, Regionalität, Frische und bio angesagt. Die gute deutsche Küche ist Vorbild. Sie wird nur zeitgemäß verfeinert. Das gebratene Wildsteinbuttfilet wird mit Nordseekrabben, grünem Spargel, glasierten Mini-Möhren und Schlosskartoffeln zu einem Festessen. Die Vegetarier freuen sich über Zucchini-Cannelloni, die mit einem pikanten Tabouleh-Salat gefüllt sind. Jeden Tag wechselt ein Menuevorschlag. Das ist Küche auf Grandhotel-Niveau.

Bei gutem Wetter hoch über der Nordsee auf der Dünenterrasse zu speisen, das hat schon was. Unbedingt empfehlen wollen wir noch die verlockende Dessertkarte (warmes Schokoladen-Malheur oder Schokoladen-Bananen-Küchlein auf Karamell-Butterscotch-Sauce und Walnusseis), die Cocktailklassiker an der Jugendstil-Bar (mit und ohne Alkohol) und die Preziosen aus dem Miramar Weinkeller, der für jede Speise den treffenden Tropfen im Regal hat.

### Restaurant Hotel Miramar,

Friedrichstr.43, 25980 Sylt / OT Westerland, Tel.: 0 46 51 / 8550,
Fax: 855222, ganzjährig geöffnet, Frühstücksbuffet von 7.30-11 Uhr,
Hauptkarte von 12-14 und 18-22 Uhr, Mittagskarte 14-17.30 Uhr

www.hotel-miramar.de, info@hotel-miramar.de

**Vorspeisen**
Burrata-Bowl
Cremiger Burrata, Babyspinat, Kirschtomaten, Avocado,
Pinienkerne und Vinaigrette vom alten Balsamico € 16,90

**Zwischengerichte**
Glasierter Hummerschwanz im Knuspermantel
auf Pak Choi und Mango-Curryschaum € 36,90

**Suppen**
Rinder-Consommé mit Maultaschen € 8,90

**Fischgerichte**
Gebratenes Wild-Steinbuttfilet und Nordseekrabben
an grünem Spargel, glasierten Mini-Möhren, Schlosskartoffeln
und Zitronen-Beurre blanc € Tagespreis

**Fleischgerichte**
Kalbsfiletmedaillons unter Dijon-Senfkruste auf Rahmwirsing
mit glasierten Weintrauben und Kartoffelkroketten € 36,90

Gegrilltes Rinderfiletsteak an Selleriepüree
mit gebratenen Pilzen, Trüffeljus und Herzoginkartoffeln
180 g € 40,90
250 g € 51,90

**Vegetarische Gerichte**
Zucchini- Cannelloni gefüllt mit pikantem Tabouleh-Salat,
Minz-Pesto und Mandelöl** € 16,90

**Desserts**
Schokoladen-Bananen-Küchlein
auf Karamell-Butterscotch-Sauce und Walnuss-Eis € 12,90

**für Vegetarier geeignet

**Speisenkarten-Auszug-Frühjahr 2021**
**Angebot und Preise können sich je nach Marktlage ändern**

HOTEL UND RESTAURANT
JÖRG MÜLLER

# Die Genussinstitution

## Bodenständig bis Gourmet

*Jörg Müller – eine Kochinstitution. Müllers Restaurant in Westerland mit stimmungsvoller Atmosphäre. Küche regional und bodenständig bis Gourmet: À-la-carte-Klassiker wie gratinierter Dorsch mit Senfsauce bis zum getrüffelten Gänseleber-Gugelhupf. Drei-Gänge-Menü. Eine der besten Weinkarten der Welt (Wine Spectator)!*

Von Sylt nicht wegzudenken ist die Küche von *Jörg Müller* in Westerland. Seit 1983 ist er mit seinem Restaurant auf der Insel. Nach der 2 Sterne-Bastion in Morsum entstand schließlich das große Reetdachhaus in Westerland, das zur Pilgerstätte für Gourmets avancierte. Inzwischen hat der „geniale Klassiker unter den Top-Köchen" längst Abschied genommen von bestimmten Luxusritualen der Sternegastronomie. „Ich koche jetzt für meine Gäste und nicht mehr für den Stern", erklärt Müller selbstbewusst.

In lockerer Atmosphäre werden die Klassiker serviert, ob Regionales wie Kabeljau und rote Garnele im Bouillabaissesud oder ein Tafelspitz vom Sylter Galloway genauso wie die berühmten Müller-Kreationen „Pot-au-feu vom Hummer", „Getrüffelter Gänseleber-Gugelhupf im Traminergelee" oder gratinierte Seezungenfilets „Noilly Prat". Und das alles wird in einem angemessenen Preisrahmen präsentiert.

Jörg Müller

Easy going, denn auf Müllers Küche ist Genussverlass auch ohne die Gourmettempel-Formalitäten. „Die Resonanz ist äußerst positiv und auch die jüngeren Leute scheinen keine Schwellenangst mehr zu haben", meint *Barbara Müller,* die die Gäste seit eh und je empfängt. Apropos junge Leute: Mit Tochter *Jane Müller* und ihrem Ehemann *Benjamin Müller-Birkholz* stehen zwei Gastro-Fachleute aus der Familie dem Betrieb zur Seite. Jörg Müllers Faible für den Wein zeigt sich weiterhin an seiner vielfach ausgezeichneten Weinkarte, die seit über 20 Jahren vom „Wine Spectator" mit dem „Grand Award" bedacht wird. Alles steht bei den Müllers unter dem Motto: Lust am Genuss – aber ohne Muss... *(siehe auch Hotel-Report).*

### Zu guter Letzt:

Der prämierte Weinkeller von Jörg Müller ist jetzt auch im Internet präsent. Dort kann man die Crème de la Crème der Weinwelt für zu Hause ordern. Der Schwerpunkt von Müllers Wein Shop liegt auf Frankreich und auf deutschem Riesling. Hier hat ein Kenner ausgewählt. www.jm-weinshop.de

### Hotel und Restaurant Jörg Müller,

Süderstraße 8, 25980 Sylt / OT Westerland, Tel.: 0 46 51 / 2 77 88, Fax: 20 14 71, geöffnet ab 17 Uhr, dienstags Ruhetag, Vor- und Nachsaison montags und dienstags Ruhetag. P
www.jmsylt.de, info@jmsylt.de

## Apéritifs

| | | |
|---|---|---|
| Hauscocktail mit Basilikum/Limette/Drambuie | 0,15l | 9,50 |
| Crémant mit Holunder | 0,1l | 9,00 |
| Rosé Sekt Extra Brut, Weingut Bergdolt | 0,1l | 9,00 |
| König Pilsener vom Fass | 0,25l | 4,50 |
| Apfelsecco (alkoholfrei) | 0,1l | 6,50 |

## Champagner

| | 0,1l | 0,75l |
|---|---|---|
| Billecart Salmon Blanc | 17,- | 90,- |
| Billecart Salmon Rosé | 19,- | 120,- |
| Krug Grande Cuvée | 36,- | 240,- |

## Süßweine

| | 0,1l |
|---|---|
| 2016 Grüner Veltliner Auslese, Aldinger | 12,- |
| 2008 St. Patrick Beerenauslese, Weingut Johner | 16,- |
| 2007 Sauternes, ChâteauRieussec | 18,- |

## Selection Jörg Müller

| | 0,2l | 0,75l |
|---|---|---|
| 2014 Riesling Alte Reben, Toni Jost | 12,- | 38,- |
| 2019 Müller-Thurgau, Weingut Schäfer-Fröhlich | 12,- | 38,- |
| 2019 Blanc de Noir, Weingut Hunn | 12,- | 38,- |

## Weißwein und Rosé

| | 0,2l | 0,75l |
|---|---|---|
| 2019 Grauburgunder , Weingut Poss | 12,- | 38,- |
| 2017 Weißburgunder S , Weingut Schäfer-Fröhlich | 16,- | 56,- |
| 2011 Volz GG Riesling, Van Volxem | 18,- | 62,- |
| 2020 Rosamunde Rosé, Weingut am Stein | 12,- | 38,- |

## Rotwein

| | 0,2l | 0,75l |
|---|---|---|
| 2016 Spätburgunder, Fritz Waßmer | 15,- | 52,- |
| 2004 Cabernet Sauvignon, Gentle Annie | 16,- | 54,- |
| 2018 Merlot & Cabernet Sauvignon, Weingut Bergdolt | 16,- | 54,- |
| 2017 Château Beausejour | 18,- | 58,- |

Weinkarte:

Weinshop:

**Sehr geehrte Gäste!**
**In unserer Küche werden nur hochwertigste Frischprodukte ohne chemische Zusatzstoffe mit Liebe und Sorgfalt verarbeitet.**

**Unsere Fleischprodukte, Lamm und Gallowayrinder kommen von zwei kleinen Schlachtern aus Nordfriesland, die Fische aus der Nordsee, Krabben und Muscheln aus dem Wattenmeer.**

**Sollten Sie auf gewisse Produkte allergisch reagieren, sprechen Sie bitte unser Serviceteam an.**

**Ihr Jörg Müller**

## Menü

Beeftatar mit Reibekuchen und Creme Fraîche 28,-
(wahlweise mit 10g Imperial Kaviar + 20,-)
oder
Variation vom Färöer Lachs 26,-
*
Kabeljau und Rote Garnele
im Bouillabaissesud mit Steinbuttravioli 45,-
oder
Zweierlei vom Deichlamm
mit mediterranem Gemüse und Olivengnocchi 48,-
*
Eierlikörmousse auf Rhabarber 14,-

Menü 3 Gänge 78,-

## Tagesempfehlungen

| | | |
|---|---|---|
| Irische Donegal Austern auf Eis | 6 Stück | 24,- |
| Imperial Kaviar mit Reibekuchen und Creme Fraîche | 20g | 45,- |
| | 50g | 98,- |
| Salat vom Schwarzfederhuhn mit Waldpilzen | | 19,- |
| Getrüffeltes Geflügel-Gänseleberparfait, Pumpernickel, Apfelsalat | | 23,- |
| Mascarponeravioli mit Tomatencoulis und gebratenen Kräutern | | 28,- |
| Tagliatelle mit Perigordtrüffel | | 36,- |
| Pot au feu vom Hummer mit Meeresfrüchtemaultasche | | 36,-/ 48,- |
| Backfisch vom Kabeljau mit verschiedenen Salaten | | 32,- |
| Frikadellen vom Galloway Kalb mit Spitzkohl und Bratkartoffeln | | 32,- |
| Lammcurry mit kleinen Gemüsen und Basmatireis | | 34,- |

## Vorspeisen und Suppen

| | |
|---|---|
| Hausgemachte Maultasche, Lammbratwurst, Kartoffelsalat | 15,- |
| Sylter Ziegenfrischkäse, Rote Bete, Kürbischutney | 17,50 |
| Dreierlei vom hausfiletierten Fassmatjes | 22,- |
| ½ Hummer mit kleinem Salat und zweierlei Saucen | 38,- |
| Kürbiscremesuppe | 9,50 |
| Rinderkraftbrühe mit Flädle | 8,50 |
| Fischsuppe JM mit Knoblauchbrot | 12,50 |

## Fischgerichte

| | |
|---|---|
| Gratinierter Dorsch, Nagegemüse, Senfsauce, Petersilienkartoffeln | 34,- |
| Wildwassergarnelen ‚Mediterran' hausgemachte grüne Nudeln | 36,- |
| Nordseezunge in Butter gebraten, Salatteller | 19 cent/g |
| Gratinierte Seezungenfilets, Waldpilze, Spargel, Kartoffelpüree | 52,- |
| Steinbutt und Hummer in zwei Saucen, Wildreis | 64,- |

## Fleischgerichte

| | |
|---|---|
| Tafelspitz, Meerrettichsauce, Wirsing, Vichy Karotten, Kartoffeln | 34,- |
| Kalbsnierchen in Champagner-Senfsauce, Blattspinat, Püree | 34,- |
| ½ Barbarie Ente mit Rotkohl und Kartoffelpüree | 38,- |
| Dry Aged Entrecôte vom Holsteiner Rind, Bohnen, Bratkartoffeln | 42,- |
| Filet vom Holsteiner Rind, Pfefferrahmsauce, Bohnen, Gratin | 52,- |
| Tournedos ‚Rossini', gebratene Gänseleber, Trüffelsauce | 48,-/68,- |

## Dessert

| | |
|---|---|
| Hausgemachtes Sorbet und Eis pro Nocke | 4,50 |
| - Cassis, Schokolade, Orange, Passionsfrucht, Mango, Weinbergpfirsich, Grüner Apfel, Vanilleeis, Kaffeeeis | |
| - wahlweise mit Wodka oder Eierlikör zusätzlich | 5,- |
| Espresso oder Kaffee mit Petits Fours | 14,50 |
| Helles und dunkles Schokoladenmousse | 12,- |
| Crème brûlée mit Zwetschgenröster | 13,50 |
| Birne Helene im Glas | 14,- |
| Schokoladensorbet mit Eierlikör und Kürbiskernöl | 14,- |
| Käse aus Nordfriesland | 16,- |

Speisenkarten-Auszug-Frühjahr 2021 | Angebot und Preise können sich je nach Marktlage ändern

# Die Osteria – Das Original:
## Lebendig, lässig, bunt

Kultiger Szene-Treff am Campingplatz in Westerland direkt hinter den Dünen am Strandübergang. Lebendig, lässig, bunt. Mit Kinderspielplatz. Frühstück ab 12 Uhr für Spätaufsteher. Osteria-Brunch (11,50 p.P.). Sonnenterrasse mit Strandkörben. Mediterran geprägte Karte, gute Portionen. Große Pizzaauswahl (ab 12,-), Fondue ab 4 Personen auf Vorbestellung (35,- p.P.). Über 100 Weinpositionen.

Über ein Vierteljahrhundert ist es her, dass der umtriebige Gastronom *Reiner Hinsen* mit einer Crew von Gleichgesinnten die erste *Osteria* im Watthof in Rantum eröffnete. Das Ding wurde ziemlich schnell erfolgreich – und so trubelig, dass man sich einen neuen Standort suchen musste. Seitdem ist *Die Osteria* am Campingplatz in Westerland ein ziemlich lässiger Treffpunkt für alle, die Lust auf das ungezwungene und lebendige Inselleben haben. Ganz gleich ob Surfer oder nicht, Insulaner oder Gast, ob Banker oder Verkäufer – hier darf jeder nach seiner Façon glücklich werden und Kinder dürfen einfach Kinder sein.

Die Karte ist, wie es sich für so eine Location gehört, unkompliziert und bietet reichlich Auswahl. Mediterran Leckeres ist der Schwerpunkt – weshalb es in der Osteria auch ziemlich verführerisch nach Kräutern duftet. Die Tessiner Minestrone ist daher schon mal ein guter Starter. Und dann wird es gar nicht so einfach mit der Auswahl: Pizza, Pasta, Carne, Pesce, alles da. Und das in reichlichen Portionen. Klassiker sind die „Piccata Milanese" Kalbsschnitzel auf Tomatenspaghetti mit frischen Kräutern. Oder die Lammfilets auf gartenfrischem, buntem Gemüse mit Kartoffelgratin. Serviert werden die lecker duftenden Köstlichkeiten ganz rustikal in der Pfanne – herrlich! Und die Pizza mit ihrem knusprig dünnen Boden und dem leckeren Belag, ganz nach dem Gusto des Bestellers, die sollte man hier mal probiert haben. Unsere Autorin liebt's mit Gemüse – prego, die Pizza Verdura kommt mit Broccoli, Paprika und Zwiebeln an den Tisch. Das quirlige Team kümmert sich gewohnt aufmerksam und ziemlich flott auch im größten Trubel um die Gäste: ein weiterer Grund, warum aus Gästen hier so schnell Stammgäste werden bzw. geworden sind.

Wer trotz der üppigen Portionen noch Appetit hat, Dessert gibt's hier natürlich auch. Gerne auch aus der heißen Pfanne – das nennt man dann wohl Pfannkuchen! Und was dazu? Rote Grütze und Vanilleeis sind natürlich der Klassiker. Und weil so viel Leckeres schwimmen muss, gibt man am besten noch was hochprozentig Klares hinterher. Die Spirituosenauswahl kann sich sehen lassen, das Weinsortiment aber auch. In diesem Sinne – wir trinken auf unsere Osteria!

**Die Osteria,** Strandübergang Südwäldchen, Süderstraße 68, Campingplatz, 25980 Sylt / OT Westerland, Tel.: 0 46 51 / 29819, Fax: 23037, tgl. geöffnet von März bis Dez. von 12-23.30 Uhr, durchgehend warme Küche von 12-22 Uhr, montags Ruhetag, großer Parkplatz, Kinderspielplatz, für abends telefonische Reservierung empf. www.osteria-sylt.de, info@osteria-sylt.de,

Die OSTERIA Sylt

**... Guten Morgen ! ...**

**Unser Spätaufsteher - Nachtschwärmer Brunch**

**von 12:00 Uhr bis 16:00 Uhr**

**Der Osteria Brunch**

Drei Brötchen,
Gaudakäse und Brie, dazu italienischer Landschinken,
Mortadella und Salami, Butter,
Marmelade, Nutella, Honig, Kräuterquark,
eine Scheibe Lachs und Rührei aus zwei Eiern
**11,50 € pro Pers.**

... und dazu die "Extras"

Müsli mit Milch 2,50 €
Fruchtjoghurt 2,50 €
Kräuterquark 2,50 €
Frischer Obstmix 5,00 €
Butter 1,50 €
Süßer Mix aus einmal :
Honig, Nutella und Marmelade 2,50 €
Ein frisches Brötchen 0,50 €
Baguette 1,00 €
Fleischsalat 2,00 €
Drei Scheiben Lachs 3,00 €
Drei Scheiben ital. Landschinken 3,00 €

Drei Scheiben Salami oder
Mortadella 1,50 €
Drei Scheiben Gauda 2,50 €
Eine Ecke Brie 2,50 €
Zwei kleine Filetscheiben
mit großer Garnele 10,50 €
Pfannengemüse 4,00 €
Bratkartoffeln mit Zwiebeln 4,00€
Rührei aus zwei Eiern 3,00 €
Rührei aus zwei Eiern mit Zwiebeln
und ital. Landschinken 5,50 €
Spiegelei aus zwei Eiern 3,00 €
Bacon gebraten aus 4 Streifen 2,50 €

**Becher Kaffee, Becher Tee, Becher Kakao,**
**Milchkaffee, Capuccino, Espresso, Säfte und, und, und ...**
**auf den Getränkeseiten geht`s weiter !**

---

## Pizza

| | |
|---|---|
| Pizza Margherita der Klassiker mit Käse und frischem Basilikum | 12,00 € |
| Pizza Prosciutto mit italienischen Landschinken | 14,50 € |
| Pizza Salami mit Salami, ist ja logisch ! | 13,50 € |
| Pizza Tonno mit Thunfisch und Zwiebeln | 13,50 € |
| Pizza Lecker mit frischem Lachs und Creme Fraiche | 15,50 € |
| Pizza Frutti di Mare mit Garnelen, Thunfisch und Lachs | 15,50 € |
| Pizza „Texas" mit Putenbrustnuggets, Broccoli, Mais, Jalapenos, Chilli Creme Fraiche und Eisbergsalatstreifen (... scharf ! ) | 16,00 € |
| Pizza Verdura mit Broccoli, Paprika, Zwiebeln, Knoblauch und Zucchini | 14,00 € |
| Pizza Diavola mit pikanter Peperoni-Salami* aus Calabrien, Knoblauch, Oliven und Peperoni | 15,50 € |

## Pasta - Nudeln

| | |
|---|---|
| Spaghetti Arrabiata, scharfe Tomatensoße, mit Zwiebeln, Jalapenos, Paprika und Oliven | 14,00 € |
| Spaghetti Tonno, mit Thunfisch, Jalapenos, Tomaten, Knoblauch und Schafkäse überbacken | 14,50 € |
| Spaghetti Carbonara, "Osteria Style", mit Parmesan, Sahne und Speckwürfel (Pancetta) | 13,50 € |
| Spaghetti Bolognese, mit Käse überbacken | 12,50 € |
| Tortellini vegetarisch, mit Champignons, Broccoli, Karotten, Zwiebeln und Tomaten-Sahnesoße mit Käse überbacken | 14,00 € |
| Tortellini überbacken mit Gorgonzola-Sahnesoße, Broccoli, Karotten, Tomaten und Zwiebeln | 14,50 € |
| Lasagne nach Art Osteria | 13,00 € |
| Rigatoni in Pestorahm, mit Tomaten und Parmesan überbacken | 14,00 € |
| Rigatoni al Salmone, Lachs vom Grill mit Broccoli, Karotten, Champignons und Zwiebeln in scharfer Tomatensahnesoße | 16,50 € |
| Rigatoni con Gamberi, Garnelen mit Champignons, Zwiebeln, Broccoli und Karotten in leckerer Tomatensoße | 17,50 € |

## Fleisch/Carne

| | |
|---|---|
| Piccata Milanese Kalbschnitzel in Parmesan-Eihülle auf Tomatenspaghetti mit frischen Kräutern | 25,50 € |
| Putenbruststeaks auf Pfefferlauchgemüse mit Zwiebeln, und Tomaten, dazu Home Frites | 21,50 € |
| Rinderfiletnuggets Giardino, feurig scharf mit Peperoni, Knoblauch, Zwiebeln, Zucchini und Champignons, dazu leckeres Knoblauchbaguette | 23,50 € |
| Gegrilltes Rumpsteak vom deutschen Weiderind mit Pommes Frites und Kräuterbutter, dazu knackiger Frühlingssalat | 28,50 € |
| Drei Lammfilet auf gartenfrischem Gemüse, Broccoli, Karotten, Zwiebeln, Champignon und Zucchini, dazu Kartoffelgratin | 29,50 € |
| Manja´s Tip "Dschungl-Mix" Rinderfiletscheibe, Lammfilet, Putenbruststeak auf pikantem Paprika-Mais-Tomatengemüse, dazu Home Frites | 30,50 € |
| Filetto alla Coimbra, Rinderfilet vom Weiderind aus Südamerika mit grünem Pfeffer, Majorankartoffeln und Pfannengemüse, dazu Knoblauchsoße | 34,00 € |

## Fisch/Pesce

| | |
|---|---|
| St. Pierre Filet gebraten auf Rigatoni Arrabiata (scharf) mit Gemüse, Oliven und Peperoni | 23,00 € |
| Salmone alla Naggi, Lachs vom Grill auf Reis und italienischem Pfannengemüse dazu scharfe Limonensauce | 22,00 € |
| Gamberi Saluti di Herbert: Acht leckere Garnelen in Knoblauchöl gebraten mit Lauch und Zwiebeln dazu wahlweise Baguette oder Reis | 35,50 € |
| Bunte Garnelenpfanne: Acht Scampis in Oliven-, Zwiebeln-, Paprika-, Tomatensoße, dazu Knoblauchbaguette | 35,50 € |
| Pesce Viererlei: Zanderfilet, Lachs, St. Pierre Filet und Garnele gegrillt auf frischem Pfannengemüse, dazu Reis und Knoblauchsauce | 26,00 € |
| Zanderfilet auf Tai-Curry-Gemüse mit Wok - Nudeln | 24,50 € |

**Speisenkarten-Auszug**
**Angebot und Preise können sich je nach Marktlage ändern**

# Stilvolle Tradition

## Der maritime Wohlfühlort

*50 Jahre „Seekiste", jahrzehntelange Tradition. Einmalige „Seekisten-Atmosphäre". Maritimes Ambiente, Terrasse (Abendsonne), regionale, gutbürgerliche Küche: Miesmuscheln, hausgemachtes Sauerfleisch und Labskaus, Lammrücken und Seezunge sowie das Wiener Schnitzel. KöPi/Köstritzer vom Fass 0,3/4,40, Wein 0,2/8,-, Flasche ab 29,- bis zu den Großen Gewächsen.*

*Eileen* und *Stefan Pflug* haben hier das Ruder schon einige Jahre in der Hand und halten den erfolgreichen Kurs. Ihre *Seekiste* wird immer mit viel Gespür für Tradition aufgefrischt. Die alten Messinglampen blinken golden über den Tischen und die herrlichen Fliesenwände sind immer noch schöner als jede moderne Wandgestaltung. Viele Details, wie die hübsche kleine Galionsfigur oder die antiken nautischen Geräte wie Kompass, Nebelhorn & Co. schmücken die gemütliche kleine Gaststube mit ihren ca. 40 Plätzen. Es wird schnell klar, dass hier bei den Koordinaten 54°54'.18" N-Breite und 8°18'.20" O-Länge ein Schiff nicht nur eine einfache Seekiste abgeliefert hat, sondern eine kleine Schatztruhe.

Und die Gäste sind begeistert! Viele kommen seit Jahrzehnten, genau seit 1971, und wollen ihre Lieblingsmuscheln, die berühmten Muscheln im Curry-Sahne-Sud.
Immer dienstags ist „Enten-Tag": Auf Vorbestellung werden die Enten frisch zubereitet und das duftet dann ums kleine Häuschen ganz köstlich!
Gutbürgerlich und regional ist das Angebot der Standardkarte. Eine wechselnde Tageskarte bietet neue Küchenideen mit den saisonalen Produkten – immer sehr verlockend. Auf die Küchenleistung kann Chefkoch *Gregor Goltz* wahrhaftig stolz sein. Der kann´s. In den kleinen „Séparée-Ecken" oder auch an warmen schönen Tagen auf der kleinen Terrasse vor dem Haus ist der unkomplizierte, aber dennoch professionelle Service der Garant dafür, dass dem Seekistenbesucher an nichts mangeln wird, – eben doch wie immer!

**Seekiste,** Käpt´n-Christiansen-Str. 9, 25980 Sylt / OT Westerland, Tel.: 0 46 51 / 22575, ganzjährig geöffnet ab 17.30 Uhr, warme Küche bis 22 Uhr, sonntags Ruhetag (außer an Feiertagen).
www.seekiste-sylt.de, info@seekiste-sylt.de

## Vorspeisen

### Friesentatar
Tatar von Lachs und Matjes mit gebuttertem Friesenbrot
und Meerrettich Crème fraiche
14 €

### Weinbergschnecken
in Kräuter-Knoblauch-Butter mit würzigem Parmesan gratiniert
1/2 Dutzend 10 € 1 Dutzend 17 €

### Garnelenpfanne Seekiste
in Olivenöl, pikant gewürzt mit Chili, Knoblauch,
gemischtem Gemüse und Baguette
15 €

### Holländische Matjesfilets
mit Hausfrauen Soße, gebuttertem Friesenbrot und roten Zwiebeln
10 €

### Muschelpfännchen Seekiste
in Kräutersahnesoße, mit gemischtem Gemüse und Parmesan überbacken
14 €

### Frische Nordsee Miesmuscheln
nach Seekisten Art, mit würzigem Curry Sahnesud
und gebuttertem Friesenbrot
13 €

### Gebratene Jacobsmuscheln
auf roter Zwiebelmarmelade und Krustentierschaum
16 €

### Carpaccio vom Rinderfilet
mit Parmesanraspeln, Rucola und altem Balsamico
17 €

## Süßkramkarte

### Sylter Rote Grütze
hausgemacht mit Vanillesoße oder Vanilleeis
9 €

### Crème Brûlée
mit frischen Früchten
9 €

### Nordfriesen - Rahm
mit Haselnusskrokant
9 €

### Zitronensorbet
aufgefüllt mit Rosé Sekt oder Sash & Fritz Wodka
9 €

### Schokoladenpudding wie bei Muttern
mit Vanillesoße 8 € oder mit hausgemachtem Eierlikör 10 €

### Karamelisierter Ziegenkäse
mit Trüffel Thymian Honig auf roter Zwiebelmarmelade
12 €

## ...und dazu was flüssiges!

### Hausgemachter Eierlikör
5cl 4,50 €

### Trockenbeerenauslese
Oliver Zeter
"Goldschatz" aus der Pfalz
5cl 8 €

## Meer- und Landkarte

### Scholle Finkenwerder Art
in Butter gebraten mit Speckgrieben, gemischtem Salat
und Salzkartoffeln
23 €

### Scholle Büsumer Art
in Butter gebraten mit Nordseekrabben, gemischtem Salat
und Salzkartoffeln
27 €

### Garnelenpfanne Seekiste
in Olivenöl, pikant gewürzt mit Chili, Knoblauch,
gemischtem Gemüse und Baguette
26 €

### Pochiertes Nordseedorschfilet
mit herzhafter Senfsaatsoße, Gurkensalat und Salzkartoffeln
27 €

### Edelfisch und Krustentiereintopf
in der Kasserolle serviert, mit Safran, Gemüse,
Aioli und Baguette
26 €

### Gebratene Nordsee Seezunge
mit zerlassener Butter, Salzkartoffeln und Gurkensalat
46 €

### Zarte holländische Matjesfilets
mit Hausfrauen Soße, Bratkartoffeln und Salat
19 €

### Frische Nordsee Miesmuscheln
nach Seekisten Art, mit würzigem Curry-Sahnesud
und gebuttertem Friesenbrot
23 €

### Holsteiner Lammrücken
fein mariniert und rosa gebraten,
dazu Rahmwirsing mit Speck, Parmesangnocchi und Kräuterjus
35 €

### Wiener Schnitzel vom Kalb
mit herzhaftem Kartoffelgurkensalat
und Preiselbeeren
25 €

### Filetsteak vom Holsteiner Weiderind
mit Rahmmöhrchen, Pfefferrahmsoße und Bratkartoffeln
39 €

### Sauerfleisch
hausgemacht, dazu gemischter Salat, Bratkartoffeln
und Remouladensoße
23 €

### Hausmacher Labskaus
mit Morsumer Spiegelei und saurer Beilage
22 €

**Speisenkarten-Auszug-Frühjahr 2021**
**Angebot und Preise können sich je nach Marktlage ändern**

# Die kreative Beach-Küche

## Eine lockere Location

Diese Beach-Crew hat Ideen! Am Radwanderweg direkt am Strandaufgang im nördlichen Westerland lohnt ein Stop. Unkomplizierte Atmosphäre, regional geprägte Küche mit Crossover-Einflüssen aus allen Kontinenten. Klassiker: Shakshuka (Tomate, Ei, Koriander, Brot) zum Teilen (14,50) sowie Fish & Chips mit Süßkartoffel-Fritten (19,50). Flens vom Fass 0,3/3,80, Wein 0,2 ab 7,50, Flasche 0,75 ab 22,-. „Markus Schneider" ab 34,-.

Diese relaxte Strandbude hinter der Dünenkette Westerlands – Höhe Marinesiedlung oder nördlich von Westerland am Radwanderweg – will erst einmal gefunden werden. Vorbei sind allerdings die Zeiten, in denen man ohne Reservierung auf einen leckeren Burger reinschneien konnte. Es hat sich inzwischen herumgesprochen, dass man im *S-Point* unkompliziert und hervorragend speisen kann.

Maître *Sepp Reisenberger* konnte für seine Küche einen Großen gewinnen. *Frank Zink* ist ein Koch, der schon so manchem Restaurant zu einem Stern verholfen hat. Das soll nicht heißen, dass hier jetzt die Haute Cuisine zelebriert wird. Man kocht ganz einfach auf dem Niveau des guten Geschmacks. Da ist die Gallowaybratwurst mit Ingwer, Koriander und Kräutern auch noch ein Insulaner vom „Gänsehof" in Keitum.

Mehr Regionalität geht nicht. Die Wurst wird samt Kartoffelstampf und Gemüse (22,50) gereicht. Freunde von Fisch werden mit Fenchel-Brotsalat und Pulpo (16,-) oder einer hervorragenden Pasta Vongole (24,50) glücklich gemacht. Fish & Chips bedeutet hier Kabeljau im Sesam-Bierteig mit Süßkartoffel-Fritten (19,50), so gut wird man diesen Klassiker in ganz Großbritannien nicht finden. Das orientalisch angehauchte Shakshuka (14,50) bestehend aus Tomate, Ei, Koriander und Brot zum Dippen ist einfach nur köstlich und eignet sich perfekt als Vorspeise für zwei Personen. Dazu mundet eine hausgemachte Zitronenlimonade (3,90) ebenso wie ein helles Stiftungsbräu (0,5/5,90), serviert im eisgekühlten Tonkrug.

Das hauseigene Craft Beer mit dem verheißungsvollen Namen „Förster Buben", gebraut nach Rezeptur vom S-Point ist ein vortrefflicher Durstlöscher.

Für Freunde von kultivierteren Tropfen hält Restaurantchefin *Anett Engel* neue spannende Rebsorten bereit: Welschriesling, Gewürztraminer und Chenin Blanc. – diverse Châteauxs lagern im Raritätenschrank. Bei allem Hochgenuss sitzt der Gast rustikal an Tischen, deren Holz zuvor als Fußweg für die benachbarte Strandtreppe diente. Auch sonst ist das Mobiliar maritim, hölzern, urig, strandnah – wie die Location selbst.

**Bistro S-Point,** Lornsenweg 7, 25980 Sylt / OT Westerland, Tel.: 0 46 51 / 3504746, Öffnungszeiten 13-22 Uhr, Dienstag Ruhetag, P EC
www.s-point-sylt.de, sepp@s-point-sylt.de, facebook.com/spointsylt, instagram.com/spointsylt

# Eine kulinarische Wohlfühlreise...

## ...ob deutsch, französisch oder asiatisch

*Stylisches Restaurant im Herzen von Westerland. Gehobene deutsche Küche mit euroasiatischen Einflüssen. Schöner, heller Wintergarten, Barbereich für Aperitif und Digestif, hauseigene Likörkreationen. Schwerpunkt auf regionalen, saisonalen Produkten. Vorspeisen ab 13,50 (Caesarsalat) oder Ceviche, Hamachi, Ochsentomate, Algen, Nori, Kalamansi (17,50). Hauptgerichte ab 26,50 (Wiener Schnitzel mit Kartoffel-Gurkensalat) oder Kabeljau, Rote Bete, Kokos, Saubohnen (26,50). Abendempfehlung auf der Tafel.*

Wo kommt man heute schon an asiatischen Aromen vorbei?! Das Miteinander aus klassischer, deutscher oder auch französischer Küche mit den vielfältigen und spannenden Aromen Asiens ist fast schon kein Trend mehr; vielmehr ist eine neue Normalität mit wunderbarer Dynamik auf dem Teller entstanden. Und genau die lässt sich im stylischen Restaurant *Tellerrand* im Herzen von Westerland genießen: Klassisch deutsche und französische Küche verschmelzen hier gekonnt mit asiatischen, aber auch anderen internationalen Einflüssen. Ein vielversprechender Ausblick für immer wieder neue Entdeckungen – für Genießer wie Hobbyköche zugleich. Ganz klar: Hier wird nichts dem Zufall überlassen. Die beiden Geschäftspartner *Tim Högy* (Restaurantleiter) und Küchenchef *Jan Ole Sander* haben sich mit ihrem „Tellerrand" in zentraler Lage zwischen Friedrichstraße und St.-Nicolai-Kirche ein kleines und feines Restaurant aufgebaut, das auf der Insel längst kein Geheimtipp mehr ist: Der „Tellerrand" ist ein echter Wohlfühlort – auch was die Einrichtung und das Interieur angeht. Und ganz wichtig, das lieben die verwöhnten Genießer auf der Insel: Es gibt immer wieder Neues zu entdecken. Wer die Karte durchstöbert, merkt schnell: Die Wahl fällt schwer! Freunde der gut gemachten, klassisch französischen oder auch der deutschen Küche kommen genauso auf ihre Kosten wie Neugierige, die eben auch mal über den hier namengebenden Tellerrand schauen möchten. So vereint die Küche schon mal den norddeutschen Spitzkohl mit Asia Rösti, Teriyaki, Misomayo, Thaispargel und und und. Regionale Zutaten, asiatische Aromen und eine angenehm-unkomplizierte Wohlfühlküche treffen hier zusammen. Klassisch französisch isst der, der sich für die Ochsenbacke mit Trüffelpüree, Romanesco und Traubenjus entscheidet. Wer von Sylt aus kulinarisch vielfältig reisen mag, der wählt das Ceviche aus den Vorspeisen, wo südamerikanische und asiatische Küche zusammentreffen: So kommt der in Zitrussäften kalt gegarte Kabeljau in einer Surf-and-Turf-Variante schon mal mit Rindfleisch, intensivem Miso, salzigen Algen und knackigen Radieschen daher und zeigt, was Küche kann, wenn man sich für die Potentiale der verschiedenen Länderküchen öffnet.

Genau das gelingt im Tellerrand ganz wunderbar: Eine kulinarische Wohlfühlreise mit ausgewählten Getränken und im Sommer auch mit Terrasse direkt vor dem Haus – was will man mehr?!

**Tellerrand,** Maybachstraße/Ecke Sankt Nicolai-Str. 1, 25980 Sylt / OT Westerland, Tel.: 0 46 51 / 44 65 300, geöffnet ab 17 Uhr, Küche 18-22.30 Uhr, Bar open end, dienstags Ruhetag
www.tellerrand-sylt.de

# Das gastliche Juwel in den Dünen

## Beste Aussichten

Traumhafte Lage. Sylt at its best! Eine Wohlfühloase. Wind- und wettergeschützte Außenterrasse mit Blick auf Dünen, einmalige Stegterrasse auf Dünenkamm mit einzigartigem Blick auf die Nordsee. Vielfältige Speisenkarte mit verfeinerter Hausmannskost, mediterranen Schmankerln und saisonalen Highlights. Spezialitäten: Knusprige Ente (27,-) und Fleisch-Fondue (36,50). Veltins 0,25/3,30. Tolle Weinkarte, 0,2 ab 6,-, Flasche ab 26,-.

Die *Strandoase* ist seit Jahrzehnten ein Hot-Spot. Ein Juwel in den Dünen, zum Wasser sind es nur wenige Meter. Nicht weit vom regen Treiben Westerlands entfernt und trotzdem vollkommen entschleunigt lädt die große Terrasse am Haus mit herrlichem Blick in die Dünen zum Lunch, Dinieren, zu Kaffee und Kuchen oder einem Sundowner ein.

Bei jeder Witterung finden hier draußen 120 Gäste Platz. Das Highlight der Strandoase ist die höher gelegene Stegterrasse, von der man einen atemberaubenden Blick auf die Nordsee hat, der auf Sylt einmalig ist. Wer hier seinen Flirt im großzügigen Strandkorb auf einen Sundowner einlädt, hat alle Karten in der Hand.

Im Inneren der „Oase" sorgen der rustikale Blockhausstil mit sanften Erdtönen und geschmackvollen Details aus Holz und Naturstoffen für behagliche Atmosphäre. Die große Galerie im ersten Stock eignet sich wunderbar für private Festivitäten. Das gleiche gilt für die herrliche Cabrio-Terrasse, die von Strandoase-Inhaber *Udo Sonnleitner* und seinem Team mit ein paar Handgriffen flugs in eine wetterfeste Location verwandelt werden kann.

War da noch was? Natürlich, bei aller Schwärmerei darf man nicht vergessen, dass man die Strandoase zum Speisen besucht, das geht hier richtig gut. Die Bouillabaisse mit Nordseefischen und Garnelen im pikanten Tomaten-Gemüse-Sud (13,50) mundet vorzüglich, als Vorspeise brilliert ebenfalls das klassisch marinierte Tatar vom Husumer Rinderfilet mit gebratenem Wachtelei und gehobelter Trüffelkäseperle (17,-). Die Küchenchefs *Carolin Lichtnow* und *Silvio Sprenger* servieren ein klasse veganes Avocadotörtchen mit Tomaten und Lauchzwiebeln an scharfem Mangochutney (13,-) geschmacklich ebenso vollendet wie die butterzarte Ochsenbacke in Portwein geschmort mit Fingermöhren und Kartoffelpüree (26,50). Perfekt gebraten überzeugt auch das Nordsee-Kabeljaufilet an sautiertem Spitzkohl mit Birne und Pommery-Kartoffeln (26,50) oder die Garnelenpfanne „Strandoase" mit Paprika, Kirschtomaten, Oliven, Peperoni, Knoblauchöl und Aioli (28,50).

Der Klassiker schlechthin ist allerdings die halbe knusprige Ente mit Rotkohl und Semmelknödeln (27,-), die Dienstag, Donnerstag und Sonntag am Abend auf Vorbestellung frisch aus dem Ofen kommt. Zum Finale unwiderstehlich ist der heiße Valrhona-Schokoladenkuchen mit erfrischendem Zitronensorbet (12,-): jede Sünde wert!

Am hauseigenen Kiosk gibt es alle Gerichte, Erfrischungsgetränke und Eis zum Mitnehmen für den Verzehr am Strand. Sylt, Strand und die Strandoase sind eine gute Grundlage, um einen Urlaubstag genussvoll zu verbringen.

**Strandoase,** Lorens-de-Hahn-Str. 42, 25980 Sylt / OT Westerland, Tel.: 0 46 51 / 4464696, Fax: 4464695, ganzjährig geöffnet, mittwochs Ruhetag, Öffnungszeiten: 12 - 22 Uhr. Außerhalb der Saisonzeiten können die Küchenzeiten abweichen.
www.strand-oase.de, office@strand-oase.de

# STRANDOASE

RESTAURANT & CAFE

## Vorspeisen

**Unser Gurkensalat**
nach original Strandoasenrezept
5,50 €

**Salate der Saison**
in Balsamico-Kräuterdressing mit gerösteten Kernen und Croûtons
vegetarisch 9,50 €
mit Rinderfiletstreifen 19,50 €
mit Garnelen 19,50 €

**Avocadotörtchen**
mit Tomaten und Lauchzwiebeln an scharfen Mangochutney
13,00 €

**Milder Büffelmozzarella**
auf buntem Tomatensalat, Rucola und altem Balsamico
13,50 €

**Klassisch mariniertes Tatar vom Husumer Rinderfilet**
mit gebratenem Wachtelei und gehobelter Trüffelkäseperle
17,00 €

**Unsere Vorspeisenvariation ab 2 Personen**
Eine wechselnde Auswahl an Salaten, Dips und raffinierten Kleinigkeiten
von unseren Küchenchefs für Sie zusammengestellt
14,50 € pro Person

## Fisch

**Garnelenpfanne Strandoase**
mit Paprika, Kirschtomaten, Oliven, Peperoni und Knoblauchöl,
dazu frisches Kräuterbaguette und Aioli
26,50 €

**Nordsee- Kabeljaufilet**
auf der Haut gebraten, an sautiertem Spitzkohl mit Birne verfeinert
dazu Pommery-Kartoffeln
26,50 €

**Kutterscholle „Müllerin Art“**
im Ganzen gebraten, dazu Salzkartoffeln und Zitrone
21,50 €

**Kutterscholle „Finkenwerder Art“**
im Ganzen gebraten, mit Speck, Salzkartoffeln und Zitrone
23,50 €

**Seezunge „Müllerin Art“**
frisch vom Grill, mit Zitronenbutter, Salzkartoffeln und Gurkensalat
-Tagespreis-

## Fleisch

**Wiener Schnitzel vom Kalb**
in Butterschmalz gebraten mit Preiselbeeren und
Kartoffel-Speck-Gurken-Salat
25,50 €

**Filet vom Husumer Rind**
gegrillt mit Portwein-Wildzwiebeln, Selleriepüree und
warmem Kartoffelkuchen
36,50 €

**Lammrücken rosa gebraten**
mit Kräutercrumble an Speckbohnen,
Kartoffelgratin und Thymianjus
29,50 €

**Butterzarte Ochsenbacke in Portwein geschmort**
mit Fingermöhren und Kartoffelpüree
23,50 €

**Speisenkarten-Auszug | Angebot und Preise können sich je nach Marktlage ändern**

# Gastfreundlich und urgemütlich
## Ein kulinarisches Highlight

*Es gehört zu den beliebtesten Sylter Abendrestaurants. Man speist in urgemütlichem, behaglichem Stil. Kommunikativer Bartresen. Einladende Strandkorb-Sonnenterrasse. Spezialitäten wie Bouillabaisse von Edelfischen (ab 19,50). Traditionelles (halbe junge Ente in 2 Gängen 28,50), Fischklassiker (gedünsteter Angeldorsch 28,-), feine Suppen, gebratener Hummer auf getrüffelten Steinpilz-Ravioli (38,50). Vegetarische Speisen nach „Wunsch und Genuss". Saisonales und Regionales auf der Tafel. Feiern auch für geschlossene Gesellschaften. König Pilsener 0,2/3,20, König Rotbier 0,2/3,20, umfangreiches Weinportfolio, ca. 250 Positionen, beste Lagen, 0,2 ab 8,50, Flasche ab 34,-. Champagner von Taittinger.*

Der Name *Web Christel* führt bei Neu-Syltern erstmal in die Irre. Es handelt sich natürlich nicht um eine Filiale des World Wide Web, sondern um die ehemalige Webstube von Christel. Handwerkskunst ist hier aber immer noch zu Hause, schließlich steht hier eine beachtliche Kochkunst im Mittelpunkt des gastronomischen Geschehens. Küchenchef *Bashir Amieri* ist seit Jahrzehnten Garant für beständige, hervorragende Küche, die auch immer wieder dem Zeitgeist gerecht wird. Gastgeber *Marc Ullrich* und sein tolles Team (Restaurantleiter *Norman Feldmann*) haben aus diesem romantischen Reetdachanwesen einen kulinarischen Anziehungspunkt gemacht, der den Gästen und den „Stammgenießern" wie eine zweite Heimat ist.

Man bleibt seinem Lammkarree auf grünen Bohnen (37,50) gewogen, könnte die Spaghettini mit frischen (!) Trüffeln auch mit bestem Goodwill nicht so perfekt al dente und mediterran zubereiten. Und wem gelingt so eine feine Hummersuppe oder die Komposition von Nordseekrabben mit Avocado? Von der Seezunge „Müllerin Art" (mit zerlassener Butter, Gurkensalat, Morsumer Kartoffeln 53,-) und der Kalbsleber „Berliner Art" (25,50) ganz zu schweigen. Was Saison hat (Spargel, Pfifferlinge, Grünkohl), steht auf der Extratafel und beschert dem Angebot immer wieder ein jahreszeitliches Upgrade.

Für eine Genussrunde empfiehlt sich „Das kleine Menü" mit drei feinen Gängen (mit Fisch 37,50, mit Fleisch 40,-) und „Das Sylt Menü" mit vier Gängen (ab 50,-). Wer vegetarisch isst, hat neben dem Gemüsespieß an mediterranem Schafskäserisotto (22,50) noch die einfachste aller Möglichkeiten, um auf seine Kost zu kommen: Man spreche das clevere Serviceteam an, das ja auf Wunscherfüllung spezialisiert ist. Auch hinsichtlich der Weinempfehlungen ist man in der Web Christel absolut vom Fach, sodass der Gast mit bestem Gefühl zum anhänglichen Follower werden kann.

**Web Christel,** Süderstraße 11, 25980 Sylt / OT Westerland, Tel.: 0 46 51 / 2 29 00, Fax: 88 92 939, Küche von 17 bis 22 Uhr, mittwochs Ruhetag, P AE E VISA ec
www.webchristel.de, info@webchristel.de

Web Christel

## Spezialitäten

| | |
|---|---|
| „Unsere“ Bouillabaisse von Edelfischen mit Aioli und Baguette | 19,50 € / 27,50 € |
| „Marco Polo“ Rinderfiletstreifen mit Gambas und Gemüse, pikant ! | 33,50 € |
| Gebratener Hummer auf getrüffelten Steinpilz-Ravioli mit frischem Trüffel | 38,50 € |
| Entenbruststreifen mit Pilzen, Rucola, Pinienkernen, Schafskäse in weißem Balsamico und feinen Bandnudeln | 24,00 € |
| Steinbutt an der Gräte aus dem „Ofen“ oder „Sud“ mit Streifengemüse, Dijonsenfsauce und Sylter Kartoffeln | 46,00 € |

## Fisch

| | |
|---|---|
| Fischvariation „Web Christel“ mit Tomatenspinat und zweierlei Saucen dazu Sylter Kartoffeln | 29,50 € |
| Angeldorsch gedünstet mit Blattspinat, Dijonsenfsauce und Salzkartoffeln | 28,00 € |
| Zanderfilet auf Champagner-Sauerkraut-Püree mit Balsamicobutter | 26,50 € |
| Seeteufel und Gambas an Orangen-Pfeffersauce auf Mango-Lauch Nudeln | 32,50 € |
| Spicy-Garlic-Tomatenspaghetti-Pfanne mit ausgelösten, gebratenen Black Tiger Gambas dazu frischer Parmesan | 32,50 € |
| Nordsee Seezunge „Müllerin Art“ mit zerlassener Butter, dazu Gurkensalat und Sylter Kartoffeln | 53,00 € |

## Fleisch

| | |
|---|---|
| Argentinisches Rumpsteak, Röstzwiebeln, Kräuterbutter & Bratkartoffeln | 32,50 € |
| Kross gebratenes Lammkarrée auf frischen grünen Bohnen und Gratin | 37,50 € |
| ½ Junge Ente in „Zwei Gängen“ serviert mit Preiselbeersauce | 28,50 € |
| Klassisches Wiener Kalbsschnitzel mit Gurkensalat und Bratkartoffeln | 29,00 € |
| Lammfilet rosa gebraten auf Grillgemüse mit Kartoffelgratin | 32,00 € |
| Frische Kalbsleber „Berliner Art“, Portweinsauce und Kartoffelpüree | 25,50 € |
| Argentinisches Rinderfilet auf frischen grünen Bohnen mit Pfeffersauce und Kartoffelgratin | 42,50 € |

## Das kleine Menü

Feldsalat in Zwiebeldressing mit

krossem Speck und Croûtons

&

Angeldorsch gedünstet

auf Blattspinat, Dijonsenfsauce

und Sylter Kartoffeln

oder

Lammfilet rosa gebraten

mit Ratatouille

dazu Kartoffelgratin

&

Sylter Rote Grütze mit Schlagsahne

Fisch-Menü: 37,50 €

Fleisch-Menü: 40,00 €

## Das Sylt Menü

Lachs-Jacobsmuschel Carpaccio

mit Mango-Limonen Dressing

&

Tafelspitzconsommé mit Sherry

&

Zanderfilet auf Champagner-

Sauerkraut-Püree, Balsamicobutter

oder

Rinderfilet auf frischen grünen Bohnen

mit Pfeffersauce und Kartoffelgratin

&

Tonkabohnenparfait

Fisch-Menü: 50,00 €

Fleisch-Menü: 65,00 €

## Dessert

| | |
|---|---|
| Hausgemachte Sylter Rote Grütze mit Vanilleeis | 8,50 € |
| Dreierlei von hausgemachtem Sorbet mit frischen Früchten | 10,00 € |
| „Le Colonel“ Zitronensorbet - mit Sash & Fritz Wodka | 8,50 € |
| - mit Champagner Taittinger Brut Réserve | 12,50 € |
| Weisskäsemousse an Fliederbeersauce | 10,00 € |
| Gebackenes Walnusseis in der Mandelkruste | 11,50 € |
| Hausgemachtes Tonkabohnenparfait | 10,00 € |
| Marmoriertes Schokoladenmousse | 10,00 € |
| New York Cheesecake mit frischer Mango und Vanilleeis | 11,00 € |
| „Mövenpick“ Gemischtes Eis mit Schlagsahne | 8,00 € |
| „Coupe Dänemark“ Vanilleeis mit heißer Schokoladensauce | 8,50 € |
| Dessertvariation „Web Christel“ | 13,50 € |

Speisenkarten-Auszug-Frühjahr 2021 | Angebot und Preise können sich je nach Marktlage ändern

# Wenningstedt und Braderup

## Badestrand und Wattenland

Badespaß am Wenningstedter Dorfteich
„Alltagsmensch" von Christel Lechner

Das beliebte Familienbad kann unter anderem mit einem breiten, feinen Sandstrand vor der Kulisse eines hohen Kliffs aufwarten. Herzstück ist der idyllische Dorfteich, der einst als Viehtränke und den Hausfrauen als Waschplatz diente. Heute ist dieses Biotop bei Spaziergängern sehr beliebt und auf der Seebrücke kann man sich – wie übrigens auch am Strand – trauen lassen. Die meisten Paare geben sich das Ja-Wort allerdings in der schmucken Friesenkapelle, an deren Wänden das „Vaterunser" in friesischer Sprache zu lesen ist. Ein Zugewinn für den Ort ist der „Sagenwald", der nördlich von Wenningstedt eröffnet wurde. Der neue Kursaal³ ist ein idealer Ort für Konzerte und Kongresse.

Tipp: Steigen Sie doch mal hinab in die Sylter Unterwelt! Die verbirgt sich in einem unscheinbaren Hügel, dem Denghoog – es ist das bedeutendste Steinzeitgrab Schleswig-Holsteins, das bereits 5000 Jahre alt ist und besichtigt werden kann. In die Neuzeit indes führt der Weg viele Gäste mit Appetit zu „Gosch am Kliff": In dem architektonisch herausragenden Gebäude, aber auch in den zahlreichen anderen gastronomischen Betrieben lassen sich die vielfältigen Gaumenfreuden des Meeres genießen. Braderup, die kleine Schwester von Wenningstedt, liegt am Wattenmeer. Hier dehnt sich weithin die Heide aus, die einer großen Zahl von Pflanzen und Tieren einen idealen Lebensraum bietet. Lohnend ist auch eine Stippvisite im dortigen Naturzentrum.

**Tourismus-Service Wenningstedt-Braderup:**
**Tel.:** 04651 – 4470
**E-Mail:** info@wenningstedt.de
**Internet:** www.wenningstedt.de

# Herzlich, köstlich, gemütlich...

## ...wie die Gäste es lieben

Malerische Lage am Wenningstedter Dorfteich. Familiengeführtes Restaurant und Café, beschauliche Sonnenterrasse mit Strandkörben. Der Wintergarten ist maritim inspiriert. Regionale Speisen mit badischen und mediterranen Akzenten. Mittagskarte von 12 bis 17 Uhr (Flammkuchen ab 11,50, Klopse „Königsberger Art" 18,50), Abendessen ab 17 Uhr (Sylter Muscheln im Kräutersud 24,50). Täglich marktfrische Angebote auf der Extratafel. Wöchentlich wechselnde 4-Gänge-Menüs (72,-). Stauder und Bitburger 0,25/3,80, exzellente Weinkarte, 0,2 ab 8,50, Flasche ab 31,-. Hotelzimmer im Haus (3 Doppelzimmer, 5 Suiten, siehe Hotelreport). Teilnahme am Schleswig-Holstein-Gourmet-Festival.

Willkommen zu Hause! Wer einmal bei den Fitschens in Wenningstedt zu Gast war, der kommt wieder. *Fitschen am Dorfteich* ist ein Familienrestaurant, wie man es sich sonst gerne ausmalen würde: Alle packen mit an, alle gestalten mit, alle sind mittendrin. Hier isst man nicht nur, hier ist man zu Gast bei Freunden.

Gastgeberin *Verena Fitschen* leitet den Service, Ehemann *Manfred* ist Chef am Herd, mittlerweile gemeinsam mit seinem Schwiegersohn *Cristian*, der seine sizilianischen Wurzeln nun schon seit einigen Jahren auch geschmacklich mit in die Küche bringt. Seine Frau *Claudia* leitet inzwischen gemeinsam mit ihrer Mutter das Restaurant.

Ein Blick in die Küche: Gutbürgerlich und klassisch geht es hier zu – mit einer Extraportion Liebe zubereitet. Gepaart mit den Anregungen aus dem Land wo die Zitronen blühen.

Zu den absoluten Lieblingen der Gäste gehören sicherlich der Deichlammrücken mit Kräuterkruste, Böhnchen und Kartoffelgratin, aber eben auch Cristians Spaghetti nach sizilianischem Originalrezept mit gebratenen Scampi und Tomaten-Oliven-Sauce. Der Nordseedorsch auf Wurzelgemüse mit Senfsaatsauce und Salzkartoffeln kommt wieder aus dem Rezeptfundus von Manfred Fitschen und ist der Hit.

„Wir machen es, wie unsere Gäste es lieben", verspricht Verena Fitschen, die übrigens wie ihre besternten Brüder Jörg Müller und Dieter Müller aus einer bekannten Gastronomiefamilie kommt.

Die junge Generation steigt am Dorfteich jetzt immer weiter mit ein und stärkt den Ruf als bewährtes Familienrestaurant.

Die Pandemiezeit hat die Familie genutzt, um das Restaurant und die Küche komplett zu renovieren. Ein Wintergarten ist neu hinzugekommen, die Küchencrew freut sich über den nagelneuen Herdblock – alles glänzt, alles neu. Und so geht es voller Motivation und in bewährten Bahnen weiter. Mittendrin zu sein im Familienleben, dabei wunderbare Gerichte und Klassiker genießen – alles, was hier passiert, ist eine Herzenssache.

**Fitschen am Dorfteich,** Am Dorfteich 2, 25996 Wenningstedt, Tel.: 0 46 51 / 32120, Fax: 30310, von Ende März bis Ende Oktober durchgehend warme Küche von 12 bis 22 Uhr. Dienstags Ruhetag. Außerhalb der Saisonzeiten unterschiedliche Öffnungszeiten. Siehe auch Hotel-Report.
www.fitschen-am-dorfteich.de, info@fitschen-am-dorfteich.de

# *Fitschen*
## *am Dorfteich*

**Vorspeisen und kleine Zwischengerichte**
Vitalsalat „Fitschen" 12,50 €
Blattsalate / rose Champignons / Röstbrot / Hausdressing

**Zweierlei vom Lachs**
Miso / Avocado / Sesam / Reiskräcker 19,50 €
Linguine mit Trüffel / Trüffelrahmsauce 18,50 €
Spaghetti „Sicilia" / Tomaten / Oliven / Kapern / Speck 18,50 €

**Gänseleber gebraten**
Parmesancreme / alter Balsamico / Trüffel 22,00 €

**Sylter Royal Austern**
auf Eis oder überbacken 6 Stück 25,00 € / 28,00 €

**Aus dem Suppen-Topf**
Essenz vom Rind / Flädle / Schnittlauch 9,50 €
Holsteiner Kartoffelsuppe / Krabben 10,50 €
Manfreds Fischsuppe / Knoblauchbaguette 11,00 €
Karotten-Ingwer-Suppe / Garnele (vegi ohne Garnele 9,90 €) 12,50 €

**Aus dem Garten**
Gnocchi / Salbeibutter / Parmesan 21,50 €
Gemüserisotto / Parmesan 22,50 €
Gemüsegrillpatte (Vegan) 22,50 €

**Aus dem Meer**
Filet vom gedünsteten Dorsch 29,50 €
Spinat / Bio Salzkartoffeln / Champagnersauce
Filet vom gebratenen weißen Heilbutt 33,00 €
Trüffelrisotto / Champagnersauce

**Gebratenes Nordseelachsfilet**
Pak-Choi / Kartoffelpüree/ Hibiskus-Reduktion 27,50 €
Garnelen / Tomaten / Knoblauch / Sahne /
Calamarata-Nudeln 34,50 €

**Aus dem Stall und von der Weide**
Putenrahmschnitzel / frische rose Champignons 24,50 €
Tagesgemüse / hausgemachten Spätzle / Rahmsauce
Deichlammrücken / Kräuterkruste 35,00 €
Speck-Sojabohnen / Kartoffelgratin / Thymianjus
Holsteiner Rinderfilet 46,00 €
Baby-Möhren / Sellerie-Püree / Polenta-Schnitte

**Speisenkarten-Auszug-Frühjahr 2021**
**Angebot und Preise können sich je nach Marktlage ändern**

# Tischfeuerwerk mit Meeresblick

## Der romantische Grillspaß

*Ein tolles Restaurant mit Erlebnisfaktor und Meerblick an der Wenningstedter Promenade. Grillen am offenen Tischfeuer – ob Stockbrot, Gemüse, Fisch, Fleisch oder Tofu für Veganer (ab 13,50). Hausgemachte Dips und Salate. Bunte Tapas-Auswahl (Schälchen ab 7,50). Leckere Bistrogerichte wie „Angry Chicken Salat" (16,-) und Burger, auch als Veggie-Variante (18,90). 35 Sorten Bio-Eis. Flensburger 0,33/3,90, Wein von Top-Winzern 0,2 ab 7,-, Flasche ab 24,-.*

Diese Lagerfeuerromantik erinnert an vergangene Zeiten im Zeltlager. Nostalgie, die man im Restaurant *iismeer* aufleben lassen kann, mit Grillen am offenen Tischfeuer. Ein auf Sylt einmaliges Erlebnis, das die erfahrene Gastronomin *Sigrid Neutzer* in Wenningstedt etabliert hat. Den Blick auf Meer, Horizont und die herrlichsten Sonnenuntergänge gibt's als Bonus obendrauf.

Ganz gleich, ob man Fisch, Fleisch, Gemüse oder ein gefülltes Stockbrot über dem Feuer röstet – das BBQ ist nicht nur ein kulinarischer, sondern auch kommunikativer Spaß für die Familie, Freunde oder das romantische Treffen zu zweit. Außerdem kann man die Leckereien auch prima untereinander teilen. Der Grillspaß wird mit knackig-bunten Salaten und hausgemachten Dips serviert. Ein Highlight ist dieses BBQ, z.B. mit kerniger Bisonbratwurst (18,50) oder mit Kalbsrücken, gerollt wie eine Roulade und mit Frischkäse und Peperoni gefüllt (27,-), Stockbrot (ab 13,50).

Wer nicht grillen möchte, aber trotzdem gerne teilt: Dazu eignet sich die Tapas-Variation (26,-), eine gelungene Zusammenstellung der iismeer-Favoriten. Wer eine knackig-unkomplizierte Kleinigkeit für den kleinen Hunger oder zwischendurch bevorzugt, wählt aus der sorgfältig kombinierten Bistrokarte. Ob Caesar Salad (10,50) oder Minestrone (8,50) – hier findet jeder seinen Lieblingssnack. Übrigens ist das iismeer allein schon wegen der 35 Bio-Eissorten einen Besuch wert – teils vegan. Und weil die Auswahl so vielfältig ist, kommt man gerne immer wieder. Ein feines Sortiment bietet auch die Cocktailkarte. Mit einem erfrischend-herben Tiojito (9,50) – einer der iismeer-Lieblingsdrinks – stößt man gerne zum Sonnenuntergang an und freut sich schon auf das nächste Treffen zur Lagerfeuerromantik.
Perfekte Location für Hochzeiten, Events & Tagungen – Grillen verbindet!
Vor dem iismeer steht ein lustiger gelber Eiswagen, der die Wenningstedter Promenade mit Eis, Drinks und to-go-Snacks versorgt.

### iismeer goes Kampen

Ab Juli steht der bunte iismeer-Eiswagen wieder am Hauptstrand am Roten Kliff. Mit Bio-Eis und leckeren Snacks für die Strandversorgung.

**iismeer,** Strandstraße 25, 25996 Wenningstedt, Tel.: 0 46 51 / 9572719, Fax: 9572718, in der Saison täglich ab 13 Uhr geöffnet. Feiern bis zu 65 Personen
www.iismeer.de, info@iismeer.de

iismeer SYLT

## iismeer TAPAS

### FÜR 2 PERSONEN

**Tapasvariation – unsere Favoriten** 26,00 €

TIPP in Kombination mit einer Flasche Hauswein 49,00 €

**Torres Premium Chips**
Schwarzer Trüffel ●, Mediterranes Salz ●, Extra 100% Olivenöl ●, Iberischer Schinken 40/50g Tüte 3,50 €

**Nussmix** ● Schälchen 3,50 €

**Grüne & schwarze Oliven** gefüllt mit Frischkäse ●

**Eingelegte Balsamicozwiebeln**

**Champignonköpfe in Sherry** ●

**Pimientos de Padrón** ●

**Thunfisch-Knoblauch Creme**
mit Zwiebeln und Tomatenwürfel

**Schafskäse** gebacken mit Oliven & Schalotten ●

**Datteln im Speckmantel** Schälchen 7,50 €

**Gebackener Manchego** im Serrano Schinken

**Serranoschinken**

**Scharfe Hackbällchen** mit Ajvar

**Scharfe Chorizo Bratwurst** Schälchen 8,50 €

**Garnelen** mit Tomaten, Oliven & Knoblauch

**Bison Bratwurst** mit Birnenchutney Schälchen 9,50 €

## STOCKBROT

**Das gefüllte Stockbrot drehen Sie am Feuertisch mit Salat und feinen Dips.**

**Toskana** Schafskäse, Serranoschinken, getrockneten Tomaten, Rucola und Pesto 14,50 €

**Meat** Hackfleisch, Käse, BBQ Soße, geheime Soße, Tomatenwürfel 14,50 €

**Nordseekrabben & Garlic**
Krabben, Aioli, Kräuter, Knoblauch 15,50 €

**Vegetarisch** ●
Gemüsewürfel, Champignons, Kräuterbutter, Zwiebeln, Paprika, Remoulade 12,00 €

AUF WUNSCH AUCH GLUTENFREI

● vegetarisch ● vegan

iismeer AT IT'S BEST

## iismeer MENU

**iismeer Menu – Family Style** (ab 2 Personen)

**Beispiel für 2 Personen** pro Person 49,00 €*

**Variation aus unseren Vorspeisen & Tapas**

\+ **2 BBQ Spieße nach Wahl** mit 2 Salaten, 2 Kartoffelbeilagen und Dips

\+ **Eisbecher nach Wahl**

*pro Surf&Turf/Dry Aged Spieß + 10,00 €

## BBQ

GRILL DIR DEN SPIESS

**An unseren Feuertischen grillen Sie selbst und unser Service steht Ihnen mit Rat und Tat zur Seite. Sie entscheiden sich für einen Spieß und wählen dazu 2 Beilagen.**

**Rinderfilet**
(220 g) mit Paprika 35,00 €

**Entrecôte Dry Aged**
(220 g) 39,00 €

**Surf and Turf**
Rinderfilet & Riesengarnelen 43,00 €

**Kalbsrücken** gerollt mit Frischkäse und Peperoni 28,00 €

**Thunfischfilet** mit Birne 32,00 €

**iismeer Burger**
100% Rindfleisch, Chorizo, Tomate, Käse, Salat, Spezial Soße & Sesambrötchen 21,90 €

**Schwedenburger**
100% Elch, Birne, Preiselbeeren, Meerrettich, Rucolasalat & Briochebrötchen 18,90 €

**Iberico Schweinefilet**
mit Pimientos im Speckmantel 27,00 €

**Bratwurstspieß** mit Bisonbratwurst und spanischer Chorizo & Apfel 18,50 €

**Hähnchenbrust** mit frischer Ananas 23,50 €

**Entenbrust** Sous Vide mit Birne 25,00 €

**Lachsfilet** mit Zucchini 26,00 €

**Riesengarnelen** mit Oliven 32,00 €

**Gemüse & Mais** ● 14,50 €

**Tukan Räuchertofu Sesam-Mandel** ●
mit Gemüse 17,50 €

**Veganer Meat Burger XL Size** ● 23,90 €

**Wählen Sie dazu 2 Beilagen:**

Caesar Salad ●
Gurkensalat ●
Feldsalat mit Trüffelvinaigrette ●
Tomate-Fetasalat ●
Rote Beete Salat ●
Quinoasalat ●
Blattspinat mit Birne & Balsamico ●

Ofenkartoffel mit Sour Cream ●
Süßkartoffel aus dem Ofen mit Guacamole ●
Rosmarinkartoffeln ●
Torres Premium Chips
Schwarzer Trüffel ●, Mediterranes Salz ●, Extra 100% Olivenöl ●, Iberischer Schinken

● vegetarisch ● vegan

Speisenkarten-Auszug-Frühjahr 2021 | Angebot und Preise können sich je nach Marktlage ändern

# Cucina italiana

## ...in der geschützten Luxuslaube

*Die große Terrasse mit den geschützten Séparées ist ideal für einen sicheren wetterunabhängigen Restaurantbesuch. Separater Raucherbereich vorhanden. Leckere italienische Küche. Pizza ab 8,90, Pasta ab 14,90 bis zu Bistecca Griglia (28,90) und Rinderfilet „al Barolo" (34,90). Große Auswahl an italienischen Spitzenweinen und Grappa. Wein 0,2 ab 6,90, Flasche ab 28,-.*

Dieses Ristorante mit traditioneller italienisch beeinflusster Küche ist in Wenningstedt schon längst etabliert. Mit ihrer Freundlichkeit und der Frischequalität ist *„La Pergola"* hier nicht mehr wegzudenken.
Eine große Terrasse mit 120 Sitzplätzen hat der engagierte Südländer *Mikush Tunaj* geschaffen. Das transparente moderne Überdachungssystem wird in Minutenschnelle zum kuscheligen, windgeschützten Wintergarten – nennen wir es „Luxuslaube"!
Im Basement, in der Cantina befinden sich in hell gestalteten Räumen weitere 150 Plätze.
Beim Durchschauen der umfangreichen Speisenkarte fällt das große Angebot auf und die Auswahl fällt schwer: Pizzen, Pasta und klassische italienische Gerichte wie Kalbsleber mit Salbei oder Saltimbocca alla Romana – und dann noch das häufig je nach Saison wechselnde Extraangebot mit zarten Lammfilets, Lammkoteletts und Rinderfilets – lecker oder besser „buonissimo" oder einfach „delizioso"! Toll, was der langjährige Küchenchef *Don Pasquale Vassalo* an kulinarischen Anregungen aus der Toskana mit nach Sylt gebracht hat.
Auch für die passenden Weine ist gesorgt! Schon die Dekoration aus ungewöhnlichen Weinflaschen in unterschiedlichen Größen z.B. eine 18 Liter fassende Riesenweinflasche, die unter Kennern „Goliath" genannt wird, deutet auf das Weininteresse hin und macht neugierig auf die Schätze des Pergola-Weinkellers.

Mikush & Tochter Veronika

Last but not least, der Service: Die ganze Familie ist im Einsatz, um den Wohlfühlfaktor für die Gäste zu schaffen. Ehefrau, Sohn, beide Töchter und Schwiegersohn achten mit dem gesamten großen Team genau darauf, dass alles kompetent und professionell klappt. Trotzdem ist immer Zeit für ein freundliches Gespräch am Tisch der Gäste und zu erzählen gibt es auf jeden Fall immer genug!

**La Pergola,** Dünenstraße 6, 25996 Wenningstedt,
Tel.: 0 46 51 / 46108, ganzjährig geöffnet ab 12 Uhr,
www.lapergola-sylt.de, info@lapergola-sylt.de

R.I.S.T.O.R.A.N.T.E

# La Pergola

## Unsere Empfehlungen

**Spaghetti Vongole e Rucola** 23,90
*Mit Venusmuscheln, Rucola und Knoblauch in Weißweinsauce*

**Pizza Rucola e Gamberoni (4 gegrillte Riesengarnelen)** 18,90

**Rucola mit Rinderfiletscheiben (vom Grill), Parmesankäse und frischen Tomaten** 23,90

**Wiener Schnitzel** 26,90
*Vom Kalb, mit Gurkensalat und Pommes-Frites*

**Saltimbocca alla Romana** 27,90
*Zarte Kalbsrückenmedaillons mit Parmaschinken und Salbei in Weißweinsauce, dazu Bandnudeln*

**Tagliatelle alla „La Pergola“** 22,90
*Kalbsrahm-Geschnetzeltes (mit Zwiebeln und Champignons) auf Bandnudeln und mit Mozzarella überbacken*

**Pizza Barbarossa** 17,90
*Mit Rucola, frischen Tomaten, Parmaschinken und einen Klecks Mascarpone*

**Pizza Calzone (zugeklappt)** 16,50
*Mit Salami, Hinterschinken und Champignons*

**Gnocchi** 16,90
*Italienische „Kartoffelklöße“ mit Tomatensauce, Mozzarella-Stücken und Parmesankäse*

**Zarte Lammkoteletts vom Grill** 27,90
*Mit Rosmarin und Knoblauch, dazu Rosmarinkartoffeln*

**Fegato Burro e Salvia** 24,90
*Kalbsleber in frischem Salbei und Butter gebraten, dazu Rosmarinkartoffeln und Spinat*

**Filetto al Pepe Verde** 33,90
*Rinderfilet in grüner Pfeffersauce, dazu 1 Beilage nach Wahl*

**Petto di Pollo al Gorgonzola** 25,90
*Hähnchenbrust in Gorgonzolasauce, dazu Bandnudeln*

**Spaghetti Aglio e Olio e Gamberoni** 23,90
*Mit Olivenöl, Knoblauch, 5 Riesengarnelen und pikant*

**Tagliatelle alla Salmone** 23,90
*Bandnudeln mit Sahnesauce, Brokkoli und Lachs*

## Pizza – Aus dem Steinofen

**Pizzabrot** 8,90
*Mit Olivenöl, Knoblauch und Oregano*

**Pizza Margherita** 10,90
*Mit Mozzarella-Käse*

**Pizza Salami** 13,00
*Mit Mozzarella-Käse, Salami*

**Pizza Prosciutto e Funghi** 13,90
*Mit Mozzarella-Käse, Hinterschinken, Champignons*

**Pizza 4 Stagioni** 15,90
*Mit Mozzarella-Käse, Hinterschinken, Champignons, Artischocken, Oliven*

**Pizza Capricciosa** 15,90
*Mit Mozzarella-Käse, Hinterschinken, Champignons, Artischocken, Ei*

**Pizza Spinaci e Gorgonzola** 15,90
*Mit Mozzarella-Käse, Spinat, Gorgonzola, Knoblauch*

**Pizza Frutti di Mare** 16,90
*Mit Mozzarella-Käse, Muscheln, Krabben, Knoblauch*

**Pizza Hawaii** 14,50
*Mit Mozzarella-Käse, Hinterschinken, Ananas*

**Pizza Tonno e Cipolla** 16,90
*Mit Mozzarella-Käse, Thunfisch, Zwiebeln*

**Pizza Diavola** 16,90
*Mit Mozzarella-Käse, Salami, Hinterschinken, Peperoni, Sardellen, pikant*

**Pizza Primavera** 16,90
*Mit Mozzarella-Käse, Hinterschinken, Spinat, Broccoli, Zwiebeln, Paprika, Peperoni, Oliven, Knoblauch (**ohne Hinterschinken = Pizza Vegetaria**)*

**Pizza 4 Formaggi** 16,90
*Mit 4 verschiedenen Käsesorten (Mozzarella, Parmesan, Gorgonzola, Schafskäse)*

**Pizza „La Pergola“** 20,90
*Überraschungspizza*

## Fleisch

**Mix Grill „La Pergola“** 28,90
*Argentinisches Rumpsteak, Lammfilet und Hähnchenbrustfilet*

**Bistecca Griglia**
*Argentinisches Rumpsteak*

*- gegrillt mit Kräuterbutter* 28,90

*- mit Champignons-Zwiebeln* 29,90

*- in grüner Pfeffersauce* 29,90

**Filetto Griglia**
*Rinderfilet*

*- in Champignonsauce* 33,90

*- in Gorgonzolasauce* 33,90

*- in Barolosauce* 34,90

*- gegrillt mit 3 Riesengarnelen* 35,90

**Filetto di Agnello alla Griglia**
*Lammfilet*

*- gegrillt* 28,90

*- in Barolosauce* 29,90

*- 2 Stück gegrillt mit 3 Riesengarnelen* 30,90

*1 Beilage wahlweise:* ***Rosmarinkartoffeln, Gemüse, Bandnudeln, kleiner gem. Salat oder Pommes-Frites***

## Pasta

**Spaghetti Aglio e Olio** 14,90
*Mit Olivenöl, Knoblauch und pikant*

**Spaghetti Bolognese** 15,90
*Mit Tomaten-Hackfleischsauce*

**Spaghetti Carbonara** 15,90
*Mit Hinterschinken-Sahnesauce und Ei*

**Spaghetti Puttanesca** 15,90
*Mit Tomatensauce, Kapern und Oliven*

**Fettuccine e Gamberoni** 23,90
*Bandnudeln mit Weißweinsauce und 5 Riesengarnelen*

**Penne Arrabbiata** 14,90
*Mit pikanter Tomatensauce, Knoblauch und Basilikum*

**Penne ai 4 Formaggi** 16,90
*Mit 4 verschiedenen Käsesorten (Parmesankäse, Mozzarella, Gorgonzola und Schafskäse)*

**Lasagne „La Pergola“** 16,90
*Hausgemachte Lasagne mit Tomaten-Hackfleischsauce (mit Mozzarella überbacken)*

## Fisch

**Salmone alla Griglia** 23,90
*Gegrilltes Lachsfilet in Weißweinsauce, dazu Spinat und Rosmarinkartoffeln*

**Gamberoni alla Griglia** 26,50
*6 Gegrillte Riesengarnelen und einen kleinen gem. Salat*

**Filetto di Scorfano** 24,90
*Rotbarschfilet in Zitronen-Sahnesauce, dazu Rosmarinkartoffeln und frisches Gemüse*

**Fischteller „La Pergola“** 29,90
*Riesengarnele, Rotbarschfilet und Lachsfilet (alles gegrillt) in Weißweinsauce, dazu Rosmarinkartoffeln und Broccoli*

**Nordseeseezunge (gegrillt oder in Butter gebraten)** 46,50
*Gewicht: ca. 600 – 800g, dazu Rosmarinkartoffeln und einen kleinen gem. Salat*

**Speisenkarten-Auszug**
**Angebot und Preise können sich je nach Marktlage ändern**

Steffen's
Restaurant im Golfclub Sylt

# Vorzügliches Speisen mit Blick...
## ...auf Fairways und den „langen Christian"

*Zur traumhaften Lage mit herrlichem Blick über den gepflegten Golfplatz zum Kampener Leuchtturm gesellt sich eine legere aber vorzügliche Gastronomie. Frühstück, Mittagessen und Dinner zu zivilen Preisen, spannende Weinkarte. Junges, dynamisches Team mit erfrischenden Ideen und internationaler Erfahrung. Frühstück ab 11,90, Vorspeisen ab 6,- (Gurkensalat), diverse Pfannkuchen ab 8,90, Hauptgerichte ab 9,50 (Currywurst mit Pommes Frites) bis zur gebratenen Scholle mit Kartoffeln, Krabben und kleinem Salat (26,-). Bitburger 0,25/2,80, Wein 0,2 ab 7,-, 0,75/28,50.*

Diese gute gastronomische Adresse hat sich längst herumgesprochen: Zwischen Wenningstedt und Kampen, kurz hinter Loch 18 im Golf-Club Sylt kann man zu fairen Preisen hervorragend verfeinerte Hausmannskost speisen. Und das mit Blick auf wunderschöne Fairways, den Kampener Leuchtturm und illustre Gesellschaft. Berührungsängste sind hier überflüssig – snobistische Schwingungen einer vermeintlichen Elite sucht man hier vergeblich. Im Klartext: Nichtgolfer sind in der Sportler-Klause an „Loch 19" herzlich willkommen. Seit 2015 führt der gebürtige Sylter *Steffen Hansen* gemeinsam mit seiner Frau *Victoria* den gastronomischen Betrieb, zuvor konnte er im „Waldorf Astoria" in Berlin und im rustikal-luxuriösen Bergrestaurant „El Paradiso" auf der Suvretta in St. Moritz Erfahrung sammeln.
Bei Preisen, die durchschnittlich unter dem Niveau der Restaurants von Kampen und Wenningstedt liegen, möchte das *„Steffen's"* ein unkomplizierter Ort für Genuss sein. Das zeigt auch die angenehm übersichtliche Speisenkarte, die alles bietet, um glücklich vom Grün zu gehen.

Der „Stramme Max" gehört dazu sowie der Ceasar Salad – mit und ohne Hühnerbrust. Das Tomatenbrot mit Rührei bringt ebenfalls Schwung in müde Knochen. Am Nachmittag gibt es Kaffee und Kuchen, dafür empfehlen sich bei schönem Wetter die Außenplätze am „Putting green", wo die Golfer ihren letzten „Schuss" trainieren. So hautnah am Geschehen ist man bei Speis und Trank auf keinem Golfplatz in ganz Nordfriesland, versprochen...
Als Hauptgang empfiehlt sich das gebratene Lachsfilet mit Risotto, grünem Spargel und Limettenschaum oder das hausgemachte Roastbeef mit knusprigen Bratkartoffeln und Remouladensoße.
Oder sie erfreuen sich an einem klassischen Wiener Schnitzel mit Kartoffel-Gurkensalat und Preiselbeeren.
Im hellen, großzügigen Gastraum sitzt es sich bequem in Korbsesseln, während das junge, dynamische Team einen angesagten Wermut-Aperitif-Cocktail serviert, auf den Gastronom Hansen als erfrischende Alternative zu Hugo und Aperol-Spritz setzt. Sobald die Temperaturen steigen, sollte man die großzügige Terrasse nutzen: Hier draußen, bei herrlichem Blick auf Natur und Kampener Leuchtturm, schmecken das hausgemachte Zitronensorbet mit Vodka, sowie der Kaiserschmarrn mit Rosinen, Zwetschgenröster und Vanilleeis nach wahrem Genießen und Relaxen.

**Steffen's Restaurant im Golfclub Sylt,** Norderweg 5, 25996 Wenningstedt, Tel.: 0 46 51 / 9959841, Fax: 9959853, täglich ab 9 Uhr geöffnet (Hauptsaison)
www.restaurant-steffens.de, info@restaurant-steffens.de

# Steffen's

Restaurant im Golfclub Sylt

| | |
|---|---|
| Caesar Salad | |
| Römersalat mit Croutons und Parmesan | 11,90 € |
| ... mit gebratener Hähnchenbrust | 15,90 € |
| | |
| Eingelegter Ziegenkäse | |
| mit Knoblauch, Paprika, Frühlingslauch, | |
| getrocknete Tomate und Baguette | 9,50 € |
| | |
| Thaicurry | |
| mit knackigem Gemüse und Basmatireis | 14,00 € |
| ... mit Hähnchenbrust | 18,00 € |
| | |
| Tomatenbrot | |
| 2 Scheiben Schwarzbrot mit Tomatenscheiben und Rührei | 11,00 € |
| | |
| Gebratene Scholle | |
| mit Kartoffeln, zerlassener Butter und kleiner Salat | 19,00 € |
| ... mit Speck-Zwiebeln | 21,00 € |
| ... mit Krabben | 26,00 € |
| | |
| Strammer Max | |
| 2 Scheiben Schwarzbrot mit gekochtem oder rohem Schinken | |
| und 2 Spiegeleier | 12,00 € |
| | |
| Hausgemachtes Roastbeef | |
| mit Bratkartoffeln und Remouladensoße | 18,00 € |
| - kleine Portion | 14,00 € |
| | |
| <u>Pfannkuchen</u> | |
| mit Äpfeln | 08,90 € |
| mit Blaubeeren | 10,90 € |
| mit Speck, Zwiebeln und Schnittlauch | 10,90 € |
| | |
| Kaiserschmarrn mit Rosinen, | |
| Vanilleeis und Zwetschgenröster | 12,50 € |
| | |
| Käseplatte | |
| verschiedene Sorten Käse mit Baguette | 11,00 € |

# Suzies Gute-Laune-Lokal

## Internationale Küche

Am Wenningstedter Campingplatz gelegen. Urig und rustikal. Brötchen-Dienst 8 - 10 Uhr. Brunch ab 14 Uhr für 22,50. Neben der Standardkarte mit Pizza ab 9,80, Pasta ab 10,50, warmen und kalten Tapas, Paella 23,90, mit Asia-Wok-Gerichten und gutbürgerlichem Fleisch und Fisch gibt´s noch eine wechselnde Tages- und Abendkarte – je nach Saison (auch vegetarisch + vegan). Kinderfreundlich mit Spielecke und Spielplatz. Strandkorbterrasse. Vom Fass „Bitte ein Bit" und Flens 0,3/3,20. Ausreichende, überschaubare Weinauswahl, 0,2 ab 5,40, Flasche ab 23,-.

*Aldente Strandgut 31* ist ein richtiges „Gute-Laune-Lokal". Sehr freundlicher Empfang, immer einen Schnack auf Lager.
Etwas versteckt liegt dieser urige „Laden" am Rande des Wenningstedter Campingplatz-Areals hinter der großen, gelben Strandkorbhalle und den mächtigen Dünen. Verstecken muss sich dieses rustikale Restaurant wahrlich nicht. Der Restaurantraum punktet mit lockerer, südländischer Atmoshäre. Man speist schon mal unter Palmblättern.
Die Vielfalt der „Strandgut"-Speisenkarte ist verblüffend. Zu der bereits umfangreichen Standardkarte mit der ganzen Pizza-, Pasta- und Tapas-Palette, den Asia-Wok-Gerichten und den gutbürgerlich bis mediterran geprägten Fisch- und Fleischgerichten wechselt zusätzlich ein saisonales Frischeangebot auf einer Mittags- und Abendkarte.
Hier finden wirklich alle ihre Leibspeise vom Bauernomelette (8,20) bis zur Thai-Ente (25,90), von der Pizza Spinaci (14,50) bis zum Rumpsteak vom spanischen Kampfstier (27,90) und die Paella wird in der Pfanne serviert. Beachtlich ist die Tapas-Auswahl „Around the world" mit über 20 Positionen von den getrockneten Tomaten bis zu den gebratenen Babyscampi in Knoblauch. Alles wird von *Suzie* und ihrer Crew mit Herz serviert.
Man sitzt herrlich auf der Strandkorbterrasse und genießt einen frischen, spritzigen Terrassen-Wein oder Tinas Erdbeerbowle. Zum Kaffee gibt´s Hausgebackenes: Apfel-Mandel, Rhabarber oder auch Banane-Schoko. Die Kids hat man im Blick, die tollen herum auf dem Spielplatz. Gleich kommt ihre Piraten-Pizza. Angenehm normal diese sonnige Zone am Campingplatz.

Gute-Laune-Team

**Aldente Strandgut 31,** Campingplatz, Osetal 3, 25996 Wenningstedt, Tel.: 0 46 51 / 936636, Fax: 2990741, ganzjährig ab 14 Uhr geöffnet (ab 8 Uhr Brötchen)
www.sylt-aldente.de, info@sylt-aldente.de

Wenningstedt-Braderup
SYLT

Fotos: Wolfgang Schmidt, Imke Wein, Henning Sieverts, Michael Magulski, Kai Müller, Sabine Priebe, Maike Hüls-Graening

FAMILIENBAD SEIT GENERATIONEN

Tourismus-Service Wenningstedt-Braderup GmbH & Co. KG
Strandstraße 25 | 25996 Wenningstedt-Braderup
Telefon: 0 46 51 / 44 70 | Fax 0 46 51 / 4 47 40 | info@wenningstedt.de | www.wenningstedt.de

SYLT
MEER. LEIDENSCHAFT. LEBEN.

# Kampen –
# Chic und Charme

lein, aber fein. Exklusiv und zugleich weltoffen. Chic und dabei sehr charmant. Das ist Kampen, Deutschlands prominentestes Dorf. Sehen und gesehen werden, dieses beliebte Gesellschaftsspiel gehört hier dazu. Am besten auf dem Strönwai – scherzhaft auch „Whiskystraße" genannt –, wo sich noble Nachtclubs und Geschäfte und auf der Straße im Sommer kostspielige Edelboliden aneinanderreihen. Aber Kampen hat noch einiges mehr zu bieten. Zum Beispiel die 52 Meter hohe Uwe-Düne, Sylts höchste natürliche Erhebung. Oder das majestätische Rote Kliff, das vor etwa 180.000 Jahren von der Eiszeit aufgeschichtet wurde und heute eine imposante Kulisse für das Strandleben bildet.

Südlich von Kampen steht Sylts ältester Leuchtturm, der 1856 erbaut wurde. Und ein gutes Stück nördlich des Dorfes stoßen Sie auf die Vogelkoje. Dort war von 1767 bis 1921 Endstation für Enten, die auf einem Teich in Fangnetze gelockt wurden. Durch die Vogelkoje führt heute ein anschaulicher Lehrpfad – ein anderer, besonderer Weg, den Sie einmal beschreiten sollten, ist der „Kampener Kunstpfad": Mittlerweile 32 Gedenkstelen erinnern an bedeutende Persönlichkeiten wie Thomas Mann, Max Frisch oder Emil Nolde, die hier ihren Urlaub und Arbeitszeit verbrachten oder aber zeitweise gänzlich in Kampen lebten. Merke: Der Weg ist das Ziel...

**Tourismus-Service Kampen:**
**Tel.:** **04651 – 46 98 0**
**E-Mail:** **info@kampen.de**
**Internet:** **www.kampen.de**

Die coole Strandlocation für die man gerne „meilenweit" über die Dünen wandert. Oder einfach am Strand gen Norden durch den Sand stapft. *Buhne 16* ist Kult, auch weil es eines der ersten Surfer Hot-Spots seiner Art überhaupt auf der Insel war. Dem Familienbetrieb an dem Strand, der bereits in den 60er und 70er Jahren Tummelstätte von Promis war, ist es gelungen, über die Jahre immer mehr „in" zu werden und trotzdem „auf dem Boden zu bleiben".

Hier trifft sich wirklich „jeder" – ob Einheimischer, Promi, Surfer, Jung oder Alt. Es ist die entspannte, lässige Atmosphäre, für die *Tim* und *Sven Behrens* – die Chefs am Strand und eine supernette Crew sorgen.

Alles ist homemade, wie auch der schmatzige Rosinenkuchen. Dazu wird super Kaffee ausgeschenkt – vom Kumpel Christian Appel von der Rantumer Kaffeerösterei.

Die Buhne-16-Küche bietet einfache, leckere Gerichte für das Strandüberleben: zarte Matjes, supergute Berliner Currywurst, Eintopf und und und… Von Juni bis August wird das Essensangebot durch diverse Grillstationen erweitert. Aber es ist kommunikatives Schlangestehen angesagt.

Fish & Chips sind da eine sichere Bank. Gebratene oder auch geräucherte Makrelen gibt`s nur, wenn sie auch vor Ort angebissen haben.

Traditionelle Events werden pandemiegerecht wieder stattfinden: Mittsommernacht, Surfkino, Longboardfestival, Surfparties und und und… Schaut auf die Homepage, *buhne16.de*.

**Listlandstraße 133, 25999 Kampen, Tel.: 0 46 51 / 4996, Fax: 446826, geöffnet ab 1 Woche vor Ostern bis Ende Oktober. Vom Parkplatz Buhne 16 geht es 10 Minuten über die Dünen.**

**www.buhne16.de, sven@buhne16.de**

Es gibt Orte und Institutionen auf Sylt, die einfach zusammengehören. So ist die Whiskymeile untrennbar mit Kampen verbunden und das *„Gogärtchen"* seit mehr als 60 Jahren eine feste gastronomische Größe in eben jener Straße im Herzen von Kampen: Tradition, eine trendy Küche mit Ambitionen, hochwertige Zutaten und Experimentierfreude des jungen Teams treffen hier zusammen. So stehen Sylter Austern neben deftiger Currywurst, klassisches Tatar vom Weiderind neben modern interpretierten Jakobsmuscheln mit Topinambur, Lardo und Kaffee.

Modernes Ambiente, kuschelige Ecken, bunter Trubel – schon die Einrichtung bietet Wohlfühlatmosphäre für jeden Geschmack. Eben genauso wie die Karte auch: Wer es klassisch mag, darf sich auf hohem Niveau und mit besten Zutaten von Küchenchef *Benjamin Zehetmeier* verwöhnen lassen. Nordsee-Steinbutt mit Champagnerschaum sind auf der Karte genauso festgesetzt wie deftige und fein abgeschmeckte Schmorgerichte, wie etwa die Ochsenbacke mit knuspriger Briocheschnitte, Portweinschalotten und Erbsen. Wiener Schnitzel vom Kalb mit Kartoffel-Gurkensalat, Preiselbeeren und Zitrone.

Ganz gleich ob Mittag- oder Abendessen: Geselligkeit steht im „Gogärtchen" im Mittelpunkt. Dazu gehört auch eine umfangreiche Wein- und Getränkekarte mit hervorragenden Cocktails. Und ja, man merkt es schnell, wenn man im „Gogärtchen" angekommen ist: Restaurant und Bar gehen erfolgreich Hand in Hand. Und man sitzt hier eben an der legendären Bar, an der schon Politik-Legenden ihren „Martini" geschlürft haben.

**Strönwai 12, 25999 Kampen, Tel.: 0 46 51 / 41242, Fax: 41172, geöffnet ab 13 Uhr**

**www.gogaertchen.com, info@gogaertchen.com**

DORFKRUG
Bar & Grill

# Hotspot im Dorf

## Kulinarische Kombinationen

*Restaurant mit modernem Bar- & Grill-Konzept in geschichtsträchtigem Friesenhaus. Am Abend Baukasten-Speisenkarte mit endlosen Kombinationsmöglichkeiten, Fokus auf Fisch und Fleisch mit euroasiatischen Einflüssen. Zwei Gasträume, Außenbereich mit Bar, gemütlicher Hinterhof „Deli". Wechselnder Mittagstisch mit Gerichten wie Linsensuppe mit Wurst, Dorade im Ganzen mit Rosmarinkartoffeln & Salat, gegrillte Gambas, Miesmuscheln. „Blechkuchen" zur Kaffeestunde. Top-Weinkarte, klassische American Cocktail Bar.*

Mitten im dörflichen Kampen liegt das bekannte und beliebte Restaurant *Dorfkrug*. In dem historischen Friesenhaus befand sich immer schon eine gastliche Stätte. Der Dorfkrug ist somit Kult.

Anne & Thomas

Mit dem Zusatz *Bar & Grill* wurde der Dorfkrug von *Anne Floto* und *Thomas Samson* übernommen. Von ihnen kommen viele innovative Ideen, die dieses Haus wieder zum Hot-Spot machen. Herrlich sitzt es sich auf der großen Terrasse des Friesenhauses, an der stimmungsgeladenen Außenbar oder romantisch im Innenhof des „Delis" unter einer Kastanie.
Gemütlich führt es hinein in eine charmante Vereinigung von Altem und Neuem. Friesisch-urbaner Chic mit traditionsreichen Kacheln an den Wänden, Holzfußboden kombiniert mit modernen Elementen.
Früh mittags gibt es eine kleine Brotzeit für Langschläfer, eine stetig wechselnde Mittagskarte bis zu selbstgebackenem Kuchen von der „hauseigenen" Konditorin. Nostalgische Kindheitserinnerungen von Anne an Sylt: Zum Beispiel an das legendäre „Witthüs". Dort gab es früher eine Kombination aus Nuss- und Napfkuchen mit Obst und Sahne – die „Qualle auf Sand". Dazu einen hausgemachten Eierlikör! Das hat was!
Die Abendkarte des kreativen Küchenchefs *Reik Raschke* lehnt sich – nach verschiedenen Vorspeisen wie dem Beef Tataki mit fruchtigem Papaya Salat – an ein Baukastensystem an, so dass die möglichen Grill-Variationen schier unendlich scheinen. Rinderfilet, Nordsee Dorschfilet oder Lammfilets mit Kartoffelgratin, getrüffeltem Blattspinat, grünem Spargel oder Pilzen lassen sich alle hervorragend mit Sauce Béarnaise, Pfeffer- und Teriyakisauce oder einer der anderen acht Saucen kombinieren. So kann jeden Abend ein komplett neues Gericht selbst vom Gast zusammengestellt werden, ausgelassene Stimmung und Herzlichkeit inklusive.
Ab jetzt auch mit dem ersten eigenen Dorfkrug Hauswein. Eine Cuvée aus Weißburgunder und Chardonnay wurde selbst vor Ort von Anne und Thomas mit dem Winzer so lange cuvetiert bis ein ganz eigener Wein für den Dorfkrug kreiert wurde. Na, denn mal Prost!

**Dorfkrug Bar & Grill,**
Braderuper Weg 3, 25999 Kampen, Tel.: 0 46 51 / 44 92 00 0,
geöffnet von 12 Uhr, Küche bis 22 Uhr,
www.dorfkrug-kampen.com, info@dorfkrug-kampen.com

# DORFKRUG

*Bar & Grill*

## VORSPEISEN

Caesar Salad
Romanasalat | Croutons | Parmesan
*16*

Rinderfilet Tataki
Papayasalat | Röstzwiebeln
Koriander
*22*

Artischocke
Zitronen-Senf-Vinaigrette
*16*

## SUPPEN

Dorfkrug - Bouillabaisse
Gambas | Fischfilet | Muschel
Gemüse | Aioli
*18 | 36*

Spargelcremesuppe
Spargel | Frühlingslauch
*12*

## SPECIALS

250g | 500g | 1kg
gegrillte Gambas
Knoblauch | Rosmarin | Aioli
*22 | 44 | 88*

Burratina
Cherrytomaten | Knoblauch
Babyspinat
*19*

## VEGETARISCH

Rotes Thai-Curry
Gemüse | Cocos
Basmatireis
*24*

Spaghetti Aglio e Olio
Knoblauch | Tomaten | Burratina
*24*

## NUDELN

Gemelli
Trüffelsud | Rinderfilet
frischer Trüffel
*42*

Spaghetti Aglio e Olio
Knoblauch | Tomaten
Gambas
*34*

## KINDERGERICHTE

Nudeln
Tomatensauce | Bolognese
*10 | 12*

kleine Bratwürste | Pommes Frites
*12*

## DESSERT

Topfenknödel
Erdbeeren | Vanilleschaum
*12*

warmes Schokoküchlein
Himbeeren | Vanilleeis
*12*

*Informationen über Zutaten in unseren Speisen, die Allergien oder Unverträglichkeiten auslösen können, erhalten Sie gerne von unseren MitarbeiterInnen!*

**Speisenkarten-Auszug-Frühjahr 2021**
**Angebot und Preise können sich je nach Marktlage ändern**

# IL RISTORANTE

## Pasta Pesce Pavarotti

### Eine italienische Genuss-Oase

*Klein-Italien auf Sylt. Italienische Arien begleiten Klassiker der italienischen Küche. Herzlichkeit pur und großer Garten. Pasta, Pesce, Carne, Dolce. Von Bruschetta für 8,50 und Carpaccio für 16,- über Penne all Arrabbiata für 14,- bis hin zu Scaloppine al Limone für 29,-. Wein 0,2 ab 6,-, Flasche ab 28,-.*

Als *Antonio Kabbani* 1989 Urlaub auf Sylt machte, war noch nicht abzusehen, dass er auf diesem Sandknust bleiben würde. Doch die wachsende Liebe zur Insel ließ ihn mit seinem *Il Ristorante* über ganz Sylt ziehen. Von den Anfängen in Westerland und mit zeitweilig mehreren Restaurants, schönen Jahren in Kampen, über Rantum, und als hätte es so kommen müssen bis Antonio 2014 wieder mit seiner guten italienischen Küche in Kampen angekommen ist.

Antonio Kabbani

Durchgezogen hat sich eine beständige persönliche Herzlichkeit. Nicht nur bei dem großen Stammkundenkreis, auch die Erstbesucher werden so empfangen, als ob sie schon ewig hier in das gastliche Reetdachhaus kommen.

Farbenfrohe, historische Poster zieren die mediterranen Wände, selbst von Antonio gesammelt. Sie bezeugen die Leidenschaft für Italien mit antiker Olivenöl- oder Campari-Werbung und jene für Sylt mit Strand und Nordseebad. Genuss und Freude am Leben im gastfreundlichen Il Ristorante, musikalisch immer hinterlegt mit italienischen „Schmachtfetzen" di Luciano Pavarotti. Ebenso einladend der große Garten, beheizt, mit Sonnenschirmen und mit Efeu und Rosen bewachsen.

À la minute werden die aus der Toskana, Sardinien und Sizilien stammenden Gerichte zubereitet. Marktfrisch und mit den besten Produkten, traditionell mit frischen Ideen. Dabei wird natürlich auch an Klassikern wie an einem handgeklopften Rindercarpaccio oder Penne all'Arrabbiata festgehalten.

Bekannt und beliebt der naturbelassene Fisch in Salzkruste, vielfältige Pasta mit saisonalen Empfehlungen außerhalb der Karte oder Scaloppine al Limone, genauso wie man sie in Italien auch serviert bekommt. Alles begleitet von italienischen Gewächsen dank dem wohl größten italienischen Weinkeller der Insel.

Und so wundert es nicht, dass manch' ein Gast Antonio im Laufe des Abends aufklären möchte, „er sei zum ersten Mal zu Besuch", denn mit dem vertrauten Willkommen wird wirklich jeder bedacht. Eine italienische Oase auf Sylt, die unbedingt noch mit einem hausgemachten Tiramisú gekrönt gehört.

**Il Ristorante,** Süderweg 2, 25999 Kampen, Tel: 04651 / 299662, ganzjährig geöffnet 17-23 Uhr. Dienstag ist Ruhetag.

P AE EC VISA

www.il-ristorante.de, info@il-ristorante.de

Pasta Pesce Pavarotti

# IL RISTORANTE

## Unsere Empfehlung

**Sergio Rosé** Mionetto Prosecco 0,1l € 8,00

Weißwein

**17er Poggio Al Lupo** 0,75l € 36,00
Vermentino Toscana, Castiglion Fibocchi

Rotwein

**15er Battaglione Barbera D´Alba** 0,75l € 45,00
Renato Ratti

**La Crema di Piselli con crostini di Pane Aromatizzato** € 9,00
Leichte Erbsencremesuppe

**Il soufflé di verdure con fonduta di Parmigiano** € 12,50
Soufflee von Gemüse auf Parmesancreme

**Il gnudi di Ricotta e spinaci con crema di stracchino** € 16,50
Spinat-Ricotta-Klößchen auf Creme von Stracchinokäse

**Il crostini al Paté di fegato, Pomodoro e Melanzane** € 12,50
Geröstete Weißbrotscheiben mit Leberpastete, Auberginen und Tomaten

**Le Penne Luculli** € 21,50
Nudeln in rosa Soße mit Shrimps und Wodka verfeinert

**Il Rigatoni con gulian di filetto di Manzo, Pomodorini e Rosmarino** € 25,00
Rigattoninudeln mit Cherrytomaten ,Basilikum und Rinderfiletspitzen

**Gli Spaghetti alla Carbonara con tartufo** € 32,00
Spaghetti Carbonara mit Trüffeln

**Il Fegato di vitello a la Veneziana** € 28,50
Kalbsleberstreifen mit Zwiebeln gebraten, in Weißweinsoße

**Il Filetto di Manzo al Barolo** € 39,00
Rinderfilet vom Grill in Barolosoße

**Il rana pescatrice crosta di Semi di papavero Su risotto di verdura** € 42,00
Seeteufelmedaillons in Mohn gewälzt auf Gemüserisotto

**Speisenkarten-Auszug**
**Angebot und Preise können sich je nach Marktlage ändern**

## iismeer im Sommer am Kampener Strand

Der gut bestückte trendy iismeer-Eiswagen versorgt den Strand mit Eis und Snacks. Sagenhafte verschiedene Bio-Eissorten. Zu finden am Strandkorbpodest (iismeer Restaurant in Wenningstedt, Tel.: 0 46 51 / 9572719)

smeeR
SYLT
smeer
SYLT

Kaamps7

# Ein genussvolles Traumziel

## Relaxen in der ersten Reihe

*Herrlich unkompliziertes Strandrestaurant am Kampener Weststrand, das Meer und die Sonnenuntergänge erscheinen nirgendwo näher und schöner. Zu Fuß erreichbar über den Strand oder durch die Düne entlang vorbei am Kampener Quermarkenfeuer. Große Sonnenveranda mit 100 Außenplätzen, 55 Innenplätze. Umfangreiche Auswahl kleiner Appetithappen, z.B. Datteln (4,50), Muscheln-Avocado-Salat (8,50) und Gemüsesticks mit Guacamole samt Tahini (8,50). Eintöpfe wie Kartoffelsuppe mit Speck (ab 8,50), Hauptgerichte ab 21,50. Fokus auf Fisch, gebratenes Heilbuttfilet mit Buttermöhren und Petersilienkartoffeln 23,50. Flensburger Pilsener vom Fass 0,3/4,20. Offene Weine 0,2 ab 7,50. Flaschenweine ab 24,- (Stellenbosch Pinotage Rosé 0,75).*

An einem sonnigen Tag vom Strandspaziergang im *Kaamps7* einkehren und von der Terrasse erhaben auf die Brandung der Nordsee schauen. Was will man mee(h)r.

Der Pfahlbau in grandioser Lage unweit vom Roten Kliff ist seit 2018 unter der Führung von sieben Gesellschaftern und hat sich weiterhin zu einem der beliebtesten Strand- und Ausflugslokale entwickelt – Kaamps7 eben!

*Christina Böckmann* und *Michael Voigt* kümmern sich um die Geschäfts- und Restaurantführung, *Tim Blass* hat die Restaurantleitung übernommen. Das Team pflegt einen familienfreundlichen Ort, wo Kommunikation zwischen Gästen und Mitarbeitern im Vordergrund steht. Hier kommt man bei Kleinigkeiten wie Oktopussalat „Cinque Terre", Hummus mit Grillgemüse oder Pastrami in Vinaigrette samt roten Zwiebeln (je 8,50) unkompliziert ins Gespräch.

Die Köstlichkeiten werden vom Team um Küchenchef *Ulf Dörge* an die Tische geschickt. Ihm geht es nicht darum, jedem Trend des Koch-Zeitgeists hinterherzurennen, sondern Traditionen zu erhalten. So werden die jeweiligen Zutaten möglichst regional bei Kleinerzeugern geordert. Bio ist auch hier angesagt. Geschmack wie bei der gut und traditionell kochenden Oma. Kuchen und Brot werden täglich frisch im Haus gebacken, die hervorragenden Oliven (4,50) kommen aus einem kleinen Familienbetrieb in Italien, das Manufaktur-Bier stammt aus Klanxbüll unweit vom Hindenburgdamm.

Dörges Leitspruch „Wir sind am Meer, also arbeiten wir auch viel mit Fischen" findet wunderbar Ausdruck in einem saftig gebratenen Steinbeißerfilet mit Fenchel, Tomaten, Artischockenböden, neuen kleinen Kartoffeln, Pernod-Butter und Kräutern (22,50). Die Garnelen auf Risotto mit gerösteten Pinienkernen und gehobeltem Parmesan munden besonders gut mit dem hauseigenen Kaamps7 Rosé von Werther-Windisch aus Reinhessen (0,2/7,50, 0,7/24,50). Wenn dann zum Sonnenuntergang auf der Terrasse eine frische Ananas-Bowle (8,50) nebst dem fulminanten Schokomus-Törtchen mit frischen Beeren (10,50) über die Zunge gleitet, kann es auf Sylt kaum schöner sein...

**Kaamps 7,** Riperstig, 25999 Kampen, Tel.: 0 46 51 / 886078, Fax: 886083, täglich von 11-22 Uhr, P ec f
www.kaamps7.de, info@kaamps7.de

# Tageskarte

### EIN TOPF

| | |
|---|---|
| Linsensuppe mit Wiener Würstchen | 9,50 € |
| KAAMPS7 Fischsuppe, Sauce Rouille | 18,50 € |

### KLASSIKER

| | |
|---|---|
| Sylter Royal Auster, Stk. | 3,50 € |
| Köstliche Reispapier Sommerrolle: Gefüllt mit Garnelen und Kräuter mit Limonen-Chili-Sauce und Sesam-Dip | 13,50 € |
| Currywurst mit Pommes | 13,50 € |
| Caesar Salat mit Hühnerbrust, Crôutons und Grana Padano | 18,50 € |
| Meeresfrüchte-Salat mit Garnelen und Avocadowürfeln | 18,50 € |
| Bruschetta, Tomaten-Salat und Mozzarella-Perlen | 18,50 € |
| KAMPENER Sashimi: Gelbschwanzmakrele, Fjordlachs mit Wakame-Algensalat, Keta-Kaviar, grüner Spargel | 28,50 € |
| Matjes „Hausfrauensauce“ und Bratkartoffeln | 18,50 € |
| Miesmuscheln im Weißweinsud mit Knoblauchbrot | 21,00 € |
| Rinderfiletspitzen, Pilze, Kirschtomate, Parmesanrahm, Penne | 23,50 € |
| Pikante Black Tiger Garnelen, gegrillt, mit Pommes, Aioli und Zitrone | 26,50 € |

### DESSERT

| | |
|---|---|
| Tiramisu im Glas mit Himbeeren | 10,50 € |
| Schokomousse Törtchen mit Vanille-Zabaione und Orangenfilets | 10,50 € |
| Zitronen-Tartlets mit Salzmandel-Karamell | 10,50 € |
| Milchreis mit Zimt und Zucker oder Rote Grütze | 9,50 € |
| Kuchen, täglich wechselnd, bitte sprechen Sie uns an | 4,20 € |
| Sahne | 1,00 € |

Kaamps7

# Abendkarte

### VORNE WEG

| | | |
|---|---|---|
| Sylter Royal Auster, Stk. | | 3,50 € |
| Köstliche Reispapier Sommerrolle: Gefüllt mit Garnelen und Kräuter mit Limonen-Chili-Sauce und Sesam-Dip | | 16,50 € |
| Rindertatar „Friesisches Rind“ mit Röstbrot und Leckereien, 100g | | 18,50 € |
| **Pimp my Tatar:** | **+ 10g Prunier Kaviar** | 34,50 € |
| 2 Stk. Bruschetta, Tomaten-Salat und Mozzarella-Perlen | | 14,50 € |
| Antipasti Teller: gegrilltes und mariniertes Gemüse Grüner Spargel, Artischocken, Pilze, Aubergine, Tomaten, Rucola und Pesto | | 18,50 € |
| Krustentierschaumsuppe mit Garnele | | 13,50 € |
| Kleine KAAMPS7 Fischsuppe, Sauce Rouille | | 14,50 € |

### HAUPTSACHE

| | | |
|---|---|---|
| KAAMPS7 Fischsuppe, Sauce Rouille | | 23,50 € |
| KAMPENER Sashimi: Gelbschwanzmakrele, Fjordlachs mit Wakame-Algensalat, Keta-Kaviar, grüner Spargel | | 28,50 € |
| Miesmuscheln im Weißweinsud mit Knoblauchbrot | | 23,00 € |
| Lachs auf Zucchini, überbacken mit Parmesan-Mascarpone und Penne all' arrabiata, Pesto | | 26,00 € |
| Scholle „Finkenwerder Art“, mit Speck, Petersilienkartoffeln und Schmand- Gurkensalat | | 26,00 € |
| Pikante Black Tiger Garnelen, gegrillt, mit Pommes, Aioli und Zitrone | | 28,00 € |
| Meeresfrüchteplatte für EINEN: Hummer, Jakobsmuscheln, Kaisergranat, Garnelen und Miesmuscheln dazu Sauce Rouille, Wakame-Algensalat und Knoblauchbrot | | 42,00 € |
| | für ZWEI | 84,00 € |

### VOM GRILL

| | | |
|---|---|---|
| Rinderfilet vom friesischen Rind | 160g | 28,00 € |
| | 250g | 42,00 € |
| Hüft-Steak vom friesischen Rind | 300g | 32,00 € |

*Dazu servieren wir Backkartoffel und Kräuterquark, grünen Spargel und Kräuterbutter*

Kaamps7

**Speisenkarten-Auszug-Frühjahr 2021 | Angebot und Preise können sich je nach Marktlage ändern**

Kaamp Meren

# Die Top-Adresse für beste Feste

## ...mit dem bewährten Team à la Kampen

*„Kampens Mitte" ist dort, wo das große „Kaamp Hüs" steht, und es diese gepflegte, bodenständige Küche gibt. Vorspeisen ab 12,50 (Schneckenpfännchen), Hauptgang ab 21,90 (Rinderroulade). Täglich wechselnde Empfehlungen. Große Terrasse mit Strandkörben. Außer-Haus-Service. KöPi 0,25/3,50, Weißburgunder von Dreissigacker 0,2/8,-, 2018er Tempranillo „Campo Liberto" 0,2/8,-.*

Der Restaurantname *Kaamp Meren* kommt einem echt friesisch vor. Richtig! Das heißt auf Hochdeutsch *Kampens Mitte*. Hier im *Kaamp Hüs* laufen alle Tourismusfäden zusammen und hier treffen sich alle, die Lust auf Genuss haben. Dass sich jeder wohlfühlt, dafür sorgt das bewährte „Team à la Kampen": *Beate* und *Werner „Muffel" Stoltenberg* sowie der Chef am Herd, *Steffen Meier* und ein versiertes Team um *Christian Seifert* im Service. Im Restaurant ist ein gelungener Mix aus modernem Design und maritimer Gemütlichkeit entstanden: frisches Blau und Weiß sowie dezente Grautöne beruhigen das Auge, dekorative Designerstühle treffen auf blanke, schlicht eingedeckte Holztische. Entlang der Bar nimmt man an Bistrotischen Platz, gesäumt von Schwarz-Weiß-Fotografien an der Wand. Wer einen Platz am „Pass" ergattert, kann sogar bei der Zubereitung der Gerichte zuschauen. Der Küchenchef ist für jegliche kulinarische Überraschung gut. Sein Motto: geschmackliche Abwechslung. So hat die gesamte Speisenkarte auch den ganzen Tag lang Gültigkeit. Wir sahen im Frühjahr z.B. Schnecken- oder Garnelenpfännchen und gratinierten Ziegenkäse. Die traditionelle Rinderroulade oder das Roastbeef dürfen natürlich nicht fehlen. Oft wechselt dazu das Angebot auf der Schiefertafel. Verlockend ist das Dorschfilet auf sautiertem Blattspinat. Fleischliebhaber werden mit Lammkoteletts auf Portweinjus beglückt. Der halbflüssige Schokoladenkuchen setzt einen genussvollen Schlusspunkt.

Sie haben Lust auf noch mehr Genuss à la „Kampens Mitte"? Dann feiern Sie Ihr „Ja"-Wort, Ihren Geburtstag oder das Firmenjubiläum im gleichen Haus in den Räumen vom *„Kaamp Hüs"*! Eine feine Adresse für große Feste aller Art. Dort zeichnet dann das „Kaamp Meren" für die kulinarischen Momente verantwortlich.

Kaamp Meren serviert auch auf der großen Terrasse. Motto: Herz und Schnauze, Liebe und Leidenschaft von Handfestem für Spätaufsteher bis zum allerletzten Absacker.

**Kaamp Meren,** Hauptstraße 12 (Kaamp Hüs), 25999 Kampen, Tel.: 0 46 51 / 43500, täglich ab 12 Uhr, warme Küche bis ca. 21.30 Uhr. Montag Ruhetag,
www.kaamp-meren.de, info@kaamp-meren.de

Kaamp Meren

## Suppen

Rinderconsommé mit Griesnocken und Gemüsestreifen
8,90 €

Thai Curry Suppe
Kokosmilch, Ingwer, Zitronengras und Garnelenspieß
11,50 €

Kresserahmsüppchen mit Lachsstreifen und Croutons
9,90 €

## Vorspeisen

Caesar Salad
Hähnchenbruststreifen, Cherrytomaten und Parmesan
14,50 €

Schneckenpfännchen „Kaamp Meren"
mit Knoblauchbutter überbacken
12,50 €

Garnelenpfännchen
In Olivenöl gebratene Garnelen mit Knoblauch, Tomaten und Lauch
14,90 €

Gratinierter Ziegenkäse mit Serranoschinken, Feigensenf und Salat
14,90 €

Gebratene Jacobsmuscheln auf Lauchsalat
Speckviniagrette und Kartoffelchips
16,90 €

Gemischter Salat
klein 5,00 € groß 9,50 €

## Pasta & Mehr

Spaghettini mit Garnelen, Knoblauch,
getrockneten Tomaten, Chili und Lauch
kleine Portion 18,50 €
große Portion 24,90 €

Spaghetti mit Linsenbolognese (VEGAN)
16,90 €

Gegrillte Aubergine mit Tomaten- Paprikaragout an Couscoussalat (VEGAN)
16,90 €

Meeresfrüchterisotto
22,90 €

## Fleisch

Rinderroulade gefüllt mit durchwachsenem Speck, Zwiebeln und Senf
an Rotkohl und Kartoffelpüree
21,90 €

Roastbeef, kalt aufgeschnitten, mit Gewürzgurke,
Remouladensauce und Bratkartoffeln
25,90 €

Wiener Schnitzel mit Preiselbeeren,
Bratkartoffeln und Gurkensalat
25,50 €

Rumpsteak vom Husumer Rind
mit Portweinschalotten, Krusteln und gemischtem Salat
29,90 €

Kalbsragout mit Spätzle und Salat
24,50 €

Lammkotelettes auf Portweinjus mit grünen Bohnen und Rosmarinkartoffeln
32,90

## Fisch

Gebratenes Dorschfilet auf sautiertem Blattspinat
mit Dijon-Senfsauce, gebutterten Sylter Kartoffeln
28,50 €

Nordsee Scholle „Finkenwerder Art"
mit Speckbutter dazu Petersilienkartoffeln und Gurkensalat
22,90 €

Sylter Fischteller
gebratene Fischfilets auf Pfannengemüse mit Rieslingsauce
und Wildreis
27,90 €

Steinbeißerfilet mit Ratatouillegemüse und Kräuterkartoffeln
29,50 €

## Dessert

Crème Brûlée mit Früchten und Schokoladeneis
10,90 €

Halbflüssiger Schokoladenkuchen mit Fruchtmark und Passionsfruchtsorbet
10,90 €

Friesenrahm mit Erdbeerragout
9,90 €

Apfelstrudel mit Vanillesauce
8,90 €

Eis
( Schoko / Vanille / Erdbeer / Walnuss )
je 2,50 €

Sorbet
( wechselnde Auswahl, bitte fragen Sie beim Service nach )
je 3,50 €

**Speisenkarten-Auszug-Frühjahr 2021**
**Angebot und Preise können sich je nach Marktlage ändern**

# Der Kampen-Klassiker

## Friesenflair und Hüttencharme

Nicht mehr wegzudenken ist dieses Traditionsrestaurant in Kampen. Frische Brötchen ab 9 Uhr, Frühstück à la carte ab 10 Uhr, berühmte Kuchen ab 13 Uhr. Feine, saisonal inspirierte Frischeküche, regional bis mediterran. Tageshauptgerichte ab 14,90 (Pasta). Ab 18 Uhr Abendkarte von Nordseescholle (22,90) bis Rinderfilet (39,-). Wahlweise kleine und große Portionen, Warsteiner 0,25/3,80, Wein 0,2 ab 6,80, Flasche ab 24,- (Grauburgunder/Kiefer), hervorragende Weinkarte! Weindependance in Keitum: „PIUS" (siehe Seite 128)!

*Pius Regli*, der Schweizer, der vor ewigen Zeiten die stillen Berge gegen die quirlige Nordsee eintauschte, ist ein leidenschaftlicher, einfallsreicher und unermüdlicher Unternehmer. Diese Leidenschaft setzt sich in der Familie fort: Tochter *Sarah* führt sehr sympathisch seit einigen Jahren begeistert und kompetent das Restaurant mit Papa und nach „Regli Art". Hier werden nun schon seit Generationen Urlaubsbekanntschaften geschlossen. Das Ganze fühlt sich atmosphärisch dann so an wie eine Friesenstube in den Schweizer Bergen – oder umgekehrt? Auf jeden Fall einfach „saugemütlich"!

Pius mit Tochter Sarah

Morgens duftet es nach köstlichen frischgebackenen Brötchen, während Bäckermeister *Andreas Günther* bereits die Kuchen für die Kaffee- und Teezeit in den Ofen schiebt. Ein wenig später kann es auch mal sein, dass schon mittags die Champagnerkorken wie „in alten Zeiten" knallen und die lustige Meute „Pahlzeit!" ruft. Eine grundehrliche wunderbare Küche, die auf bester Tradition beruht, begeistert immer wieder viele Stammgäste und macht Newcomer zu Wiederholungstätern.

Sehr angenehm: Von den Mittagsgerichten kann man sich auch kleinere Portionen bestellen. Aber will man das? Hier schmeckt doch schließlich alles zum „Sitzenbleiben". Ein „Muss": das Wiener Schnitzel (mit alles!), Rigatoni in Thaicurry mit Poulardenbrust, der „Pahl"-Burger mit Fritten, das Roastbeef mit Bratkartoffeln. Und erst diese Pfannkuchen! Mmh! Küchenchef *Mathias Maisch* offeriert zum Beispiel umwerfende Kalbsfrikadellen, aber auch Ochsenschwanzragout mit Kartoffelpüree oder Steinbutt auf der Haut gebraten, im Verbund mit Balsamicolinsen und Thymiankartoffeln – das scheinbar Einfache bekommt im „Pahl" seine besondere Note.

Tolle Tropfen gibt es übrigens ganz speziell auch in der Inseldependance, der *„PIUS-Weinwirtschaft"* in Keitum. Übrigens: Am 1. August, dem Schweizer Nationalfeiertag, holt Pius Regli die Heimat ins Haus und serviert ausschließlich Leckeres von der Schwyzer Schoggi bis zum Greyerzer. Nicht entgehen lassen! „Pahlzeit"!

**Manne Pahl,** Zur Uwe Düne 2, 25999 Kampen, Tel.: 0 46 51 / 42510, Fax: 44410, geöffnet von 10 Uhr bis 1 Uhr, Tageskarte 12-17 Uhr, 17-18 Uhr Küchenpause, Abendkarte ab 18 Uhr
www.manne-pahl.de, info@manne-pahl.de

## Tageskarte von 12.00 - 16.30 Uhr

| Suppen | kl.Portion | |
|---|---|---|
| Eintopf nach Tagesangebot | | 9,50 € |
| Kartoffelsuppe mit Kochwurst 8,10 | | 8,50 € |
| Sylter Krabbensuppe 2,8,10 | | 11,50 € |

**Salate & Co.**

| | | |
|---|---|---|
| Gemischter Salat mit Hausdressing 4,6,11 | | 10,50 € |
| …..mit Garnelen 2 | | 23,90 € |
| …..mit Poulardenbruststreifen 4,6,11 | | 21,50 € |
| Caeser`s Salat mit Parmesanchip 4,5,8,11 | | 12,50 € |

**Fleisch**

| | | |
|---|---|---|
| Unser Wiener Schnitzel mit Preiselbeeren, Bratkartoffeln und Gurkensalat 1,4,8,11 | 22,90 € | 26,90 € |
| Kalbsfrikadellen mit Kartoffel-Rotweinzwiebelpüree und Gemüsestreifen 1,8,10,13 | 19,50 € | 23,50 € |
| Geschmorte Rinderroulade mit buntem Gemüse und Kartoffelpüree 8,10,13 | | 26,50 € |
| Roastbeef mit Remouladensauce und Bratkartoffeln 4,8 | 18,90 € | 22,90 € |

**Das darf nicht fehlen!**

| | | |
|---|---|---|
| „Pahl-Burger" mit Trüffelmayo und dazu Fritten 1,4,8 | | 22,50 € |
| …..für Mädchen (spicy Ketchup) 1,4,8 | | 17,50 € |
| „Pahl-Currywurst" vom Kalb mit Fritten 1,11 | | 12,50 € |

**Fische und Krustentiere**

| | | |
|---|---|---|
| Garnelen-Knoblauchpfanne mit Gemüsestreifen 2,10,13 | 17,50 € | 24,50 € |
| Matjes nach „Hausfrauenart" mit Bratkartoffeln 5,8,11 | 16,50 € | 20,50 € |
| Gebratene Nordseescholle mit Speckbutter, Petersilienkartoffeln und kleinem Salat 1,5,8,11 | | 22,90 € |
| …mit Krabben 1,2,5,8,13 | | 28,90 € |

Inhaltsstoffe: 1. Glutenhaltiges Getreide, 2. Krebstiere, 3. Weichtiere, 4. Eier, 5. Fische, 6. Erdnusse, 7. Sojabohnen, 8. Milch, 9. Schalenfruchte, 10. Sellerie, 11. Senf, 12. Sesam, 13. Sulfit / Schwefeldioxid, 14. Lupine

## Abendkarte ab 18.00 Uhr

| Suppen | kl.Portion | |
|---|---|---|
| Kartoffelsuppe mit Kochwurst 8,10 | | 8,50 € |
| Sylter Krabbensuppe 2,8,10 | | 11,50 € |

**Vorspeisen**

| | | |
|---|---|---|
| Karamellisierter Ziegenkäse auf Mango-Chilichutney und Thymianhonig 8 | | 14,00 € |
| Bresaolacarpaccio mit Limonenöl, Ruccula und Parmesan 4,11 | | 14,50 € |
| Garnelen-Knoblauchpfanne mit Gemüsestreifen 2,10,13 | 17,50 € | 24,50 € |
| Gemischter Salat der Saison 4,6,11 | | 10,50 € |
| …..mit Garnelen 2 | | 23,90 € |
| …..mit Poulardenbruststreifen | | 21,50 € |
| Caeser`s Salat mit Parmesanchip 4,5,8,11 | | 12,50 € |

**Pasta von Alexandro Pape**

| | | |
|---|---|---|
| Rigatoni mit Kirschtomaten, Pinienkernen und Basilikumpesto 1,4,7,10 | | 18,50 € |
| mit Poulardenbrust 1,4,8,13 | | 21,50 € |
| mit Garnelen 1,2,4,8,13 | | 24,50 € |

## Regionale Qualität

Wir beziehen unser Fleisch ausschließlich aus der Region Schleswig-Holstein!

| | | |
|---|---|---|
| Roastbeef mit Remouladensauce und Bratkartoffeln 4,8 | 18,90 € | 22,90 € |
| „Pahl-Burger" mit Trüffelmayo und dazu Fritten 1,4,8 | | 22,50 € |
| …..für Mädchen (spicy Ketchup) 1,4,8 | | 17,50 € |
| Kalbsfrikadellen mit Kartoffel-Rotweinzwiebelpüree und Gemüsestreifen 1,8,10,13 | 19,50 € | 23,50 € |
| Unser Wiener Schnitzel mit Preiselbeeren, Bratkartoffeln und Gurkensalat 1,4,8,11 | 22,90 € | 26,90 € |
| Geschmorte Rinderroulade mit buntem Gemüse und Kartoffelpüree 8,10,13 | | 26,50 € |

**Extra**

| | |
|---|---|
| Unsere Trüffelmayo 4,8 | 3,00 € |

**Speisenkarten-Auszug | Angebot und Preise können sich je nach Marktlage ändern**

# Captain's Dinner im Strönwai

## Easy eating & drinking

*Inmitten der Kampener Whiskymeile eine Oase mit offener Küche und großer Terrasse. Rainbow Cuisine und Gastfreundlichkeit at its best. Frühstück und Smörrebröd, hausgebackener Kuchen, Brüsseler Waffeln. Sushi & Sashimi. Ideenreiches Speisenangebot. Caesar Salad für 8,50, Bobotie, das südafrikanische Nationalgericht für 18,50 bis zu den mediterranen Riesengarnelen aus dem Wok. Eigengewächse von verschiedensten Winzern. Wein ab 4,-, Bier ab 3,80.*

Viel hat sich getan im *ODIN DELI* in der Whiskymeile und der dazugehörigen Vinothek „um die Ecke" in Kampen. Das Restaurant im Strönwai hat sein Erscheinungsbild nach seinem Ursprung angepasst. Erbaut vor über 90 Jahren, ist das reetgedeckte Haus Odin angelehnt an und inspiriert von einer Kreuzfahrt auf einem Salonschnelldampfer.

Genau dieser Salоncharakter ist hier nun zu finden. Mit dem Schiff als Leitbild, Protea Deckenleuchten, einer schiffskofferähnlichen bespannten Wand und einem Chef's Table im Rundbogen für das küchennahe Captain's Dinner dank offener Küche.

Viel Liebe zum Detail haben *Sigrid Rothbart* und *Jörn Steffen* in das kleine und urgemütliche Restaurant gesteckt, letzterer wird ab diesem Jahr selbst für die sogenannte Rainbow Cuisine zuständig sein. Mit großer Zuneigung zu Südafrika liegt der Fokus auf diese spannende Küche nah. Der Vollblutgastronom Steffen weckt kulinarische Sehnsüchte. „Je farbenfroher es in der Küche zugeht, desto frischer und fitter geht man durchs Leben".

Tagsüber erfreuen Frühstück und südafrikanisches Streetfood auf bunten Tellern, wie das Nationalgericht Bobotie, ein Hackfleischauflauf mit Wasserbüffel, Pilzen der Saison und der Fruchtigkeit von Bananen und Aprikosen, die vegane Kartoffelsuppe oder köstliche selbstgebackene Kuchen. Bemerkenswert: Viele Hauptgerichte gibt es als halbe Portionen für den kleinen Hunger.

Abends werden die 40 Plätze im Restaurantinneren feiner eingedeckt. Sylter Muscheln von Jan aus Hörnum in Cape-Malay-Curry oder der Fischeintopf gehören zum festen und beliebten Repertoire wie auch vinophil die vielfältigen Eigengewächse. Dieses Jahr lockt der BIG MAMA genannte Spätburgunder in der Fiasco-Flasche, dem sogar ein Lied gewidmet ist. Mehr dazu auch unter der *ODIN VINOTHEK* zu finden.

Viel hat Jörn Steffen mit dem ODIN DELI vor: Wechselnde Gastköche aus Südafrika und BBQ-Abende inmitten des Kampener Nachtlebens und auf 80 Terrassenplätzen versprechen abwechslungsreiche Unterhaltung mit größtem Genuss.

**ODIN-DELI,** Strönwai 10, 25999 Kampen,
Tel.: 0 46 51 / 45455, täglich 10-24 Uhr geöffnet, Küche bis 22 Uhr
P ec f www.odin-deli.com, office@odin-deli.com

# ODINS KLASSIKER

**CAESAR SALAT „KLASSIK"**
MIT GEHOBELTEM PARMESAN, KAPERN & SARDELLEN (C, E, I, J, H, K, 7) — 9,50 €

**EXTRAS ZU UNSEREN SALATEN**
GEGRILLTE MAISPOULARDENBRUST (A, G, I, K, L, 5) — 7,00 €
DREI GEBRATENE RIESENGARNELEN (C, E, I, J, H, K, 7) — 9,00 €

**ODIN ANTIPASTI** MIT FRISCHEM ZIEGENKÄSE (A, H, I, 2) — 18,50 €

**ODIN FISCHEINTOPF** MIT KARTOFFELN, KNOBLAUCH, PORREE, GERÖSTETEN MANDELN, WEISSWEIN (A, I, J, L, O)
ALS VORSPEISE — 15,00 €
ALS HAUPTGANG — 17,50 €

**SYLTER MUSCHELN IN CAPE - MALAY - CURRY**
MIT MÖHREN, PORREE, LAUCHZWIEBELN, KOKOSMILCH, WEISSWEIN (A, B, C, E, F, G, L, O, H)
ALS VORSPEISE — 15,00 €
ALS HAUPTGANG — 19,50 €

**1/2 DUTZEND „SYLTER ROYAL AUSTERN"**
TÄGLICH FRISCH AUS LIST MIT ROTWEINSCHALOTTEN, LIMONE UND BROT (A, B, F, J, L, O) — 21,00 €

**RIESENGARNELEN „EASY PEAL 8/12" AUS DEM WOK**
MIT MEDITERRANEN KRÄUTERN, KNOBLAUCH, TOMATEN, DREIERLEI DIPS & FRISCH GEBACKENEM BROT (A, C, H, G, L)
ALS VORSPEISE — 21,50 €
ALS HAUPTGANG — 29,00 €

**TATAR VOM HUSUMER WEIDERIND (PIKANT)**
ALS VORSPEISE — 15,00 €
ALS HAUPTGANG — 19,50 €

NEU **BOBOTIE „SÜDAFRIKANISCHES NATIONALGERICHT"**
HACKFLEISCHAUFLAUF VOM RIND & KALB, ETWAS BANANE, APRIKOSE, ÜBERBACKEN MIT EINER MASSE AUS EI, MILCH UND AFRIKANISCHEN GEWÜRZEN, DAZU SAISONALE GEMÜSEBEILAGEN MIT KNOBLAUCH (D, H) — 19,50 €

**RUND UM DEN ANGELTHUNFISCH**
WECHSELVOLLE ZUBEREITUNGEN & INTERPRETATIONEN DES THUNFISCHS

**KIDS ONLY „PASTA ODINCHEN"**
GEBUTTERT (B, H) — 5,50 €
MIT TOMATENSAUCE (B, J, 5) — 6,00 €

# DAS BESTE KOMMT IMMER ZUM SCHLUSS

**KAISERSCHMARRN** (ZUBEREITUNGSZEIT CA. 25 MIN.)
MIT ZWETSCHGENRÖSTER, FRIESENSCHMAND & TAHITI-VANILLEEIS (A, B, F, H, I, 5, 6) — 14,50 €

**SYLTER ROTE GRÜTZE** MIT VANILLE-SAUCE — 6,50 €
**WIENER APFELSTRUDEL** MIT VANILLE-SAUCE — 5,90 €
**WIENER APFELSTRUDEL** MIT VANILLEEIS — 6,90 €

**„ODINCHEN" WAFFEL** NATUR — 6,00 €
**„ODINCHEN" WAFFEL** MIT ROTER GRÜTZE — 6,50 €

SOLLTEN SIE BESONDERE SPEISE-WÜNSCHE HABEN, SO LASSEN SIE ES UNS WISSEN UND WIR WERDEN DIESE IM RAHMEN UNSERER MÖGLICHKEITEN GERN ERFÜLLEN.

ODIN

**GO VEGGIE**
SIE WÜNSCHEN GERICHTE GANZ OHNE FLEISCH UND FISCH? MIT VIEL FRISCHEM GEMÜSE, OBST, GETREIDE UND HÜLSENFRÜCHTEN? FRAGEN SIE EINFACH UNSER SERVICE-PERSONAL.

IHNEN GEFÄLLT ES BEI UNS? ZEIGEN SIE ES UNS. FACEBOOK.COM/ODINDELIKAMPEN
EINE ÜBERSICHT DER INHALTSSTOFFE & ALLERGIEAUSLÖSENDEN ZUTATEN ERHALTEN SIE AUF NACHFRAGE BEI UNSEREM PERSONAL
WIR AKZEPTIEREN EC-KARTENZAHLUNG AB 10,00 € · MASTER- & VISACARD AB 25,00 €

**Speisenkarten-Auszug-Frühjahr 2021**
**Angebot und Preise können sich je nach Marktlage ändern**

# 94KAMPEN

## Futtern wie bei Muttern

### Das etwas andere Kampener Restaurant

*Kampener Restaurant im Friesenhaus mit großem Gartenbereich. Regional, nachhaltig, authentisch. „Essen, das glücklich macht" und Kindheitserinnerungen weckt. Sich wie zu Hause fühlen. Vom Matjestatar ab 14,- und der Rinderroulade für 25,-, bis zu den Maultaschen und der Pasta für 19,-. Täglich wechselndes Mittagsgericht für 12,-, Blechkuchen am Nachmittag für 5,-.*

Einen Wandel durchlaufen hat das Restaurant *94 Kampen* und jetzt ist es endlich angekommen. Mitten durch die große sonnige Terrasse mit Strandkörben und Loungemöbeln führt der Weg in das gemütliche Restaurant. Dunkle Holzdielen zieren den Fußboden sowie die Tische. Weiße Holzverkleidung an den Wänden und dreierlei Farben schmücken die Stühle. Puristisch gemütlich.

Regional, nachhaltig und authentisch ist das Motto hier unter dem Reetdach des alten Friesenhauses. Die quirlige *Jasmin Stump* kann Gastgeberin. Sie lädt quasi ein in ihr Wohnzimmer, denn über dem Restaurant ist schließlich ihre Bleibe.
Mit ihrer direkten Art wird sich schnell wie bei Freunden gefühlt und genauso vertraut schmeckt es auch. Eine kleine Karte verspricht nostalgische Gerichte. Es knüpfen Cordon Bleu vom Geester Landschwein mit Erbsen und Möhrchen oder Roulade vom Husumer Weiderind mit Kartoffelstampf geschmacklich an kindliche Erinnerungen an. Wie zu Hause soll es schmecken und darf sich auch gefühlt werden.
Doch auch „vegetarisch" und „vegan" finden den Weg auf die Karte mit Pasta aus der Genussmacherei in List oder Rote Bete-Meerrettich-Maultaschen. Eben jedes Gericht immer mit mindestens einer regionalen Komponente.
Von kleinerer Mittagskarte mit dem täglich wechselnden Gericht genannt „Es gibt, was auf den Tisch kommt" bis zur Abendkarte versüßt selbstgebackener Blechkuchen die Zeit.
Sowieso legt Jasmin Wert darauf, nicht alles so zu machen, wie die anderen. Auf Coca-Cola wird bei ihr verzichtet, lieber konzentriert sie sich auf die nachhaltige Variante Fritz-Kola. Ein eigenes Bier, das 94er Pils, macht sie zusammen mit Fabi vom Tofree-Kiosk in Tinnum, einen hiesigen Brombeergeist, Gin und Aquavit gibt es auch.
Jasmin hat ihren ganz eigenen Kopf und erfüllt das 94 Kampen mit Persönlichkeit und dem erwünschten Ziel, dass sich jeder Gast zu Hause fühlen kann und das tun wir.

**94Kampen,** Alte Dorfstraße 2, 25999 Kampen, Tel.: 0 46 51 / 299 83 75, geöffnet von 12-22 Uhr, 17-18 Uhr Küchenpause, sonntags Ruhetag, P VISA EC, www.94kampen.de, info@kampen94.de

**94 Restaurant KAMPEN**

| Vorspeise | klein | groß |
|---|---|---|
| Salat der Saison<br>mit Wasserbüffel-Feta aus Nordfriesland,<br>Walnüssen und hausgemachtem Chutney | 13 € | 23 € |
| Gemüsepfanne<br>in der Pfanne serviert, mit Käse überbacken | 14 € | 24 € |
| Matjestatar<br>auf Zwiebel-Apfel-Joghurt und Rote Beete | 14 € | 27 € |
| Rindertatar vom Husumer Weiderind<br>mit Nussbutter und rustikalem Brot | 15 € | 28 € |

## Suppe

Hühnerkraftbrühe
mit hausgemachtem Eierstich und Juliennegemüse — 11 €

## Hauptgang Fleisch

Rinderroulade vom Husumer Weiderind
mit Zweierlei Möhren und Schmorsauce — 25 €
**wahlweise mit Kartoffelstampf, Bratkartoffeln oder Pommes**

Cordon Bleu vom Geester Landschwein
mit Erbsen und Möhrchen — 24 €
**wahlweise mit Kartoffelstampf, Bratkartoffeln oder Pommes**

Rinderfilet vom Husumer Weiderind 250g
mit grünen Bohnen und Kräuterbutter — 39 €
**wahlweise mit Kartoffelstampf, Bratkartoffeln oder Pommes**

## Hauptgang Fisch

Fisch im Ganzen (nicht immer regional!)
mit gebratenem Gemüse — 29 €
**wahlweise mit Kartoffelstampf, Bratkartoffeln oder Pommes**

Nordsee - Seezunge ca. 750g
mit Gurkensalat — 68 €
**wahlweise mit Kartoffelstampf, Bratkartoffeln oder Pommes**

Speisenkarten-Auszug-Frühjahr 2021
Angebot und Preise können sich je nach Marktlage ändern

# Kulinarik und Landhausstil

## Kojenfrühstück „mit alles“

*Traditionelles Ausflugsziel auf der Route von Kampen nach List, Reetdachrestaurant und Café, moderner Landhaus-Stilmix. Romantischer Strandkorb-Garten, Kinderspielplatz. Gutbürgerliche Frischeküche. Viele Stammgäste. Diverse Frühstücksvarianten (ab 10 Uhr), ofenfrische Kuchen. Tageskarte von 12 bis 17 Uhr (z.B. Königsberger Klopse 14,40, Reibekuchen ab 9,50). Abendkarte ab 18 Uhr, viele Klassiker (Halbe Vogelkojen-Ente mit Rotkohl, Kartoffelkloß, Preiselbeer-Birne 27,-), Fische im Ganzen je nach Tagesverfügbarkeit, Skreifilet 29,50. Sechs Sylter Austern 21,-. Originelle Desserts (Schoko-Brownie mit Zwergorangen, hausgemachtem Eis, Sylter Milchschaum 14,-). Ausgezeichnete Weinkarte – ca. 400 Positionen! Hauseigene Vinothek, Spitzenlagen, extra Champagnerkarte.*

Die Kampener *Vogelkoje* versprüht ihren ganz eigenen Charme. Hier ist der Besuch ein festes, liebgewordenes Ritual. Das reetgedeckte Schmuckstück und sein verträumter Kaffeegarten liegen etwas versteckt zwischen Kiefernwäldchen und der historischen Entenfangstätte.

Dass die Vogelkoje inzwischen auch schon zu einem ausgiebigen Frühstück – ab 10 Uhr – aufgesucht werden kann, hat sich inzwischen auf der Insel rumgesprochen. Es ist alles drin:

Vom kleinen Süßen (12,-) über das große Kojenfrühstück mit allem Drum und Dran (29,-) bis zum Sylter (16,50) und dem Champagnerfrühstück (mit Austern 245,-).

Vogelkojen-Einkehrer lassen sich ab 12 Uhr gleich mehrfach beflügeln: Die Tageskarte öffnet ihre Seiten (Kojen-Burger 200 g, US-Beef, 19,50, Sylter Fischeintopf mit Knoblauchbrot 17,-, frisch gebackene Waffeln ab 4,50), die duftenden Kuchen vom Blech (3,80) kommen just aus dem Ofen und die Kinder sind happy auf ihrem Spielplatz, den sie nur für den „Räuber Hotzenplotz“ (kleines Kalbsschnitzel mit Pommes Frites und Gemüse 9,50) oder „Nemo“ (panierte Fischfilets mit Püree und Gemüse 8,-) verlassen.

Ob drinnen in den stylischen Gasträumen oder draußen im blühenden Garten: Entspannung, Familienfreundlichkeit und Genuss sind die gleichbleibenden Wohlfühlkomponenten der Vogelkoje. Am Abend (ab 18 Uhr) glänzen die Tische im Kerzenlicht. Man hat eine ansehnliche Auswahl mit marktaktuellen Ergänzungen auf der Extratafel – zieht regionale Fleischgerichte (Filet vom Husumer Ochsen 39,50) ebenso ins kulinarische Kalkül wie eine Bouillabaisse „Riche“ (18,50 als Vorspeise, 34,- im Hauptgang). Überraschungsgerichte wie das Filet vom Ijsselmeer-Zander (mit Rahmlinsen, Rotweinschalotten und Klintumer Kartoffeln 33,50) oder das Perlgraupen-Risotto mit Waldpilzen und Büffel-Parmesan (27,-) sind an der Tagesordnung. Für den ganzheitlichen Genuss lasse man sich ein individuelles Menü in drei oder vier Gängen vorschlagen, das mit den passgenauen Trinkempfehlungen aus dem großen Weinkabinett noch lange nachklingen wird.

**Vogelkoje,** Lister Straße 100, 25999 Kampen, Tel.: 0 46 51/ 95250, ganzjährig geöffnet, in der Saison täglich von 10-14 Uhr Frühstück, im Winter nur am Wochenende, Tageskarte von 12-17 Uhr, Abendkarte ab 18 Uhr. Feste und Familienfeiern P ec f
www.vogelkoje.de, info@vogelkoje.de

VOGELKOJE
KAMPEN SYLT

## ZUM EINSTAND

6 SYLTER ROYAL AUSTERN AUF GESTOSSENEM EIS
Chesterbrot / Zitrone / Schalottenvinaigrette
- 21,00 € -

KNACKIGER WILDKRÄUTERSALAT
Balsamicodressing / gebackener Spargel / karamellisierte Nüsse / Croûtons
- 14,00 € -

MARINIERTER UND GEBACKENER ZIEGENFRISCHKÄSE
Tomatenmarmelade / Rucola / Rosmarinhonig
- 14,50 € -

DREIERLEI FISCH-CARPACCIO
Cipriani-Sauce / Spargel / Yuzo
- 19,00 € -

Vitello tonnato
Tatar / Alici / Rucola / Parmesan
- 18,00 € -

## UNSERE HAUPTSPEISEN

### SUPPEN

SCHAUMSÜPPCHEN VOM BÄRLAUCH
Jakobsmuschel
- 13,50 € -

CONSOMMÉ VON KOJEN-ENTE
Cannelloni / Gemüse
- 12,50 € -

BOUILLABAISSE "RICHE" Á LA VOGELKOJE
unsere Version des Klassikers
Vorspeise – 18,50 €
Hauptgericht – 34,00 €

### VEGETARISCH

SPINAT-FRIESENKÄSEKNÖDEL
Spargelragout / Bärlauch
- 27,00 € -

RISOTTO MIT FRISCHEN MORCHELN
wilder Brokkoli / Trüffelschaum
- 32,50 € -

### IN DER HAUPTSACHE FISCH

FILET VOM KABELJAU
Bärlauch-Risotto / wilder Brokkoli / Beurre blanc
- 31,50 € -

KÜSTEN-WOLFSBARSCH & RIESENGARNELE
Macadamia-Blattspinat / marinierte Süßkartoffeln / Curryschaum
- 38,50 € -

SEEZUNGE "MÜLLERIN ART"
mit Aromaten gebraten
zerlassene Butter / kleine Kartoffeln / Gurkensalat
- 52,00 € -

### IN DER HAUPTSACHE FLEISCH

1/2 VOGELKOJENENTE "KLASSISCH"
Kirschrotkohl / Kartoffelkloß / Preiselbeer-Birne
- 27,00 € -

ZWEIERLEI VOM DEICHLAMM
"Rosagebraten & Geschmortes" / Artischocken / Bohnen / Balsamicojus / Knoblauch-Kartoffeln
- 38,00 € -

FILET VOM WAGYU-RIND
Frühlingsgemüse / Sauce Béarnaise / Kojenpommes
- 49,50 € -

## SÜSSE DESSERTS

GESCHMELLZTER MARILLENKNÖDEL
Pflaumenkompott / Vanilleeis
- 12,00 € -

CRÉME BRÛLÉE
Waldbeeren / Sanddorneis
- 12,00 € -

FONTAINE ROUGE VON DER ERDBEERE
mit Yuzo-Sorbet / im Glas serviert
- 12,00 € -

AUSWAHL VOM BACKENHOLZER HOFKÄSE
Oliven / Feigensenf
klein - 12,50 €

**Speisenkarten-Auszug**
**Angebot und Preise können sich je nach Marktlage ändern**

# Die Ostdörfer
## ländliches Sylt

Tinnum, Keitum, Munkmarsch, Archsum und Morsum bilden die Sylter Ostdörfer, um die herum sich zwischen Deich und Watt weithin Wiesen und Felder erstrecken.

TINNUM liegt gleich in der Nachbarschaft zur Inselmetropole Westerland. Die Grenze ist kaum auszumachen. Da wo ALDI anfängt ist schon Ortsteil Tinnum. Aber hier gibt's auch viel Natur. Zum Beispiel beim gemütlichen Spaziergang oder einer Radtour durch die Wiesen, die sich bis hin zum Vogelschutzgebiet Rantum-Becken erstrecken. Einen Ausflug wert sind unter anderem der schöne Tierpark mit seinen 300 einheimischen und fremdländischen Bewohnern sowie der Wallring „Tinnumburg", ein Relikt aus vorchristlicher Zeit.

KEITUM besticht durch seine vielen alten Friesenhäuser, denen die traditionellen Reetdächer ihr apartes Gesicht verleihen. Im Dorf finden sich unter anderem die Manufakturen der Kunsthandwerker, zu einem Besuch laden zudem gleich drei Museen ein: Im Altfriesischen Haus wurde die Wohnkultur des 18. Jahrhunderts originalgetreu rekonstruiert. Im Sylter Heimatmuseum macht die Vielfalt der Exponate von nautischen Instrumenten bis hin zu Sylter Trachten den Reiz der umfangreichen Sammlung aus. Das Highlight im Museum ist der „Silberschatz von Morsum" – über 1.000 Jahre lag diese kostbare Mantelschließe unter einem Acker. Im kleinen Feuerwehrmuseum sind alte Uniformen, Helme, Fotos und Ausrüstungsgegenstände eines Jahrhunderts Feuerwehrgeschichte dokumentiert. Wahrzeichen des Friesendorfes ist die im 12. Jahrhundert erbaute Kirche St. Severin. Hörens- und

HANS JESSEL | EILAND KALENDER

sehenswert: sonntägliche Gottesdienste und die Mittwochskonzerte. Tipp: Während der Saison können Sie Keitum trefflich bei einer Dorfführung oder einer Kutschfahrt erkunden.

**MUNKMARSCH** – ganz nah am Wasser gebaut. Einst das Tor zur Insel, als es den Bahndamm noch nicht gab und die Sommerfrischler per Schiff anreisten, ist der Hafen heute ein beliebter Anlegepunkt für Freizeitskipper. Munkmarsch ist zudem ein idealer Ausgangspunkt für entspannte Spaziergänge am Wattenmeer entlang – in Richtung Keitum oder Kampen.

**ARCHSUM** ist der ideale Urlaubsort für alle, die die Ruhe suchen. Für Wanderer und Fahrradfahrer bieten sich ideale Bedingungen in den Wiesen bis hin zum Nösse-Deich. Naturfreunde finden am Rand des Wattenmeers eine besondere Biotopform vor: Die Salzwiesen, die den Übergang zwischen Meer und festem Land bilden.

**MORSUM**, das ist ländliche Idylle, in der Sylter Traditionen wie das Ringreiten und auch die Sylter Sprache, das „Söl'ring", noch lebendig sind. Sehenswert ist das Morsum-Kliff – in seinem geologischen Aufbau einmalig in ganz Europa. Diese imposante geologische Formation fächert acht Millionen Jahre Erdgeschichte in drei Schichten nebeneinander auf. Sehenswert ist auch die kleine Kirche St. Martin, die anno 1240 erstmals Erwähnung fand. „Beste Qualität direkt vom Land", das versprechen Morsums Bauernhöfe, die ihre Fleisch- und Agrarprodukte direkt ab Hof verkaufen.

**Insel Sylt Tourismus-Service, Informationen über Keitum, Archsum, Morsum, Munkmarsch und Tinnum**
**unter: Tel.: 0 46 51 / 9980**
**E-Mail: urlaub@insel-sylt.de**
**Internet: www.insel-sylt.de**

Nomen est omen: In unkomplizierter Atmosphäre dürfen sich die Gäste des Bistrorants im Muasem Hüs ganz *„Wie Zuhause"* fühlen. Ebenso unkompliziert sind die Gastgeber *Anke* und *Sven Kießling*, die viele Sylter wie auch Gäste im Bistro und dem angrenzenden Foyer – sowie im Sommer im gemütlichen Biergarten bewirten. Leckere Gerichte ohne Schnörkel und zu einem ansprechenden Preis machen Appetit: Das Angebot reicht dabei von delikaten Vorspeisen wie Petersilienwurzelsuppe oder würzigem Ziegenkäse über herzhafte Suppen bis hin zu süßen Nachspeisen wie der Roten Grütze mit Vanilleeis und Sahne. In der Saison werden zudem täglich von 14 bis 17 Uhr hausgebackene Kuchen serviert. Küchenchef *Tomek* zaubert derweil Fleisch- und Fischgerichte, die aromatische Gaumenfreuden versprechen: Wie wäre es zum Beispiel mit Pannfisch oder Pfeffersteak in Cognac-Rahmsauce? Aber auch das Sauerfleisch und das Labskaus sind allemal eine Versuchung wert. Natürlich finden sich auf der Karte auch vegetarische Gerichte wie die „Nudeln mit Schafskäse, Spinat und Tomaten". Dazu überrascht die Speisenkarte mit wechselnden saisonalen Spezialitäten, etwa Lamm, Meeräschen oder Makrelen sowie mit Aktionen wie Burger-, Steak- und China-Wochen. Tipp: Probieren Sie doch mal den delikaten Haselnuss- und Schoko-Chili-Schnaps!Und wie wäre es in gemütlicher Runde mal mit einem leckeren Brunch? Gerne werden von Anke und Sven Kießling Anmeldungen für Gruppen ab zehn Personen entgegengenommen.

**25980 Sylt / OT Morsum, im Muasem Hüs,**
**Tel.: 0 46 51 / 8351583, tgl. außer dienstags von 12 bis 22 Uhr geöffnet, außerhalb der Saison 17 bis 21 Uhr**
**www.wiezuhause-morsum.de**

Die *Kleine Teestube* ist ein beliebtes Kleinod der friesischen Gastlichkeit. Bei einem Bummel durch Keitum ist hier der ideale Ort bei einem heißen Tee zu entspannen. Innen ist es heimelig und liebevoll dekoriert. Draußen verkriecht man sich gerne in windgeschützte Ecken oder unter einen Sonnenschirm.
Ab 11 Uhr ist „lecker Brotzeit" mit Tomaten, Schinken oder Krabben angesagt. Mittags bietet sich hier eine heiße Ofenkartoffel mit Sour Cream und Krabben an.
Der Kuchen ist selbstverständlich hausgemacht. Renner sind die Friesentorte und frisch gebackene Waffeln mit Brombeeren und Sauerrahm, Blaubeerpfannkuchen und Milchreis.

Dass in der Kleinen Teestube ein großes Teesortiment für die friesische Teestunde bereitgehalten wird, versteht sich von selbst. 80 verschiedene Teesorten stehen zur Auswahl, vom Friesentee über Rooibos, Früchtetees bis hin zu chinesischen Raritäten. Wir lasen bei tripadvisor von einem Paar aus Hannover: „Eine perfekte Auswahl an Tee und selbstgebackenem Kuchen. Der Mohnkuchen ein Traum." – Na, also!

**25980 Sylt / OT Keitum, Westerhörn 2/Ecke Gurtstig,**
**Tel.: 0 46 51 / 31862, Fax: 30396, ganzjährig geöffnet**
**11 bis 18 Uhr. Außerhalb der Saisonzeiten ist donnerstags Ruhetag. www.kleineteestube-sylt.de,**
**info@kleineteestube-sylt.de,**

Gut ausgeschildert findet man diese Café-Oase im ländlichen Teil von Tinnum am Rande von Wiesen und Feldern.
*Birgit Klein*, die Initiatorin dieses Hofcafés geht mit ihrem Team nun schon in die 10. Saison. Inzwischen hat sich ihr *Klein'er Kuhstall* fest etabliert.
Der Konditor backt jeden Tag und abwechslungsreich, z.B. Kuchen vom Blech: Kirschstreusel, Apfel, Rhabarber, Käse-Himbeer und Käse-Blaubeer. Apfel-Pflaume ist der Renner. Die Torten: Rote Grütze, Eierlikör, Mandarine-Quark – immer wieder! Reelle Stücke, wie in einem Hofcafé so üblich. Wenn „Oma Tonis Mohntorte" auf der Schiefertafel steht – zugreifen!
Es gibt auch Deftiges: Mit Kräutern selbst eingelegter Schafskäse und die „Kuhstall-Mistplatte", die überhaupt kein Mist ist, denn auf ihr befinden sich u.a. Parmaschinken, Mailänder Salami und Backenholzer Deichkäse. Prima sitzt man unter Deckenbalken oder draußen auf der Terrasse im Bauerngarten.
Zwar werden hier 20 verschiedene Teesorten aufgebrüht, aber auch an die Weine, z.B. den Weißburgunder von Andreas Bender, kann man sich gewöhnen – genauso wie an diesen gastfreundlichen Kuhstall. Ein Tipp, der schon lange kein geheimer mehr ist...
**25980 Sylt / OT Tinnum, Südhörn 7c, Tel.: 0 46 51 / 8353005, ganzjährig geöffnet von 13.15 Uhr bis 18.15 Uhr, in der Saison schon ab 12.15 Uhr (April - Okt.), donnerstags Ruhetag www.kleinerkuhstall.de,**

Diese „Gute Stube" gehört zum Dorf Archsum einfach dazu. Das Restaurant *Alte Schule* überzeugt mit einer gutbürgerlichen, bodenständigen, regionalen Küche. Für den Wohlgeschmack sorgen *Holger Autzen, Karsten Nagel* und ein bewährtes Team. Das Motto „Slow Food statt Fast Food".
Das Gute, hier wird richtig gekocht und das schmeckt man auch. Matjestatar, eingelegter Schafskäse und auch die Suppen, allen voran die Kartoffelsuppe mit Speckstippe und Nordseekrabben. Aber auch die Kokos-Curryschaum-Suppe mit Scampi wäre ein Grund hier einzukehren. Die Salate sind üppig und mit gebratenen Scampi oder Lammfilet vollwertig wie ein Hauptgericht. Die Bratkartoffeln sind so kross, wie es sich gehört und sie begleiten viele Gerichte: Matjes, Brathering, Sauerfleisch, die Steaks und das Wiener Schnitzel vom Kalb. Fisch ist hier immer gut, sei es Scholle, Angeldorsch oder Lachsfilet. Pannfisch mit einer milden Senfsauce ist ein Renner – nicht zu vergessen der Sylter Edelfischteller. Wenn „Birnen, Bohnen und Speck"-Zeit ist, unbedingt „zuschlagen". Dieses populäre Gericht wird hier zubereitet wie früher in der „Fränkischen Weinstube". Etwas für Kenner! Die können es in der „Alten Schule". Die Kinderfreundlichkeit ist hervorzuheben.
Erwähnenswert wäre auch der angeschlossene Saal, in dem bis zu 70 Personen feiern können und die Terrasse, schön möbliert und von der Sonne verwöhnt – wenn sie denn scheint...
**25980 Sylt / OT Archsum, Dorfstraße 6, Tel.: 0 46 51 / 891508, ganzjährig geöffnet 18-22 Uhr. Mittwochs Ruhetag. Preiswerter Mittagstisch ab ca. Mitte Mai bis Ende September 12-14 Uhr. www.alteschule-sylt.de**

Von Freunden für Freunde“ lautet die eingängige Devise der *Amici*-Betreiber *Oliver* und *Andreas Behrens*. Hier werden Gastfreundschaft, Lebensfreude und mediterran-gehobene Küche zelebriert.

Ab 12 Uhr lädt die Sonnenterrasse inmitten von Keitum zu einer relaxten Pause und zur ersten Kostprobe der italienischen Küchenklassiker ein. Spaghetti mit Trüffel, in Parmesanrahm geschwenkt, so lässt man sich die Mittagspause gerne schmecken. Zwar nicht mediterran, aber beliebt: die immer wieder wechselnden Kuchen „vom Blech“.

Abends ist das Amici in sinnliches Kerzenlicht getaucht und durch den Gastraum weht ein verlockender Duft. Also zurücklehnen, entspannen und auf die Kreationen aus der Küche freuen.

Als Starter bieten sich die Antipasti „Amici“ an. Vegetarisch oder mit Schinken, Salami und Scampi. Danach sollte man die Lieblingsprodukte des Chefs am Herd und Hobbyanglers testen: zum Beispiel gebratenen Seeteufel auf Sylter Queller an Butterschaum mit frischen Tagliatelle. Oder die gegrillte, ganze Dorade mit mediterranem Gemüse. Oder doch lieber die zart geschmorten Rinderbäckchen mit Estragonmöhren und Kartoffel-Selleriepüree? Und dann noch eine Panna Cotta – die gehört einfach zu einem italienischen Wohlfühlabend dazu.

Im Amici keinen Platz bekommen? Dann sind Sie in der ebenfalls von der Familie Behrens geführten *Butcherei* – gleich gegenüber – bestens aufgehoben.

**C.-P.-Hansen Allee 1, 25980 Sylt / OT Keitum,**
**Tel.: 0 46 51 / 9570947, Fax: 9368295, geöffnet von 12 bis 22 Uhr (warme Küche), sonntags Ruhetag**

**www.amici-sylt.de**

Was für eine wunderbare Bastion für Fleischliebhaber: die *Butcherei* im Herzen Keitums. Gepfiffen wird hier auf Vegetarisches – Gastgeber *Oliver Behrens* und sein Team bringen hochwertige Fleischspezialitäten aus aller Welt an die Tische.

Aus dem Mutterland der Steaks etwa lockt ein US-Beef von den berühmten Longhorn- und Hereford-Rindern. Das Skirt Steak aus dem inneren Rippenbogen ist schön saftig. Das Flanksteak wiederum ist ein geschmacksintensives Stück aus der Flanke und ein Klassiker unter Steak-Liebhabern.

Der spezielle, 800 °C heiße Steakgrillofen sorgt dafür, dass das Fleisch innen saftig und außen schön knusprig kredenzt wird. Serviert wird mit Kräuterbutter, einer Beilage nach Wahl und mit verschiedenen Saucen.

Man sollte dem Gaumen aber erlauben, sich erst mal den Eigengeschmack des Fleisches zu erschließen. Vor allem beim Bison. Die Rasse ernährt sich u.a. von 180 verschiedenen Kräutern, was dem Fleisch einen besonders frischen und würzigen Geschmack verleiht. Für flüssigen Gaumenkitzel sorgt ein guter Tropfen aus der mit Sachverstand zusammengestellten Weinkarte.

Alle lieben Fleisch, nur Sie nicht? Kein Problem! Es gibt ja noch Alternativen, z.B. das Filet vom Kabeljau mit Dijonsenfsauce. Oder Sie gönnen sich 1/2 Dutzend Sylter Austern, überbacken mit Spinat und Sauce Bernaise.

In der Butcherei keinen Platz bekommen? Dann sind Sie im *Amici* direkt gegenüber herzlich willkommen!

**C.-P.-Hansen-Allee 2, 25980 Sylt / OT Keitum,**
**Tel.: 0 46 51 / 8864300, Fax: 8864302, geöffnet von 12-22 Uhr (warme Küche), Bar open-end, sonntags Ruhetag**

**www.butchereisylt.de, butcherei@icloud.com**

Klasse, was die Macher der *Keitumer Reblaus* so alles bewegen *(siehe auch Restaurant Report)*. Bewegt haben sie auch einen mintfarbenen Oldie, einen Citroen-Bus, auf einen Stellplatz neben dem Reblaus Restaurant. Das hat sich nicht nur für die „Rebläuse" gelohnt, sondern auch für die Fans von hochwertigem Speiseeis. Dieser *EISBÄR SYLT* bietet mit Solarenergie und in Bioqualität hergestelltes Spitzeneis von *Pâtissier Ulrich Geh*. Dafür lohnt sich sogar der weite Weg von Westerland nach Keitum an den Tipkenhoog.

Hinter den klangvollen Namen „Sylter Sonnenkuss", „Bärenknacker" und „Morsumer Landliebe" stecken die fruchtigen oder cremigen Sorten Mango, Haselnuss und Apfel-Rhabarber. Durch zehn verschiedene Sorten kann man sich beim EISBÄR SYLT schlecken. Laktosefreie, vegane und zuckerfreie Sorten sind auch dabei.

**25980 Sylt / OT Keitum, Am Tipkenhoog 2, geöffnet ist täglich von 11 – 18 Uhr.**

Tradition verpflichtet – immerhin steht das *Fährhaus Sylt* seit nunmehr über 150 Jahren für Gastfreundschaft und feine Gaumenfreuden. So wie die *Käpt'n Selmer Stube*, die mit friesischem Charme, nordisch-puristischem Design und sorgfältig komponierten Gaumenfreuden die Gäste in ihren Bann zieht.

Schon auf dem Weg zum Fährhaus gerät man ins Schwärmen: der Blick aufs Wattenmeer, der pittoreske Yachthafen, die viktorianische Architektur des Haupthauses – hier hat sich Sylt ein Stück Ursprünglichkeit bewahrt.

Das zurückgenommene Farbkonzept des Gastraums greift mit dezenten Blau-, Grau- und Beigetönen das natürliche Farbenspiel der Insel auf, Blickfang sind antike Highlights wie der Kachelofen und die original Delfter Fliesen im Friesenzimmer – friesische Gastlichkeit pur.

Wattläufer und Radfahrer pausieren mittags gerne auf der Veranda und lassen sich mit Köstlichem aus der Küche verwöhnen. Dort hat *Markus Gerlach* das Zepter in der Hand. Und abends? Darf man sich auf Schmackhaftes von Meer und Land mit einem fein ausbalancierten Aromenspiel freuen. Etwa auf die Spanferkelkrone, begleitet u.a. von grünem Spargel und Kapern-Kartoffel-Mousseline. Oder den Skrei mit geröstetem Spitzkohl, Jakobsmuscheln und Karottenbutter. Empfehlungen für die passende Weinbegleitung hat das versierte Serviceteam parat.

**Bi Heef 1, 25980 Sylt / OT Munkmarsch, Tel.: 0 46 51 / 93 97 0, Fax: 93 97 10, ganzjährig geöffnet, Tageskarte von 13-15 Uhr, Kuchenbuffet bis 16.30 Uhr. Abendkarte von 18 bis 21.30 Uhr. Um Reservierung wird gebeten. Ausrichtung von Festivitäten. Kulinarische Events unter: www.faehrhaus-sylt.de, info@faehrhaus-sylt.de**

# Sternstunden im Landhaus

## Spannende Inspirationen

*Sternekoch, Gastgeber und Fernsehkoch Holger Bodendorf zeigt Leidenschaft für kreative, genussvolle Kulinarik in einem Restaurant, das seinen Namen trägt. Im 5 Sterne-Superior-Hotel LANDHAUS STRICKER (Relais & Châteaux). Im gleichen Haus: das modern gestylte Restaurant SIEBZEHN84 (siehe auf den folgenden Seiten). Das Gourmetrestaurant BODENDORF'S glänzt seit 18 Jahren mit einem Michelin Stern und 18 Punkten vom „Gault Millau". 6-Gang-Menü im BODENDORF'S: 178,-, 8-Gang-Menü 218,-, dazu korrespondierende Weinempfehlungen. Fulminanter Weinfundus mit kostbaren Raritäten, 950 Positionen. Wine Spectator: „One of the most outstanding wine lists in the world". Coole MILES BAR.*

Mit einer Liste der Auszeichnungen und Belobigungen, die über das Hotel LANDHAUS STRICKER und die Restaurants von *Holger Bodendorf* ausgeschüttet wurden, könnte man diese Seite leicht füllen. Doch lassen Sie uns einfach in die Küche dieses exzeptionellen Hauses schauen: Die gepökelte Spanferkelhaxe wird gepaart mit einer Tristan-Languste, geschmacklich gekrönt mit Imperialkavier. Das ist eine ungewöhnliche Kombination von Land und Meer – ein beispielhafter Einstieg in ein Menü, das wahlweise frei in sechs, sieben oder acht Gängen „à la Bodendorf" genossen werden kann. Auch die getauchte Jakobsmuschel in Kombination mit Kalbskopf zeigt die ungezügelte Kreativität, die schließlich ein Sternerestaurant auszeichnet. Der bretonische Seeteufel mit wildem Blumenkohl, Miso, Pfifferlingen und Schalotten-Vinaigrette ist Kochkunst par excellence. Aber das ist es doch was einen Kochkünstler mit Michelin-Stern ausmacht.

An begleitenden Weinen auf gleich hohem Genuss-Niveau besteht wahrlich kein Mangel. Wurde doch die 950 Positionen aufweisende Weinkarte des Hauses vom „Wine Spectator" zur „One of the most outstanding wine lists in the world" erklärt. Und für den Absacker steht dann die coole MILES BAR bereit. So kann ein Highlight eines Inselbesuchs aussehen.

Manch ein Spitzenkoch setzt sich heute selbst Verbote und Grenzen, z.B. reine regionale Küche oder Fokus auf einzelne Länderküche. Ganz bewusst geht man hier einen anderen Weg: Verbote gibt es nicht, stattdessen schöpft Bodendorf aus den Inspirationen aus aller Welt. Dabei ist stets seine persönliche Handschrift im Blick, die am Ende gewahrt bleibt – mal mit mediterranen, mal mit französischen oder auch friesisch-regionalen Akzenten.

**Bodendorf's im Landhaus Stricker,**
Boy-Nielsen-Str. 10, 25980 Sylt / OT Tinnum, Tel.: 0 46 51 / 88990, Fax: 88 994 99, geöffnet Dienstag bis Samstag ab 19 Uhr. Genaue Daten auf Nachfrage. Opentable. P
www.landhaus-stricker.de, info@landhaus-stricker.de

RELAIS & CHATEAUX

BODENDORF'S

*Sternstunden by Holger Bodendorf*

**gepökelte Spanferkelhaxe**
Tristan- Languste, Imperialkaviar, junge Erbse & Estragonöl

oder

**getauchte Jakobsmuschel aus Norwegen**
Steinpilze, Edamame, Kalbskopf & Verjusschaum

**Bretonischer Seeteufel**
wilder Blumenkohl, Miso, Pfifferlinge & Schalotten- Vinaigrette

**Kotelette von der Seezunge**
Aubergine, Vongole, braune Tomate & Basilikum

**dry aged Luma Pork**
gegrillte Lauchzwiebel, Blutwurstravioli, Mais & Ponzu

**rosa gebratene Entenbrust vom Gutshof Polting**
glacierte Kirsche, Enten- Confit, Sellerie- Cannelloni & Süßholzjus

oder

**geschmortes US Shortrib**
gegrilltes Roastbeef, Topinambur, fermentierter Pfirsch & Dashi

**Karamellisierte Strudelblätter**
gegrillte Ananas, Kokosnuss, Pina Colada & Salzkaramell

oder

**Toskanische Erdmandel**
Himbeeren, Sorbet von Tahiti-Vanille, Joghurt & Himbeeressigemulsion

| | |
|---|---|
| acht Gänge: | 218 € |
| sieben Gänge: | 198 € |
| sechs Gänge: | 178 € |

Gern können Sie das Menü nach dem
Dessert -oder anstatt des Desserts-
durch die Rohmilchkäse von
**Maître Affineur Volker Waldmann**
Ergänzen oder austauschen.

Einen genussvollen Abend wünscht Ihren
Holger Bodendorf sowie das gesamte Landhaus Stricker Team

**Speisenkarten-Auszug-Frühjahr 2021**
**Angebot und Preise können sich je nach Marktlage ändern**

# Bodendorf goes Feinheimisch

## Hochwertige Küche für legere Genießer

*Restaurant SIEBZEHN84 im LANDHAUS STRICKER, dem 5-Sterne-Superior-Hotel. Ein historisches Friesenhaus – anno 1784 – beherbergt eines der modernsten Restaurants der Insel. Lockere, entspannte Atmosphäre, vorzügliche bodenständige und kreative Gerichte. Das LANDHAUS STRICKER-Verwöhnfrühstück hat Kultstatus (38,- für Außer-Haus-Gäste). Sternekoch Holger Bodendorf bestimmt hier die Speisenkarte für das Casual Dining. Ideenreiche, anspruchsvolle Zubereitung der kräuterbetonten Küche. Weinfundus mit 950 Positionen. Im gleichen Haus Sterne-Restaurant BODENDORF´S und MILES BAR.*

*SIEBZEHN84* heißt das legere Wohlfühlrestaurant von *Holger Bodendorf* im LANDHAUS STRICKER. 1784 – das ist das Baujahr des weißen Friesenhauses in Tinnum, das neben dem Restaurant SIEBZEHN84 auch das Sterne- und Gourmetrestaurant BODENDORF'S beherbergt. Zwei Küchen quasi aus einer Hand – und doch hat jede ihre ganz eigene Handschrift. Alles klingt auf der Speisenkarte so verlockend, dass man sich hier unbedingt mal zum Essen hinbegeben möchte: Lauwarme Karotte mit Gewürz-Quinoa, Rhabarberkompott und geflämmtem Ziegenfrischkäse als Vorspeise, anschließend gibt es gebratene Enten-Maultaschen mit gebratenen Shii-Take Pilzen, Speck-Crumble und Bärlauchvelouté als Zwischengang und im Hauptgang glänzt der gebratene Kabeljau mit Schnittlauch-Stampf, gegrillten Möhren und Pommery-Senfsauce. Noch Lust auf was Süßes? Oder Käse? Wie wäre es mit karamellisierten Strudelblättern, Rhabarber, Sauerampfersorbet und hausgemachter Kombucha?

Die Küche im SIEBZEHN84 lädt zum Wohlfühlen und Ankommen ein. Nichts Kantiges, keine ungewünschten Förmlichkeiten, einfach gute und hochwertige Küche für Genießer. Mit dem Beitritt zur Organisation FEINHEIMISCH setzt Bodendorf Zeichen für Regionalität und Nachhaltigkeit.

Küchenchef Holger Bodendorf und seine Crew arbeiten saisonal – die Karte hat feste Bestandteile und Klassiker, die festgesetzt sind, aber auch viele Gerichte, die immer wieder neue Zutaten und Akzente bereithalten – so bleibt es immer spannend. Steakfreunde dürfen sich beispielsweise auf den Bereich „Steak & Stuff" verlassen – er ist fest auf der Karte gesetzt und verspricht exzellente Steakqualität, frisch am Tisch tranchiert. Bei den Beilagen geht es hier mit gegrillten Möhren, Coleslaw, Kartoffelstampf und Caeser Salat klassisch zu. Hausgemachte Saucen, wie die BBQ oder die Béarnaise dürfen natürlich auch nicht fehlen. Was kombiniert wird, entscheidet der Gast selbst – schließlich ist Wohlfühlen angesagt.

Im Siebzehn84 wird moderne Gastronomie gelebt, man darf sich zu Hause fühlen, Neues entdecken und ganz nebenbei übrigens auch in einer hervorragenden und auffällig großen Weinkarte mit über 950 Positionen stöbern.

Nach dem Essen noch Lust auf einen kleinen Absacker? Auch die MILES BAR befindet sich direkt vor Ort im gemütlich und zugleich stylisch-modern eingerichteten LANDHAUS STRICKER: Man sieht die Bar direkt vom Restaurant aus, sie ist quasi nebenan – so sind die Wege von Genuss zu Genuss nicht weit.

**SIEBZEHN84,** Boy-Nielsen-Str. 10, 25980 Sylt / OT Tinnum, Tel.: 0 46 51 / 88990, Fax: 8899499, ganzjährig geöffnet, Frühstück 8-14 Uhr (Buffet und Speisenkarte). Restaurant täglich 17.30-22 Uhr, opentable, P AE EC VISA EC
www.landhaus-stricker.de, info@landhaus-stricker.de

SIEBZEHN84 (HB)

*Restaurant by Holger Bodendorf*

**Vorspeisen**

| | |
|---|---|
| **Sylter Royal „klassisch"**/ Chesterbrot/ Zitrone | Stk.3,50 |
| **Sylter Royal „mal anders"**/ Dillstampf/ Apfel-Tonic Sud/ Radieschenessig-Perlen | Stk.4,00 |
| **lauwarme Karotte/** Gewürz-Quinoa/ Rhabarberkompott/ geflämmter Ziegenfrischkäse | 15 |
| **Matjes Tatar/** Bärlauchmayonaise/ Apfel-Chutney/ eingelege Senfsaat/ Tonic Water | 16 |
| **gegrillte Roastbeefscheibe/** geschmorter Lauch/ eingelegte Shii-Take Pilze / Bratkartoffelschaum | 17 |
| **geflämmter Spargel/** Vinaigrette von Ei und Radieschen/ Kerbel-Mayonnaise/ gegrillte Gamba | 18 |

**Suppen**

| | |
|---|---|
| **Essenz von Tomaten/** Wurzelgemüse**/** Entenfleischnocken/ Basilikumöl | 12 |
| **Spargelcrèmesüppchen/** Nordseekrabben **/**Schnittlauch/ Graubrot-Croutons | 12 |
| **aufgeschlagene Hummersuppe/** Estragonöl **/** Krustentier-Canneloni**/** Pilz Confit | 14 |

**Zwischendurch**

| | |
|---|---|
| **hausgemachte Campanelle/** grobe Tomatensauce/ gegrillte Gamba/ regionaler Parmesan/ Basilikum | 17/26 |
| **gebratene Enten-Maultasche**/ gebratene Shii-Take Pilze/ Speck-Crumble/ Bärlauchveloutè | 15 |
| **geflämmter ½ Hummerschwanz**/ Walnuß-Vinaigrette/ Spargelragout/ geflämmter Lauch | 28 |

**Fisch**

| | |
|---|---|
| **Steinbeisserfilet/** Fregola Sarda/ glacierter Spargel/ Bärlauchpesto/ weißer Pfefferschaum | 28 |
| **gebratener Kabeljau**/ Schnittlauch-Stampf / gegrillte Möhren/ Pommery-Senfsauce | 32 |
| **Nordsee- Steinbutt**/ Petersilienkruste/ junge Erbsen/ Pilzcreme/ Hummersauce | 42 |

**Fleisch**

| | |
|---|---|
| **krosse Entenbrust**/ Rahmkohlrabi/ eingelegte Zwetschgen/ Kartoffelkrapfen/ Pfeffersauce | 26 |
| **Maishähnchen Brust**/ Karotten-Kreuzkümmelcrème/ lauwarmer Quinoasalat/ Purple-Curryjus | 28 |
| **Susländer Schweinekaree/** geflämmter Frühlingslauch/ marinierte Shii-Take/ Schalotten- Jus | 30 |
| **glasierte Kalbsleber/** Kartoffelstampf/ karamelisierter Boskopapfel/ Rotweinfond | 34 |

**Käse**

| | |
|---|---|
| **lauwarmer Schaum vom Friesisch Blue /** Speck-Crumble/ Graubrot-Croutons/ Apfel-Chutney | 15 |
| **Käse von der Käserei Backenholz**/ hausgemachtes Chutney/ Trauben/ Früchtebrot | 17 |

**Dessert**

| | |
|---|---|
| **Espresso Cheese Cake**/ Mangosorbet/ Salzkaramell/ Heidesand | 12 |
| **geflämmter Joghurt**/ Honigrahmeis/ karamellisierte Karotten/ Cerealien | 13 |
| **karamelisierte Strudelblätter**/ Rhabarber²/ Sauerampfersorbet/ hausgemachter Kombucha | 14 |
| **Schokoladen- Balsamico Schnitte**/ helles Nougateis/ geschmorter Apfel/ karamellisierte Milch | 16 |

**Stellen Sie sich doch einfach Ihr eigenes Menü aus den oben aufgeführten Gerichten zusammen - auch vegetarisch…**

| | |
|---|---|
| 4-Gänge, inkl. Dessert: | 79 |
| 5-Gänge, inkl. Dessert: | 94 |

**Steaks&Stuff**

| | | | | | |
|---|---|---|---|---|---|
| **Schweinekotelette** | **250g** | 34 | gegrillte Möhren | Steakhouse Pommes | Sc. Bearnaise |
| **Rumpsteak** | **200g** | 37 | junge Erbsen | Kartoffelstampf | Café de Paris Butter |
| **Kalbsrückensteak** | **200g** | 39 | Caesar Salat | Fregola Sarde Risotto | BBQ Sauce |
| **Rinderfilet** | **200g** | 42 | Cole Slaw | | |

**Wir servieren zu den Steaks jeweils ein Gemüse, eine Beilage und eine Sauce.**
**Jede weitere Beilage berechnen wir mit:** 5

| | |
|---|---|
| **Caesar Salat/** Friesenei/ Sardelle/ Deichkäse/ Croûtons | 12 |
| mit Maishähnchenbrust | 17 |
| gebratenen Garnelen | 19 |

**„LANDHAUS STRICKER BURGER"**/ Husumer Färse/ Deichkäse/ karamellisierte Zwiebeln/ Barbecue-Sauce/ Bone Sucking Mustard/ Steakhouse-Pommes 24

**Bitte beachten Sie auch unsere täglich wechselnden Tagesempfehlungen, die unsere Küche saisonal und frisch für Sie zubereitet.**

***Zu Ihrem Wohl sowie auch der Umwelt zuliebe beziehen wir die von uns verwendeten Produkte aus der Region Schlesswig Holstein und den direkt angrenzenden Bundesländern. Sehr wichtig ist uns hierbei die Nachhaltigkeit, kurzen Transportwege und eine möglichst geringe Umweltbelastung.***

**Speisenkarten-Auszug-Frühjahr 2021**
**Angebot und Preise können sich je nach Marktlage ändern**

# Die edle Stullenschmiede

## Leckere Soulfood-Kreationen

*Brot und Bier – das klingt bodenständig, einfach und gut. Seit 2016 weiß man auf Sylt, dass die Kombination mehr Potential hat, als man im ersten Moment denkt: Kreative Stullen aus hausgebackenem Brot in Kombination mit bestem Lachs, Krabben, selbstgemachten Mayonnaisen, Kräutern, Gewürzen, Algen-Salat, Spiegelei, Avocadocreme, ja sogar Klebreis und Wasabi-Caviar haben es bereits auf die Deluxe-Stullen geschafft. Dazu gibt es das Insel-Bier von Alexandro Pape aus List – „Watt Blondes", „Watt Dunkles" oder „Watt Malziges" – alle Geschmäcker sind dabei.*

Zweitausendsechzehn ging es am Keitumer „Genusskreisel" direkt gegenüber von Johannes Kings „Genuss-Shop" los: Spitzenkoch *Alexandro Pape* startete mit seinem Küchenchef *Sven Pietschmann* das Konzept „Brot & Bier". Schnell wurde das Restaurant zu einer beliebten Gastro-Adresse, die Stullen auch über die Sylter Grenzen hinaus ein ganz neues Bild verschafft hat: Kreativ, bunt, mal bodenständig, mal dekadent – ganz nach Appetit und Lust und Laune. Auch das Bier wurde genau zur richtigen Zeit, nämlich mitten in der Welle der aufstrebenden Craftbeer-Sorten, in ein richtiges Licht gerückt: *Watt Besonderes* eben – denn auch das können Bier und Stullen sein.

Anfang 2020 hat *Barbara Berger* die Geschäftsführung und Serviceleitung im *Brot & Bier* übernommen. Zeitgleich ist *Sebastian Reinhardt* in der Küche gestartet: Der Küchenchef ist nicht neu auf der Insel. Er hat bereits viele Küchen von innen gesehen, darunter zum Beispiel auch die Sansibar. „Wir haben das tolle Konzept ganz bewusst erhalten", sagt Barbara Berger. Auch das frisch gebackene Brot für die Burger kommt nach wie vor aus der Backstube vom Fährhaus. Wenn man eine Änderung finden möchte, dann ist es sicherlich die, dass die Kreationen mehr in Richtung Soulfood als ins Fine-Dining gehen. Ein bisschen mehr Wohlfühl- und Strandküche statt allzu viel Kaviar.

A propos Strandküche: Inspiriert durch die Takeaway-Angebote der Lockdown-Zeit wird es aus dem „Brot & Bier" zukünftig auch Strand-Pakete und Beach-Boxen geben. Lässig mit Insel-Bier aus List oder die Deluxe-Variante mit Champagner – ganz wie man mag. Natürlich sind die Stullen und Burger so konzipiert, dass sie leicht transportiert werden können und appetitlich am Strand ankommen.

Ansonsten gibt auch im „Brot & Bier" die Saison die Kreationen vor: Zu Ostern Osterschinken-Brot mit grünem Spargel. Im Herbst steht frisches Landbrot mit Entenbrust, roten Linsen, Johannisbeer-Chutney und Birnensauce auf der Karte. Im Sommer wird Focaccia gebacken, dazu gibt es Ziegenkäse, Tomate, Rucola und Olivenöl. Ganzjährig und friesisch kommt das Matjesbrot mit Tatar und Sherrymatjes daher, dazu gibt es Rote Bete, Nusscrunch und kerniges Friesenbrot.

Eins ist klar: Wer im „Brot & Bier" die Stullenliebe entdeckt, der schmiert die Brote auch zu Hause neu. Oder es wird gleich ein ganzer Burger oder ein modern interpretierter Hot Dog draus!!?

**Brot + Bier,** Gurtstig 1, 25980 Sylt / OT Keitum,
Tel.: 0 46 51 / 9363743, geöffnet Dienstag bis Samstag 13 bis 21 Uhr,
Stullenzeit/Küche von 13 bis 19.30 Uhr
www.brot-und-bier.de, kontakt@brot-und-bier.de

BROT & BIER
anno 2016

# OMA WILMA

**NEU auf Sylt**

## Heimatküche im Friesenhaus

### Der kulinarische Enkeltrick

*Traditionsreich wie bei Oma. Friesisch unter Reet mit großem Sonnengarten. Bodenständige Heimatküche, frisch, regional und saisonal. Von einer Galloway Kraftbrühe für 10,- über Holländische Matjes für 14,- bis hin zu Königsberger Klopse für 24,-. Wein 0,2 ab 7,50, Flasche ab 25,-.*

Seit Weihnachten 2019 hat das idyllische Keitum gastronomischen Zuwachs mit dem Restaurant *Oma Wilma* bekommen. Eröffnet von dem Sylter *Nicolas Rathge*, benannt nach seiner Großmutter Wilma und seit Januar 2021 familiär von Schwager *André Kaiser* unterstützt.

André und Nicolas

Die Namensgeberin Wilma hat ihrem Enkel in frühen Jahren mit Geduld und Liebe die Heimatküche nahegebracht und diese emotionale Verbindung trägt sich in alle Ecken des Restaurants.
Mit Hilfe von ursprünglichen Gartechniken, dem eigenen Einlegen von Gemüse und regionalen Zutaten belebt Chefkoch Rathge die herkömmliche, deutsche Oma-Küche und spielt mit althergebrachten Gerichten. Frisch aus den hochwertigsten Lebensmitteln schmecken dann Königsberger Klopse nach so viel mehr als gewohnt. Vielleicht weil das Fleisch nahe des Bahndamms weidet und die Rote Bete selbsteingelegt ist. Oder weil vorherige Kochstationen wie bei Jörg Müller, im Margaux in Berlin und im Söl'ring Hof für sich sprechen.
Und nun mal rein in die gute Stube. Unter Reet und denkmalgeschützt wurde der Charme des alten Friesenhauses erhalten, mit altem Holzfußboden, bewahrten Stützbalken und der Gemütlichkeit der ursprünglichen Räumlichkeiten.
Nach verlockender Mittagskarte darf nachmittags selbstgebackener Kuchen, Eierlikörpuffer oder Milchreis genossen werden, am besten natürlich bei Sonnenschein unter den Bäumen im großen eigenen Garten.
Abends bleibt die Karte traditionell und bodenständig und dabei auf hohem Niveau. Einzigartig knuspert vorweg das Ziegenkäse-Müsli mit Beeren, Gurke und Cerealien und die hausgebeizte Meerforelle mit Gurke, Dill, Buttermilch und Olivenöl wird noch durch einen extra Gurkenshot verfeinert.
Bald lässt sich „Oma Wilma" auch als Wein mit nach Hause nehmen. Benannt nach der Straße des Restaurants ist der Weißburgunder Gurtstig und eine rote Cuvée trägt passend nostalgisch den Straßennamen Hoyerweg, das frühere Zuhause von Oma Wilma.
Eine wunderbare gastronomische Errungenschaft für Keitum und Sylt mit einer monatlich wechselnden Karte, die immer für Überraschungen gut ist…

**Oma Wilma,** Gurtstig 32, 25980 Sylt / OT Keitum,
Tel: 04651 / 8860066, Mittagskarte: 12-14 Uhr,
Kuchen ab 16 Uhr, Abendkarte: 18-23 Uhr, P ec f
www.omawilma.de, kontakt@omawilma.de

# OMA WILMA

HEIMATKÜCHE
KEITUM

## Vorspeisen

**Weisser Spargel**
Hüttenkäse | Radiesche | Apfel | Zitrone
14 €

**Galloway Kraftbrühe**
Galloway Rind | Wurzelgemüse | Perlgraupen
10 €

**Tatar vom Husumer Rind**
Bunte Beete | Apfel | Mohn | Dinkel
15 €

**Holländischer Matjes**
Zwiebelgewächse| Pumpernickel | Majo
14 €

**Lauwarmer Fischsalat**
Fenchel | Sellerie | Zitrone | Dill | Balsamico
15 €

## Zwischengerichte

**Rinderzunge Süß & Sauer**
Apfel | Bunte Beete | Traube
16 €

**Seezungenfilet**
Sellerie | Petersilie | Walnuss | Zitrone
17 €

**Grill Zwiebel**
Champignon | Kerbel | Joghurt
16 €

## Fischgerichte

**Oma Wilma's Backfisch**
Kartoffel | Gurke | Petersilie | Remoulade
25 €

**gebratener Zander**
Sauerkraut | Kartoffelstampf | Rahm | Kräuter
27 €

**sanft gegarter Seeteufel**
Bohnencasoulet | Birne | Kartoffel
28 €

**Panfisch vom Kabeljau**
Kartoffel | Kohlrabi | Senfsauce | Zwiebel
27 €

## Fleischgerichte

**Kikok Hühnerbrust**
Spitzkohl | Pfeffer | Heumilch | Sellerie
26 €

**Zwiebelrostbraten
vom Husumer Rumpsteak
( 12 Wochen trocken gereift)**
Zwiebel | Dippers | Spitzkohl | Pfeffer
32 €

**Schweinebäckchen**
Bohne | Speck | Zwiebel | Kartoffel
28 €

**Königsberger Klopse**
Rote Beete | Kaper | Salzkartoffel | Petersilie
24 €

**Unsere Currywurst**
Madras Curry | Dippers | Majo
12 €

Speisenkarten-Auszug-Frühjahr 2021 | Angebot und Preise können sich je nach Marktlage ändern

# Kleine Karte – Großer Genuss

## Kings Gourmet-Dependance

*Keitums Genusstreff von 2-Sterne-Koch Johannes King. Kleine und große Delikatessen zum hier Verspeisen. Köstlichkeiten zum Naschen von der Suppe „in der Dose" (9,-) über Tatar vom Bio-Lachs (19,-) bis zu kleinen Kartoffelpuffern mit edlem Prunier Kaviar. Große Weinauswahl, exklusive Getränke. Portweine! Shopping fürs Kochen im eigenen Heim: edle Küchenutensilien bis zu den King-Kreationen : Öle Salze, Saucen etc. To Go-Service.*

Es hat sich wohl inzwischen herumgesprochen, dass der Keitumer Genussshop von *Johannes King* der ideale Weg ist, um ohne Umschweife an die bewährt-ambitionierte Küche des Sternekochs zu gelangen. Nicht von ungefähr wird das Restaurant im Hotel *Söl'ring Hof* seit Jahren mit 2 Michelin Sternen bedacht *(siehe Restaurant Report)*. Hier in der Keitumer Dependance gibt es schon mal dazu einen kleinen Vorgeschmack. Blicken wir auf die Speisenkarte: Kleine Karte – Großer Genuss!

Ein gutes Beispiel für Qualität, auch im Kleinen, wäre das knackige Röstbrot mit kunstvoll drapiertem Matjes, Radischen und Kräutern aus dem hauseigenen Garten. Hier könnte man weiter schwärmen von buntem Gemüsesalat, Frischkäsecréme und Räpsölvinaigrette und den täglich kreativen Tagesgerichten von Küchenchef *Fabian Kolb*.

Das ganze Team um Johannes King ist Gastgeber mit Herz. Nicht umsonst bleibt man hier oft länger sitzen als ursprünglich geplant.

Kings Genuss-Shop hält dazu u.a. aus eigener Produktion zum Mitnehmen bereit: aromatisierte Salze, Essige, Öle, Gewürze, Dressings, Fonds, Fruchtaufstriche und nicht zu vergessen die leichte Variante eines Eierlikörs: Kings Liebelei!...

Eine große Champagner- und Weinauswahl, Portweinfreunde fühlen sich hier wie im Schlaraffenland.

„Genuss hat nichts mit der Menge zu tun, sondern mit Sensibilität, mit Wertschätzung und damit, dass man gute Produkte unterscheiden kann". Die Produkte, die im Genuss-Shop angeboten werden, sind tatsächlich alle auch im Söl´ring Hof zu Hause. Man kann sich ganz spontan auf den Weg machen – ganz unkompliziert und ohne Reservierung freut sich die Genuss-Crew auf einen Besuch im vielfältigen Shop in Keitum.

Und für alle, die nicht mal eben vorbeischauen können, gibt es ja zum Glück den Online-Shop (www.johannesking.de/shop/).

**Kings Genuss-Shop,** Gurtstig 2, 25980 Sylt / OT Keitum, Tel.: 0 46 51 / 9677790, Fax: 9677792, geöffnet von 11 bis 20 Uhr, keine Reservierung, sonntags Ruhetag.
Online-Shop: www.johannesking.de/shop/ P f
www.johannesking.de, mail@johannesking.de

JOHANNES
KING

*Eine Nase für Genuss*

# KING's Klassiker

| | |
|---|---|
| 6 Stück Sylter Royal Austern | 24,- |
| „Dosensuppe" à la King | 9,- |
| Gemüsesalat mit Frischkäsecreme und Rapsöl-Vinaigrette | 16,- |
| Tatar vom Bio-Lachs mit Creme Fraiche und kandierte Gurke | 19,- |
| Röstbrot mit Matjes, Radieschen und Kräutern | 15,- |
| · mit Kings Selleriegeist | 19,- |
| Kleine Kartoffelpuffer | |
| · mit hausgebeiztem Lachs | 21,50 |
| · mit 30g Prunier Kaviar | 60,- |
| · mit 50g Prunier Kaviar | 100,- |

---

*Feinstes Fleisch*
*serviert mit buntem Gemüse & Lauchöl*

| | |
|---|---|
| *Strip Loin* | *100g/16,-* |
| *Rinderfilet* | *100g/19,-* |
| *Kalbsrücken* | *100g/17,-* |

---

| | |
|---|---|
| „Blonder Schwede" Apfelkompott, Streusel, weiße Schokoladencrème, Liebelei (alkoholhaltig) | 14,- |
| Warmer Schokoladenkuchen (ca. 25 Min. Backzeit) mit Fruchtkompott und Sahne | 14,- |
| Vier Gläschen hausgemachte Sorbets (alkoholhaltig) | 12,- |
| Feinheimische Käseauswahl | 16,- |

# Dieses Haus hat einfach Stil

## Regionalität im Fokus

*Die „Insel auf der Insel". Der Keitumer Benen-Diken-Hof. Eine erstklassige Adresse. Friesische Tradition trifft auf zeitgemäße, stille Eleganz. Anspruchsvolle Küche, die einen besonderen Akzent auf Fischgerichte setzt und den Fokus auf Produkte der Region legt. Wechselnde, saisonal geprägte Karte. Hauptgänge von 24,- bis 36,-, Menüs von 49,- bis 67,-. Umfangreiche Weinkarte (Schwerpunkt: deutsche Weine), darunter die „Raritäten aus dem Keller". Zehn offene Weiß- und Rotweine.*

Der formidable *Benen-Diken-Hof* in Keitum steht nicht nur für die Hotellerie in seiner besten Form, auch das Restaurant *KØKKEN* (Dänisch für Küche) macht auf der Insel Furore. Das Restaurant hat sich zu einer der besten Adressen für lecker und ideenreich zubereiteten frischen Fisch und für Meeresfrüchte entwickelt: Austern aus dem Lister Watt, Miesmuscheln aus Hörnum, Lengfisch, Rotbarsch, Seehecht oder Krabben aus der Nordsee. So sahen wir auf der Speisenkarte ein „Knurrhahnfilet mit Buchweizen und grünem Spargel" und „Rotbarsch, weiße Bohnen, Chorizo und Salzzitrone".

„Bei allen Neuerungen werden (Stamm-)Gäste aber auch auf liebgewonnene KØKKEN-Klassiker wie „in Portwein geschmorte Kalbsbäckchen" oder „Roulade vom Husumer Weideochsen" nicht verzichten müssen", erläutert der Hotelier *Claas-Erik Johannsen*. In der KØKKEN-Küche legt Küchenchef *Lennart Dewies* den Fokus auf vielfältige und qualitativ hochwertige Zutaten aus der Region. Der Fisch stammt – wie schon erwähnt – aus der Nordsee, oder aus Aquakulturen in Schleswig-Holstein. Auch das Fleisch kommt von den Tieren, die auf den Weiden von Schleswig-Holstein grasen.

So anspruchsvoll das kulinarische Angebot, so stimmig auch das Ambiente im Restaurant. Die Gäste werden in zwei Räumen empfangen, friesisch modern und elegant eingerichtet, in gedeckten, kontrastreichen Farben. Ein Ort, an dem das Essen in lockerer, ungezwungener Atmosphäre stilvoll genossen werden kann. Und dafür, dass der Weinkeller weiterhin eine beachtenswerte Auswahl bietet, sorgen der Chef persönlich und Restaurantleiter *Patrick Baranowski*.

Am Nachmittag laden das gemütliche Kaminzimmer und bei schönem Wetter auch die Terrassen rund ums Haus zu Kaffee und Kuchen ein, wobei der Gast unter verschiedenen hausgebackenen Spezialitäten wählen kann. Die schönen Plätze vor dem Haus sind so einladend, dass man dort gut vor dem Speisen seinen Aperitif genießen kann. Ja, der Benen-Diken-Hof und seine KØKKEN haben einfach Stil.

**Restaurant Køkken,** Keitumer Süderstraße 3-5, 25980 Sylt / OT Keitum, Tel.: 0 46 51 / 9383360, Fax: 9383183, geöffnet ab 18 Uhr, mittwochs Ruhetag, von Nov. bis Ostern zusätzlich dienstags Ruhetag, (siehe auch unter „Hotel Report")

www.benen-diken-hof.de, koekken@benen-diken-hof.de

# BENEN-DIKEN-HOF®

## RESTAURANT KØKKEN

| | |
|---|---|
| Förde Garnele, Tamarinde, Lardo, Pak Choi & Mango | (17€) |
| Räucheraal, Romana & Rhabarber | (16€) |
| Ziegenkäse, Rote Bete, Haselnuss, Honig & Currysauce | (15€) |
| Hamachi, Erbse, Passionsfrucht, Rettich & Dashi | (15€) |
| Knurrhahnfilet, Buchweizen & grüner Spargel | (13€) |
| Wachtel, Harissa, Paprika, Schafskäse, Wildkräuter & Pinienkernbutter | (14€) |
| Brunnenkressesuppe, Parmesan & Staudensellerie | (9€) |
| Confierte Lachsforelle, Selleriecreme, Dinkel, Eigelb, Lauch & Malzjus | (33€) |
| Rotbarsch, Weiße Bohnen, Chorizo & Salzzitrone | (29€) |
| Kabeljau, Gelbe Bete, Orange & Macadamia | (32€) |
| Lammhüfte, Bärlauch, Blumenkohl & Brotcreme | (29€) |
| Hühnerbrust Süßkartoffel, Walnuss, Kraut & Honigjus | (27€) |
| Ratatoille und Tabouleh | (24€) |
| Rhabarber & Rubyschokoladeneis | (11€) |
| Schafsjoghurt, Birne, Quinoa & Heueis | (12€) |
| Hausgemachtes Eis am Stiel | (4,5€) |
| Stück Käse aus Schleswig- Holstein mit Chutney und Feigensenf | (pro Stück 4€) |

NATÜRLICH. NORDISCH. GENIEßEN.

NEU auf Sylt

# Meeresgærtnerei in Keitum

## …denn das Leben kommt aus dem Meer

Was klein erscheint, kann sich als etwas ganz Großes herausstellen. Das trifft ganz bestimmt auf die *Meeresgærtnerei* zu, die ganz unscheinbar am Rande des Friesendorfs Keitum in Sichtweite der Keitumer Kirche im kleinen ehemaligen Bahnhof (anno 1918) auf einem fruchtbaren Stück Land einen ökologischen Hofladen betreibt.

Der Macher ist hier der rührige Berliner *Andreas Frädrich*, der eloquent mit Elan, Erfahrung und großem landwirtschaftlichem Wissen seine vielfältigen und seltenen Meeresprodukte als „Super Food" propagiert. So werden hier ambitionierte Köche fündig, die gerne kulinarische Entdeckungen auf den Teller zaubern.

Der Besuch der Meeresgærtnerei wird zum Erlebnis. Es ist eine kleine Welt für sich, die mit Überraschungen aufwartet. Verwundert betrachtet man den „Syltomat", der 24 Stunden Obst und Gemüse „auswirft".

Viele sind beim Betreten des Hofladens baff – einer Mischung aus Kolonialwarenladen und Schiffskombüse. Sogar Zitronen in Bio-Qualität und Echter Lorbeer – der auf Sylt mittlerweile überwintert – gehören zum Sortiment. Frädrich nutzt hier den maritimen Effekt: Auf Sylt hat man aufgrund des Meeresklimas immer einige Grad Temperaturvorsprung gegenüber dem Festland. Nur ein bis zwei Grad sind nämlich zum Beispiel im Obstbau oft sozusagen entscheidend bei Spätfrösten an empfindlichen Knospen.

Die Vision: In Zukunft wird die Ernährung aus und am Meer noch mehr eine Rolle spielen, aber nicht so wie wir es in der Gegenwart kennen. Dieses Angebot an Lebensmitteln ist – wissenschaftlich in medizinischen Studien erwiesen – nicht nur gesünder, sondern auch schmackhafter und weniger schadstoffbelastet als konventionelle Agrarprodukte.

Dazu zählen leckere frische Meeresalgen, fein jodige und herrlich geheime Salzwiesenkräuter, berauschende Wildobstsorten und vergessene wilde Küstengemüse: das sind sogar die Urahnen der meisten unserer heutigen domestizierten Gemüsesorten, die wir im blassen neonschein-beleuchteten Supermarktregal finden. Kurzum, Frädrich ist so etwas wie der Herr der Gezeiten, wenn es um köstliche Nutzpflanzen geht, die am oder im Meer wachsen. Der bekannte Berliner Urban-Gardening Experte sagt, die Zeit ist reif, nicht nur über Veränderungen im Tourismus nachzudenken, sondern auch über die Herkunft der Lebensmittel und die Transportwege. So gibt es zum Beispiel als Klassiker Sylter Salicorne (Queller) aus der Meeresgærtnerei im kompostierbaren Pflanztopf aus Hanf. „Das ist interessant für alle, die sich ein Stück echtes Sylt nach Hause holen wollen, ohne gegen Naturschutzregeln zu verstoßen, indem sie anfangen im Watt zu buddeln", erklärt der Meeresgärtner. Der Profi hat zudem passend zu seinem wilden Sortiment eine Menge Kochrezepte und Zubereitungstipps aus der friesischen, nordischen und holländischen Küche parat.

Viele sind überrascht, was es bereits hier direkt auf der Insel für tolle, heimische und manchmal einfach nur eben vergessene Produkte gibt.

**Sylter Meeresgærtnerei,** Munkmarscher Chaussee 29, 25980 Keitum, Tel.: 0 46 51 / 80 45 443, geöffnet dienstags bis samstags von 10 bis 18 Uhr (und sonn- und feiertags sobald die Bäderordnung es wieder erlaubt). www.syltherb.de, info@syltherb.de, Online-Shop: www.sylt-inselshop.de

# Die Sylter Meeresgærtnerei
# im Kapitänsdorf Keitum empfiehlt:

In Corona-Zeiten haben viele das Kochen mit exklusiven Zutaten zuhause für sich wiederentdeckt. Andreas Frädrich, Inhaber der Sylter Meeresgärtnerei, hat hier exklusiv die Zutatenliste für ein Sylter maritim und nordisch geprägtes 12-Gänge Menü zum Selbermachen am heimischen Herd zusammengestellt. Alle grün markierten Zutaten sind im Hofladen der Meeresgärtnerei oder auch im Online-Shop erhältlich als Saatgut, Topfpflanze (für den eigenen Garten oder das Fensterbrett) oder Frischware im Keitumer Hofladen erhältlich (je nach Saison).

**Hors d'œuvre froid**

Austernpflanzenblätter und -blüten als maritime Garnitur
zu Crevette grise européenne (Nordsee-Granat) als Krabbencocktail:
Dazu obenauf ein Tuff Strandbanane (Karkalla)

**Potage**

Japanische Ramen-Suppe
Frische Kombu-Algen in einem Potpourri mit 8 anderen Meeresalgen
aus 7 Weltmeeren aus der Sylter Meeresgärtnerei

**Hors d'œuvre chaud**

Moules fraîches - Miesmuscheln im eigenen Sud mit original Sylter Lorbeer-Blättern

**Poisson**

Portulak-Keilmelde zu gegrilltem Seefisch der Wahl
Kanarische Urkartoffel - Papas Arrugadas – eine Inselkartoffel in
Meersalz geschrumpelt eingeführt von Christoph Kolumbus

**Pièce de résistance**

Sylter Deichlamm: Kleine gegrillte Lammchops mit Sylter Salicorne (Queller)
aus der Sylter Meeresgärtnerei

**Entrée chaude**

Pa amb oli: Marinierter Meerfenchel zu Graubrot mit Olivenöl und Tomate belegt mit Schinken,
Käse, oder Thunfisch mit mallorquinischen Kapern und Oliven

**Entrée froide**

Pazifische Felsenauster gereicht mit original Sylter Zitrone

**Salade**

Tomate auf Salzalant
Umkrönt mit einem Meeressalat - Grüne Meeresalgen aus Munkmarsch

**Entremets de légumes**

Popeye des Nordens: Strandaster aus Keitum in Butter geschwenkt
Ursprünglich ein Armeleute-Essen aus den Niederlanden

**Entremet de douceur chaud**

Herrlicher Kaiserschmarrn nach Landhausart mit einer skandinavischen Wildbeerenparade
aus Krähenbeeren-, Wildpreiselbeer- und Hagebuttenmarmelade (Sylter Rose)

**Entremet de douceur glacée**

Vanilleeis abwechselnd getüpfelt mit Kaktusfeigen- und Sanddornkonfitüre

**Entremet de fromage**

Friesischer Schafs- und Ziegenkäse von der Insel obenauf mit ein paar Blättern verdammt scharfer
Mittelalterlicher Gartenkresse, Schottischen Liebstöckl und herben Blättern vom Dänischem Löffelkraut

**Dessert**

Plátanos (kanarische Bananen) in Sylter Honig gebacken
Herrlich angefrischt und abdekoriert mit dreierlei Minzearten

Bei der Zusammenstellung wurden vor allem regionale Produkte berücksichtigt.
Eine ausführliche Produktübersicht der Meeresgärtnerei im 64-seitigen Katalog der Sylter Meeresgärtnerei:
Kostenlos bestellen im Onlineshop

# Sehnsuchtsort auf dem „grünen Kliff"

## Friesentorte oder „gehäkelter Unterrock"

Über 100 Jahre Bäckerei Nielsen. Heute schönste Kaffeeterrasse auf dem Keitumer „Grünen Kliff" mit freiem Blick übers Wattenmeer. Täglich Brötchen ab 6.30 Uhr, Frühstück ab 8 Uhr. Küche bodenständig von üppigen Broten über Matjes mit Bratkartoffeln bis zu den wechselnden Tagesgerichten – von regional bis mediterran. Kuchen und Torten von Rhabarber-Schmand bis Zitronenomelette. Bis zu 30 verschiedene Tee- und Kaffeespezialitäten, Pott Kaffee 4,-, Krombacher/Flensburger 0,33/3,50, offene Weine 0,2/7,50.

Wenn man auf Sylt den Superlativ „einmalig" anwenden kann, dann gehört *Nielsens Kaffeegarten* mit dieser Auszeichnung zweifelsfrei in die Reihe der Sehnsuchtsorte auf unserer Insel.
Im Hinblick auf das Jubiläumsjahr 2019 wurde das Anwesen der 1919 gegründeten Bäckerei Nielsen grundlegend neu gestaltet. Das Ergebnis kann sich wahrlich sehen lassen.
*Jens Nielsen*, in der 4. Generation Bäckermeister und seine Frau *Elizabeth* präsentieren nun ihren „Kaffeegarten" in einer modernen, zeitgemäßen Form mit einem ausgesprochenen Wohlfühlcharakter und einem superfreundlichen Service. Die Traumlage ist geblieben. Die Gäste sitzen im Café oder draußen auf der Terrasse erhöht auf dem „Grünen Kliff" und haben einen Ausblick über den Gezeitenwechsel des Wattenmeeres. Hier geht einem wahrlich das Herz auf und man wäre auch mit „trocken Brot" schon zufrieden. Wären da nicht die kulinarischen Verlockungen. Das fängt bei dem vielfältigen Frühstücksangebot an. Das kann zwar mit einem frugalen Müsli beginnen, aber dann mit Nielsens großem Frühstück mit „Dit und Dat und alles" enden (18,50). Mittags ist dann die Zeit für die Tagessuppe oder den Eintopf – immer wechselnd, für üppige Delikatess-Brote oder Matjes mit leckerer Sauce und Bratkartoffeln. Tagesgerichte wechseln je nach Saison oder frischem Fang.
Und nachmittags zur Kaffee- und Teezeit? Dem Zitronenomelette, dem Friesen Pai ( auch „gehäkelter Unterrock" genannt), der extra sahnigen Friesentorte oder dem Vanilleeis mit heißen Himbeeren kann man wohl kaum widerstehen. Dazu ´nen schönen Friesentee...? Alles das, und noch viel mehr und dazu auch noch Meer – Watt will man mehr?

Ausflug zu Nielsens Kaffeegarten – anno dazumal

**Nielsens Kaffeegarten,** Am Kliff 5, 25980 Sylt / OT Keitum, Tel.: 0 46 51 / 31685, tägl. Brötchenverkauf ab 6.30 Uhr, sonn- und feiertags ab 8 Uhr, Café 8-18 Uhr, dienstags Ruhetag, P
www.nielsens-kaffeegarten-sylt.de, nielsenskaffeegarten@t-online.de

**Frühstück: von 8:00 -11:30 Uhr**

Nielsens
KAFFEEGARTEN

**Frühstücks-Variationen** .

**Französisch** € 10,50
Croissant, Butter, Hausgebackenes Brot (1 Scheibe) , hausgemachte Marmelade, Joghurt mit Roter Grütze dazu einen Milchkaffee

**Fit in den Tag (Overnight)** € 13,50
Haferflocken, Chiasamen und Saatkörner in Hafermilch vorgeweicht, mit Kokosflocken, Getreidecrunch, Obst der Saison und Honig, dazu ein Glas Tee und ein Glas Orangensaft

**Friesenjunge** € 12,50
Gebuttertes Schwarzbrot mit Tomate, Rührei oder Spiegelei dazu ein Heißgetränk Ihrer Wahl
**...mit Krabben** € 23,50

**Karibisch** € 15,00
Hausgebackenes Brot (3 Scheiben) , Omelette mit Zwiebeln, Tomate und Käse, Butter und Maple Bacon Jam, dazu ein Heißgetränk Ihrer Wahl.

**Nielsen‘s „kleines süßes“** € 16,50
Hausgebackenes Brot (2 Scheiben) und Brötchen (2Stk.), hausgemachte Marmelade und Pflaumenmus, Honig, Nutella, Butter, Joghurt mit Roter Grütze und ein Heißgetränk Ihrer Wahl

**Nielsen‘s „großes herzhaftes“** € 22,50
Hausgebackenes Brot (2 Scheiben) und Brötchen (2Stk.), hausgemachte Marmeladen und Pflaumenmus, Honig, Nutella, Butter, Salami, Schinken, Mortadella, Maple Bacon Jam, Tomaten, Mozzarella, Käse aus dem Keitumer Käselädchen, Joghurt mit Roter Grütze und ein gekochtes Ei, dazu ein Glas Orangensaft und ein Heißgetränk Ihrer Wahl.

**EXTRA GEDECK** € 2,00

Guten Appetit!

**KEINE KARTEN ZAHLUNG**

**Küche von 12:00 - 17:30 Uhr**

**Speisen**

**Brotzeit** € 9,50
Drei hausgemachte Dips mit Brot aus hauseigener Bäckerei

**Keitumer Kartoffelsuppe** € 12,50
Nordfriesische Kartoffelsuppe mit Krabben aus der Nordsee mit Speckcrunch
**...ohne Krabben** € 9,50

**Ceasers Salad** € 13,50
Salatherzen mit Kirschtomaten, Parmesandressing und Röstbrot
...**Souisvid gegarte Hähnchenbrust** € 19,50

**Herzhafte Platte** € 19,80
Regionale Käse- und Wurstvariationen mit Feigen Senf und Maple Bacon Jam, dazu Brot aus hauseigener Bäckerei

**Mozzarella con basilico** € 12,80
Büffelmozzarella mit Basilikummayo, Tomatenmarmelade und Basilikum-Apfel Sud

**Vitales Bruschetta** € 14,50
Bruschetta auf einem Knoblauch– Rosmarinbrot, dazu Tomatenmarmelade

**Nielsens Pastramistulle** € 18,50
Rinderbrust mit einem Rotkrautsalat und Knoblauchmayo in einem Sauerteig -Dinkeltoast

**Matjestatar** € 12,50
Matjes mit Apfel, Gurke, Zitrone und Perlzwiebel auf einem Brotchip

**Matjes nach Hausfrauenart** € 14,80
Matjes in einer Sahnesauce, mit Apfel und Gurke. Mit Brot aus der eignen Bäckerei

**Für unsere Kleinen**

Kartoffelpuffer mit Apfelmus € 5,80
Sylter Nudeln mit Tomatensauce € 6,80

**Für unsere Großen** **plus** € 3,00

Smarties Eis klein (Erdbeer, Vanille, Schoko) € 4,50

zu Suppen und Salaten reichen wir Ihnen unser hausgebackenes Brot

**EXTRA GEDECK** € 2,00

**KEINE KARTEN ZAHLUNG**

**Speisenkarten-Auszug-Frühjahr 2021 | Angebot und Preise können sich je nach Marktlage ändern**

# Die saugemütliche Weinwirtschaft

## Pius' Dreamteam

Weingenießer aufgemerkt! Bodega-Atmosphäre im alten Friesenhaus am Keitumer Grünen Kliff. An die 250 verschiedene Weine zur Auswahl davon 35 offene: vom Grünen Veltliner (0,2/5,80) bis zum gehaltvollen 2014er Chocolate Block aus Südafrika (0,2/14,80). Ausschank auch im 0,1 Glas, Flaschen ab 22,- bis zu den begehrtesten Weinen zum „Kultpreis". Deutsche Winzersekte. Alle Weine werden auch „außer Haus" verkauft und sogar an die Heimatadresse verschickt. Kleine Leckereien von Datteln im Speckmantel (7,80) über Flammkuchen (9,50) bis Vesper-Auswahl (16,80) – Grande für 2 Pers. 29,60. Bierfreunde können sich im Notfall auch ein frisches KöPi zapfen lassen (0,25/2,90).

Namensgeber *Pius Regli* – der Schweizer „Sylt-Friese" – ist spezialisiert auf lockere, aber gepflegte Gastlichkeit. Das beweist er seit Jahrzehnten in seinem Kampener Restaurant *Manne Pahl*. Die hier vorgestellte Weinwirtschaft ist allerdings ein ganz besonderes, urgemütliches Eigengewächs.

Im alten Friesenhaus am Keitumer Grünen Kliff werden an die 250 Topweine gelagert. Eine gute Mischung erster Lagen aus den bevorzugten Weingebieten, darunter die gehaltvollen, opulenten Kultweine à la „Opus one" aus dem Napa Valley und „Grange" von Penfolds, die sich in dem wohltemperierten „Weinkeller" befinden. 35 Weine hält *PIUS* zum offenen Degustieren bereit. Was für eine herrliche Gelegenheit, erstklassige, nicht ganz so bekannte Weine kennenzulernen! Preisgünstige „Renner": Die Weißen vom Weingut St. Antony und der Rote aus der Pfalz vom Weingut Metzger. Prickelnde Highlights sind der Cremant de Loire, der Rosé Brut vom Schloss Vaux bis zum Taittinger Brut Reserve, das ist große Champagnerkunst.

„Eine große Attraktion in Keitum ist mein Dreamteam mit *Tatjana Schnau* und *Kay Bäätjer* unter der Leitung von *Halina Schröder*", meint Pius. „Die zaubern mit ihrem flinken, unaufdringlichen Service eine herrlich charmante Atmosphäre."

Zum Wein gibt es Flammkuchen, Ofenkäse, Schinken, Antipasti oder Schokolade, Crème brûlée und „Süße Sünden" oder eine gemischte Auswahl von allem. Und wenn man gegen den stechenden Durst ein Bier braucht, kann das Dreamteam auch damit dienen.

Bei schönem Wetter wird der Wein übrigens auch auf der mit hohen Tischen und Barhockern ausgerüsteten Terrasse serviert. Saugemütlich –

Prost Pius!

**Pius,** Am Kliff 5, 25980 Sylt / OT Keitum, Tel.: 0 46 51 / 8891438, Fax: 8891439, ganzjährig geöffnet, täglich von 17-24 Uhr, P f www.pius-weine.de

PIUS' Weine • Schokolade • Zigarren

# WEINBEGLEITENDE SPEISEN

€uro

## KLEINE KÖSTLICHKEITEN

**GRÜNE OLIVEN** mariniert mit Knoblauch, Basilikum und Zitrone, gefüllt mit Frischkäse 4,90
**½ DUTZEND WEINBERGSCHNECKEN** mit „Café de Paris" Kräuterbutter 8,90
**DATTELN** im Speckmantel 7,90
**SCHAFSKÄSE** eingelegt in feinem Olivenöl mit viel frischer Petersilie und Knoblauch 8,90
**OFEN RACLETTE KÄSE** mit Perlzwiebeln, Cornichons & Baguette 9,90
**QUICHE MEDITERRAN** mit Spinat, Ziegenkäse, Pinienkernen, Bailicum & getrockneten Tomaten ( ca 140g ) 8,90
**CAPRESE** Mozzarella mit frischen Tomaten, Pesto, feinem PIUS-Olivenöl und Crema di Balsamico 10,90
**PARMIGIANO REGGIANO** mit 13 Jahre alten Aceto Balsamico di Modena Montebello und Birnensenf 12,00
**APPENZELLER KÄSE** affiniert mit der geheimen Kräutersalz Rezeptur, mit Birnensenf und Baguette 12,00
**FRANZÖSISCHER ZIEGENKÄSE** überbacken mit Vielblütenhonig, Thymian und Baguette 8,90
**TAPASTELLER** Manchego Käse, Serrano Schinken, Chorizo, grüne Oliven, Datteln im Speckmantel 14,50
**„BRESAOLA" CARPACCIO** hauchdünn aufgeschnittener, luftgetrockneter Rinderschinken aus Veltlin in Norditalien mit Oliven-Limonenöl beträufelt, gehobeltem Parmigiano Reggiano und Zitronenviertel 14,00
**PATÉ DI CINGHIALE** feines Wildschweinfleisch verfeinert mit Tomaten, grünen Oliven, Knoblauch, Rotwein und Zartbitterschokolade. Toskanische Wildschweinpastete **im Glas serviert**, mit Cornichons und Baguette 14,50
**OFENFRISCHES FOCACCIA** mit Oliven, unserem toskanischem PIUS Olivenöl und Sylter Meersalz 6,90
**OFENFRISCHE LAUGENBREZEL** mit Butter 3,60
**BROTAUSWAHL** mit Aioli & eine Dipcreme 6,00

## SUPPEN

**MINESTRONE** mit Pesto und toskanischem PIUS-Olivenöl 6,00
**GULASCHSUPPE** mit Rindfleisch, Paprika und Crème Fraîche 6,50

## FLAMMKUCHEN

**„ELSÄSSER"** mit Speck, Zwiebeln und würziger Crème Fraîche 10,90
**„WALDPILZE"** mit Stein-, Butter-, Austern-, Shiitakepilzen, Champignons, Crème Fraîche & Parmesan 12,00
**„VIER KÄSE"** mit rotem Cheddar, Emmentaler, Mozzarella und Blauschimmelkäse 12,00

## PIUS BROTZEIT

**MIT BAGUETTE, VOLLKORN- UND LANDBROT**

**SCHINKEN & SALAMI AUSWAHL** hauchdünn, frisch aufgeschnittener toskanischer Bauernschinken, Serrano-Schinken, Fenchel-Salami, Wildschweinsalami, Chorizo, Bresaola mit Oliven-Limonenöl und Cornichons 18,90
**PIUS-TOUR DE FROMAGE** eine Auswahl an französischen und italienischen Käsespezialitäten mit Feigensenf
für eine Person 18,00 / für 2 Personen 36,00
**PIUS VESPER** eine Auswahl unserer Käse-, Schinken- und Salamispezialitäten, Oliven, Cornichons, Feigensenf
für eine Person 18,50 / für 2 Personen 36,00

## KNABBEREIEN

**KÖRBCHEN MIT PIKANTEN NÜSSEN** 6,50
( gesalzene Mandeln, Wasabinüsse, Erdnüsse )

**CHIPS MIT HIMALAYASALZ** 5,50
( 150g )

## SÜSSE SÜNDEN

**CRÈME BRULÉE** mit gratinierter Karamellkruste 7,00
**EIS oder SORBET** nach Tagesangebot ( Portion: 2 Kugeln ) 7,50
**BOURBON VALILLE EIS** mit Kürbiskernöl, eine himmlische Komposition! 7,00
**VALRHONA SCHOKOLADENAUSWAHL** aus Frankreich, die wohl beste Schokolade auf diesem Planeten 6,00
( 6 Stücke von verschiedenen Sorten Valrhona Schokolade )
**SCHOKOLADENTRILOGIE** Trüffel mit Kaffeebohnensplittern, Mandeln & Haselnüsse in Valrhona Schokolade 12,00
**SOUFFLE CIOCCOLATO** mit flüssigem Kern und feiner Fruchtsauce 8,90

Speisenkarten-Auszug
Angebot und Preise können sich je nach Marktlage ändern

# Das kleine, feine Bistro

## So macht es Spaß…

*Dieses Bistro ist mit der Weinbar und dem Genuss-Shop eine Besonderheit in der Sylter Gastro-Szene. Leger-stilvolles Ambiente. Sonnenterrasse, Küche von 11 bis 23 Uhr, angenehmes Preis-Leistungs-Verhältnis. Catering, Events, Hochzeiten am Strand. Kaffee- und Teespezialitäten, u.a. spezielle Mischung aus der Kaffeerösterei Sylt. Wechselnde Tagesempfehlungen ab 8,- (Gulaschsuppe mit ofenfrischer Brezel). Hausgemachtes Eis und Sorbets. Gerichte können individuell zusammengestellt werden. Weißwein 0,2 ab 5,90, Rotwein 0,2 ab 8,20, Raritäten.*

Die Gäste sind begeistert von den Genuss-Kreationen, mit denen das Küchenteam in der *Reblaus* aufwartet. „Sehr gute Speisen", „Lohnenswert", „So macht es Spaß"… lauten die Kommentare. Das Ambiente des kleinen, feinen Bistros: Stylish und dennoch angenehm zurückhaltend mit dezenten Creme- und Grautönen macht man es sich hier gerne gemütlich und freut sich auf die kreativen Köstlichkeiten aus der offenen Küche.

Die Küchenwerkstatt ist zwar vergleichsweise klein – der Genuss dafür umso größer. Das Schöne: Anhand von tollen Produkten kann sich der Gast abends im Gastraum sein ganz individuelles Lieblingsgericht zaubern lassen. Etwa ein feines Côte de Boeuf (Hohe Rippe) mit knackigem Spargel aus dem eigenen Anbau des Reblaus-Inhabers *Dr. Rainer Berchtold*. Was sonst noch Köstliches je nach Marktlage und Saison verfügbar ist, empfielt der freundliche Service. Der Preis ergibt sich dann aus der Kombination ausgewählter Produkte.

Ein Blick in die Standardkarte lohnt sich aber ebenfalls. Denn sonst würde man ja die hausgemachte Pasta mit Aglio, Olio, Peperoni und frischen Aromen der Gardesana-Limone verpassen. Oder das Kabeljau-Rückenfilet mit Kartoffel-Brunnenkresse, Risotto und Frisée. Fleischfans lassen sich indes gerne von einem gebratenen Tafelspitz auf Meerrettich-Sellerie-Creme verführen, der von wildem Brokkoli und Birnenkompott begleitet wird.

Auch die Aussichten auf den flüssigen Gaumenkitzel sind großartig. Neben mit viel Sachkunde ausgesuchten Weinen locken spritzige Sommerempfehlungen. Seit 2018 auf der Karte, hat sich der „Italicus" zu einem echten Renner entpuppt: ein Bergamotte-Likör mit Aromen von Kamille, Tanne und Lavendelblüten, aufgegossen mit Prosecco und viel Eis. Salute!

Die große Genuss-Freiheit gibt es auch zum Mitnehmen: feinste Kräuter und Gewürze, Olivenöl, Pralinen und Schokolade…So lässt sich die Zeit bis zum nächsten Reblaus-Besuch genussvoll überbrücken!

Eine erfrischende Zwischenstation bietet sich vor der Reblaus an. Dort wartet der *Eisbär Sylt*, der witzige, bunte Eiswagen. Schleck Schleck!

**Reblaus Wine & Dine,**

Am Tipkenhoog 2, 25980 Sylt / OT Keitum, Tel.: 0 46 51 / 8868970.
Öffnungszeiten: täglich von 11-23 Uhr.
www.reblaus-sylt.de, Online Shop

Reblaus

WINE & DINE

SPEISENAUSWAHL

| | |
|---|---|
| Currywurst<br>vom Hansenhof in Morsum<br>mit fruchtiger Sauce und Röstbrot | 9,00 € |
| Keitumer Ziegenkäse<br>mit Bulgur, Wildkräuter, Minze und Paprika | 18,50 € |
| Gazpacho<br>in drei Farben mit Röstbrot | 12,50 € |
| Caesar Salad<br>- mit Parmesan und Croûtons<br>- mit Garnelen ( 3 Stk.)<br>- mit Rinderfiletstreifen | 12,50 €<br><br>20,00 €<br>20,00 € |
| Gulaschsuppe<br>mit ofenfrischer Brezel | 8,00 € |
| Wildkräuter-Salat vom Keltenhof<br>mit Cranberry-Limonen-Vinaigrette | 14,00 € |
| gebratene Jakobsmuscheln<br>mit Gurke und Passionsfrucht | 21,50 € |
| Gebratene Garnelen<br>mit Mojo-Sauce | 17,00 € |
| Brettljause<br>mit Melone, Parma-/Serrano-Schinken, Coppa und Parmesan | 18,00 € |
| Galloway Burger<br>vom Hansenhof aus Morsum | 16,50 € |
| Gebratenes Rinderfilet<br>mit Maiscreme, Paprika und Portwein-Jus | 31,00 € |
| Kabeljau<br>mit Chorizo-Kartoffeln, Austern- | 28,50 € |
| Pasta Aglio Olio, Peperoni | 12,50 € |

WEINAUSWAHL

| | | |
|---|---|---|
| Weißburgunder,<br>R3 Edition Reblaus, Nahe,<br>Weingut Poss, 2019 | 0,2 ltr. | 9,10 € |
| Lugana,<br>Santa Cristina, Zenato, 2018 | 0,2 ltr. | 8,40 € |
| Sylvaner,<br>R1 Reblaus Selection,<br>Südtirol, Garlider, 2015 | 0,2 ltr. | 8,40 € |
| Grauburgunder,<br>Pfalz, Emil Bauer, 2019 | 0,2 ltr. | 8,40 € |
| Riesling,<br>Kiedricher, Rheingau,<br>Robert Weil, 2019 | 0,2 ltr. | 11,80 € |
| Mahlzeit,<br>Cuvée Nahe, Weingut Korell, 2019 | 0,2 ltr. | 8,40 € |
| Cuvée Spätburgunder &<br>Dornfelder Rheintal,<br>Weinbau KluNie, 2019 | 0,2 ltr. | 10,20 € |
| Merlot,<br>Sizilien, Cusumano, 2019 | 0,2 ltr. | 8,50 € |
| Sangiovese,<br>R2 Reblaus Selection,<br>Lombardei, La Guarda, 2016 | 0,2 ltr. | 8,50 € |
| Rioja Crianza,<br>Bodega Lan, 2017 | 0,2 ltr. | 9,90 € |
| If you can't be happy at least you can be drunk - with my Noir, Pfalz, Emil Bauer, 2017 | 0,2 ltr. | 9,80 € |
| Rotweincuvée<br>Moin Moin, Reinhessen, J Bettenheimer, 2017 | 0,2 ltr. | 9,80 € |

Ab 18 Uhr erwarten wir Sie mit tagesaktuellen Zutaten, die unsere Küche mit Ihnen nach Ihren Wünschen individuell zusammenstellen.

Unsere Flaschenweine finden Sie in der ausführlichen Reblaus Weinkarte.

**Speisenkarten-Auszug-Frühjahr 2021**

**Angebot und Preise können sich je nach Marktlage ändern**

# Genuss à la Salon

## Sylter Geschichte und moderner Zeitgeist

*Eine vielbeachtete kulinarische Institution in einem historischen Friesenhaus. Traditionelle Küche trifft moderne Kulinarik. Lauschige Gartenterrasse mit Mittagskarte, von deftig (Currywurst) über figurbewusst bis hin zur süßen Sünde (Waffeln, Friesentorte und Apfelkuchen). Geschmackvolles Abendrestaurant – die genussvoll leichte Kreation lockt ebenso wie der Klassiker schlechthin: das Wiener Schnitzel. Regelmäßig wechselnde Karte. Catering, Events.*

Wenn man vom *Salon 1900* spricht, steht die geniale Kombination von nostalgischer Behaglichkeit und abwechslungsreicher Küche im Fokus. Die Mischung aus Sylter Geschichte und modernem Zeitgeist ist hier stimmig. Und darauf achtet das Gastgeberpaar *Lilly* und *André Meyerhoff*.

Ivo Schmal

Der Gastraum strahlt pure Nostalgie aus: Antike Lampen, Bilder und andere Liebhaberstücke sind geschmackvoll kombiniert mit modernen Accessoires und eleganter Tischkultur. Im Sommer pausiert man gerne auf der lauschigen Terrasse und lässt sich mit frischen Waffeln, Apfelkuchen oder Friesentorte verwöhnen. Wer nach der Radtour oder Wattwanderung eher eine herzhafte Kalorienzufuhr bevorzugt, lässt sich die Kartoffelsuppe oder eine ordentliche Currywurst schmecken.

Abends ist das Restaurant in romantisches Kerzenlicht getaucht – und der Gast gespannt auf Küchenchef *Ivo Schmals* Definition von „Genuss à la Salon". Mit seiner kreativen Kochhandschrift meistert er einen kulinarischen Spagat: langjährigen Stammgästen ebenso wie „Salon-Neulingen" ein zufriedenes Lächeln ins Gesicht zu zaubern. Wie das geht? Mit einer fein abgeschmeckten Mischung aus gemüsebetonten, leichten Kreationen und Klassikern. Der feine Avocado-Tomatensalat mit Garnele könnte der Beginn einer wunderbaren „Salon-Liaison" sein. Oder die gebratene Jakobsmuschel mit Holunderblüte und grünem Spargel. Im Hauptgang kommt der Lachs mit zweierlei vom Wirsing und wunderbar ohne schwere Beilagen aus, ebenso der marinierte Saibling mit Apfel und Gurke. Der Klassiker schlechthin: das Wiener Schnitzel. Oder ein Rumpsteak mit, je nach Saison, gerösteten Schwarzwurzeln oder anderen Beilagen sowie Kartoffelgratin.

Selbstverständlich hat Restaurantleiter *Thomas Borggraefe* versierte Empfehlungen für die passende Weinbegleitung parat: die Riesling-Cuvée Sommerpalais z.B. als spritzig-leichter Begleiter für viele Gelegenheiten. Oder einen rassigen Roten mit Volumen von Simone Adams und dem passenden Namen Kaliber 19 – ja, die Winzerin ist auch passionierte Jägerin.

… und beim nächsten Salon-Besuch gibt's dann wieder ganz andere Gerichte – denn die Speisenkarte wird regelmäßig neu geschrieben!

**Salon 1900,** Keitumer Süderstraße 40, 25980 Sylt / OT Keitum, Tel.: 0 46 51 / 936000, Fax: 936005, Küche durchgehend von 12 bis 22 Uhr. Außerhalb der Saison montags Ruhetag,

P EC VISA ec f

www.salon1900.de, info@salon1900.de

## Vorspeisen

| | |
|---|---|
| VARIATION VON BLATTSALATEN<br>in Balsamicodressing | 9,80 € |
| AVOCADO-TOMATENSALAT<br>gebratener Garnelen | 16,50 € |
| GEBRATENE JAKOBSMUSCHELN<br>Holunderblüte und grüner Spargel | 16,50 € |
| KOHLRABICARPACCIO<br>Nordseekrabben und Creme fraiche | 16,50 € |

## Zwischengerichte

| | |
|---|---|
| GEBRATENER WOLFSBARSCH<br>Sauerampfer Risotto und Mairübchen | 18,00 € |
| KEITUMER ZIEGENKÄSE<br>Melone und Minze | 18,00 € |

## Suppen

| | |
|---|---|
| HUMMERSÜPPCHEN<br>gebratene Jacobsmuschel | 14,50 € |
| KEITUMER BOUILLABAISSE<br>Sauce Rouille | 12,50 € |

## Vegetarisch

| | |
|---|---|
| TAGLIATELLE<br>Schwarzer Trüffel und Parmesan | 22,50 € |
| WEIßER SPARGEL<br>Erbse, Eigelb und Braune Butter | 17,50 € |

Salon 1900

Gebratene Jakobsmuscheln
mit grünem Spargel und Holunderblüte

12,50 €

Gebratenes Lammkarree
mit Zuckerschoten, Radieschen und
Erbsenpüree

38,50 €

Eierlikörschaum
mit Apfel

9,50 €

### Menüpreis

58,00 €

## Fisch

| | |
|---|---|
| FANGFRISCHE NORDSEESCHOLLE<br>Kartoffelsalat | |
| "Finkenwerder Art" in Speckbutter gebraten | |
| "Büsumer Art" mit Nordseekrabben*.) | 24,50 € |
| GEBRATENER LACHS<br>Junge Karotten und Petersilie | 27,00 € |
| GEBRATENER KABELJAU<br>Zuckerschote, Staudensellerie, grüner Spargel | 27,00 € |

## Fleisch

| | |
|---|---|
| ARGENTINISCHES RUMPSTEAK<br>Blattspinat und<br>Kartoffelgratin mit Taleggio | 28,00 € |
| WIENER SCHNITZEL VOM KALB<br>Bratkartoffeln und Gurkensalat | 22,80 € |
| FILETS VOM SALZWIESENLAMM<br>Kräuterkruste, zweierlei Fenchelgemüse,<br>Rosmarinkartoffeln und Thymianjus | 27,90 € |

**Speisenkarten-Auszug | Angebot und Preise können sich je nach Marktlage ändern**

# Regionale Küche – ehrlich gekocht

## Einkehren beim Weinkenner

*Gemütlich-friesisches Restaurant mit lauschiger Sonnenterrasse im alten Dorfkern von Keitum. Feine Küche mit regionalen Zutaten und einem angenehmen Preis-Leistungs-Verhältnis. Täglich wechselnde Abendempfehlungen. Der Fokus liegt auf deutschen Weinen. Unsere Empfehlung: Grauburgunder Kabinett Fass Nr. 2 by Klaus / Weingut Wilhelmshof / Pfalz 0,2, 8,50 / 0,75 32,-.*

Vor drei Jahren hat *Klaus Kahle* das Ruder des kleinen und feinen Restaurants *Sünhair* übernommen und seine Frau *Astrid* hat dem Keitumer Kleinod mit stilsicherer Hand eine behutsame Frischzellenkur verordnet. Dezente Beigetöne beruhigen das Auge und die dunkelgrüne Wand am Ende des Raumes wirkt mit ihren Schwarz-Weiß-Fotografien von Bleike Bleiken aus Keitum frisch und modern. Die liebevolle Tischdekoration rundet das Ambiente ab.

In dieser heimeligen Atmosphäre stößt man erst mal mit einem Glas Sauvignon Blanc by Klaus vom Weingut Oswald aus Rheinhessen an, wünscht sich „Sünhair" das ist altfriesisch und bedeutet „Wohlsein", „Gesundheit" oder auch „Prost" – und sucht sich einen feinen Starter aus der Karte aus. Den gratinierten Schafskäse (9,50) sollte man auf jeden Fall mal probiert haben. In der Kombüse steht Küchenchef *Jonas Rödiger* (vorher Jörg Müller, Fährhaus Sylt). Sein Credo: Regionalität steht im Vordergrund. Und dies schätzen auch die Gäste. Vielleicht probieren Sie einmal das Filet vom dänischen Kabeljau mit Champagnerkraut, Klintumer Kartoffeln und körniger Dijon-Senf-Sauce (28,50) oder die geschmorte Haxe vom Deichwiesen-Lamm mit gestovten Speckbohnen und Kartoffelpüree (24,90).

Und falls es gerne noch ein Dessert sein darf, empfehlen wir einen Klassiker aus Zeiten als Klaus noch die Wiin-Kööv in Kampen geleitet hat...

Crunchy Bourbon-Vanille-Eis mit steirischem Kürbiskern-Öl und Kernen (8,50).

Wer deutsche Weine schätzt, wird das Sünhair by Klaus allein schon seines Sortiments wegen lieben.

Als Digestif ein Muss: der Butschimann...und darauf „Sünhair"...!

**Sünhair by Klaus,** Erich-Johannsen-Wai 2, 25980 Sylt / OT Keitum, Tel.: 0 46 51 / 4498999, Mittwoch bis Montag ab 17 Uhr, Dienstag Ruhetag, Küche bis 22 Uhr, www.restaurant-suenhair.de, info@restaurant-suenhair.de

# Sünhair *by Klaus*

## Fisch aus der Nordsee

Filet vom weißem Nordsee-Heilbutt gebraten, dazu Rahmsauerkraut mit Speck und Rosmarin-Kartoffeln — 27,90

Filet vom Nordsee-Kabeljau gebraten auf körniger Senf-Sauce mit Karotten-Lauch-Gemüse und Bratkartoffeln — 26,90

Wildfang Rotschalen-Garnelen (ausgelöst) mit Tomaten-Lauch-Gemüse in Soja-Knoblauch-Chili-Öl gebraten
8 St. als Hauptgang — 22,90
5 St. als Vorspeise — 15,90

## Fleisch von der Landschlachterei Burmeister aus Viöl

Hüftsteak vom Galloway mit geschmorten Zwiebeln, geschmolzenen Tomaten, Erbs-Kartoffelpüree und Granatapfel-Jus — 26,50

"Pastorenstück" vom Galloway - kalt - rosa gebraten, Bratkartoffeln und Remouladensauce — 19,50

Husumer Lammhaxe, sanft geschmort, mit Speck-Bohnen und Thymian-Kartoffeln — 24,90

Frikadellen vom Galloway mit glaciertem Spitzkohl und Röstzwiebel-Kartoffelstampf — 21,50

## Dessert

Honig-Thymian Parfait mit frischen Früchten — 8,50

Martin´s weißer Schokoladen-Brownie mit Waldbeeren-Kompott und Eis nach Wahl — 8,50

Crunchy Vanille-Eis mit feinem steirischem Kürbiskernöl von Hartlieb — 7,00

Nuggets vom Grana Padano mit altem Balsamico di Modena — 6,90

Unsere Eis Sorten — je Kugel 2,50
Vanille, Schokolade, Erdbeere, Caramell-Crunch

Erdbeer-Sorbet (laktosefrei & vegan) — je Kugel 3,50
von der Meierei Geestfrisch aus Kropp / Schleswig-Holstein

## Abendempfehlungen

Neben der Speisekarte sorgen saisonale wechselnde Gerichte auf unserer Abendempfehlung für weitere Gaumenfreuden

## Vorspeisen

Im Original-Weckglas selbst eingelegter Schafskäse mit Kräutern — 7,90

Carpaccio vom Rind mit Dressing *by Klaus* .Feldsalat und Grana Padano — 13,50

Baby-Öl-Sardinen "Sardinillas de Riannxo" von Jesus Lorenzo aus Galizien in der Original-Dose serviert...es gibt wirklich keine besseren! — 18,00

½ Dtz Weinbergschnecken mit Kräuter-Knoblauchbutter und Käse gratiniert — 9,90

Tomatenbrot *by Klaus*... — 7,90
geröstetes Baguette mit Pesto-Tomaten, Knoblauch und Grana Padano

Gemischter Pflücksalat mit Balsamico-Olivenöl-Dressing — 8,50
- und selbst eingelegtem Schafskäse — 14,90
- und Wildfang Rotschalen-Garnelen — 15,90

## Suppen

Tomatensuppe mit Crème fraîche und Croutons — 8,50

## Vegetarisch

Spaghetti von Mancini mit tomatisiertem Gemüse-Ragout und Schafskäse — 17,90

## Für die Kids

Natürlich haben wir auch Gerichte für die Kinder. Einfach fragen...

**Speisenkarten-Auszug | Angebot und Preise können sich je nach Marktlage ändern**

Foto: Michael Magulski

Foto: Benjamin Zibner

TIPKEN'S
SEVERIN'S

# Eine kulinarische Weltreise

## Entdecken und genießen

*Stilvoll-legeres Top-Restaurant im exklusiven Severin*s Resort & Spa (siehe Hotel-Report). Mit großzügiger Terrasse im lauschigen Obstgarten, abends romantisch beleuchtet. Opulentes Frühstück von 7.30 bis 13 Uhr, nach Verfügbarkeit auch für externe Gäste (36,-). Ab 18 Uhr Dinner. Kulinarische Weltreise mit korrespondierenden Weinen. Die besten Zutaten mit Aromen aus aller Welt kreativ zubereitet. Vorspeise ab 16,50, Hauptgang ab 24,-. 850 Weinpositionen, Premium-Raritäten, exzellente Champagner-Auswahl, Bar. Gesellschaften für bis zu 150 Personen.*

Das Häuserensemble vom exklusiven *Severin*s Resort & Spa* ist traumhaft am Keitumer Wattenmeer gelegen. Anspruchsvoll in jeglicher Sicht. Das trifft auch auf das elegant-entspannte Restaurant *Tipken's* zu. Von den drei ineinander übergehenden Räumen fällt der Blick in den hübschen Obstgarten mit Terrasse, die liebevoll mit einer üppigen Blumenpracht dekoriert ist: im Sommer ein kuscheliger, privater Geheimtipp, sowohl zum opulenten Frühstück (36,-) als auch für das romantische Dinner zu zweit.

Natürlich wird im Tipken's nicht nur das Auge verwöhnt – für das Geschmacksfeuerwerk zeichnet Küchenchef *Normen Eller* verantwortlich. Eller lernte sein Handwerk bei Sternekoch Alexander Herrmann. Nach weiteren Stationen, u.a. im renommierten „Schlosshotel Lerbach" ist er nun der kreative Kopf hinter dem Konzept im Tipken's: „Die kulinarische Weltreise". Sein Anliegen ist, Aromen sinnvoll zu kombinieren und neue Geschmacksbilder zu entwickeln, an die sich der Gast gerne erinnert.

Alleine die Vorspeisen verschlagen einen vom levantinischen Raum (Bete mit Freekeh und Zatar) über Südamerika (Taco) nach Asien (Softshellcrab). Gleichermaßen geht es im Hauptgang weiter, wo unter anderem Südafrika mit einem in Roiboos marinierten Lammrücken repräsentiert wird.

Die „Chefs Choice" kommt je nach Appetit in 3 bis 4 Gängen (79,- bis 95,-). Als Beispiele seien genannt das Iberico Presa – Tonkatzu – eine spanisch-japanische Spezialität als Vorspeise. Darauf eine gebratene Jakobsmuschel in Verbindung mit Kokos, Aubergine und Cashew. Dann folgt ein gegrilltes Flat Iron Steak und als Abschluss wird ein Litschi-Lassi mit Himbeere und Cerialien serviert *(Aber schauen Sie auf die Speisenkarte)*. Dazu empfiehlt Sommelier *Sebastian Kersting* die passende Weinreise (ab 40,-/55,-).

Restaurantleiterin *Julia Westphal* sorgt mit ihrem Team dafür, dass sich der Gast wie im siebten Genusshimmel fühlt.

Auch kann man ganz frei von der Speisenkarte einzelne Gerichte ordern. Zum Beispiel den geschmorten Sellerie oder ganz küstennah einen ganzen Hummer mit allem Drum und Dran.

Eine solch genussvolle Entdeckungsreise findet in der Bar gerne ihre stilvolle Fortsetzung. Am Kamin in der Severin*s Bar mit guten Gesprächen, einem erlesenen Wein oder Cocktail und vielleicht einer Zigarre – Genuss in der schönsten Form.

**Tipken's**, Am Tipkenhoog 18, 25980 Sylt / OT Keitum,
Tel.: 0 46 51 / 46066533, Fax: 46066500, Frühstück von 7-13 Uhr,
Abendessen: Dienstag-Samstag ab 18 Uhr P AE EC VISA f
www.severins-sylt.de, info@tipkens-sylt.de

## WIR BITTEN ZU TISCH
VORSPEISEN

| | |
|---|---|
| **Bete -geschmort-**<br>Filloteig \| Freekeh \| Schafsjoghurt \| Zatar | 16,50 € |
| **Wagyu Bürgermeisterstück -geflämmt-**<br>Taco \| Tomate \| Ananas | 24,00 € |
| **Königskrabbe -pur-**<br>Grapefruit \| Avocado \| Basilikum | 27,00 € |
| **Iberico Presa -Tonkatsu-**<br>Paprika \| Koriander \| Hoisin | 21,00 € |
| **AKI Siberian Kaviar -ab 10g-**<br>Eigelb \| Tramezzini | 3€/Gramm |
| **Softshellcrabs -gebacken-**<br>Gurke \| Edamame \| Miso | 26,00 € |

## ZEIT FÜR URLAUBSGESCHICHTEN
ZWISCHENGERICHTE

| | |
|---|---|
| **Pulpo -gegrillt-**<br>Rauchpaprika \| Bohne \| Guanciale | 26,00 € |
| **Jakobsmuschel -gebraten-**<br>Limeleaves \| Kokos \| Aubergine \| Cashew | 26,00 € |
| **Blumenkohl -Tempura-**<br>Kurkuma \| Kakao \| Tandoori | 18,50 € |
| **Markknochen & Rotgarnele -geflämmt-**<br>Surf&Turf Sud \| Buchenpilze \| Kartoffelpüree | 21,00 € |

Alle Preise verstehen sich inkl. Mehrwertsteuer.

## DAS GROSSE HALLO
APERITIF

| | | |
|---|---|---|
| **Champagne Perrier- Jouët Grand Brut**<br>Grand Brut | 0,1 l | 18,50 € |
| **Champagne Perrier- Jouët Blason Rosé**<br>Grand Brut | 0,1 l | 25,00 € |
| **Willi Gimlet**<br>Williams Birne \| Limette \| Lime Juice | 0,1 l | 16,50 € |
| **Bittermans Friend (alkoholfrei)**<br>Sanbitter \| Ginger Beer \| Orange | 0,2 l | 14,50 € |

## ESSEN IST FERTIG
CHEF'S CHOICE MENU

**Iberico Presa -Tonkatsu-**
Paprika | Koriander | Hoisin

**Jakobsmuschel -gebraten-**
Limeleaves | Kokos | Aubergine | Cashew

**Flat Iron Steak -gegrillt-**
Whiskey | Gremolata | Karotte

**Litschi -Lassi-**
Himbeere | Cerealien

3 / 4 / Gänge — p. P. 79,- € / 95,- €

## MACHT PLATZ AUF DEM TISCH
HAUPTGERICHTE

| | |
|---|---|
| **Sellerie -geschmort-**<br>Safran \| grüner Spargel \| Risotto | 24,00 € |
| **Ganzer Hummer -Nussbutter arosiert-**<br>Bisque \| Knoblauch \| Kartoffel | 60,00 € |
| **Black Cod -gebraten-**<br>Annatosamen \| Fregola \| Sepia | 44,00 € |
| **Lammrücken -rosa gegart-**<br>Rooibos \| Artischocke \| Polenta | 46,00 € |
| **Flat Iron Steak -gegrillt-**<br>Whiskey \| Gremolata \| Karotte \| Kartoffel | 42,00 € |

## DAS BESTE ZUM SCHLUSS
DESSERTS

| | |
|---|---|
| **Litschi – Lassi -**<br>Himbeere \| Cerealien | 16,50 € |
| **Valrhona Manjari -Brownie-**<br>Mango \| Passionsfrucht | 17,50 € |
| **Erdbeere -Delice-**<br>Valrhona Opalys | 16,50 € |
| **Michel (Käse aus Kuh & Ziegenmilch) -pur-**<br>Löwenzahn \| Sylter Honig \| Nektarinen | 14,50 € |

Die gesamte Weinkarte finden
Sie auch online hier:

**Speisenkarten-Auszug-Frühjahr 2021 | Angebot und Preise können sich je nach Marktlage ändern**

Foto: Tom Kohler

Das behagliche Restaurant im nordischen Stil ist zwar Teil des *Severin*s Resort & Spa,* bietet seinen Gästen aber Zutritt durch einen eigenen Eingang. Entspannte Atmosphäre, schlichte Eleganz. Traditionelle Spezialitäten. Feines aus der hauseigenen Pâtisserie.
Eine Genuss-Oase im „grünen Herzen" der Insel – darauf darf sich der Gast im Restaurant *Hoog* im Severin*s Resort & Spa freuen. Das Schöne: Jeder Gast ist willkommen, ob er im Hotel wohnt oder das Friesendorf Keitum erkundet. Hier findet man das Passende kulinarische Highlight ab 12 Uhr mit durchgehender Küche bis zum Abend.
Im Restaurant Hoog legt man viel Wert auf die besten Produkte der Region und auf ein abwechslungsreiches Aromenspiel. Die Nordseekrabben Bowl ist ein Beispiel für Kreativität bei regionalen Produkten.
Es gibt auch Gerichte für „zwischendurch" z.B. Flammkuchen und die Keitumer Fischsuppe à la Severin*s mit Sauce Rouille und Knoblauch – für den kleinen und den großen Appetit.
Ein weiteres Gericht auf das man so richtig Appetit bekommt: In Mangold eingeschlagener norwegischer Heilbutt mit Kartoffel-Mangoldragoût und Wermutschaum.
Am Ende sollte man noch etwas Platz lassen für das Dessert: Sonst würde man eine köstliche Crème Brûlée von dunklem Nuss-Nougat mit Sylter Rote Grütze und Himbeersorbet verpassen. Wer die Atmosphäre des Severin*s noch länger genießen möchte, lässt die Genussreise an der Severin*s-Bar bei einem Drink und vielleicht einer guten Zigarre entspannt ausklingen.

**Hoog, Am Tipkenhoog 18, 25980 Sylt / OT Keitum,**
**Tel.: 0 46 51 / 46066536, Fax: 46066500,**
**täglich 12 bis 22 Uhr.**
**www.severins-sylt.de, info@hoog-sylt.de**

Hier draußen am *Morsum Kliff* steht die Zeit still und nichts lenkt von einer entspannten Pause vom trubeligen Alltag ab. Das gilt umso mehr, wenn man zu Gast ist im Restaurant des *Landhaus Severin*s Morsum Kliff (s. Hotelreport).* Ohne Übertreibung kann man sagen: dieses Haus ist ein Genussjuwel. Das gilt für die alleinige Lage in der einzigartigen Natur ebenso wie für die bodenständige und zugleich raffinierte Küche. Auch das Auge wird verwöhnt: mit dem frischen Landhausstil in dezenten Tönen, in denen sich auch die Farben der Sylter Natur widerspiegeln. Ein edles und zugleich entspanntes Hamptons-Flair auf der Nordseeinsel!
Schon morgens darf sich der Gast auf ein köstliches Frühstück freuen. Danach bietet sich natürlich ein Spaziergang am Morsum Kliff an – das übrigens morgens bei Sonnenschein in den feurigsten Farben schimmert. Nach einer ausgiebigen Runde per pedes oder Velo kehrt man gerne für einen Mittagssnack in dieses attraktive Restaurant zurück. Die Kartoffelsuppe ist der Renner! Die „Landhaus Boulette" ist ebenfalls ein Knüller, genau wie die hausgemachten Reibekuchen mit Lachs.
Ehrliche Küche ohne Firlefanz, mit besten, regionalen Produkten, gewürzt mit internationalen Klassikern und erlesenen Spezialitäten – das ist auch abends das Credo der Küchenbrigade.
Als Beispiel seien genannt: der Sauerbraten vom Seeteufel mit getrüffeltem Spitzkohl oder aus dem Schmortopf ein Blanquette von Bauernhuhn & Hummer, begleitet von feinen Gemüsen und Sauerampfer!
Es gibt viele Gründe, das Genussjuwel am Morsum Kliff immer mal wieder zu besuchen.

**Landhaus Severin*s Morsum Kliff, Nösistig 13, 25980 Sylt / OT Morsum, Tel.: 0 46 51 / 460688-0, Fax: 460688-500, Frühstück 7.30-12 Uhr, Tageskarte 12-16.30 Uhr, Abendkarte ab 17 Uhr,**
**www.landhaus-severins.de, info@landhaus-severins.de**

Fotos: Finja Schulze

## KLEINE KÜCHENKATE
*zu Gast bei Familie Sprengkamp*

Das kleine sympathische Keitumer Bistro-Restaurant in Wattenmeernähe, wo sich auch Insulaner nur mal auf ein Bierchen treffen, hat es kulinarisch wirklich in sich. „Einfach gut gekocht“ lautet das Credo von *Detlef Sprengkamp* und seiner Crew. Das Gute – hier kann man tatsächlich beim Kochen in die Töpfe und Pfannen schauen und sich gleich so manche Tricks für den häuslichen Herd bei diesen Könnern abgucken. Hausgemachtes Sauerfleisch, Kalbsschnitzel mit einer fluffigen Panade, Labskaus und Lammbratwurst aus der Landschlachterei sind die Klassiker in der „Kate“.

**Die** Spezialität: Rumpsteak „Café de Paris“. Dieses einmalige Rezept stammt von der Familie König aus der ehemaligen Weststrandhalle in List. Natürlich kommen die Köstlichkeiten aus der Nord- und Ostsee in der *„Kleinen Küchenkate“* nicht zu kurz. Von frischem Kabeljaufilet, Steinbeißer, Seezunge bis zum Steinbutt vom Grill ist alles auf den Punkt perfekt zubereitet. Frische Tagliarini in Tomaten-Pesto mit Rucola, Pinienkernen, gebratenen Garnelen und frischem Parmesan sowie vegetarische Gerichte dürfen im Programm nicht fehlen. Darf es noch eine süße Sünde sein? Palatschinken, Friesenrahm mit Roter Grütze und Heikes selbstgemachter Eierlikör, sowie Softeis sind es wert, vernascht zu werden.

Draußen sitzt man herrlich unter der Sylter Sonne in Wattenmeernähe auf der windgeschützten Terrasse. Für den Innenbereich empfiehlt es sich im Voraus zu reservieren. Denn wie der Name schon sagt: „Kleine Küchenkate – zu Gast bei Familie Sprengkamp“.

**Kleine Küchenkate, Hoyerstig 2, 25980 Sylt / OT Keitum, Tel.: 0 46 51 / 33387, geöffnet von 12 -22 Uhr, Küche ab 12 Uhr, nachmittags (Palatschinken, Kuchen, Tagesgericht, Eintopf und Suppen), 16.30-17.30 Küchenpause, Ruhetage: Mittwoch und Donnerstag, im Juli, August nur Mittwoch, separater Raum für Festlichkeiten bis zu 12 Pers.** **www.kleinekuechenkate.de**

# Ein ganzes Jahr KüstenKüche

**Zu entdecken im Eiland Kalender KüstenKüche, erhältlich überall auf Sylt, bundesweit im Buchhandel, oder hier im Buch ab Seite 190.**

EILAND KALENDER

www.eiland.de

# Die kulinarische Backstube

## Kaffeesieren im Obstbauerngarten

Morsumer Traditionsbäckerei mit angeschlossenem Garten-Café. Zauberhaft angelegt. Genuss von Frühstück über Pfannkuchen bis zu Keitumer Lammbratwürsten, hausgebackenes Brot, Brötchen und Torten, Traditionelles aus Norddeutschland. Frühstück ab 7,50, große Auswahl an Tee- und Kaffeespezialitäten. Wechselnde Tagesgerichte, Kuchen- und Tortenbuffet. Köstlichkeiten aus der Backstube zum Mitnehmen für zu Hause.

Für die Morsumer ist Ingwersen d e r verlässliche Brot- und Brötchenlieferant seit ewigen Zeiten. Zusätzlich ist das *Cáfe Ingwersen* eine beliebte kulinarische Adresse, die auf der ganzen Insel einen so guten Ruf genießt, dass Ingwersen mit dem schön angelegten Obstbauerngarten längst ein beliebtes Ausflugsziel ist. Hier wurden mit Weidenzäunen und Klettergerüsten für blühende Pflanzen kleine Inseln geschaffen, die selbst in der Hochsaison großzügigen Raum für Séparées lassen. Ein Zaubergarten, in dem der Alltag keinen Zutritt hat…

Sollte das Wetter mal nicht mitspielen, macht man es sich in der heimeligen Caféstube oder dem lichtdurchfluteten Wintergarten gemütlich.
Dann kann das Frühstück kommen – „Bombastisch“, wenn man mit Freunden oder der Familie unterwegs ist. So heißt die Frühstücksversion ab 4 Personen (60,-, jede weitere Person 15,-). Da ist alles dabei, was einen genussvollen Start in den Tag schöner macht. Oder doch lieber à la française? Voilà, hier kommen backfrische Buttercroissants mit Marmelade und einem Landei (7,50) auf den Frühstückstisch.
Nachmittags macht man hier gerne eine Pause vom Spaziergang oder der Radtour. Die köstlichen hausgemachten Torten und Kuchen sind dann jede Sünde wert.
Der Blick in den Suppentopf lohnt sich ebenfalls, vor allem, wenn sich der kleine Hunger nach der Radtour meldet. Wie wäre es dann mit der Morsumer Kartoffelsuppe mit Kochwurst und herzhaftem Vollkornbrot (8,50)? Mit dem schon berühmten Vollkornbrot von Ingwersen wird die Brotzeit zu einem Highlight. Wählen Sie zwischen Serrano Schinken, Käsesorten oder Nordseekrabben – oder gleich den Vesperteller. Mit einem Gläschen Riesling von Pfaffmann (0,2/6,-) wird der Abend eingeläutet. Der muss allerdings an einem anderen Ort fortgeführt werden, denn bei Ingwersen ist ab 18 Uhr Feierabend.

**Café Ingwersen,** Terpstich 76, 25980 Sylt / OT Morsum, Tel.: 0 46 51 / 823342, geöffnet ganzjährig ab 8 Uhr, in der Saison bis 18 Uhr. P EC
www.ingwersen-sylt.de

# SPEISEKARTE

**ab 12.00 Uhr**

**Caprese**
Strauchtomaten & Büffelmozzarella
mit Pesto & Balsamico 13,50 EUR

**Knackiger Saisonsalat** 8,00 EUR
mit
Garnelen 15,00 EUR
Schafskäse 14,00 EUR
Avocado 12,00 EUR
oder mit allem 18,00 EUR

**Morsumer Kartoffelsuppe** 6,50 EUR
mit
Kochwurst 7,00 EUR
Nordseekrabben 9,50 EUR

**Gulaschsuppe**
vom deutschem Rind 9,50 EUR

**Keitumer Lammbratwurst**
mit Saisonsalat und Rosmarinkartoffeln 12,50 EUR

**Matjes**
mit Apfel/Zwiebel/Kräuterschmand und Drillingen 15,00 EUR

**Französische Drillinge**
mit Olivenöl & Rosmarin aus der Pfanne
Kräuterschmand 7,80 EUR
Kräuterschmand & Nordseekrabben 13,50 EUR
Kräuterschmand & Räucherlachs 11,50 EUR

## DESSERT

**Hausgemachte Rote Grütze**
mit Vanilleeis oder Vanillesauce
7,50 EUR

oder wählen Sie einen unserer Pfannkuchen oder eine Marzipanwaffel
als Dessert

**Bitte beachten Sie auch unser Tages-/ Tafelangebot**

SONNENAUFGANG IN DER MUNKMARSCHER BUCHT

# Beste Lage – toller Blick

## Gutbürgerlich mit Pfiff

Beste Lage über dem Munkmarscher Watt. Café und Tagesrestaurant. Windgeschützte Sonnenterrasse mit Panoramablick. Genussadresse für Stammgäste und Spaziergänger. Gemütliches Café mit Hausgebackenem nach altem Rezept. Ganztägig warme Küche. Beliebte Traditionsgerichte (Tafelspitz 23,50, Nordseescholle ab 24,50), regionale Saisonangebote. Kleine Tafelfreuden (Suppen, Pasta, Salate, Seemannskost). Neu: kreative Canapés. Bitburger Pils 0,25/3,50, Wein 0,2/8,- (Weißer Burgunder, Rheinhessen), Flasche ab 25,50. Erstklassige Tropfen vom Weingut Müller-Dr. Becker.

Lage-Lage-Lage – das ist das Nonplusultra bei der Auswahl für einen Café- oder Restaurantbesuch. Hier kann das Munkmarscher Restaurant *„Zur Mühle"* bestens mithalten. Draußen auf der Sonnenterrasse sitzen, das Wattenmeer zu Füßen, Kaffee, Tee und Kuchen oder eine Scholle auf dem Teller. Was kann schöner sein? Die treuen Stammgäste schätzen neben der Tatsache, dass ihre Lieblingsgerichte hier tatsächlich immer auf der Karte stehen, die familiäre Atmosphäre. Insofern ist alles „wie immer": Die herzlichen Gastgeber *Sina* und *Bernd Hinske* und ihre langjährigen Mitarbeiter *Oliver Schröder* in der Küche und *Michael Mey* im Service geben den Gästen das gute Gefühl, in ihr kulinarisches Zuhause zu kommen – in Zeiten von To-Go-Kaffees und Streetfood ein wertvolles Kontinuum.

Die Auswahl an Speisen ist groß. Die Freude auch, denn die warme Küche gibt es nun den ganzen Tag. Manchmal treffen sich dann die hausgemachte Friesentorte aus dem Familienbackbuch und die berühmte halbe Bauernente aus dem Ofen (mit Apfelrotkohl 26,50) an einem Tisch. Die Seezunge „Müllerin" (ca. 500 g, 44,50) der hausgemachte Labskaus (24,50) oder das frisch panierte Kalbsschnitzel (26,50). Jeder nach seinem Geschmack! Wer schon um 11 Uhr vorbeischaut, kann sich – quasi als Frühstück – allerlei Canapés bestellen: Frisches Baguette, belegt mit Holsteiner Katenschinken, Lachs, Käse oder Krabben, dazu Kräuterrührei und Salat (ab 15,-). Oder schon die Rinderroulade, das Dorschfilet, die Lammkeule vom Salzwiesenlamm (25,50) in Auftrag geben.

Gut, wenn man zuvor die üppige Speisenkarte online studiert. Offline und je nach Wetterlage bleibt man in der guten Stube oder sucht sich ein ruhiges Sonnenplätzchen auf der Terrasse mit Aussicht auf das Wattenmeer. Ganz entspannt im Hier und Jetzt.

**Zur Mühle,** Lochterbarig 24, 25980 Sylt / OT Munkmarsch, Tel.: 0 46 51 / 3877, **geöffnet mittwochs bis montags durchgehend von 11 bis 18 Uhr.** Dienstag Ruhetag, Tischreservierung bis 16.30 Uhr, Parkplatz am Haus
www.zur-muehle-sylt.de, info@zur-muehle-sylt.de

# List

## Dünen-Paradies und Hafen-Flair

In Deutschland ganz oben: Wenn Sie an der nördlichen Spitze Sylts stehen, dem Ellenbogen, dürfen Sie ein besonderes Privileg für sich in Anspruch nehmen: Dann nämlich sind Sie Ihren 80 Millionen Landsleuten ein Stück voraus und dürfen sich als nördlichster Mensch Deutschlands fühlen.
Außer diesem Superlativ hat List noch eine Menge mehr zu bieten: Pulsierendes Zentrum ist der Hafen. Hier legt die Autofähre gen Dänemark ab, stechen die Ausflugsschiffe in See, offerieren Gastronomen unterschiedlichste Genüsse. Kaum ein Weg führt an den gastlichen Betrieben des populären „Fischpapstes“ Jürgen Gosch vorbei, der vom Krabbenbrötchen bis hin zum frisch gedünsteten Edelfisch alles offeriert, was das Herz des Fischliebhabers erfreut. Frischer Fisch steht aber auch in den anderen Lister Restaurants ganz oben auf der Speisenkarte.
Der Lister Königshafen ist ein ideales Revier für alle Windsurfer und Kitesurfer, in der Nähe erheben sich zwei große Wanderdünen, wie sie einmalig in ganz Nordeuropa sind. Da sie im Gegensatz zu allen anderen Dünen kaum von Pflanzen bewachsen sind, wandern sie vom Wind angefacht pro Jahr etwa drei Meter.
Im Wattenmeer reifen für Deutschlands einzige Austernzucht jährlich rund eine Million Schalentiere heran, die als Marke des Jahrhunderts – „Sylter Royal“ bundesweit vertrieben werden. Tipp: Wissenswertes rund um Sylt und die Nordsee erfahren Sie auf moderne und unterhaltsame Weise im „Erlebniszentrum Naturgewalten“ am Hafen.

**Kurverwaltung List auf Sylt:**
**Tel.:** **0 46 51 / 95 200**
**E-Mail:** **info@list-sylt.de**
**Internet:** **www.list-sylt.de**

# Im siebten Pfannkuchenhimmel

## Einfache Dinge · einfach gut gemacht

*Herzlichkeit in großzügigem, romantischem Garten und der „Guten Stube". Pfannkuchen in wirklich allen Variationen, ein beliebtes hauseigenes Salatdressing, selbstgebackene Kuchen und familiäre Leibgerichte. Pfannkuchen mit Zimt und Zucker ab 4,90. Pfannkuchen mit Birne und Räucherspeck ab 8,80, Kartoffeleintopf ab 6,90.*

Ganz anders als der Name erahnen lässt, ist *Voigts Alte Backstube* so viel mehr als eine gute Stube, die zum Kaffeekränzchen einlädt, obwohl auch das in anheimelnder Gemütlichkeit möglich ist. Entspanntes Feriengefühl kommt gleich auf durch die herzliche Begrüßung von *Konstanze Voigt*, die mit ihrem Team den Laden mit Elan schmeißt.

Neben dem einladenden Café (Garten mit Spielplatz), der Terrasse und dem Wintergarten unterscheidet sich das vor über 20 Jahren übernommene Café-Restaurant mit einem einzigartigen Konzept von anderen auf der Insel: Pfannkuchen als „Steckenpferd" in jeglichen Variationen, nur mit Eiern aus Freilandhaltung zubereitet und fast immer als Teil eines der vielseitigen Gerichte.

Von den bekannten süßen Pfannkuchen mit Früchten, Zimt und Zucker oder Roter Grütze über einige vegetarische Optionen mit verschiedensten Käsen oder Gemüsen, bis zu den herzhaften mit Putengeschnetzeltem oder Nordseekrabben sowie den sogenannten Schnippelpfannkuchen, die Kartoffelrösti mit Pfannkuchenteig auffüllen. Hier wird jegliche Pannkoken-Sehnsucht erfüllt.

Unter anderen Leibgerichten der Voigts und ihrer Gäste finden sich Pellkartoffeln von Bauer Runkel aus dem Nachbardorf Kampen, wechselnde Eintöpfe, die traditionelle halbe Ente und verschiedene Salate mit dem schon berühmten, hauseigenen, veganen Dressing „Sylter Salathimmel".

Dank großer Beliebtheit ist dieses Dressing aus gut sortierten Supermärkten kaum wegzudenken und es passt nicht nur hervorragend zu Salat. Natürlich ist es auch im eigenen „Voigts Hausgemachtes" Laden und online zu erwerben, zusammen mit eigenen Teekreationen, Kuchen im Glas oder einem Friesentorten-Bausatz für zu Hause zum Nachbacken.

Selbstverständlich bleibt die „Backstube" ihrem Namen und ihren Wurzeln treu und backt täglich ein festes Repertoire an Kuchen und Torten, persönlich nach mütterlichen Rezepten und inklusive eines veganen Kuchens. Zudem lockt die Backstube mit raffiniert klingenden Süßspeisen wie der „noname" Vereinigung von Vanillequark, gebröseltem Nusskuchen, Sauerkirschen und Waffelteigflocken.

Fast alle Gerichte sind in kleiner und normaler Größe zu wählen, um möglichst viel der Voigtschen Produktpalette probieren zu können. Nur der gigantische Windbeutel ist nicht „klein zu kriegen". Aber hier findet sich immer jemand der mithilft, dieses leckere Sahnestück zu vertilgen. Das Motto von Konstanze und ihrem Team: „Einfache Dinge gut gemacht". Familiär, gastfreundlich – ein beständiger Sylter Wohlfühlort.

**Voigts alte Backstube,** Süderhörn 2, 25992 List, Tel.: 0 46 51 / 870512, Fax: 4493312, ganzjährig geöffnet, Küche von 12 bis 21 Uhr. Mittwoch Ruhetag. Anfang Dezember Betriebsferien. Großer Garten mit Kinderspielplatz und Sandkiste.

www.voigts-sylt.de, info@altebackstube.de

# auszug aus unserer speisekarte

## unsere salate

| | normal | klein |
|---|---|---|
| blattsalate mit scharfen garnelen | 21,80 | 14,90 |
| blattsalate mit avocado, mango und walnüssen | 20,50 | 14,50 |

## gerichte mit unserem salathimmel

| | normal | klein |
|---|---|---|
| spaghetti mit gartenkräutern in salathimmel geschwenkt und gerösteten ini- jacobsmuscheln | 19,70 | |
| warmer kartoffelsalat mit feldsalat und knusprigen bratwurstscheiben dazu sylter koggensenf | 18,90 | |

## voigts pfannkuchen

| | | |
|---|---|---|
| hackfleisch und eingelegtem schafskäse | 17,50 | 11,50 |
| trüffelcamembert, rotweinschalotten & frische feige | 22,50 | 15,90 |
| pflaumenmus und schlagsahne | 13,70 | 8,40 |

## vegetarische gerichte

| | | |
|---|---|---|
| tomateneintopf mit kräutern und schmand | 12,90 | 7,30 |
| pfannkuchen mit pinienkernen udn eingelegtem schafskäse | 15,30 | 9,80 |
| avocado-gemüsequiche mit salatbouquet | 14,50 | |

## traditionelle gerichte

| | |
|---|---|
| garnelenpfännchen scharf, mit knoblauch dazu bauernbaguette | 20,50 |
| voigtspfanne: rosmarinkartoffeln, knuspriges entenfleisch und schafskäse in entenschmalz angeröstet | 23,50 |
| 1/2 knusprige ente mit kirschrotkraut und bratkartoffeln | 23,50 |

## süße sachen

| | |
|---|---|
| großmutters schokoladenpudding mit vanillesoße | 8,90 |
| hausgemachte windbeutel gefüllt mit vanilleeis & blaubeeren | 9,90 |
| rote grütze mit vanillesoße | 10,50 |

und vieles mehr …

alle preise in euro inkl. mwst.

Speisenkarten-Auszug-Frühjahr 2021
Angebot und Preise können sich je nach Marktlage ändern

NEU auf Sylt

# Seafood und Soulfood

## Locker urbane Coolness im A-ROSA Sylt

Neues Seafood- und Soulfood-Konzept im Lister A-ROSA-Hotel. Sushi, Fisch-Tapas, Tacos bis hin zu Ceviche, Hummersuppe und Kabeljau in Champagnersauce. Attraktive Lounge-Atmosphäre, lässiger Lifestyle. Sushi ab 8,-, Fish & Chips ab 17,- bis zum Douglas Lachs 34,-. Sehr gute Weinauswahl: 0,1 ab 5,-, Flasche ab 29,- (Heitlinger Grauburgunder) bis zum Penfolds 62,-.

Der imposante Lister Hotelkomplex *A-ROSA*, direkt hinter der Dünenkette zum Nationalpark Wattenmeer, bietet dem Gast nicht nur traumhaft gestaltete Suiten und eine beispielhaft großzügige Wellnesslandschaft. Die Kulinarik steht hier absolut nicht im Hintergrund. Im Gegenteil, sie setzt dem Ganzen noch die Krone auf.

Das neue kommunikative, urbane Seafood- und Soulfood-Konzept ist im THE FISH CLUB bestens präsentiert. Das gute Essen steht im Mittelpunkt, aber das außergewöhnliche Interieur (vieles homemade), die musikalische Untermalung (DJ-Benkomade) und die Lichtinstallationen machen den FISH CLUB durchaus zu einem abwechslungsreichen coolen Gesamtkunstwerk. Metropolen oder Ibiza lassen grüßen.

Küchenchef *Dirk Seiger,* zuvor verantwortlich im Sterne-Restaurant „Buddenbrooks" im A-ROSA Travemünde, wechselte nun auf die Insel. Zu seinen Lieblingsgerichten gehören seine Hummersuppe und der Kabeljau in Champagnersauce. Die südamerikanisch-asiatisch beeinflusste Fischzubereitung Ceviche ist international total angesagt und das Food-Sharing wird propagiert.

Sushimeister *Lee* arbeitete mit der bekannten Sushi-Performerin *Sarah Henke* zusammen und zelebriert seine asiatischen Köstlichkeiten jetzt in List an seinem Cube.

„Wir verbinden im THE FISH CLUB raffinierte Fischgerichte mit urbaner Coolness. Das gibt es hier auf Sylt noch nicht und es passt gut zu unserem Haus", betont Hoteldirektor *Marc Hoffmann.*

Neben Restaurant und Cube gefällt eine gemütliche Lounge mit Sofa und Sesseln. Warmes Grün, Bronze- und Goldtöne holen die Seelandschaft ins Haus. Diese heimelige Clubatmosphäre setzt sich vom lichtdurchfluteten *Dünenrestaurant* ab – dem zweiten Restaurant, das hauptsächlich von Hausgästen frequentiert wird.

„Wir wollen ein neuer Treffpunkt für Einheimische und Gäste werden", erklärt Marc Hoffmann. Die besten Voraussetzungen sind geschaffen.

### THE FISH CLUB A-ROSA Sylt,

Listlandstraße 11, 25992 List, Tel. 04651 / 96750834, Dienstag bis Sonnabend von 18.00 bis 21.30 geöffnet. Reservierungen unter 04651 96750-837 oder fishclub@arosa.de, www.fishclub-sylt.de

# THE FISH CLUB

## SHARING IS CARING

*Ankommen und Anker setzen! Inspiriert von den Küchen der Meere, regional umgesetzt, servieren wir von Seafood bis Soulfood im THE FISH CLUB kulinarische Leckerbissen. Unser Rezept für Sylt: Die Mischung macht's! Restaurant, Bar und Lounge – urban und doch maritim. In entspannter Atmosphäre und urbanem Ambiente – mit chilligen Beats, ausgefallenen Drinks und dem lockeren Beisammensein – bleibst Du auch nach dem Dessert gerne noch länger.*

**Du kannst Dich nicht entscheiden? Willst alles probieren? Dann teil doch einfach!**
**Alle Gerichte jeweils zum selben Preis auch als „Sharing Dish".**

## FIRST

### APERITIFS

**TAYLOR'S WHITE PORT 5 cl** | 7

**DARK & STORMY** | 11

**MERMAID GT** | 14

**APEROL SPRITZ** | 11

**KIR ROYAL** | 19

**PIMM'S ROYAL** | 19

**VESPER MARTINI** | 14

### BUBBLE

**RUINART | Blanc de Blancs 0,1 l** | 18

**RUINART | Brut Rosé 0,1 l** | 18

**2016 HEITLINGER**
**Blanc de Noir Brut 0,1 l** | 7

**KÖDERBOX** | 75
20 g Iranischer Kaviar, Sylter Kartoffelchips und 2×0,1 l RUINART Blanc de Blancs

### ZERO

**APFELSINFONIE** | 5
Unreifer Apfel & Eichenlaub by Jörg Geiger

**KONSTANTINOPLER** | 6
Apfel | Quittensaft
Kaffirlimettenblätter

**A-ROSA LIMONADE** | 9
Fentimans Rose on Ice

**HIMMEL & ERDE** | 6
Mandarine | Karotte | Yuzu

**ALI RHABARBER** | 6
Rhabarbersaft | Kardamom

**DORNFELDER TRAUBENSAFT ROT** | 6
Traubensaft | Verjus | Purple Shiso

## MR. LEE

### RAW

**SASHIMI LACHS** | 16
**THUNFISCH** | 19
**SASHIMI MIX** | 21
**KINGFISH** | 22

### RICE & FISH

**SHAKE LACHS** | 8
**EBI GARNELE** | 8
**MAGURO THUNFISCH** | 10
**OHYO KINGFISH** | 10

### FLAMMED

*Je mit Teriyaki & Chilimayo*

**LACHS** | 16
**THUNFISCH** | 21
**KINGFISH** | 19
**TATAKI MIX** | 22

### TFC ROLLS

**CRUNCHY CHICKEN ROLLS** | 15
Avocado | Teriyaki Sauce | Panko

**VEGGIE ROLL** | 15
Avocado | Spargel | Gurke | Gelber Rettich

**FLAMED SALMON ROLL** | 16
Teriyaki Sauce | Frischkäse | Gelber Rettich

**SPICY TUNA ROLL** | 15
Chilimayo | Tobiko Kaviar | Shiso

**SURF 'N TURF ROLL** | 17
Garnele | Rind | Thaispargel

## NEAR & FAR AWAY

**4 CRUNCHY GARNELEN** | 16
Wasabi | Chili | Mayonnaise

**KINGS CEVICHE** | 18
Kingfish | Granny Smith | Piment d'espelettes

**KIM JONG-LISA** | 19
Riesengarnele | Kimchi | Spicy Beef Tea

**FISH & CHIPS** | small 17 | big 24
Pommes Frites | Avocado | Chipotle

**HUMMER „HEISS & FLÜSSIG"** | 22
Hummersuppe | Kokosmilch | Gartengurke

**TACO „SYLT MEETS MEXICO"** | 18
Sylter Deichlamm | Romanasalat | Koriander

**FATTY BOOM BOOM** | 26
Schweinebauch | Langustino | Dashi Sud

**DIVED JAKOBSMUSCHEL** | 22
Fenchel | Olivenölkaviar | Safran

**BROWN BUTTER KABELJAU** | 31
Spinat | Büsumer Krabben | Champagner

**DOUGLAS LACHS** | 34
Risotto | Waldpilze | Beurre Blanc

**SH RINDERFILET** | 39
Süßkartoffel | Jasminreiscreme | Tee Jus

## THE LAST BANG

**WAS ISSN NE FLUCHANANAS ?** | 11
Ananassorbet | grüner Shiso | Fingerlimes

**CHEESECAKE „TFC"** | 12
Mispel | Kaffirlimette | Himbeere

**KOMM ALTER BACK DIR 'N EIS** | 12
Karamellisierte Banane | Skyr | Tahiti Vanille

**CHEEEEEESE** | 14
Brot | Trauben | Chutney

FOR WINE AND BUBBLES: FLIP OVER

SHARED DINING IM RESTAURANT
THE FISH CLUB IM HOTEL A-ROSA

Hier lohnt sich schon mal das Schlangestehen um an das leckerste Speiseeis zu kommen. Unübersehbar ist das weiße Reetdachhaus gegenüber vom A-ROSA-Hotelkomplex. Ja, die *Sylter Eismanufaktur* ist heiß begehrt.

In den Bewertungs-Portalen liest man durchweg positive Kommentare: „perfekter Eisgenuss“, „superlecker“, „das Anstellen hat sich gelohnt“, „das Schokoladeneis ist von einer anderen Welt“ usw.

Eigentlich erscheint das Grundprinzip der Eisproduktion von *Detlef Fügeisen* ganz einfach: Beste, natürliche Zutaten, möglichst von regionalen Lieferanten und schonende Behandlung. Dazu kommen allerdings innovative Ideen. So entstand ein Renner der Eismanufaktur: Quark-Meersalz-Karamelleis. Die Milch dazu kommt aus Morsum und das Meersalz von der Genuss-Manufaktur aus der Nachbarschaft. Alles bio! Und das schmeckt man! Genauso beliebt sind Eierlikör-Milcheis oder Orange-Ingwer sowie Schokolade.

Dazu passen sogar die tollen Fairtrade-Kaffees aus Honduras, Venezuela und Indien, die speziell auf des Sylter Wasser abgestimmt sind und hier von einer La Marzocco Siebträgermaschine zubereitet werden ...

Auf den Geschmack gekommen?

**25992 List, Dünenstraße 3, Tel.: 0 46 51 / 8356810,**
**regulär geöffnet von 11-19.30 Uhr, je nach Saisonzeiten Abweichungen möglich,**
**www.sylter-eismanufaktur.de,**
**kontakt@sylter-eismanufaktur.de**

# Heute schon gegoscht?

## Von der nördlichsten Fischbude zum weltweit bekannten Fisch-Imperium

Er hat seinen Namen zu einem positiv besetzten Synonym für die bekannteste deutsche Urlaubsdestination gemacht. Dazu gehören neben vielen Eigenschaften wie Beständigkeit, Gradlinigkeit, Ausstrahlung und einer gehörigen Menge Unternehmergeist auch Fachwissen von der Pike auf und natürlich ein Blick für Qualität.
Alles läuft bei *Jürgen Gosch*, liebevoll *„Jönne"* genannt, unter dem Motto: „Das Gute setzt sich durch!" „Jönne" legte 1967 als Maurer irgendwann seine Kelle aus der Hand und begab sich mit seinem Bauchladen mit frisch geräucherten Aalen an den Sylter Strand, um sie den Badegästen anzubieten. Daraus entwickelte er seine damals noch klapprige „Nördlichste Fischbude" am Lister Hafen. Nun ist Jönne seit zig Jahren auf Sylt mit äußerst erfolgreichen Restaurants in List, Wenningstedt und Westerland mit Schmackes unübersehbar und in aller Munde.
Dass der Name „Gosch"einem inzwischen bundesweit über den Weg läuft und sogar weltweit über die Meere schippert, ist wohl jedem Reisenden bekannt. An dieser „Marke des Jahrhunderts" kommt niemand vorbei.
In der Alten Tonnenhalle am LISTER HAFEN ist der GOSCH FISCHMARKT die Einkaufsquelle für Fischliebhaber, die sich was für den heimischen Herd besorgen wollen wie frischen und geräucherten Fisch, Aal, Langusten, Austern, sowie feine Salate. Canapés und Fischbrötchen auf die Hand. Außerdem gibt's Geschenke mit dem Gosch-Label, die zeigen „Wir waren bei Gosch!"
Gleich gegenüber der Alten Tonnenhalle befindet sich das urige RESTAURANT KNURRHAHN mit einer zünftigen Küstenküche: von Krabbenpfanne, Pannfisch über ein deftiges Sauerfleisch bis zum lecker Nordseefisch. Dieser zünftige Spot hat eine große möblierte Terrasse.

Die ALTE BOOTSHALLE ist das kulinarische Herzstück des Lister Gosch-Imperiums. Es ist sozusagen das Party-Flaggschiff mit einer Hafenviertel-Kulisse. Dazu wird eine große Auswahl unterschiedlicher Gerichte geboten. Fisch aus dem Steinofen, Rösti mit Meeresfrüchten und knuspriger Bratfisch vom Grill. Alternativen zu Fisch & Co – kein Problem.
„Jönnes" Urzelle ist und bleibt die NÖRDLICHSTE FISCHBUDE. Hier gibt`s auf die Hand: Fischbrötchen, Thai-Nudeln, gebratene Garnelen mit den passenden Saucen. Dann ab an die Stehtische. Man war bei Gosch!
Darüber das HAFENDECK. Schade! Leider nicht in Betrieb. Hier hätte man einen tollen Blick übers Meer bis nach Danmark.
Nicht beim Hafen-Hotspot, sondern an der Lister Hafenstraße 16 ist das LISTER FISCHHAUS zu finden. Hier ist es nicht so rummelig, es wird ordentlich am Tisch bedient. Frühstück ab 10 Uhr. Alles wird frisch gekocht was die wechselnde Tageskarte so aufbietet. Gerichte, die nur hier aufgetischt werden. Dazu feine Tropfen aller Art.
Ein Highlight ist GOSCH AM KLIFF direkt an der Wenningstedter Kliffkante. Die Architektur, die sich an die Form einer Muschel oder auch einer Düne anlehnt, ist gelungen und macht diesen Ort einmalig. Ein Treffpunkt vor und nach dem Strandgang. Die umfangreiche Speisenkarte bietet wirklich für jeden etwas: Vom Bratheringsfilet über hausgemachtes Labskaus bis zur Edelfischplatte „mit alles". Blick? Hinterm Horizont geht's weiter... wenn die Sonne glutrot versinkt...
Im Zentrum Westerlands befindet sich der Gosch Hot-Spot in der Friedrichstraße /Ecke Boysenstraße. Stets umlagert sind die Tische und Hochstühle, die um das FISCH-BISTRO ANNA GOSCH aufgestellt sind. Hier wird das erwartete Gosch-Programm geboten und man kann bei der Zubereitung zuschauen. Nebenan GOSCH'S KNEIPE, in der das Hauptnahrungsmittel Bier ist.

Der GOSCH-MARKT befindet sich mit diversen kulinarischen Mitbringseln und anderen Souvenirs in der Boysenstraße gleich nebenan.
Der kleine GOSCH AM STRAND auf der Westerländer Seepromenade ist was für die Strandversorgung und für den Absacker mit Sonnenuntergang.

*Und? Heute schon gegoscht?*

**Gosch Verwaltungs GmbH & Co. KG,**
Hafenstraße 16, 25992 List, Tel 0 46 51 / 95190
Gosch im Internet: www.gosch.de, info@gosch.de

# Sylter GenussMacherei im Lister Markt

## Hier ist der Name Programm

Wenn es um Genuss geht auf unserer Insel, dann hat *Alexandro Pape* als ehemaliger Sternekoch sicherlich schon viel dazu beigetragen, dass Sylt zweifellos als Genussinsel zu bezeichnen ist. Er gehört damit zu den Sylter Genussmachern. So betitelte er seinen Lister Handwerksbetrieb folgerichtig als SYLTER GENUSSMACHEREI.

Furore machte Pape in List zuerst mit der aufwendigen Herstellung von SYLTER MEERSALZ. Darauf folgte sein süffiges SYLTER WATT BIER und schließlich „bastelte" Pape in „Heimarbeit" seine SYLTER PASTA in den verschiedensten Ausführungen.

Die Produkte der Genussmacherei sind zu 100% Sylter Originale – von den Zutaten über die Verarbeitung bis zur Veredelung – alles „natürlich Sylt".

Um einmal die Herstellungsprozesse mitzuverfolgen, werden Führungen angeboten.

### Der Lister Markt

Als Einkaufszentrum wird das große neue Haus in der Mitte von List bezeichnet. Sorry, aber das führt doch in eine falsche Richtung. Es ist vielmehr ein Genusszentrum!

Ist es doch das große Schaufenster für die Produkte der GENUSSMACHEREI – eine Erlebniswelt für kulinarisch Interessierte.

Hier liegt auch gleich WATT BLONDES in der Luft. Dieser Duft zieht herüber aus den Kesseln der BRAUEREI, denn hier wird gerade das untergärige, helle Lagerbier gebraut.

In der PASTA MANUFAKTUR wird Hand angelegt, um nach Papes Urgroßvaters sardischen Rezepturen Gnocchi Sardi und Strozzapreti herzustellen. Alles aus Hartweizengrieß, Sylter Meersalz und dem reinen Wasser aus den Tiefen der Insel.

Pasta à la Pape

Gleich nebenan befinden sich die gut

ausgestatteten Räume der KOCHINSEL – dem ersten Kochstudio von Sylt. Neben Kochkursen von Alexandro Pape können hier auch individuell organisierte Kochevents stattfinden. Alles steht bereit – es kann losgehen!
Gegenüber liegt der GENUSSMACHEREI-SHOP. Hier können die in List produzierten „Sylter Originale" und andere Sylter Produkte gekauft werden. Es sind sinnvolle nachhaltige Mitbringsel, die die Feriengäste als Botschaft von einer natürlichen Insel Sylt mit in die Heimat nehmen.

Sylter GenussMacherei,
Hafenstraße 2, 25992 List, Tel.: 0 46 51 / 9429074
kontakt@sylter-meersalz.de

Im Restaurant SYNDER stehen selbstverständlich auch die Produkte der GENUSSMACHEREI im Fokus. *Sven Pietschmann* ist hier für die ideenreiche, kreative Küche verantwortlich. Pietschmann und Pape waren jahrelang kulinarische Sparringspartner. Und beide fahren auf der gleichen Qualitätsschiene.
*Van Tank Truong* ist der Sushimeister. Er ist der Garant für erstklassiges Sushi, Sashimi, Lemon Chicken bis zur Peking Ente. Burger at its best, Ochsenbäckchen und Grillhähnchen an der „Broiler-Bar". Am Teppanyaki Grill wartet schon ein Aberdeen Black Rinderfilet auf eine genussreiche Vernichtung.
**25992 List, Hafenstraße 2a,**
**Tel.: 0 46 51 / 8867660, www.synder-sylt.de**

LIST

# Hier sind die Sylter Royal zu Hause!

## Kreatives Austernmahl

*Im Sylter Norden befindet sich die einzige deutsche Austernzucht. Die Dittmeyer s Austern Compagnie hat im letzten Jahr ihre neuen Räumlichkeiten eröffnet – Sylter Royal Austern. Bar. Restaurant – Sylter Royal natur (ab 3,- pro Stück), zehn überbackene Varianten (z.B. 6 Stück in Pernod- oder Trüffelbutter 24,-). Die sensationelle Königskrabbe (500g/80,-), Fleisch und Fisch vom Lavagrill, Hummer ebenso. Sonderempfehlungen auf der Tafel. Die „Sylter Royal Wilden", die Wildauster – zum Mitnehmen (2,40 St.). Passende, preisfreundliche Weinauswahl, 0,2 ab 7,-. Toller Sauvignon blanc „L or du Sud" DOC/Languedoc, 26,-. Internetbestellung: „Sylter Royal" und Austernzubehör.*

Der gelungene Anbau von *Dittmeyer's Austern Compagnie* direkt an den schon seit 1987 existierenden Austernzuchtbetrieb gibt der Jahrhundertmarke „Sylter Royal" nun auch eine repräsentative Heimstätte für Freunde der schmackhaften Meeresbewohner.

In der Betriebshalle werden die Austern nach ihrer Aufzucht im Wattenmeer wie bisher in großen Wasserbecken bis zur Auslieferung gehalten, sortiert und für den Versand verpackt. In den neuen Räumlichkeiten kann man sich dieses frohe Schaffen von der Austernbar und dem Restaurant aus durch große Glasscheiben ansehen.

Hier wird die Sylter Royal in verschiedensten Variationen angeboten, die man sich kreativer kaum vorstellen kann: saisonal mit Spargel-Vinaigrette, „scharf gemacht" mit Gurken-Wasabi-Vinaigrette, Crème fraîche und Selection Störkaviar oder gedämpft mit Sesam und Knoblauchöl. Puristen bestellen sie naturbelassen oder gedämpft, Austernneulinge gehen auf Nummer sicher und wählen die Überbackene – mit Kräuterbutter, im Gemüsebett, mit Speck und Worcestersauce. Auch geräuchert kann man sie haben oder mit Ingwer und geriebenen Äpfeln und leicht beschwipst mit Schlehengeist oder auf Champagnerkraut. Das Team der Austern-Destination öffnet, verfeinert und überbackt diese gehaltvolle Sylter Königin des Wattenmeeres mit viel Kreativität.

Aber es ist nicht alles Auster, was hier zubereitet wird. Die Karte bietet mehr auch vom Land. Für Abwechslung sorgen Steaks vom Lavagrill – Surf and Turf! Mit einer Delikatesse aus dem Nordmeer, der Königskrabbe wird sie erweitert. Sie ist im Geschmack vergleichbar mit dem Hummer. Viele meinen: besser! Aber Hummer ist hier auch immer aus den Hälterungsbecken erhältlich. Man kann also vor Ort vergleichen! In der Saison kommen Blaumuscheln im Curry-Gemüserahmsud aus der Küche. Sollten Schwertmuscheln vorrätig sein... lecker mit Kräutern und Weißweinsud. Einem wahren Streifzug durch die maritime Welt kommt das Bestellen der Meeresfrüchteplatte gleich, auf der sich neben der Sylter Royal viele andere noble Errungenschaften aus dem Meer tummeln, von Hummer und Muscheln bis Kaisergranat und Riesengarnelen.

Natürlich sollte man den Blick ins Meerwasserbecken des Restaurants mit den Stars, den Sylter Royal nicht versäumen. Die Austern kann man hier direkt kaufen und sich ein paar Tipps und Tricks für die Zubereitung verraten lassen. Zum Mitnehmen werden u.a. auch geräucherte Austern, Suppen, Krebsbutter und verschiedene Dips angeboten. So kann man sich zu Hause selbst ein Austernmahl zubereiten. Im Online-Shop erhalten Sie nicht nur die Sylter Royal und die „Wilde" im Spankorb, sondern sogar das Werkzeug: Austernmesser und einen Kettenhandschuh.

**Sylter Royal Austern. Bar. Restaurant,** Hafenstraße 10-12, 25992 List, Tel.: 0 46 51 / 877525, in der Saison täglich Küche von 11 bis 22 Uhr.
Online-Shop: www.sylter-royal.de , restaurant@sylter-royal.de

EST. 1986

Sylter Royal®

| AUSTERN NATUR | | Stück 1 | 3 | 6 |
|---|---|---|---|---|
| **Sylter Royal®** | aus eigener Aufzucht [A] | 3 € | 9 € | 18 € |
| Wilde **Sylter Royal®** | handgesammelt im Sylter Wattenmeer [A] | 4 € | 12 € | 24 € |
| Wilde **Sylter Royal®** XXL | handgesammelt im Sylter Wattenmeer [A] | 6 € | 18 € | 36 € |
| **Sylter Royal®** | Austerntatar mit Schalotten, Tomatenwürfel & Petersilie [A] | 4 € | 12 € | 24 € |
| **Sylter Royal®** | mit Gurken-Wasabi Vinaigrette, Crème-Fraîche und Ossetra Caviar [A,B,D] | 7 € | 21 € | 42 € |

| AUSTERN ZUBEREITET | | Stück 1 | 3 | 6 |
|---|---|---|---|---|
| **Gratinierte Wilde Sylter Royal®** | | | | |
| **Gemüsebett** | mit Hollandaise [A,E] | 4 € | 12 € | 24 € |
| **Pernod-Butter** | mit Pernod-Butter [2,A,D,J] | 4 € | 12 € | 24 € |
| **Trüffelbutter** | mit Parmesan [A,D,J] | 4,5 € | 13,5 € | 27 € |
| Wilde **Sylter Royal® XXL** | auf Champagnerkraut mit Trüffelbutter und Käse überbacken [A,D,J] | 8 € | | |
| Hausgeräucherte Wilde **Sylter Royal®** | über Buchenholz gegart [A] | 4 € | 12 € | 24 € |

## FEINE GERICHTE WARM UND KALT

| | | |
|---|---|---|
| **Cremige Austernsuppe mit Auster im Sesammantel & Korianderpesto** [A,D, E, F, G, J, H] | | 8,5 € |
| **Lister Muschelrahmsuppe mit Gemüsestreifen** [D,F,H] | | 8,5 € |
| **Rindercarpaccio** | mariniert mit schwarzem Olivenöl, Korianderpesto, Rucola und Parmesan, dazu Austerntatar [A,L] | 17,5 € |

## MEERESSPEZIALITÄTEN

| | | |
|---|---|---|
| **Venusmuscheln** | aus dem Atlantik ca. 300g [A] im Sud nach Wunsch | 20 € |
| **Garnelenpfanne** | in Pernod-Butter mit Schalotten, Fenchel & Tomaten [2,J] | 22 € |
| **Miesmuscheln** | frische Muscheln aus der Nordsee in verschiedenen Variationen | 22 € |
| **Pfanne Royal** | mit Garnelen, Miesmuscheln, Calamari, Jakobsmuscheln, Sylter Royal®, Julienne-Gemüse, Tomaten, Knoblauch & Chili [A,B, C, F] | 29 € |

**Speisenkarten-Auszug-Frühjahr 2021**
**Angebot und Preise können sich je nach Marktlage ändern**

FEINHEIMISCH
Genuss aus Schleswig-Holstein e.V.

wonnemeyer
weststrandhalle list

# Feinheimisch, nordisch, echt

## Genuss-Hütte in den Lister Dünen

Relaxtes Restaurant mit „After-Beach-Lounge"-Charakter auf strandnaher Listland-Düne. Grandiose Einzellage mit 360-Grad-Dünenblick. Große neue Außenterrasse. Spielplatz. Mittagessen, Kaffee und Kuchen, Abendessen. Während der Hauptsaison Strandversorgung, vorwiegend feinheimische, regionale Produkte. Klassiker: Spaghetti Vongole, Rib Eye Steak vom Galloway mit Pfannengemüse und Salat. Flensburger vom Fass. Neu: Das Eigengewächs – Wonnemeyer Grauburgunder.

Schon der Weg zum nördlichsten Restaurant Deutschlands ist eine Sehnsuchtstour durch die Inselnatur. Entlang des wechselhaften Wattenmeeres, dann durch die bizarre Dünenlandschaft. Der Weg ist hier das Ziel. Da erscheint auch schon das große strandnahe Holzhaus der *Wonnemeyers*. Das sind *Britta*, Tochter *Carla* und *Rüdiger* als erfahrene Gastgeber.

Es weht frischer Wind über die große neue Terrasse inmitten der Lister Dünen. Auch innen ist es großzügig und luftig.

Rüdiger Meyer hat sich als Koch ganz der *„feinheimischen Küche"* verschrieben, somit sind mindestens 60% der verarbeiteten Zutaten aus Schleswig-Holstein, die er gekonnt mit den kulinarischen Inspirationen von seinen Reisen ins Ausland verbindet.

So finden wir Papas Arrugadas von „Klintumer Kartoffeln" auf der Karte und die Hörnumer Miesmuscheln schon mal in Curry-Weißweinsud auf der ständig wechselnden Tafel im Gastraum – das ist alles andere als ein Widerspruch – sondern nur konsequent und einfach lecker.

Weiter geht's feinheimisch: So sind die Lammkoteletts von der Landschlachterei Burmeister aus Viöl sowie die täglich frisch gebackenen Brote und köstlichen Blechkuchen vom Joldelunder Bio-Bäcker, saisonal wird die Spargelsaison vorfreudig erwartet und der Matjes kommt von der Salatkogge aus Westerland. So schmeckt man Schleswig-Holstein und zeigt, dass das Gute oft so nah liegt.

Größtenteils beste Produkte in Bioqualität sind da nur selbstverständlich und typisch Wonnemeyer.

Auch vegetarisch und vegan kommen nicht zu kurz, so ist der Milchreis mit Kokosmilch vegan und lässt rein gar nichts vermissen.

Im Sommer versorgt der Wonnemeyer-Kiosk den Hunger nach einem Sprung in die Wellen und in der Saison liefert sogar eine Rikscha lecker Eis direkt an den Strandkorb.

Ideal so ein „Wonnemeyer" in den Dünen. Ein Sprung in die Nordsee und dann betreutes Relaxen auf der Sonnenterrasse. Was will man Mee(eh)r?

**Wonnemeyer Weststrandhalle List,**
Ellenbogen 3, 25992 List, Tel.: 0 46 51 / 870266, Fax: 43150,
Öffnungszeiten 12 Uhr bis 21 Uhr, Kiosk ab 11 Uhr, montags Ruhetag,
www.wonnemeyer.de, info@wonnemeyer.de, Online Shop

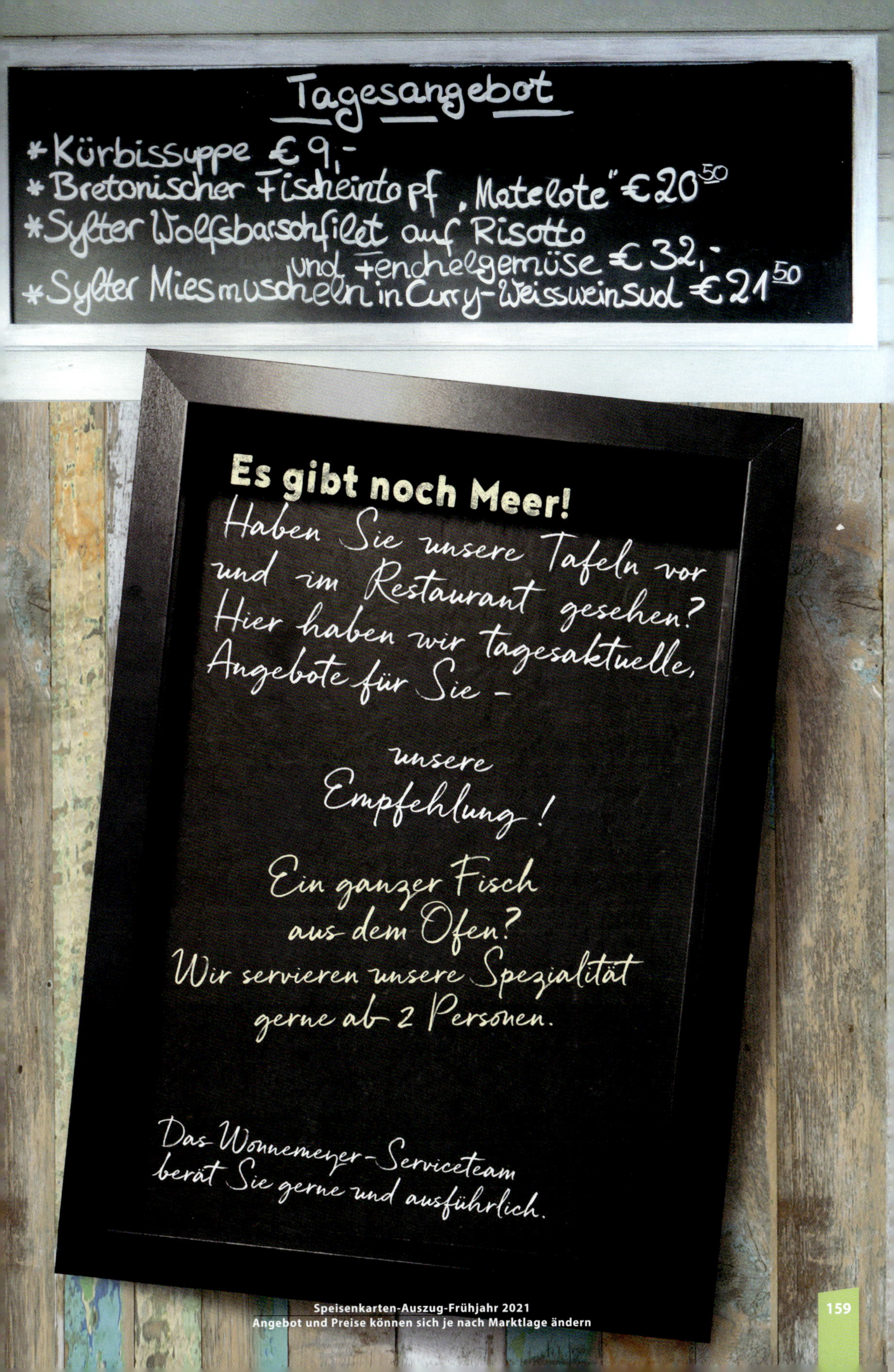
Tagesangebot
* Kürbissuppe € 9,-
* Bretonischer Fischeintopf „Matelote" € 20,50
* Sylter Wolfsbarschfilet auf Risotto und Fenchelgemüse € 32,-
* Sylter Miesmuscheln in Curry-Weissweinsud € 21,50
Es gibt noch Meer!
Haben Sie unsere Tafeln vor und im Restaurant gesehen?
Hier haben wir tagesaktuelle Angebote für Sie –
unsere Empfehlung!
Ein ganzer Fisch aus dem Ofen?
Wir servieren unsere Spezialität gerne ab 2 Personen.
Das Wonnemeyer-Serviceteam berät Sie gerne und ausführlich.

# Rantum
## zwischen Nordsee und Wattenmeer

Rantum ist die schmale Taille der Insel – hier sind Sie dem Meer ganz nahe, denn nur wenige Hundert Meter trennen die brausende Westküste von dem stillen Wattenmeer im Osten. Zwischen den Meeren und von Sturmfluten schwer gebeutelt, erstreckt sich eine Landschaft urwüchsiger Dünen, an die sich sanft die Reetdachhäuser schmiegen.

Historische Belege gibt es zwar erst ab dem 17. Jahrhundert, aber Strandräuber fanden hier einen idealen Unterschlupf. Ein Schelm wer heute versucht Parallelen zum Bauboom zu ziehen. Das Rantumbecken, östlich gelegene ehemalige Anlage für einen Seefliegerhorst, ist heute eines der artenreichsten Vogelschutzgebiete Norddeutschlands: Ornithologen aus dem ganzen Bundesgebiet reisen hierher an, um die mehr als 50 Vogelarten zu beobachten, die im Rantum-Becken brüten oder rasten.

**Insel Sylt**
**Tourismus-Service (ISTS)**
**Tel.:** **04651 / 998-0**
**E-Mail:** **urlaub@insel-sylt.de**
**Internet:** **www.rantum.de**
**www.insel-sylt.de**

KAFFEEDUFT in der
Rantumer Hafenstraße

**Kaffeeduft und Meeresluft** mischen sich in Rantums Hafengegend. Also immer der Nase nach! Dann findet man bestimmt dieses Kleinod – als Kaffee-Werkstatt gedacht und nun ist es zusätzlich ein gut florierendes Café.Was als Hobby begann, entwickelte der Sylter *Christian Appel* zu einer Profession mit Perfektion, die auf seiner Begeisterung für den Kaffeegenuss beruht. Die Qualität setzt sich durch, denn hier versteht man viel von dem Handwerk einer differenzierten Kafferöstung, um die unterschiedlichen Kaffeearomen aufzuspüren. Der Rohkaffee wird so schonend geröstet, dass er am Ende keine Säure hat, aber voller Aromen ist. Dass er dann mit viel Liebe auch noch mit den verschiedenen Techniken zubereitet wird (Siebträger, Handfilter oder Aeropress) begeistert jeden Besucher. Geröstet wird alle paar Tage, sodass die Chance besteht, einmal auch dabei zu sein, wenn der Rohkaffee in den großen schwarzen Trommelröster gefüllt wird und sich dann dieser angenehme Röstkaffeegeruch verbreitet. Schön, dass man hier verschiedene Kaffeearomen als diverse Espressi, Kaffees pur oder als Kaffeespezialitäten gleich verkosten und dazu den herrlichen hausgebackenen Kuchen genießen kann – bei schönem Wetter auf der Terrasse mit Blick aufs Rantum Becken. Neu für den Sommer: *Coldbrew* – der erfrischende Drink für die heißen Tage.
An diesem Ort wird einem bewusst, was es bedeutet, wenn es heißt: Klasse statt Masse.
**25980 Sylt / OT Rantum, Hafenstraße 9,**
**Tel.: 046 51 / 2995757, täglich 11 bis 17.30 Uhr** P
**www.kaffeeroesterei-sylt.com,**
**info@kaffeeroesterei-sylt.com**

Wie gut, dass es eine Unternehmerin gibt, die den Mut hat, einmal „etwas ganz anderes“ auf die Beine zu stellen. Die Sylterin *Melanie Jacobsen* hat sich mit einer bonbonsüßen Erlebniswelt ihren speziellen Traum erfüllt. Melanies *Bonscherei* in der Rantumer Hafenstraße (ehemals „Der Pate“) schlug vom ersten Tag der Eröffnung ein – wie ein Bonbon! Dieses süße Schlaraffenland ist einfach märchenhaft eingerichtet. Die Faszination des „Bonschen“-machens ist in der gläsernen Werkstatt mitzuerleben. Hier hat man´s fachlich einfach drauf und so liegen die süßen Ergebnisse wohlverpackt oder zum Selberabfüllen in den Regalen. Ca. 70 Sorten sollen es einmal werden – ob mit Anker, Boot, Herz oder Sylt-Symbol, ob mit Erdbeer-Vanille, Kirsch-Chili oder Espresso-Schoko-Geschmack. Sogar Firmenlogos können in die Bonbons integriert werden.
Die Bonscherei ist ein wahres Geschenkeparadies, denn neben den selbsthergestellten süßen Sachen sahen wir auch Lakritz mit Thermasol, buntes Weingummi, scharfe Gummibonbons und Champagnerbärchen. Eine ideale Location für Kindergeburtstage und Workshops. Auch der Cafégarten ist süß in Türkis und Pink gestaltet. Die Torten hausgemacht und im American Style. Die Bonscherei zeigt viel Liebe zum Detail.

Melanie Jacobsen

**25980 Sylt / OT Rantum, Hafenstraße 4,**
**Tel.: 0 46 51 / 299 0909,** P ec **, www.sylter-bonscherei.de**

Coast
RESTAURANT & WEINBAR

# Kreative Frischeküche

## Trendy Restaurant und Weinbar

*Restaurant und Weinbar – ein äußerst erfolgreiches Duo. Das Interieur trendy, lässig und stilvoll. Bunter Beach-House-Look. Schön möblierte Terrasse. Wintergarten. Klare Kochhandschrift. Separate Steakkarte. Frühstück von 9 bis 12 Uhr. Abendkarte ab 17 Uhr. Hauptgänge ab 16,-. Verschiedene Biere 0,33/3,-, hauseigener Rosé von Bodega Can Feliu/Mallorca, 0,2/8,-, Weißburgunder 0,75 ab 23,-. Etwa 300 Weinpositionen, umfassende Auswahl an Großen Gewächsen.*

Lässiger Genuss, ein locker-luftiges Strandhausambiente und das Gefühl, bei Freunden zu Gast zu sein – so geht genießen à la *Coast*! In dem Restaurant am Fuß der Rantumer Dünen haben Gastgeber *Jan-Hendrik Rose* und Küchenchef *Tobias Evers* den Anspruch, ihre Gäste zu verwöhnen, als wären sie Freunde im heimischen Wohnzimmer. Und so kann man sich im Coast durchaus fühlen: Der entspannte Strandhaus-Stil macht gute Laune mit bunten, maritimen Motiven an den Wänden, farbenfrohen Stühlen und blanken Holztischen. Die Bar mit ihren massiven Leuchten und Hockern im Industrie-Style bietet dazu einen spannenden Kontrast.

Jan-Hendrik Rose und Tobias Evers

Kreative Frischeküche mit Produkten von Land und Meer, nie stehenbleiben, sondern sich immer wieder neu inspirieren zu lassen, das ist das Credo von Tobias Evers. Das Tatar vom Rind mit milder Chilisauce und knuspriger Tortilla (17,-) wäre doch ein guter Einstieg in einen genussvollen Abend. Zum Hauptgang darf's dann mit der geschmorten Sylter Lammhaxe gerne wieder regional werden (28,-). Zumal das Texturen- und Aromenspiel mit Steckrübe und Kakaocrunch-Püree Spaß am Gaumen macht. Wer lieber in Neptuns Reich fischt, entscheidet sich für das Filet vom Köhler, begleitet von Fenchel, Kartoffelpüree und Chorizo (25.-).

Im Coast fehlt es an nichts – auch nicht an feiner Weinbegleitung. Lieblingstropfen des Gastgebers: der 2011er Roda Reserva – ein kräftiger Tempranillo/Rioja. Die Weinliste vom Coast ist sehr beeindruckend. Bei etwa 300 Weinpositionen fällt die Entscheidung schwer.

Nach dem Dinner bietet sich noch ein Absacker an der stylishen Bar an. Den Tequila Silver Patrón aus 100% Agave sollte man einmal probiert haben. Sie werden Tequila neu erleben – versprochen! Der Drink taugt als flüssiges Dessert ebenso wie für anregende Gespräche zu späterer Stunde an der Bar – viel Spaß mit dem Genuss à la Coast!

**Coast,** Stiindeelke 2, 25980 Sylt / OT Rantum, Tel.: 0 46 51 / 1551, Fax: 21096, ganzjährig geöffnet, dienstags Ruhetag. Frühstück von 9-12 Uhr auch für Außer-Haus-Gäste, Abendkarte ab 17 Uhr, Feiern für bis zu 60 Personen.
www.restaurant-coast.de, info@restaurant-coast.de

## GEHT IMMER

–UNSERE SPEZIALITÄT–

### SYLTER ROYAL AUSTER

mit Tabasco-Schalotten-Pumpernickel

**STÜCK € 3,50**

**MIT ZIEGENKÄSECREME UND APFELCHUTNEY**

**STÜCK € 4,50**

## VORNEWEG

### KNACKIGER SALAT

**KLEIN € 6 • GROß € 9**

### TATAR VOM RIND

mit Karotte, Kerbelschmand und gepufftem Dinkel
€ 17
mit Kaviar € 42

### CARPACCIO VOM KALB

mit Marinade vom Sylter Senf, Thaispargel
und gehobelter Belperknolle

**€ 16**

### GEFLÄMMTER NORDSEELACHS

mit wildem Blumenkohl, Joghurt und Sesam

**€ 16**

### GEZUPFTER BURRATA

mit Salat von Tomatenraritäten und Gremolata

**€ 15**

### PROVENZALISCHES FISCHSÜPPCHEN

mit geröstetem Focaccia und leichter Aioli

**€ 11**

### VEGANE ZITRONENGRASS-KOKOSSUPPE

mit Chili-Cashew und Tempeh

**€ 10**

## ZUM ABSCHLUSS

### COCOS CRÈME-BRÛLÉE

mit Pfirsich-Maracujasorbet
*Laktosefrei*

**€ 10**

### GEBACKENE SCHOKOMOUSSE

mit Kirschsorbet und Tonkabohnencreme

**€ 12**

### HAFERMILCHEIS

mit Blaubeere
und Knuspermüsli
*Laktosefrei*

**€ 11**

### EIS

aus der Hofmeierei Geestfrisch in Kropp:
Vanille, Schokolade, Erdbeere,
Sylter Rose, Haselnuss

**JE KUGEL € 3,50**

### AUSWAHL VERSCHIEDENER INTERNATIONALER KÄSESORTEN VOM AFFINEUR WALTMANN

mit Brombeerchutney

**KL. PORTION € 12 • GR. PORTION € 18**

Bitte weisen Sie uns bei Bestellung auf eventuelle Unverträglichkeiten hin. Vielen Dank!

Coast

## HAUPTGÄNGE FLEISCH

### ROSA ENTENBRUST

mit Süßkartoffel Püree, Buchenpilzen,
Edamame und Sesam

**€ 28**

### IBERICO PRESA „BBQ"

mit Maiscreme, geräucherten Drillingen
und BBQ-Jus

**€ 30**

### ›COAST-BURGER 2.0‹

Burger vom Hereford-Rind mit Deichkäse, Wasabimayo,
Apfel-Zwiebelkompott, Parmesan – Fritten
und Paprika - Mango - Chutney

**€ 19**

## HAUPGÄNGE FISCH

### FILET VOM NORDSEESTEINBUTT

mit ofengegartem grünem Spargel,
getrüffeltem Kartoffel-Pinienkern-Strudel
und Meerrettich-Creme Fraiche

**€ 41**

### KABELJAUFILET

mit Senf-Currykruste, Mangold
und Fregola-Sarda

**€ 26**

### WOLFSBARSCHFILET

mit Kartoffel-Erbsenpüree, Rahm-Kohlrabi
und Gremolata

**€ 25**

## PASTA, VEGETARISCH & VEGAN

### LINGUINI

hausgemacht, mit Trüffel und Parmesan
*Vegetarisch*

**KL. PORTION € 16 • GR. PORTION € 24**

### LAUWARMER KICHERERBSEN-QUINOASALAT

mit Schafskäsestrudel
*Vegetarisch*

**€ 18**

### RISOTTO

mit Erbse, Paprika und Ziegenkäse
*Vegetarisch*

**KL. PORTION € 15 • GR. PORTION € 20**

### MISO-AUBERGINE

mit Linsen, Süßkartoffelpüree
und Rotem Curry
*Vegan*

**€ 21**

Bitte weisen Sie uns bei Bestellung auf eventuelle Unverträglichkeiten hin. Vielen Dank!

Coast

# Friesisch lecker

## Das Reetdachhaus im Windschatten

Ein romantisches, reetgedecktes Haus. Gastlichkeit par excellence. Eine feste Größe in der Sylter Gastro-Szene – seit über 30 Jahren. Traum-Cafégarten. Behagliches Interieur. Günstige Mittags- und Tageskarte (7,50 bis 15,50), hausgebackener Kuchen (3,70) und Waffeln, große Teeauswahl. Abends gehobene Küche. Ganze Fische, vegetarische Speisen. Wunschgerichte auf Vorbestellung. Saisonale Highlights. Flensburger 0,3/3,70. Ausgezeichnete Weinliste mit 200 Positionen – 0,2/6,20 bis 9,-, Flasche ab 24,-. Feiern für bis zu 100 Personen, Hochzeiten mit Oldtimer-Service.

Das Haus im Windschatten – wie treffend ist die Bezeichnung für dieses *Hus in Lee*. Der traumhaft gestaltete Cafégarten strahlt Geborgenheit aus. Man wird geradezu von dessen Charme angezogen. Viele Stammgäste haben dieses Hus in Lee längst in ihr Herz geschlossen. Wanderer und Radfahrer werden vom Duft von Frischgebackenem in den großen, geschmackvoll gestalteten Garten angezogen und sind überrascht von der entspannten Atmosphäre und lassen „die Seele baumeln" bei Kaffee oder Tee und einer Apfeltarte. Der Blick zum Wattenmeer bietet dazu Inselfeeling.

Ist das Wetter mal nicht so gartenfreundlich, ist das bunte, urige Interieur des Hauses keineswegs die zweite Wahl. Rustikale, aber edle Tische, Stühle und Bänke, knarrende Dielen und verwinkelte Ecken vermitteln im Inneren des romantischen Hauses mit Kronleuchtern und Kerzenlicht eine anheimelnde Atmosphäre. „Ein vielbeachtetes Schmuckstück", meint *Alexander Blume* stolz, wenn es um sein Hus in Lee geht. „Für unsere Küche kommen Gäste von der ganzen Insel."

Da sind die goldbraun gebratene große Scholle oder die Holsteiner Ente, die Jakobsmuscheln, die Kräuterkäse-Pralinen oder der im Ganzen gebratene Steinbutt. Der Küchenchef *Armin Nutzenberger*, seit über 20 Jahren am Hus in Lee-Herd und Spezialist für Nordseefisch, versteht es mit seiner klassischen Küstenküche – einer Mischung aus gutbürgerlich und kreativ – die Gäste immer aufs Neue zu begeistern.

Klassisch ist auch seine Crème brûlée, raffinierter sind da schon die mit Marzipancreme überbackenen Erdbeeren. Superlecker! Die Weinkarte zeigt mit über 200 Positionen den Weinverstand des Hausherrn. So findet sich zu jedem Anlass der passende Tropfen, der vom freundlichen Service versiert und zuvorkommend – aber betont locker kredenzt wird. Last but not least: Die gut bestückte Bar, an der man ganz gepflegt „abhängen" kann. Hus in Lee – ein „Hus" mit Charme, in das jeder gerne zurückkehrt.

**Beachtlich!** Eine Sylter Besonderheit, die nur hier erhältlich ist: Der Edelbrand von den Birnen aus dem Hus in Lee Garten – Sylter Williams – unbedingt probieren und genießen.

**Hus in Lee,** Hörnumer Straße 26, 25980 Sylt / OT Rantum, Tel.: 0 46 51 / 21589, Fax: 29334, ganzjährig geöffnet, durchgehend warme Küche von 12-22 Uhr, von Oktober bis Ende März mittwochs Ruhetag (außer an Feiertagen), Appartements, P ec
www.hus-in-lee.de, info@hus-in-lee.de

…und nach dem Essen – Sylter Williams

# Hus in Lee

## *Kleiner Auszug aus unserer Mittagskarte 12 – 17 Uhr*

| | |
|---|---|
| Kartoffelpuffer mit Apfelmus | € 7,00 |
| Krtoffelpuffer mit gebetztem Lachs und Sahnemeerrettich | € 12,50 |
| Kohlroulade mit Salzkartoffeln | € 14,00 |
| Eingelegte Bratheringe mit Bratkartoffeln und Salatbouquete | € 14,50 |
| Gebratene Schollenfilets mit lauwarmen Speckkartoffelsalat | € 15,50 |
| Ofenkartoffel mit Putenstreifen oder gebeiztem Lachs | |

## *Kleiner Auszug aus unserer Speisekarte 12 – 22 Uhr*

| | |
|---|---|
| Pikante Karotten-Ingwersuppe mit Flusskrebsschwänzen oder Bärlauchsuppe | € 7,90 |
| Gurken-Hummersuppe mit gebratenen Seawater Scampi | € 9,00 |
| Bruschetta aus dem Ofen | € 7,00 |
| Keitumer Ziegenkräuterkäse-Praline im Seranoschinken-Sesammantel knusprig gebacken, mit Feigensenf und Feldsalat | € 13,50 |
| Scampi in Knoblauch-Kräuterbutter und geröstetem Kräuterbaguette | € 14,50 |
| Variation vom hausgebeizten Lachs mit Rösti | € 15,50 |
| Jacobsmuscheln auf Vanille-Erbsenpüree und getrüffelten Polentaplätzchen | € 15,50 |

## *Hauptgänge*

| | |
|---|---|
| Spaghetti mit Schafskäse, getr. Tomaten, grünen Oliven und Rucola … pikant | € 17,00 |
| Salat Hus in Lee mit gebratenen Fischfilets, hausgebeiztem Lachs und Ofenkartoffel | € 20,50 |
| Sylter Pannfisch, Fischfilets mit Dijonsenfsauce, Basmati-Wildreis und Salat | € 22,50 |
| Kabeljaufilet im knusprigen Kartoffelmantel, auf Limonen-Chilisauce und Gemüse | € 26,00 |
| Seeteufelbäckchen auf sautierten Quellern, Zitronen-Kapernbutter und Süßkartoffelpüree | € 32,00 |
| Wiener Schnitzel vom Kalb in Butter gebraten mit Pommes Frites und Preiselbeeren | € 22,00 |
| Halbe Holsteiner Ente mit Apfel-Kirsch-Rotkohl, Kartoffelgratin und eigenem Jus | € 24,00 |
| Geschmort Lammhaxe mit Kartoffelbaumkuchen und Wurzelgemüse | € 25,50 |
| Lammfilets auf Balsamicojus mit Speckböhnchen und Kartoffelgratin | € 27,00 |
| Rumpsteak vom Balck Angus mit Zwiebel-Senf-Kruste, Ofenkartoffel und Speckböhnchen | € 28,00 |
| Surf und Turf: Filet vom Black Angus und Seawater Scampi auf Hummer-Pfeffersauce, mit einem knusprigen Kartoffelspaghetti-Nest und Salat | € 39,00 |

***

| | |
|---|---|
| Frischgebackene Waffel, hausgebackener Kuchen | € 4,20 / € 3,70 |
| Crème Brûlée mit frischen Früchten | € 8,00 |
| Zweierlei Mouse au chocolat oder Gratinierte Erdbeeren mit Marzipan und Vanilleeiscreme | € 9,00 |
| Erdbeer-Basilikum-Parfait mit Maracuja-Salsa | €11,00 |
| Sylter Rote Grütze mit Vanilleeis oder flüssiger Sahne | € 7,00 |

*… Karte für unsere kleinen Gäste und mehr*

**… und unsere wechselnde Tagesgerichte wie:**

**Nordseesteinbutt, Nordsee-Seezunge für 1 oder 2 Pers., Hörnumer Miesmuscheln…**

**Spargel, Pfifferlinge, Pata Negra, Lammkarree, Rib-Eye-Steak**

*UND VIELES MEHR*

**Speisenkarten-Auszug**

**Angebot und Preise können sich je nach Marktlage ändern**

# Der Pizza-Pasta Pate

## Genussadresse für die ganze Familie

Großes Restaurant. Holzofen für Pizza und Steaks. Buchenholzgrill für Ente, Maispoularde und Hühnchen. Diverse Pastagerichte, auch hausgemachte Nudeln. Ideal für Familienfeiern. Hunde sind willkommen in der Hunde-Lounge. Köpi 0,25/3,10, Wein 0,2 ab 4,50. Umfangreiche Weinliste – auch Exoten.

Es ist nicht irgendeine Pizza-Adresse auf Sylt: *Der Pate* ist und bleibt eine Art Pizza-Pilgerziel. Früher in einer Rantumer Seitenstraße versteckt und als geheimster Geheimtipp gehandelt, ist das Restaurant „Der Pate" nun an die prominente Rantumer Durchgangsstraße gezogen und längst als familiäres Pizza-Ziel etabliert. *Rèda Ferhat* – auch Josie genannt, seit über 20 Jahren auf Sylt – gibt den Paten, tut aber nix Böses wie der Corleone, im Gegenteil. Er tut viel Gutes für seine Gäste, er sorgt für eine äußerst schmackhafte, mediterrane Küche.

Absoluter Renner sind hier die dünnen, aber reichlich belegten Pizzen, die in einem traditionellen Holzofen bei 450°C so schön knusprig gebacken werden. Schon die einfache Margherita ist so ein Genuss. Ab dann wird upgegradet mit Rinderschinken, frischen Pilzen, Auberginen und Artischocken. Auch Meeresfrüchte gehören hier auf das knusprige Rund. Die Preisspanne reicht von 7,50 bis 17,50.

Neben Pizza ist die Pasta hier selbstverständlich: Von einfach mit Tomatensauce und Parmigiano bis zu den hausgemachten Bandnudeln mit Garnelen in Weißweinsauce (11,50 bis 18,50). Ganz beachtlich die Steaks. Beim Paten wird nur Dry Aged Beef von „Delta Hamburg" in den Holzofen geschoben und bei 450°C gegart und mit Kräuterbutter und saisonalen Beilagen serviert.

Ein Hit beim Paten: Geflügelspezialitäten auf Buchenholz gegrillt. Mittwochs und sonnabends wird der Grill angeworfen. Jeweils wechselnd kommen dann Ente, Maispoularde oder „glückliche" Holsteiner Hühnchen äußerst schmackhaft auf den Teller.

Der Wein ist das Spezialgebiet des Paten. Sein besonderes Augenmerk liegt auf Outsidern unter den Winzern. Lassen Sie sich hier also auch von seinen Weinpunks überraschen.

**Übrigens:**
Unter dem Namen jolie-sylt betreuen Rèda Ferhat und Kirsten Esdar seit 20 Jahren als Großhändler Restaurants und die Hotellerie mit dem gesamten Gastronomiebedarf. *Siehe: www.jolie-sylt.de*

**Der Pate Sylt,** Hörnumer Straße 5, 25980 Sylt / OT Rantum, Tel.: 0 46 51 / 9576000, geöffnet 17-22 Uhr, Sonntag und Montag Ruhetag. P ec www.derpate-sylt.de, kontakt@derpate-sylt.de

## SUPPE

| | | | |
|---|---|---|---|
| MINESTRONE | Italienische Gemüsesuppe [22] | | € 7,50 |

## ANTIPASTI

| | | | |
|---|---|---|---|
| BRUSCHETTA | Frische Tomaten, Knoblauch, Basilikum 2 Stücke [16,22] | | € 7,00 |
| CARPACCIO | Vom Rind, Rucola, Pinienkerne, Parmesan Reggiano [22,23] | | € 13,50 |
| BURRATA | Frische Tomaten, italienischer Weichkäse, Basilikum [22] | | € 14,50 |
| ANTIPASTI | Gemischte Vorspeise | | € 14,50 |
| VITELLO TONNATO | Kalbfleisch, Thunfischsauce, Kapern [19] | | € 16,50 |
| GAMBERETTI | Garnelenpfanne, Lauchzwiebeln, Kirschtomaten, Knoblauch, Petersilie [17] | klein | € 18,50 |
| | | groß | € 26,50 |

## PIZZA

| | | |
|---|---|---|
| MARGHERITA | Mozzarella, Basilikum [16,22] | € 10,50 |
| SALAMI | Rindersalami [2,16,22] | € 11,50 |
| SCHINKEN | Putenschinken [2,16,22] | € 12,00 |
| SALAMI/PILZE | Rindersalami mit frischen Pilzen [2,16,22] | € 12,50 |
| SYLT | Putenschinken mit frischer Ananas [2,16,22] | € 12,50 |
| PRIMAVERA | Putenschinken mit frischen Pilzen und Ei [2,16,22] | € 13,50 |
| CAPRICCIOSA | Putenschinken mit frischen Artischocken [2,16,22] | € 13,50 |
| QUATTRO FROMAGGI | Schafskäse, Gorgonzola, Büffelmozzarella, Parmigiano [16,22] | € 14,50 |
| QUATTRO STAGGIONE | Putenschinken mit frischen Pilzen, Oliven, Artischocken [2,16,22] | € 15,50 |
| NAPOLITANA | Kapern und Sardellen [16,19,22] | € 13,50 |
| CALZONE | Putenschinken, Pilze [16,17,22] | € 14,50 |
| SPINACI | Frischer Blattspinat, wahlweise mit Schafskäse [16,22] | € 14,50 |
| DER PATE | Putenschinken, Paprika, Peperoni [16,22] | € 14,50 |
| BRUSCHETTA | Frische Tomaten, Rucola, Knoblauch, Parmigiano [16,22] | € 15,50 |
| VULCANO | Bresaola (geräucherter Rinderschinken), Rucola, Parmigiano, Chili [2,16,22] | € 15,50 |
| TONNO | Thunfisch und rote Zwiebeln [16,19,22] | € 16,50 |
| GAMBERETTI | Garnelen und Knoblauch, Petersilie [16,17,22] | € 20,50 |

## PASTA

| | | |
|---|---|---|
| SPAGHETTI | Aglio e olio, Basilikum, Knoblauch, Parmigiano [22] | € 11,50 |
| NAPOLITANA | Tomatensauce, Basilikum, Parmigiano [16,22] | € 12,50 |
| CARBONARA | Sahnesauce, Schinken, Ei, Parmigiano [2,16,18,22] | € 12,50 |
| ARRABIATA | Rigatoni in scharfer Tomatensauce, Rucola, Parmigiano [16,22] | € 13,50 |
| TORTELLINI | Rossinis hausgemachte Nudeln mit Rindfleisch in Sahne-Parmesansauce [16,22] | € 13,50 |
| SPAGHETTI | Bolognese mit Rinderhackfleischsauce, Parmigiano [16,22] | € 13,50 |
| A LA NORMA | Penne a la norma, Tomatensauce, Auberginen, Knoblauch, Basilikum, Parmigiano, Ricotta [16,22] | € 13,50 |
| LASAGNE | Hausgemachte Pastatorte [16,22] | € 14,50 |
| CORLEONE | Penne mit Gorgonzolasauce, Parmigiano, Spinat [16,22] | € 14,50 |
| FETTUCINE | Frische Bandnudeln mit Garnelen in Weißweinsauce, Parmigiano [16,17,22] | € 21,50 |

## STEAK

Unsere Steaks, aus deutschen Fersen, werden nur bei uns im **Holzkohleofen** bei 450 Grad zubereitet und stets mit Kräuterbutter und saisonalen Beilagen serviert. Wählen Sie unter folgenden Varianten:

| | | |
|---|---|---|
| RIBEYE-STEAK | Delta Dry Aged 300 g | € 32,50 |
| | Delta Dry Aged 500 g - nur auf Vorbestellung | € 56,50 |
| | Delta Dry Aged Rinderfilet 250 g mit 2 Garnelen | € 36,50 |
| | Delta Dry Aged Rinderfilet 400 g mit 2 Garnelen | € 56,00 |
| | Lammfilet mit karamelisierten Rotzwiebeln und Salat [22] | € 34,50 |

## FISCH

TAGESEMPFEHLUNGEN

## BEILAGEN

Zu unseren Gerichten servieren wir Ihnen **eine** Beilage. Gerne servieren wir Ihnen zusätzlich weitere:

| | | |
|---|---|---|
| BEILAGEN | Karamelisierte Rotzwiebeln mit Balsamico – Mediterranes Gemüse – Salat [22] | je € 5,50 |

**Speisenkarten-Auszug | Angebot und Preise können sich je nach Marktlage ändern**

# Genuss in traumhafter Dünenlage

## Ein kulinarischer Wohlfühlort

*Es gibt diese Läden, vor denen man gern mal anstehen muss, um einen der begehrten Plätze zu ergattern. Das „Samoa Seepferdchen" ist genauso ein Laden: Gemütliche und urige Strandhütte mit Wintergarten, Strandkiosk im Sommer, Sonnenterrasse – und jede Menge „nordische Fröhlichkeit" – wie Betreiber Jan Nissen-Hünding es treffend auf den Punkt bringt von tagsüber Milchreis (7,-), Lammbratwurst (13,-) bis zum abendlichen Mahl mit ganzen Nordseefischen und der ofenfrischen Flugente. Logisch, dass die Hütte immer voll ist! Wartezeit am Strand – wo ist das Problem?*

Gemütlichkeit, Wohlfühlatmosphäre und dann noch so gutes Essen, das ein bisschen süchtig macht – im *Samoa Seepferdchen* kommen wirklich viele gute Dinge zusammen. Eine „feste Bank" auf der Insel könnte man sagen, die gestandene Küchen-Klassiker genauso bereithält, wie immer wieder neue Gerichte, manchmal euro-asiatisch inspiriert, manchmal friesisch, manchmal mediterran, immer wieder neu.

Keitumer Lammbratwurst

Nicht wegzudenkende Klassiker sind zum Beispiel die halbe ofenfrische Flugente mit Kirschrotkohl und Kartoffelgratin, das friesische Labskaus mit Matjesfilet, Roter Bete, Gewürzgurken und Spiegelei oder auch die „Samoa-Bouillabaisse" von Nordseefischen, Gamba, Jakobsmuscheln, mit Aioli und Knoblauchbrot. „Das sind feste Standbeine, die müssen einfach bleiben", sagt Jan Nissen-Hünding. Ihm gelingt das Miteinander aus kulinarischer Kompetenz und lässiger wie herzlicher Gastlichkeit ganz wunderbar. Genauso wie das langjährige Küchenteam um *Jens Dührkop* schon seit fast drei Jahrzehnten auf genau den richtigen Nerv am Herd trifft.

Dazu gehören auch die vielen kreativen Tagesgerichte und Saisonklassiker, die immer wieder frischen Wind auf die Karte bringen: Die Aubergine aus dem Ofen mit Couscous, Granatapfel, Kräutersalat und Misoschmand verbindet etwa mediterrane mit asiatischer Küche, die Salat-Bowl mit Kikok-Backhähnchen und Sriracha-Mayo ist ein Hauch bayerisch, liefert asiatische Schärfe und wird mit Babyblattspinat, rotem Coleslaw, Tomate, Gurke, Edamame, gebackenem Kürbis, Avocado, Kernen und Himbeer-Dressing richtig frisch und bunt in der Schüssel.

Und wenn's mal nur ein Getränk am Strand sein soll? Auch hier hat das „Samoa" eine sensationelle Auswahl von Wein bis Gin – und dazu mitten in den Dünen eine der schönsten Locations auf der ganzen Insel.

„Samoa's Bouillabaisse" von Nordseefischen, Gamba & Jakobsmuschel
Sauce Rouille & Knoblauchbrot (Vorspeise // Hauptgang) 18 // 26

Sylter Ziegenfrischkäse im Knuspermantel vom „Friesischem Käselädchen"
mit Tomatenmarmelade & Wildkräutersalat 16

Tatar vom Holsteiner Weiderind, asiatisch mariniert
mit Friesenbrot von Jessen´s Landbäckerei 20

Tatar vom Färoer-Lachs mit Avocado, Mango & Spicy-Limettenschmand 18

Ceviche vom Dorsch
Rote Zwiebeln / Chili / Koriander & Tomaten-Salsa 18

Aubergine aus dem Ofen auf Couscous mit Ras-el-Hanout,
Granatapfel, Kräutersalat & Minz-Zitronen-Joghurt (vegan) 24

Hörnumer Miesmuscheln „a la Kalle"
Queller, Wurzelgemüse, Weißwein, Safrandip&Schnittlauchbrot von Landbäckerei Jessen 24

Rotes Knurrhahnfilet aus der Nordsee
Pak Choi & Knobi, Ingwer-Limetten-Kartoffelstampf, Thai-Curry-Sauce 29

Dorschfilet unter der Kartoffelkruste
Karottenmus, Wildbrokkoli & Pommery-Senfsauce 31

* Große Nordsee-Seezunge 53

… in der Pfanne gebraten mit
zerlassener Butter, Klintumer Kartoffeln & Gurkensalat

Halbe ofenfrische Flugente mit Kirschrotkohl & Kartoffelgratin 28

Cordon Bleu mit Serrano Schinken & Sylter Ziegenfrischkäse,
Karotten-Kartoffelstampf & Marktgemüse 31

Rinderfiletgeschnetzeltes „Stroganoff" mit Rote Bete, Gürkchen, Pilzen & Butterspätzle 32

* Rosa gebratene Lammfilets (3 Stück) 33

* Rib Eye vom Holsteiner Weiderind (300g) 39

* Filet vom Holsteiner Weiderind (200 g) 41

* … mit Chorizo-Bohnen, Kanarischen Kartoffeln, Mojo Rojo & Jus

Schoko Hoch [3]
Schoko-Kuchen mit flüssigem Kern,
Valrhona-Schokosauce & Schokoladeneis von „Sölring Iskreem" 12

Gin „Anno 1864"-Tonic-Sorbet von Sascha Stemberg
mit Himbeeren & Zitrone 14

Buttermilch-Panna-Cotta
mit marinierten Erdbeeren & Sonnenblumen-Crunch 10

**Speisenkarten-Auszug-Frühjahr 2021**
**Angebot und Preise können sich je nach Marktlage ändern**

# Kulinarischer Höhenflug

## Jede Menge regionale Entdeckungen

*Exklusives 2-Sterne-Restaurant im Söl'ring Hof in Rantum. Küche von Weltniveau, fokussiert auf regionale und saisonale Produkte. Helle Räume mit Blick auf die offene Küche. Das Konzept: EIN Menue, das wahlweise in verschiedenen Gängen genossen werden kann (5 Gänge 184,-, 7 Gänge 204,-, 9 Gänge 224,-). Passende „Weinreise" um die 100,-. Über 800 Top-Positionen im Weinkeller, Spezialität: eine grandiose Portweine-Auswahl. Offene Weine ab 11,-, Wasserpauschale 9,- inklusive 3,- für ein Charity-Projekt.*

Was es Neues gibt im Söl'ring- Menü? Frag' die Natur! Denn sie gibt im traumhaft gestalteten Restaurant *Söl'ring Hof* den Weg vor: Küchenchef *Jan-Philipp Berner* muss nicht weit in die Ferne schauen, um seine Stars auf dem Teller zu finden. Der junge Zwei-Sterne-Koch setzt auf regionale, norddeutsche Küche. Wann welche Produkte im Fokus stehen, das zeigt ihm der Kreislauf der Jahreszeiten.

Bärbel Ring und Jan-Philipp Berner

Berner ist keiner, der Küche dogmatisch sieht. Doch da, wo Regionalität Sinn macht, wo der Geschmack glänzt und wo die Saison Wunderbares zu bieten hat, da schlägt er gern zu. Er nutzt die frischen Salzwiesenkräuter von der Insel und integriert saisonales Gemüse, Früchte und Zutaten, die ihm Sylt und die Umgebung bieten.

So entsteht ein roter, kulinarischer Faden, der die Basis für eine filigrane und moderne Spitzenküche auf höchstem Niveau bietet. Wer sich mit dem jungen, erfahrenen Küchenchef über die neuesten Gänge im Menü unterhält, der spürt förmlich die Begeisterung, den Enthusiasmus und die Überzeugung für diese sensible Handschrift, die er bereits seit 2013 auf Sylt entwickelt und praktiziert.

So ist ein Besuch im Söl'ring Hof nicht nur ein Restaurantbesuch in einem der besten Häuser Deutschlands. Es ist auch eine kulinarische Reise durch die Natur der Insel und die Umgebung Norddeutschlands. Das gesamte Team arbeitet hier das ganze Jahr genau daran, Neues zu entdecken und die kulinarisch verborgenen Seiten dieser schönen Insel zu präsentieren.

Dazu gibt es perfekt abgestimmte und begleitende Weine, präsentiert von Restaurantleiterin und Sommelière *Bärbel Ring* und ihrem Team. Auch hier zeigt sich wieder die junge und moderne Handschrift des Hauses von *Johannes King.* Weinkompetenz geht mit Charme und einer angenehm-lockeren Stimmung einher.

Als Gast ist man schließlich mittendrin: Die offene Showküche macht es möglich, den Spitzenköchen über die Schulter und beinahe in die Töpfe zu schauen. Und wer sich mit Blick auf die Küche fragt, was dort gerade Spannendes passiert oder zubereitet wird, der fragt einfach nach. Schließlich ist ein Besuch im Restaurant vom Söl'ring Hof auch genau das: Eine kleine kulinarische Reise, die jede Menge Entdeckungen bereithält.

**Söl'ring Hof,** Am Sandwall 1, 25980 Sylt / OT Rantum,
Tel.: 0 46 51 / 83620-0, ganzjährig geöffnet ab 19 Uhr,
in der Nebensaison mittwochs und sonntags Ruhetag

www.soelring-hof.de, info.soelringhof@hommage-hotels.com

★★★★★

SÖL'RING HOF SYLT

# Frühjahr 2021

## SNACKS

~ Rotbarsch/Waffel/Raps ~
~ Rinderfilet/Kieler Sprotte/Pommes Soufflet ~
~ Huches Alpha/Holunder/Fichte ~
~ Meeresfrüchte/Brandade/Dill ~
~ Champignonraviolo/Wachteleigelb

## MENUE

~ Jakobsmuschel/Mandel/Kirsch oder Apfelblüte ~
~ Goldforelle/Kohlrabi/Melisse ~
~ Steinbutt/Auster/Grüner Spargel ~
~ Kaisergranat/Kartoffel/Sylter Sauce ~
~ Mairübe/Trüffel/Eigelb/Malz ~
~ Lammrücken/Karotte/Zwiebel/Bärlauch ~
~ Estragron/Quark/Weiße Schokolade ~
~ Rhabarber/Ziegenkäse/Kerbel ~

## PETIT FOUR

~ Champagner/Moosbeere/Knuspriger Crepe ~
~ Herzkirsche/Schokolade/Verbene ~
~ Geliertes Rosensüppchen/Rosenbuttereis ~
~ Aprikose/Getreide/Sauerklee

*Preise für unser Menü*
*6 Gänge: 219 Euro*
*7 Gänge: 239 Euro*
*8 Gänge: 259 Euro*

# Kulinarische Inspirationen für zu Hause!

**Stefanie Hiekmann** ist Kochbuchautorin und Foodjournalistin. Sylt gehört zu ihren Lieblingsorten – auch in kulinarischer Hinsicht. Für **Sylt à la carte** schreibt die Foodexpertin Restaurantvorstellungen und ist immer wieder auf der Suche nach spannenden Neuentdeckungen.

Parallel arbeitet sie kreativ an ihren neuen Kochbüchern: Im September 2021 erscheint **VEGETARISCH – Gemüse neu entdeckt!** im EMF-Verlag. Erneut hat die mehrfach ausgezeichnete Kochbuchautorin dafür Spitzenköchinnen und Spitzenköche aus ganz Europa interviewt und nach ihren Geheimtipps und Tricks für befragt. In diesem Fall dreht sich alles um die bunte und vielfältige Gemüseküche zu Hause.

Für alle Sylt-Insider besonders spannend: Auch Zwei-Sterne-Koch **Jan-Philipp Berner**, Küchenchef im **Söl'ring-Hof** in Rantum, ist im Buch dabei und verrät spannende Tipps zu einem seiner Lieblingsgemüse.

Weitere Rezeptideen und Informationen rund um die Bücher von **Stefanie Hiekmann** finden Sie im Online-Food-Magazin auf **schmecktwohl.de**

Gemüse neu entdeckt: Mit dabei ist auch die Steckrübe, ein typisch nordisches Gemüse, das Zwei-Sterne-Koch *Jan-Philipp Berner* in seiner Söl'ring-Hof-Küche sehr schätzt. Seine Idee: Die Rübe dünn schneiden und süßsauer einlegen. *Stefanie Hiekmann* präsentiert in ihrem Buch damit eine Steckrüben-Stulle mit pochiertem Ei, Walnuss-Frischkäse und Wildkräutersalat.

# Immer gut! Immer voll! Wundervoll!
## Sehnsuchtsort Gourmet-Hütte

Strandnahes, beliebtes Dünen-Restaurant zwischen Rantum und Hörnum. Speisenkarte von bodenständig bis exklusiv. Top Qualität. Ab 10.30 Uhr Brunch 29,-, Tageskarte. Tagesessen 16,- bis 22,-, vom Eintopf (8,-), von gebackenem Kabeljau (23,-), der legendären Currywurst (15,-) bis zum ganzen Babybutt (45,-). Exklusive Steakkarte. Wein 0,2 ab 8,-, Flasche ab 29,- („only Sansibar"), eine der weltbesten Weinkarten, großes Weindepot in der Dünengrotte, abends Reservierung notwendig.

Abends beleuchtete Dünen im Wind. Sie kündigen die gemütlichste Holzhütte am Strand schon vorfreudig an. Seit über 40 Jahren begeistern *Herbert Seckler* und sein engagiertes Team mit großer Herzlichkeit, bestem Essen und perfektem Service die Sansibar Fans.

Sebastian Prüßmann

Mit Kerzenlicht zieht sich die Romantik der einzigartigen Lage im Inneren der „Hütte" weiter. Der jeweilige Service stellt sich zu Beginn kurz vor und trägt mit ungezwungener Freundlichkeit zu einer gelösten Atmosphäre bei. Wenn das nicht schon reichen würde, um hier gerne einzukehren.

Von der vorweg gereichten üppigen Salatauswahl, den köstlichen Vorspeisen wie Sesamcreme und dem Tataki vom Thunfisch mit Teriyaki-Sauce, den Hauptgängen bis zum buttrig, knusprigen Kaiserschmarrn mit allem Drum und Dran – den man allein kaum schaffen kann. Am besten man lässt sich von der abgedruckten Speisenkarte inspirieren. Die ist schon vom neuen Chefkoch *Sebastian Prüßmann* erstellt, der Dietmar Priewe, der 18 Jahre in der Sansibar-Küche die Regie führte, abgelöst hat. Prüßmann selbst mit Michelin-Stern-Vergangenheit und großer Liebe zur Insel, hält an Altbewährtem und von den Gästen Geliebtem fest. Angekommen in einem Top-Team, in dem viele Mitarbeiter schon bis zu 20 Jahre in der Sansibar arbeiten, wird er auch eigene Akzente setzen.

Schon tagsüber zeigt eine täglich neu zusammengestellte Speisenkarte die Vielfalt der Sansibar-Küche mit Standards wie der Currywurst mit der leckersten Sauce bis zum Babybutt im Ganzen gebraten.

Abends wird sehr stimmungsvoll aufgefahren und das Licht auf romantisch heruntergedimmt. Wer Geburtstag hat, wird musikalisch und mit Wunderkerzen gefeiert. Es gibt in dieser Gourmet Hütte allerdings viele Gründe, um auch ohne Feuerwerk glücklich zu sein.

See you at Sansibar!

**Sansibar,** Strand „Sansibar", 25980 Sylt / OT Rantum, Tel.: 0 46 51 / 964646, Fax: 964647, ganzjährig geöffnet, Küche durchgehend von 10.30 bis 23 Uhr, Reservierung telefonisch ab 12 Uhr, P AE EC f www.sansibar.de

# SANSIBAR
SYLT

**Weinempfehlung** 36,00
**2020er Grauburgunder "only Sansibar"**
**Markus Schneider | Ellerstadt | Pfalz | 0, 75l**

**Tagesessen** 26,00
Filet vom Kabeljau gebraten auf roten Currylinsen mit Tomaten-Gurken-Raita und Basmatireis

## Suppen und Eintöpfe

| | |
|---|---|
| Eintopf mit Würstchen | 9,00 |
| Kraftbrühe mit Flädle | 9,00 |
| Kartoffelsuppe mit Würstchen oder den alten Sansibar Klassiker mit Apfelkuchen | 9,00 |

## Salate & Vorspeisen

| | |
|---|---|
| Sansibars ⚔ spanische Sardinen aus der Dose | 14,00 |
| Salat mit gebratenen Putenstreifen, Früchten und Preiselbeersauce | 19,00 |
| Salat mit Mango, Nüssen und Sauerrahm | 19,00 |
| Salat mit Feigen, Serrano Schinken, Parmesan, Sansibars Olivenöl ⚔ und Honig | 19,00 |
| Italienischer Büffelmozzarella mit Strauchtomaten, Sansibars scharfen Tomaten-Paprika Relish ⚔ und Pesto dazu Knusperbrot | 19,00 |
| **Balik Lachs Tatar auf Kartoffel-Rösti, Gurken-Spaghetti und Kräuterschmand** | 24,00 |
| Gebackene Dim Sum Auswahl mit dreierlei Saucen | 12,00 |
| Rinder Carpaccio vom US Beef aus Iowa mit Rucola und Parmesan | 21,00 |

## Sushi, Sashimi und Co.

| | |
|---|---|
| Gebackenes Thunfisch Tatar mit dreierlei Saucen | 19,00 |
| Sushirolle mit warmen Knuspergambas | 20,00 |

## Vegi

| | |
|---|---|
| Knoblauchbrot | 9,00 |
| Sansibars Trüffelpommes mit Parmesan | 18,00 |
| Pimientos de Padron | 9,00 |
| Carpaccio von der Roten Bete mit Trüffelvinaigrette und Parmesan | 14,00 |

## Pasta

| | |
|---|---|
| Bolognese mit Spaghetti und Parmesan | 19,00 |
| Scharfe Gamba Spaghetti mit Kirschtomaten und Parmesan | 38,00 |
| Knoblauchspaghetti mit Tomaten-Paprika-Relish ⚔ und Büffel-Robiola-Frischkäse | 18,00 |
| Nudeln mit Lachs in Peperonikäsecreme mit Parmesan | 25,00 |

## Fisch, Fleisch und Mee(h)r

| | |
|---|---|
| **Ab zwei Personen** (pro Person) Nordseesteinbutt im Ganzen aus dem Ofen im Weinfond gebacken mit Sahnekartoffeln, Champagnerkraut und Senfsoße | 60,00 |
| Salzwassergambas in Knoblauchbutter gebraten mit Baguette | 39,00 |
| Gebackenes Fischfilet mit Kartoffelsalat und Remouladensauce | 26,00 |

**Sansibars Erbeerbowle** 9,00

**Sansibar Spezial** 21,00
Geschmorte Ochsenbacke mit gebratenen Pfifferlingen und Selleripüree

| | |
|---|---|
| Knoblauchbutterpfanne mit Edelfischen und Baguette | 32,00 |
| Angeldorsch im Gemüsesud gegart mit Senfsauce und Salzkartoffeln | 26,00 |
| Babybutt im Ganzen gebraten mit Ofenkartoffel und Senfsauce | 45,00 |
| Loup de Mer im Ganzen gebraten mit Ofenkartoffel und Senfsauce | 32,00 |
| Sansibar´s Fischtopf mit Gambas, Aioli und Baguette | 31,00 |
| **Sylter Muscheln mit Wurzelgemüse, Strauchtomate und Knoblauch-Baguette** | 21,00 |
| Fischstücke in Dijonsenfsauce mit Basmati-Gemüsereis | 25,00 |
| Lachsforelle im Ganzen mit Ofenkartoffel und Senfsauce | 29,00 |
| Filet vom Wildlachs gebraten auf Champagnerkraut mit Speck, Trauben, Croutons und Kartoffelpüree | 26,00 |
| Nordseeseezunge mit Salzkartoffeln und flüssiger Butter | 55,00 |
| Leberkäse von der Metzgerei Glasstetter aus Völkersbach mit Kartoffelsalat und Spiegelei vom Sylter Huhn | 19,00 |
| Currywurst mit Sansibars Currysauce ⚔ und Pommes oder Bratkartoffeln | 15,00 |

## Süßes

| | |
|---|---|
| **Mövenpick Eiscreme** *Vanille *Schoko *Joghurt *Zitronensorbet *Erdbeer | 3,00 |
| Sansibars Apfelkuchen mit Sahne | 6,00 |
| Sansibars ⚔ gebrannter Vanillekuchen mit Erdbeeren | 7,00 |
| Joghurteis mit karamelisierten Oliven und Honig | 6,00 |
| Sansibars ⚔ Schokoladen Likör mit Vanilleeis und Sahne | 9,00 |
| Warmer Milchreis mit Zimt Zucker oder Roter Grütze | 6,00 |
| Sansibars ⚔ Eistee: Minze und Limetten | 6,00 |
| Crème Brûlée | 11,00 |
| Kaiserschmarrn mit allem Drum und Dran | 18,00 |
| Käseauswahl mit Röstbrot, Butter und altem Balsamico | 19,00 |

**Die mit ⚔ gekennzeichneten Produkte erhalten Sie hier im Restaurant und auf www.sansibar.de**

Speisenkarten-Auszug-Frühjahr 2021
Angebot und Preise können sich je nach Marktlage ändern

STRANDMUSCHEL
Rantum · Restaurant

# Legere Location in den Dünen

## A place to be

Auf dem Weg zum Rantumer Hauptstrand. Totales Inselfeeling. Direkter Meerblick, mittags und abends regionale Küche mit mediterranen Einflüssen. Mittagskarte, täglich wechselnde Tagesempfehlungen. Kleine Gerichte, Salate bis hin zum Thunfischsteak mit Kokosreis. 1a Strandversorgung mit Kiosk und Eisverkauf. Hausgebackener Kuchen. Ab 17.30 Uhr Tapas. Beachtliche Weinkarte mit über 100 Positionen, Fokus auf Riesling, Veltins vom Fass. Spezialität: Sombrero-Tischgrill, Sonnenuntergangs-Secco 1/2 Preis, Reservierung per Telefon 20 Minuten vor Ankunft möglich.

Die *Strandmuschel* vereint so manche Sehnsüchte an einem wundervollen Ort. Ein „Place to be", eine Relaxzone. Hier kommt noch zur tollen Lage auf der Rantumer Düne, am offiziellen Strandübergang, eine äußerst empfehlenswerte kulinarische Adresse.

Die Betreiber *Sven* und *Svenja Rurup* haben sich hier ihren Traum verwirklicht und dieser lässigen Location eigenhändig ihren Stempel aufgedrückt. Flip-Flops und sandige Beine sitzen hier im Sommer schon mal neben Abendgarderobe, so darf und soll es sein. Zur Wahrung des lockeren Ambientes wird nicht eingedeckt, es gibt keine langfristigen Tischreservierungen. Wer kommen möchte, kann 20 Minuten vorher anrufen oder kommt einfach reingeschneit. Familien sind gern gesehene Gäste und selbst Hunde dürfen sich auf warmen Decken wohlfühlen und dabei den herrlichen Blick über die Dünen auf die Nordsee genießen. Auffällig ist die liebevolle Dekoration, die diesen unkomplizierten Ort angenehm heimelig macht – frische und außergewöhnliche Blumen schmücken die Tische, maritime und humorvolle Kunst hängt an den Wänden.

Für jeden Geschmack ist etwas dabei. Besonders Familien freuen sich über gesunde Kindergerichte mit Gemüse, Fisch und Fleisch. Die legendäre FKK-Suppe (Fenchel-Kartoffel-Karotten) darf man voll bekleidet genießen, Gambas in Knoblauchöl gehören zum Besuch in der Strandmuschel einfach dazu und der Strandmuschelsalat mit Rinderfiletstreifen passt perfekt zum Sonnenuntergang. Für den einzigartigen Fischeintopf mit Nordseefisch und Meeresfrüchten und das Wolfsbarschfilet mit Majorankartoffeln und Pfannengemüse lohnt sich jede Anreise. Ab 17.30 Uhr gibt es in guter alter Tradition hausgemachte Tapas zum Selberaussuchen am Tresen: Oktopus, Datteln und Pflaumen im Speckmantel, Oliven, Schafskäse etc.

Die Weinkarte ist ein echtes Highlight, sie bietet über 100 erlesene Tropfen, Große Gewächse, Raritäten und auch den hauseigenen „Muschelschluck". Allein die besondere, autofreie Lage mit dem Blick über das Meer macht die Strandmuschel zu einem Juwel in den Dünen. Das nette Muschel-Team macht einen Besuch, egal zu welcher Jahreszeit zum lässig-köstlichen Sylt-Erlebnis.

**Strandmuschel,** Strandweg 30, 25980 Sylt / OT Rantum, Tel.: 0 46 51 / 27175, Fax: 27175, ganzjährig ab 11 Uhr geöffnet, Küche bis 22 Uhr – nach Bedarf auch länger.
www.strandmuschel-sylt.de, info@strandmuschel-sylt.de

STRANDMUSCHEL

Rantum · Restaurant

## Vorspeisen

| | |
|---|---|
| Tomatensuppe mit Schafskäse und Basilikumcreme | 9,50 |
| FKK – Suppe ( Fenchel, Kartoffel, Karotte ) mit Gambas | 9,50 |
| Tomate – Mozzarella mit Basilikumpesto und Balsamicoglacé | 8,50 |
| Knoblauchbrot mit Parmesan | 8,50 |
| Gambas in Knoblauchöl und Baguette | 12,50 |
| Kanarische Kartoffeln mit dreierlei Dip ( Buttermilch – Aioli, Rote und Grüne Mojo ) | 7,50 |
| Taco Chips mit hausgemachter Tomatensalsa | 6,50 |
| Strandmuschel Salat | 11,50 |
| mit Gambas | 16,50 |
| mit Schafskäse | 15,50 |
| mit Rinderfiletstreifen | 19,50 |
| Fischsuppe mit Nordseefischen, Meeresfrüchten und Gemüse | 14,50 |

## Hauptspeisen

| | |
|---|---|
| Tomaten - Fischeintopf mit Nordseefisch und Meeresfrüchten | 20,50 |
| Knoblauch -Tagliarini mit Kirschtomaten, Frühlingslauch und Gambas | 23,50 |
| Kalbsschnitzel mit Kartoffel – Gurken – Salat und Preiselbeeren | 23,50 |
| Rumpsteak (ca. 240g) mit Pommes, Kräuterbutter und Salat | 27,50 |
| Hausgemachte Ravioli mit frischen und getrockneten Tomaten, Salbei und geriebenen Parmesan | 18,50 |
| Thunfischsteak mit Kokosreis und Currygemüse | 28,50 |
| Getrüffelte Tagliarini mit Rinderfiletstreifen, Kirschtomaten und Frühlingslauch | 25,50 |
| „Gambas a la Plancha“ mit Aioli und Mango-Dip | 38,50 |
| Feine Käseauswahl mit Feigen - und Orangensenf, Balsamico, Olivenöl, Baguette | 18,50 |

Ab 17:30 Uhr verschiedene Tapas am Tresen

## Extras

| | |
|---|---|
| Portion Pommes | 3,50 |
| Beilagen - Salat | 5,50 |
| Parmesan | 1,50 |
| Aioli oder Mojo | 1,50 |

## Kinderkarte

| | |
|---|---|
| - Seemannsgarn - Butternudeln | 4,50 |
| - Ahoi – Kleines Kalbsschnitzel mit Pommes | 11,50 |
| - Ebbe und Flut - Nudeln mit Fischfilet und Gemüse | 9,50 |
| - Kaventsmann - Kleines Rumpsteak mit Pommes und Gemüse | 14,50 |
| - Krähennest – Nudeln mit Tomatensauce und Parmesan | 6,50 |

## Süsses

| | |
|---|---|
| Heißer Apfelstrudel mit Vanillesauce | 5,50 |
| und 1 Kugel Eis | 7,50 |
| Schokomousse mit karamellisierten Orangenfilets | 5,50 |
| Panna Cotta mit hausgemachter roter Grütze | 5,50 |
| Milchreis mit Zimt und Zucker | 5,50 |
| oder roter Grütze | 6,90 |
| Friesen- Pfannkuchen mit Apfelmus oder roter Grütze und Zimtsahne | 6,90 |
| Kuchen vom Blech | 4,00 |
| mit Sahne | 4,50 |

**Speisenkarten-Auszug | Angebot und Preise können sich je nach Marktlage ändern**

# Hörnum

## „Sylts sonniger Süden"

Hörnum ist sozusagen das Nesthäkchen unter den Sylter Ortschaften, denn bis vor gut hundert Jahren gab es das Dorf noch gar nicht. Erst durch den Hamburger Reeder Albert Ballin, der 1901 eine Schifffahrtslinie von Hamburg zur Sylter Südspitze einrichtete, wurde der Grundstein für das heute prosperierende Hörnum gelegt. Doch bis zum Jahre 1924 sollte es dauern, bis das erste Privathaus erbaut wurde.

1907 entstand Hörnums Wahrzeichen, der Leuchtturm, der zwischen 1914 und 1933 die kleinste Schule Deutschlands beherbergte. Seit einigen Jahren kann der Turm besichtigt werden und auch Trauungen sind möglich. Um die Ecke liegt der Hafen, wo an kleinen Ständen frische Krabben und Miesmuscheln offeriert werden. Gleich neben dem Hafen beginnt der weiße Sandstrand. Ein Spaziergang um die Südspitze der Insel zeigt, dass der „Blanke Hans" sich hier den Sylter Sand holt, um ihn in der Nachbarschaft abzulegen.

Und wenn Sie möchten, dann stechen Sie doch mal in See: Mit komfortablen Ausflugsfahrten geht es im Rahmen von Tagestörns nach Amrum und Föhr sowie zu den kleinen Halligen.

Für Golfer bietet sich der ausgezeichnete links Cours in den Dünen an.

**Tipp:** Im Naturzentrum der Schutzstation Wattenmeer werden neben einer Besichtigung des Zentrums mit seinen vielen Exponaten und Informationen rund um die Nordsee auch verschiedene Führungen wie Kinderwattwanderungen oder vogelkundliche Rundgänge angeboten.

**Tourismus-Service Hörnum:**
**Tel.:** **04651/96260**
**E-Mail:** **info@hoernum.de**
**Internet:** **www.hoernum.de**

# Die frische Muschel-Quelle

## Von der Muschel-Bude zum Geheimtipp

Kleine unscheinbare Meeresfrüchte-Bude wird zur Schlemmeradresse. Auch Außenplätze. Direkt am Hörnumer Hafenbecken. Regionale Küstenküche. Miesmuscheln direkt vom Kutter. Diverse Miesmuschelgerichte (ab ca.15,-), Nordseefische. Alles was die Nordsee um Sylt zu bieten hat. Außerdem Helgoländer Hummer in eigener Hälterei. „Muschel-Wein", der Biowein aus Istrien. 0,2/8,-. Ausreichende Getränkeauswahl.

Meeresfrüchte direkt von den Kuttern, die im Hörnumer Hafen anlanden.„Gesucht und gefunden!" kann man dazu sagen – und das auf Sylt! Muss man denn erst auf eine griechische Insel oder an die Adria reisen, um in einem urigen Hafenrestaurant in fremdländischer Atmosphäre mit den frischesten Produkten des hiesigen Meeres beköstigt zu werden? Das Gute liegt doch so nah!

Befindet es sich doch in einer unscheinbaren Muschel-Hütte direkt am Kai des Hörnumer Hafens – immerhin im„sonnigen" Süden der Insel. Die größte Gefahr wäre, dass aus diesem etwas provisorisch wirkenden Muschel-Bistro irgendwann ein feines Restaurant wird. Wir mögen es doch gerade so, dass die frischesten Muscheln vom Kutter fein gesäubert und mit den nötigen Zutaten gekocht im roten Topf direkt auf dem blanken Holztisch serviert werden. Und diese Muscheln kommen von den Hörnumer Muschelbänken in Sichtweite zum Bistro. Geht`s noch regionaler?

Die Macher: *Jan Scholt*, der Muschelfischer kommt unverkennbar als Holländer daher, stapft er doch stolz mit Holzschuhen durch den Gastraum. Der Kroate *Saša (sprich Sascha) Puric* managt die Meeresfrüchte-Bude und besteht auf absolute Frische seiner Meeresprodukte. Die Speisenkarte zeigt das Standardangebot mit drei Muscheltopfvariationen. Trogmuscheln, den Vongole ähnlich, werden zwischen Föhr und Amrum gefischt und schmecken köstlich mit Knoblauch, Kräutern und Weißwein zubereitet, Schwertmuscheln werden gegrillt serviert. Die Austern kommen hier aus Holland. Eine gute Gelegenheit für Kenner sie mit den Sylter Austern zu vergleichen. Dass im *Sylter Muscheln-Bistro* auch die Nordseefische zubereitet werden, ist eigentlich selbstverständlich. Sie kommen ganz natürlich und klassisch auf den Tisch, nichts soll den Eigengeschmack verfälschen.

Zur Standardkarte wird es immer wieder je nach Anlandung Sonderofferten geben. Kommt Hummer von Helgoland, landet er in der eigenen Hälterei und kann dort für das Meeresmahl ausgesucht werden. Auch Knieper – die Scheren der Taschenkrebse – kommen von der Hochseeinsel. Keine alltäglichen Meeresköstlichkeiten. Der kulinarische Höhepunkt ist im Muschel-Bistro sicherlich die Meeresfrüchteplatte„mit alles"!

Wie bereits erwähnt, oberstes Gebot der Küchenphilosophie ist hier Frische. So kann es schon mal passieren, dass Jan und Saša sagen müssen: „Sorry! Fisch aus!" – und das ist auch gut so... Also, frisch auf!

**Sylter Muscheln – Bistro,**
Am Kai 4, 25997 Hörnum, Tel.: 0160 / 98077673
ganzjährig geöffnet, 12-22 Uhr
syltermuscheln@gmail.com,

# SPEISEKARTE

## Feines aus dem Meer und „en bischen was“ von der Weide...

| | | |
|---|---|---|
| **Fangfrische Sylter Miesmuschel im Topf serviert** | | |
| Hörnumer Art \| Weißweinsud | | EUR 21,00 |
| Mediterran \| tomatisiert – leichte Schärfe | | EUR 24,00 |
| Französische Art \| Pernod \| Fenchel \| Créme fraîche | | EUR 25,00 |
| **Wilde Austern von der holländischen Küste oder** | Stück | EUR 4,00 |
| **Edelaustern aus Holland** | Stück | EUR 5,00 |
| natur mit Zitrone überbacken | | |
| Spaghetti Vongole | | EUR 22,00 |
| Gegrillte Schwertmuscheln \| Knoblauch Dip \| Ciabatta | | EUR 14,00 |
| Sylter Muscheln in der Schale überbacken \| Knoblauchbutter \| Ciabatta | | EUR 15,00 |
| Sylter Fischeintopf \| Knoblauchbrot | | EUR 14,00 |
| Krustentierschaumsuppe \| Ciabatta | | EUR 15,00 |
| Caesar Salad \| gegrillte Garnelen | | EUR 18,00 |
| Gebratene Garnelen in der Pfanne serviert<br>Knoblauch \| Kräuter \| Kirschtomate \| Knoblauchdip \| Ciabatta | | EUR 26,00 |
| Sylter Trogmuscheln im Weißweinsud | Vorspeise EUR 15,00 / | EUR 24,00 |
| Gegrillter Edelfisch \| Trüffelrisotto \|Seespargel | Vorspeise EUR 18,00 / | EUR 33,00 |
| Europäischer Hummer \| Salat \| Butter | je 100 Gramm | EUR 10,00 |
| Seezunge „Müllerin Art“ | je 100 Gramm | EUR 7,00 |
| Surf & Turf \| Filet vom Black Angus & Garnelen aus dem Wildfang | | EUR 42,00 |

Ganze Fische z. B. Steinbutt auf Vorbestellung – Sprechen Sie und gerne an!

## Beifang

| | |
|---|---|
| Kleiner Beilagensalat | EUR 6,00 |
| Knuspriges Knoblauchbrot | EUR 5,00 |

## Kleine Süsslichkeiten

| | |
|---|---|
| Créme brulée von der Tonkabohne | EUR 7,00 |
| Vanille – Kokosnuss Panna cotta \| Mangossauce | EUR 7,00 |

## Für die kleinen Seemänner

| | |
|---|---|
| Spaghetti mit Tomatensauce oder Butter | EUR 6,50 |
| Fischfilet mit Kartoffeln | EUR 7,50 |

leider keine EC - und Kreditkartenzahlung möglich

HELGOLÄNDER HUMMER
IM MUSCHELN-BISTRO

STRÆND
SYLT

Etwas versteckt und doch ganz prominent liegt das Haus hinter den Hörnumer Dünen, direkt am südlichsten Insel-Campingplatz und damit am Strandübergang.
Junge engagierte Leute haben sich hier ihren Traum von einem eigenen Strand-Bistro erfüllt. Gut, dass ein Tischler im Team ist, denn alles wurde hier aus gebrauchtem Holz gezimmert. Shabby Chic at its best.
Nachhaltigkeit bestimmt auch die Küchenphilosophie von *Jan* und *Denjo*, hier sind regionale Biozutaten angesagt. Das Essen wird „im Netz" außerordentlich gelobt.
Bei unserem Besuch gab es z.B. frisch zubereitete Bowls mit der Basis Couscous und Basmatireis, klassische Burger oder Pasta. Selbst Fish & Chips, Currywurst oder Milchreis sind hier nicht 08/15.

Die angebotenen Weine zeigen Kennerschaft. Wir sahen „sichere" Winzer wie Künstler und Pfaffmann, aber auch verflixt gute Raritäten. Also, es gibt eigentlich keinen Grund hier nicht mal bei Jan und Denjo reinzuschauen, um diese Kitchen in den Hörnumer Dünen zu testen. Vielleicht kommen Sie dann immer wieder ...

**25997 Hörnum, Am Campingplatz,**
**Tel.: 0 46 51 / 9364333, tägl. 13 bis ca. 23 Uhr, Küche bis 21.30 Uhr, dienstags Ruhetag**
**www.straend-sylt.de**

# Kreativer „Anker" mit Geschmack

## Innovative Küstenküche

*Junges Team in einem trendy Hafenrestaurant. Ursprünglicher Charakter, moderne Akzente, familienfreundlich. Ambitionierte, ausgezeichnete Frischeküche. Tolle Auswahl für Veganer und Vegetarier. Freitags „Miesmuscheltag" mit frischem Fang vor Hörnum (19,90). Vorspeisen ab 8,90 (Bunter Salatmix), Hauptgerichte mittags ab 14,90, abends ab 16,90. Fisch- und Fleischfondue auf Vorbestellung. Abendkarte ab 17.30 Uhr. Veltins 0,25/3,10, Weißburgunder von Poss/Nahe 0,2/7,60, Cabernet Sauvignon, Kaapzicht, 0,2/8,90.*

Einmal „Möller's", immer „Möller's"! – das charmante, familiengeführte Restaurant am beinahe südlichsten Fleckchen der Insel ist ein echter Wohlfühlort. Dazu passt die kreative Küche von Küchenchef *Thorsten Möller*, die immer wieder neue und aufregende Interpretationen, aber auch Klassiker bereithält, die nie von der Karte verschwinden dürfen. Man denke da zum Beispiel an die „Anker-Paella".

Schon seit 2012 ist Möller in seiner Küche im Hörnumer Hafen zu Hause. Seitdem sind viele beliebte Klassiker entstanden und es kommen immer wieder neue hinzu – denn Möller ist ein Kreativer. Und einer, der schon auf vielen Kontinenten und in vielen erfolgreichen Küchen der Welt gekocht hat, bevor er schließlich wieder auf Sylt vor Anker ging.

Regionale Zutaten, internationale Akzente, kulinarische Bezüge von der Insel und zur Insel, saisonales Gemüse, wenn möglich in Bio-Qualität – all das ist dem Küchenchef wichtig und zugleich ist es ein roter Faden, der sich durch sein kulinarisches Leben zieht.

Auf der Karte finden sich wechselnde „Anker-Tapas" in den Vorspeisen, die zeigen, dass Tapas auch ganz wunderbar regional, friesisch und individuell gedacht werden dürfen. Dahinter verbirgt sich ein Querschnitt aus den aktuellen Vorspeisen, die zwar auf den ersten Blick zum Teilen einladen – die dann aber doch einfach so gut sind, dass man sie ziemlich gern für sich allein hätte.

Auffallend kreativ ist auch die Auswahl der vegetarischen und veganen Gerichte: Einfach das Fleisch oder den Fisch auf dem Teller weglassen – das käme für Thorsten Möller nicht infrage. Viel zu spannend ist die vegetarische und die vegane Küche, viel zu viel geschmackliches Potential haben eben auch Gemüse, Getreide oder Zutaten wie Nüsse, Linsen oder Quinoa in der Hauptrolle.

Auch Fleischesser werden von Gerichten wie „Gerstengraupenrisotto mit Trüffel, Wurzeln, Bete, und Parmesan" überrascht und begeistert sein. Wie sehr die grüne Küche glänzen kann!

Ein echter Geheimtipp ist aber auch die bereits erwähnte „Anker-Paella", übrigens eine Idee vom Strand auf Mallorca. Sommer, Sonne, ein Glas Rosé – was mit Mittelmeerfischen funktioniert, das sollte sich doch auch mit Fischen und Muscheln aus der Nordsee kombinieren lassen? Gesagt, getan: Wieder auf Sylt wurde eine „Anker-Paella" mit Oktopus, Muscheln, Chorizo und Riesengarnelen kreiert, die mittlerweile mehr als vier Jahre fester Bestandteil der Karte ist – Mallorca meets Sylt.

**Möller´s Anker,** Blankes Tälchen 8, 25997 Hörnum, Tel.: 0 46 51 / 881050, warme Küche Di.-So. 12-21.30 Uhr. Montag Ruhetag, Wintergarten und Terrasse P f
www.moellers-anker.de

# Kulinarische Welt mit Nordic Fusion

## Kombinationsfreude von Felix Gabel

*Leidenschaftliche Gourmetküche im 5-Sterne-Superior BUDERSAND Hotel - Golf & Spa - Sylt am Hörnumer Hafen mit direktem Meerblick. Raffinierte, aromaorientierte „Nordic Fusion" Kreationen. Mit einem Stern im Michelin klassifiziert (5 Gänge 118,-). Vinothek mit Raritäten renommierter Weingüter. Terrasse direkt am Meer mit Snacks und Kuchen.*

Einen ganz besonderen Platz nimmt das Restaurant des 5-Sterne-Superior-Hotels BUDERSAND im Reigen der besten kulinarischen Adressen der Insel ein. Aus dem edel eingerichteten Restaurant begeistert der Blick auf die oft wilde Nordsee. Auf der großzügigen Holzterrasse mit einladenden Strandkörben kann das kulinarische Angebot direkt am Wellenschlag genossen werden.

Küchenchef *Felix Gabel* und sein internationales Team setzen im prämierten Sternerestaurant *KAI3* auf eine Küchenphilosophie der Frischeprodukte mit höchsten Qualitätsansprüchen: Hier erleben Sie „Nordic Fusion" hautnah und vom Feinsten. Heimische Produkte und Zutaten ausgewählter Erzeuger aus Norddeutschland und Skandinavien sind das Herzstück der immer beliebter werdenden KAI3-Küche. Der direkte Bezug und der enge Kontakt zu den Lieferanten ist Felix Gabel und seinem Team sehr wichtig – denn sie wollen nicht nur Gerichte mit Geschichten bieten, sondern auch jedes einzelne Produkt in besonderem Maße nachhaltig verarbeiten. Die Speisenkarte zeigt die Kombinationsfreude des jungen Küchenchefs. Auf dieses Abenteuer, das von exotischen Gewürzen und Marinaden begleitet wird, kann man sich hier getrost einlassen.

Felix Gabel

Dass die Vinothek des Hauses auf dem gleich hohen Niveau rangiert, versteht sich von selbst. Diese hält rund 500 Positionen der Top-Weine bereit. Idealer Abschluss eines Genussabends ist der Treff an der bestens bestückten Bar des Hauses. Hier kann die Aromenreise fortgeführt werden. Genießen Sie beispielsweise immer montags ab 13 Uhr Bouillabaisse für 32,- p.P. inklusive einem Glas Wein an der Bar.budersand oder auf der Terrasse des KAI3. Von April bis September immer mittwochs, Hörnumer Muscheln für 29,- p.P. inklusive einem Glas Weißwein.

**KAI3,** Am Kai 3, 25997 Hörnum, Tel.: 0 46 51 / 4607-0, geöffnet ab 18.30 Uhr, Ruhetage Mi und Do, Reservierung unter Tel. 46070, P ec
www.budersand.de, reservierung@budersand.de

Strönholt
BISTRO · CAFE · RESTAURANT

# Das Beste vom Land und aus dem Meer

## Das Restaurant mit dem besten Überblick

*Traumhafter Ausblick von einer hohen Düne über das BUDERSAND Hotel – Golf & Spa – Sylt, den Golfplatz und die Nordsee. Sonnenterrasse. Traditionelle Sylter Gerichte. Snackkarte 12-18 Uhr. Currywurst (11,-) bis zum Rückensteak vom Weiderind (36,-). Abendkarte ab 18 Uhr. 3-Gang-Menü ca. 54,-.*

Der Name *Strönholt* – bedeutet Strandgut – passt perfekt zu diesem luftigen, lichtdurchfluteten, gastlichen Ort, hoch auf einer Hörnumer Düne gelegen. Bester Blick über Land und Meer, den Golfplatz, das Hotel BUDERSAND, den Hafen und die Nordsee bis hin zu den Nachbarinseln und Halligen. Klasse, dass sich hier zum guten Ausblick eine ebenso gute Küche gesellt, die mit einer abwechslungsreichen Speisenkarte aufwartet, welche mittags und abends durch Tagesangebote erweitert wird. Das Strönholt-Team bringt Ihnen mit den feinsten Produkten aus der Region das Beste von Fisch und Fleisch auf den Teller. Mit großer Liebe zu regionalen Produkten und langjähriger Erfahrung erweitert das Strönholt Küchenteam die Speisenkarte hier und da um ausgefallene saisonale Kreationen und beliebte Sylt-Gerichte.

Tagsüber gilt bis 16.30 Uhr eine Snackkarte mit Klassikern von der Currywurst bis zum Wiener Schnitzel. Ab Abend wird dann der feinere Gang eingeschaltet. Apropos Gang: Ein 3-Gang-Menü lässt schon mal keine kulinarischen Wünsche offen (54,-).

Küchendirektor *Felix Gabel* und sein Strönholt-Team bringen köstliche traditionelle Sylter Gerichte auf den Tisch. Wählt man aus einer Bandbreite an schnörkellosen, regionalen und dennoch besonderen Gerichten aus, fühlt man sich schon verwöhnt.

Passend zur Philosophie des Hauses gibt es eine spannende Weinkarte mit Gewächsen von renommierten Weingütern bis hin zu jungen aufsteigenden Winzern. Ob deutsche Weißweine mit Charakter, Roséweine oder europäische rote Weine – entdecken Sie spannende junge Winzer oder alte Bekannte und deren Geschichten. Für diesen gastlichen Ort kommen so viele positive Attribute zusammen, dass ein Besuch auf der hohen Düne einmal eingeplant werden sollte. Es warten viele kulinarische Erlebnisse auf Sie.

**Restaurant Strönholt,** Fernsicht 1, 25997 Hörnum, Tel.: 04651/4492727, tägl. von 12-21 Uhr warme Küche, Ruhetage: Sommersaison dienstags, Wintersaison montags und dienstags,
www.stroenholt.de, info@stroenholt.de

# Rezepte aus der

# Küsten Küche

## mit Tipps von Sylter Wein- & Bierkennern

**und den Fotografien aus dem EILAND-KALENDER KÜSTENKÜCHE 2022, erhältlich überall auf Sylt und bundesweit im Buchhandel.**

# Schnüsch

Fotografie © Karl Newedel/StockFood

Als Schnüsch wird ein traditionelles Eintopfgericht aus dem schleswigschen Landstrich Angeln bezeichnet. Klein geschnittenes Gemüse, das in Wasser, Milch und Butter gar gedünstet und/oder gekocht wird, ist dessen Hauptbestandteil: dicke Bohnen, grüne Bohnen, Erbsen, Kohlrabi, Karotten und Kartoffeln.

Gewürzt wird je nach Geschmack mit Salz, Pfeffer und Muskat und gegebenenfalls unter Zugabe von Milch alles aufgekocht. Reichlich Petersilie darf bei diesem vegetarischen Gericht nicht fehlen. Mit Scheiben vom Katenschinken bekommt Schnüsch das Prädikat „nach Gutsherren Art".

Guten Appetit!

Wein HEILIGER empfiehlt zu diesem Gemüseeintopf einen Silvaner 2020 aus Franken von Juliusspital oder vom Weingut Türk einen grünen Veltliner 2020.

Wein HEILIGER ist Sylts ältester Weinlieferant mit Sitz im Tinnumer Gewerbegebiet *(siehe auch Wein-Report).*

# Scholle Finkenwerder Art

Zur Scholle Finkenwerder wird von VINO VIN ein trockener Riesling mit feiner Frucht aus dem Rheingau vom Weingut Leitz empfohlen. Als Alternative kommt auch die vollmundige Cuvée Chardonnay/ Sauvignon Blanc Ashbourne 2018 aus Südafrika in Frage. VINO VIN findet man an der Keitumer Landstraße *(siehe auch Wein-Report)*.

Fotografie © FoodFoto Köln/StockFood

Das Traditionsgericht Scholle Finkenwerder Art erinnert mit seinem Namen an das zu Hamburg gehörende alte Elbfischerdorf Finkenwerder. In dieses norddeutsche Fischgericht gehört ein fein gewürfelter Speck, der in einer großen Pfanne in Butter ausgelassen und dann separiert wird.

## Rezept

Die geputzte Scholle wird gesalzen, mit Zitronensaft beträufelt und in Mehl gewendet.
In dem Gemisch aus Butter und Speckfett wird die Scholle von jeder Seite goldbraun gebraten, mit der hellen Seite auf einen vorgewärmten Teller gelegt und mit dem erhitzten Speck belegt. Zitrone, Petersilie und ein säuerlich angemachter Kartoffelsalat sind eine perfekte Beilage.

## Guten Appetit!

# Holsteiner Sauerfleisch

Zu Holsteiner Sauerfleisch empfiehlt *Alexandro Pape* sein Bier WATT Dunkles aus der Lister GENUSSMACHEREI *(siehe Restaurant-Report)*. Es ist prickelnd frisch und einfach lecker.

**Fotografie © Claudia Timmann/StockFood**

# Holsteiner Sauerfleisch

ist mit Bratkartoffeln serviert ein typisches norddeutsches Mittagsgericht.

Schweinenacken oder auch Bauchfleisch wird zusammen mit Gewürzen wie Lorbeer, Piment, Senfkörnern, Kümmel, Wachholderbeeren, Zwiebeln und sauren Gurken in Weißweinessig gekocht.

Das fertig gegarte Fleisch wird dann in portionsgerechte Stücke geschnitten und wieder in den Kochsud gelegt. Die Brühe des Kochsuds geliert nach dem Erkalten. Das Sauerfleisch wird kalt mit Bratkartoffeln, einer Remoulade und sauren Gurken serviert.

## Guten Appetit!

# Pannfisch

*Herbert Seckler* empfiehlt zum Pannfisch eine Weißwein-Cuvée aus Grauburgunder und Sauvignon Blanc / Rheinhessen – aus der Kollektion only Sansibar. Erhältlich auf Sylt im SANSIBAR WEINLAGER *(siehe auch Wein-Report).*

Pannfisch war in früheren Zeiten eine Art Arme-Leute-Essen, in dem die Fischreste aus den Vortagen eine Wiederbelebung erfuhren. Eine Senfsauce überdeckte mit ihrer Frische den Geschmack von etwas in die Tage gekommenem Fisch. Heute kommt natürlich nur fangfrische Ware in die Pann.

## Rezept

Aber zuerst muss der Fisch (Dorsch oder Kabeljau) in einem siedend heißen Wasserbad mit Zwiebel, Lorbeerblatt, Pfefferkörnern und Essig 20 Minuten gar ziehen. Aus dem Fischsud wird mit Butter, Mehl, Milch oder Sahne und mit einem mittelscharfen Senf eine Senfsauce gerührt. Gekochte Kartoffeln werden klein geschnitten und in einer Pfanne gesalzen und in Fett gebraten. Der abgekühlte, enthäutete und entgrätete Fisch wird klein gezupft und zu den Bratkartoffeln in die Pfanne gegeben und alles wird mit der Senfsauce vermengt.

## Guten Appetit!

# Picknick am Strand mit Lammfrikadellen

Fotografie © Ulrika Ekblohm/StockFood

Kleine, saftige Lammfrikadellen sind ideal, um sie für ein Picknick mit an den Strand zu nehmen.
Und schnell gemacht sind sie auch:

## Rezept

Zum Beispiel nehme man 500g gehacktes Lammfleisch und mische es mit einer klein gehackten Zwiebel, mit 2 Eiern und eingeweichten, aber dann ausgedrückten Weißbrotscheiben. Würze mit Salz und Pfeffer und forme kleine Frikadellen. Dann ab in die heiße Pfanne ins Speiseöl. Mmh!
Braun gebrannt am Strand! Dazu trinken wir einen sommerlichen, erfrischenden Rosé.

## Guten Appetit!

Zu den Lammfrikadellen empfiehlt *Petra Fuchs* von VINO VIN einen gehaltvollen Rosé mit dem Duft der Provence Château Vignelaure oder einen Roten „Conte di Lucca“ aus den Abruzzen als Gegengewicht. Erhältlich an der Keitumer Landstraße neben der Aral Tankstelle *(siehe auch Wein-Report)*.

# Matjes Hausfrauenart

Fotografie © Feiler Fotodesign/StockFood

Matjes „nach Hausfrauen Art" ist ein typisch norddeutsches Alltagsgericht. Matjes sind „jungfräuliche" Heringe, die noch keinen Rogen und keine Milch gebildet haben. Noch auf See werden sie eingesalzen und reifen in Fässern. Mild und zart kommen die Matjesheringe dann als Delikatesse auf den Tisch. Als Beilage wird nach „Hausfrauen Art" eine Sauce aus saurer Sahne, Schmand, Apfelstücken und Zwiebeln bereitet. Kleine Pellkartoffeln passen am besten dazu.
Ein kühles „Blondes" darf hier natürlich nicht fehlen.

Guten Appetit!

„Zu Matjes passt das prickelnde WATT Blondes", meint *Alexandro Pape*, der das untergärige helle Lagerbier in seiner GENUSS-MACHEREI im Lister Markt braut.

Fotografie © Rua Castilho/StockFood

# Heringssalat für das Partybuffet

Ein knackiger Heringssalat gehört auf jedes Party-Buffet. Es gibt viele Rezept-Variationen.

Z.B. Matjes- und/oder Bismarckheringe sollten gewaschen, geputzt und bestenfalls über Nacht in Milch ziehen.

Der Fisch wird dann in mundgerechte Stücke und die weiteren Zutaten je nach Geschmack klein geschnitten: gekochte Kartoffel und Rote Beete, saurer Apfel, hart gekochtes Ei, Schalotten und Gewürzgurken.

Für die Marinade: Zitronensaft, Apfelessig, Öl, Petersilie, Dill, evtl. Kapern.

Für eine Sauce: Mayonaise, Joghurt, Zucker, Salz, Pfeffer, evtl. Ingwer.
Alles vermengen und einige Stunden ziehen lassen.
Mmh lecker!

Guten Appetit!

# Fish & Chips

Fotografie © Jim Scherer/StockFood

Das „inoffizielle Nationalgericht des Vereinigten Königreichs" ist als FISH & CHIPS weltbekannt, hat sich aber auch an der deutschen Küste längst etabliert. Die gut vorbereiteten Bestandteile dieses Streetfoods sind schnell gemacht und in typischer Verpackung in Zeitungspapier als Fingerfood „to go" über den Tresen gereicht.

## Rezept

Zu Hause für 2 Personen zubereitet entpuppt sich dieses Fastfood als aufwendige Prozedur. Schließlich müssen festkochende Kartoffeln in 1 cm breite „Chips" geschnitten und erstmal in Wasser eingelegt werden. So löst sich die Stärke. Dann sollen die getrockneten „Pommes" in genügend erhitztem Pflanzenfett – bestenfalls in einer Fritteuse – goldgelb gebrutzelt werden. Das trockene, feste, weiße Fischfleisch – bestenfalls Kabeljau/Dorsch – soll in Mehl gewendet, dann mit einem Bierteig dick ummantelt werden. Danach ab in das heiße Öl. Brutzel brutzel … Köstlich!

## Guten Appetit!

# Hamburger Aalsuppe

Fotografie © K. Iden/StockFood

Das Traditionsgericht Hamburger Aalsuppe wird nur noch selten am häuslichen Herd zubereitet. Es gelingt am besten in größeren Mengen und wird somit vornehmlich in historischen Restaurants als „Spezialität des Hauses“ zelebriert.

## Rezept

Ein geräucherter Schinkenknochen wird mit Suppengemüse gut eine Stunde gekocht. Die köstliche Brühe ist die Grundlage für die Suppe, in die nun „allns rinkömmt“ – zum 20-minütigen Garen: neben dem klein geschnittenen Suppengemüse passen auch Erbsen und zuvor eingelegtes Backobst. Abgeschmeckt wird süßsauer mit Essig und Zucker sowie mit vielen Kräutern. Obwohl nun eigentlich schon „allns drin“ ist, kann diese Suppe mit ein paar Stücken vom Räucheraal und mit Mehlklößchen (Klüten) zu einer Küsten-Delikatesse avancieren.

## Guten Appetit!

Wein HEILIGER meint, dass ein trockener Weißer Burgunder mit seiner mineralischen Finesse gut zu einer Hamburger Aalsuppe passen würde. Ebenso der Chardonnay vom badischen Weingut Bimmerle *(siehe auch Wein-Report)*.

# Flieder-beersuppe

Fotografie © Monika Halmos/StockFood

Eine Fliederbeersuppe ist mit Grießklößen (Klüten) eine beliebte, wärmende Mahlzeit im Herbst. Grundlage für diese norddeutsche Köstlichkeit sind die reifen, dunklen Beeren des „schwarzen Holunders", die Ende September an „geheimen" ländlichen Orten geerntet werden können.

Der Holunder- oder Fliederbeersaft (auch fertig gekauft) wird mit Zitronenschale, Zimtstange und Nelken aufgekocht und mit in Wasser angerührter Speisestärke gebunden.
Feste, säuerliche Äpfel werden geschält, entkernt, in flache Stücke geschnitten und mit Zucker und Zitronensaft in Wasser aufgekocht und vor dem Servieren der Fliederbeersuppe beigegeben.
Für die Grieß-Klüten den Grieß (80 g) in heißes Salzwasser mit Butter (40g) einrühren, aufkochen und zu einem festen Brei rühren. Den Topf vom Feuer genommen, werden 2 Eier hineingerührt. Aus dem abgekühlten Grießteig werden mit einem Esslöffel die Klöße abgestochen und der Suppe zugegeben. Mmh lecker!

Guten Appetit!

# Glühwein, Grog und Eierpunsch

Fotografie © Eising Studio – Food Photo & Video/StockFood

GLÜHWEIN, GROG und EIERPUNSCH sind Synonyme für eine kommunikative Gemütlichkeit. Aber Achtung! Diese Heißgetränke sind zwar Stimmungsbomben, aber auch Kalorienbomben.

Für einen Glühwein entkorke man eine gehaltvolle Rotweinflasche (Bardolino, Spätburgunder), dazu gebe man je nach Lust und Laune 2 – 3 Esslöffel Zucker, 1 Stange Zimt, ein Säckchen mit 10 Nelken und koche alles langsam in einem Topf auf (nicht kochen!).

Dann gebe man Bio-Orangen und Bio-Zitronenstücke dazu. Prost Glühwein!

Eierpunsch ist schnell gemacht, wenn man Zucker (150g), 8 frische Eigelb, Zimt und Zitronensaft mit einem Rührgerät ca. 10 min dickschäumig aufschlägt, Rum (4EL) und eine Flasche Weißwein unterrührt und den Topf unter Rühren erwärmt und gleich in Gläsern serviert. Prost Eierpunsch!

Ein Grog wird jeweils in einem Glas mit einem gläsernen Stäbchen zubereitet: Kochendes Wasser, 1 bis 2 Stk. Würfelzucker und nun je nach Verlangen vorgewärmten, braunen Rum dazu gießen… Was will man Meer…? ·

# Gänsebraten

Fotografie © Irina Meliukh/StockFood

Gänsebraten gehört zu einem Festtagsmenü einfach dazu. Selbst an der Küste gibt es eine Vielzahl an unterschiedlichen und leckersten Rezepten.

## Rezept

Gans innen und außen gründlich reinigen, trockentupfen, salzen und pfeffern. Fünf süßsaure Äpfel würfeln, mit Zimt und Rosinen mischen und die Gans damit füllen und zunähen. Rundherum mit flüssiger Butter bestreichen und mit der Brust auf das Rost legen und in den vorgeheizten Ofen schieben. Darunter die Saftpfanne mit 1,5 Liter heißem Wasser füllen. Die Gans bei 200 Grad 120 bis 160 Minuten braten. Immer wieder wenden, mit der Gabel einstechen und mit dem ausgetretenen Bratensaft begießen. Wunderbar knusprig!

## Guten Appetit!

Zu einem Festtagsbraten wie Ente oder Gans empfiehlt die SANSIBAR-WEINHALLE in Rantum den roten, gehaltvollen 2018er Kaapzicht Cuvée Anna Shiraz aus der Kollektion „only Sansibar" aus Stellenbosch, Südafrika *(siehe auch Wein-Report)*.

SANSIBAR WEINKELLER
IN DEN RANTUMER DÜNEN

# Wein und Co. auf Sylt

## Eine etwas abgelegene Sylter Ecke will erobert werden.

Das Konglomerat aus Lagerhallen und Bretterbuden an der Straße zum Rantumer Hafen ist dabei, sich vom Geheimtipp zum Hypetipp zu entwickeln. Die große **SANSIBAR WEINHALLE**, als Wein-Outlet gekennzeichnet, ist hier ein Highlight.

Alle Weine, die in rauhen Paletten-Regalen präsentiert werden, stammen aus der grandiosen Sansibar-Weinliste; und auf diese Liste kommt nur Qualität. Dafür steht nun mal der Profi *Herbert Seckler*. Neben den Sansibar Weinen und Spirituosen sind auch Öle, Gewürze etc. sowie Non-Food Produkte im Zeichen der gekreuzten Schwerter vorrätig. Sansibar Klamotten gibt´s dann schräg gegenüber im Outlet-Store. Also, nix wie hin nach Rantum, an der Sylt-Quelle vorbei und dann zum Einladen direkt vor der Weinhalle parken.

**25980 Sylt / OT Rantum, Hafenstraße 12,**
**Tel.: 0 46 51 / 964613, Mo - Sa 9 - 19 Uhr,**
**halle@sansibar.de**

Geht man weiter in Richtung Hafen steigt schon mal angenehmer Kaffeeduft in die Nase. Dann wird gerade geröstet in der **SYLTER KAFFEERÖSTEREI** – wie gesagt immer der Nase nach… *(siehe auch Restaurant-Report)*.

Erreicht man den kleinen Rantumer Seglerhafen mit den Bootshallen steigt ein anderer Duft in die Nase. Gleich „achtern Diek" befindet sich nämlich das **SYLTER TRADING KONTOR**. Hier tut sich hinter unscheinbarer, historischer Backsteinfassade ein Paradies für Whisky-, Rum- und Gin-Enthusiasten auf. Neben den großen, klingenden weltbekannten Labels haben exklusive, limitierte Raritäten bei der Präsentation zumindest den gleichen Stellenwert.

Kern und Ziel der Sylter Trading Idee ist die Entwicklung eines eigenen Sylter Whiskys. Inzwischen ist auch schon der erste Trader abgefüllt und weitere 70 Fässer mit dem Lebenswasser reifen im Kontor und warten auf ihre Abfüllung. Die ersten Auszeichnungen wurden bereits eingeheimst (Bronzemedaille auf der Interwhisky in Frankfurt). Regelmäßig werden draußen am Rantumer Hafen sehr informative Whisky-Tastings durchgeführt. Eine Art Whisky-Rundreise durch Scotland von weichen Malts aus den Highlands bis zu den torfigen, rauchigen Scotchs von Islay. Achten Sie auf den Sylter Whisky Summer!

**25980 Sylt / OT Rantum, Hafenstraße 14,**
**Tel.: 0 46 51 / 9959026, Fax: 9959027,**
**außer im November täglich geöffnet von 11.30 - 18.30 Uhr**
**www.sylter-trading.de, info@sylter-trading.de**

# Vino Vin

*VINO VIN - KÖSTLICHER GEHEIMTIPP*

Dort, wo die bunten Fahnen von Italien und Frankreich wehen – an der Keitumer Landstraße neben der Aral-Tankstelle – ist *Vino Vin* zu Hause. Der Name Vino Vin sagt viel, aber nicht alles. Spezialisierte sich *Petra Fuchs* anfangs – vor über 25 Jahren – auf Vino aus Italien und Vin aus Frankreich, so hat sich die ursprüngliche Weinhandlung längst zu einem umfassenden Delikatessen-Eldorado entwickelt. Die Weinabteilung bietet inzwischen auch das Beste aus Deutschland, Spanien und der Neuen Welt; als Begleitung zu den guten Tropfen hält Frau Fuchs ein großes Sortiment an ausgewählter Feinkost bereit, das man unter dem Begriff „Beste Öle & Essige und Tapas für zu Hause" zusammenfassen kann.

Wie wäre es mit aromatischer Wildschwein-Salami, feinstem Parmaschinken oder köstlichem Lardo? Der Delikatess-Speck, der samt Kräuterhaube in den Marmorbecken Carraras reift, passt hervorragend zum echten Parmigiano, der nach 18 oder 36 Monaten erst die richtige Reife erreicht. Auf den Punkt gereift ist auch der italienische Büffelmilch-Camembert oder aromatischer Käse von Schaf, Kuh und Ziege aus dem Piemont. Dazu eine betörend duftende Begleitung wie die Mandarinenmarmelade mit 85% Frucht von der ägäischen Insel Chios. Das Saporina Balsamico-Gelee passt ebenso perfekt zum Käse wie der raffinierte „Jahreszeiten"-Pfeffer von INGO HOLLAND (ALTES GEWÜRZAMT). In dieser spannenden Kreation aus reinem Tellicherry Pfeffer in fünf verschiedenen Reifegraden scheinen die Aromen nur so zu explodieren. Feine Sardinen, Makrelen, Thunfisch, Forellen, Oktopus, Sardellen und weitere Fischkonserven in Gourmetqualität warten darauf, das Licht der Welt ein zweites Mal zu erblicken. Probieren Sie unbedingt mal den fermentierten, weichen, saftigen Pfeffer aus dem Dschungel von Sri Lanka. Petra Fuchs, Gastgeberin mit Herz und Seele lädt Sie bestimmt auf ein Pepperkorn ein…

**25980 Sylt / OT Tinnum, Keitumer Landstraße (neben der Aral-Tankstelle), Tel.: 0 46 51 / 9365484, Fax: 938038, geöffnet in der Saison Mo-Fr 11-19 Uhr, Sa 10-18 Uhr, im Winter 1. Nov.-Pfingsten Mo-Fr 10-18 Uhr, Sa 10-14 Uhr (Parkplätze vor der Tür). Alles auch im Versand. www.vinovin-sylt.de, vinovin.tinnum@gmail.com**

Heiliger

Der Name **HEILIGER** ist mit der Gastronomie der Insel seit Urzeiten verbunden. Aus einem Delikatessengeschäft in den Aufbaujahren des Tourismus ist der heutige Weinfachhandel entstanden. Trends werden erkannt oder gemacht. Gastronomen sowie private Weinliebhaber und Spirituosen-Genießer fahren ins Tinnumer Gewerbegebiet, zu *Tanja* und *Alexander Sievers* und ihrem fachkundigen Team auf der Suche nach exquisiten Getränken. Nach wie vor ist Gin total „in". Allein ca. 100 verschiedene Labels mit unterschiedlichen Geschmacksnuancen sind bei Heiliger erhältlich.

In den gut sortierten Regalen des schönen Weinladens findet sich auch ein ganz besonderes Geschenk für alle Sylt-Liebhaber, denn eine Glasbläserei stellt eigens für Wein Heiliger mundgeblasene Flaschen her, die in ihrem Inneren die Silhouette der Insel tragen.

Nach dem ersten Sylter Whisky „SILD Edition Crannog" steht der Neue schon im Regal bei Heiliger: „SILD Jöl en Reek". Die friesische Sprache Sölring stand hier Pate für den Namen, der soviel heißt wie SYLT Feuer und Rauch. Das ist genau das, was man sich unter einem Whisky vorstellt. Er wurde aus heimischer über Torffeuer getoasteter Gerste und Sylter Quellwasser destilliert und in einem Bunker in Meeresnähe zum Reifen gelagert. Nun ist er bei Heiliger limitiert erhältlich. Ebenso überzeugt die große Auswahl anerkannter Marken, die die ganze Palette von Rum, Cognac und Bränden abdeckt. Dann heißt es „Cheers!" – oder wie der Friese ausruft: „Sünhair!"

**25980 Sylt / OT Tinnum,**
**Zum Fliegerhorst 22,**
**Tel.: 0 46 51 / 927024,**
**Fax: 23459, in der Saison**
**durchgehend von Mo.-Fr. von 9-18**
**und Sa. von 9-12 Uhr geöffnet**
**www.weinheiliger.de,**
**info@weinheiliger.de**

Sylter Fässchen
Das Besondere genießen

Mit dem Aufspüren von Besonderem und Raritäten haben sich *Sandra* und *Stefan Sacher* einen Namen gemacht und unterstreichen dadurch immer wieder die Außergewöhnlichkeit ihres *"Sylter Fässchens"*. Überwiegend flüssige Köstlichkeiten werden in ihrem inhabergeführten Delikatessengeschäft aus großen Glasballons abgefüllt und individuell beschriftet. So eignen sich die Köstlichkeiten auch ideal als Souvenir. Erlesener Whisky, Rum, Grappa oder Likör sind dabei nur einige der handverlesenen Besonderheiten, die von den Inhabern weltweit aufgespürt werden, um sie exklusiv nur hier anbieten zu können. Dies gilt zum Teil auch für Brände, Geister, Calvados und Aquavit. Hinzu kommen Essige und Öle, deren Güte der der Spirituosen in nichts nachsteht. Besonders spannend ist die Auswahl auch, weil die meisten Spezialitäten nur in begrenzten Mengen erhältlich sind. Dadurch, dass es sich z.B. beim Whisky und Rum fast ausschließlich um „single barrel" – also Abfüllungen aus nur einem Fass handelt und nicht um „gemixte" Massenware.

Große Anerkennung erfährt der exquisite Haselnussbrand, der auf Sylt in der gehobenen Gastronomie auf große Resonanz stößt. Beachtenswert auch der hauseigene GIN TYP SPECIAL NO. 45, der in Kooperation mit einer kleinen Flensburger Brennerei entsteht.

Kenner finden hier auch besondere Spezialitäten in nichtflüssiger Form. Einige stammen von der Insel Sylt, wie beispielsweise der Morsumer Heide-, Raps- oder Blütenhonig. Andere Leckereien werden exklusiv in Zusammenarbeit mit dem Sylter Fässchen hergestellt wie verschiedene Fruchtaufstriche zum Beispiel, oder die aromafrischen, in der Dose gebackenen Kuchen mit Rum, Whisky oder Gin – natürlich alle aus dem Sylter Fässchen. Übrigens: Regelmäßig finden Whisky- & Rum-Tastings in kleinen Gruppen statt.

**25980 Sylt / OT Westerland, Andreas-Dirks-Str. 12-14,**
**Tel.: 0 46 51 / 9575766, www.sylter-fässchen.de**

Ein wahres Weinparadies eröffnet sich beim Besuch der stimmungsvollen Weinwirtschaft in einem historischen Friesenhaus am Keitumer Grünen Kliff. *Pius Regli*, Schweizer Insulaner und Wirt vom Kampener „Manne Pahl" hat seinen Namen für diese tolle Weinvergnügungsstätte gegeben, als er diesen „Laden" aus der Taufe hob.

Bei *PIUS´* warten ca. 250 verschiedene Weine auf eine gepflegte Vernichtung vor Ort oder auf die Mitnahme für die Vergnügungen im eigenen Heim. Dann gelten übrigens die günstigen Außer-Haus-Preise. Es können bei PIUS´ aber auch 35 „Offene" probiert werden – in 0,1 (ab 2,90) oder 0,2 Gläsern (ab 5,80). Flasche ab 22,-. Es geht aber auch hinauf bis zu einem „Mouton Rothschild" (knapp unter 1.000,-). Zum Vino gibt´s dann noch viele leckere Köstlichkeiten wie Antipasti, Schinken, Käse und ganz beliebt, den Flammkuchen *(siehe auch Restaurant-Report)*.

**25980 Sylt / OT Keitum, Am Kliff 5,**
**Tel.: 0 46 51 / 8891438, täglich ab 15 Uhr,**
**im Winter ab 17 Uhr**

Nicht nur das ODIN DELI im Strönwai steht für hervorragende südafrikanische Küche, ebenso die seit 2019 schräg gegenüberliegende kleine ODIN VINOTHEK, der nördlichste Weinhandel Deutschlands, ist auf Südafrika eingestellt.
Hier wird geglänzt durch beste Kenntnisse, den größten auf südafrikanische Weine konzentrierten Weinkeller der Insel und Eigengewächse in Zusammenarbeit mit verschiedensten Winzern in unkomplizierter Atmosphäre.
Jedes Jahr werden neue Produkte lanciert, zuletzt der BIG MAMA genannte Spätburgunder in der schönen Fiasco-Flasche, dem sogar ein eigenes Lied komponiert wurde.

Dunkle Holzdielen, weiße Wände und farbenfrohe Akzente wie blaue Weinkisten oder regenbogenfarbene Blumen laden sehr schnell zum Wohlfühlen ein. Leicht lässt sich hier eine geplante Lesung oder private Weinprobe im kleinen Rahmen vorstellen oder die Nutzung der sich daneben befindlichen Boulebahn – nach dem sonnigen Tag am Strand.
Geschmacklich überzeugt der Gugelhupf ganz ohne Mehl gebacken. Zum Mitnehmen: Hauseigene Marmelade und Eierlikör!

**25999 Kampen, Hauptstraße 15, Tel.: 0 46 51 / 8860950**
**tägl. von 10-20.30 Uhr geöffnet**
**www.odin-deli.com, office@odin-deli.com**

## HOTEL STADT HAMBURG
## RELAIS & CHÂTEAUX

Zimmer frei! Zimmer belegt!

# Hotels auf Sylt

## von einfach und gut bis Luxus plus

Rund 60.000 frisch bezogene Betten warten auf Sylt auf frisch angereiste Feriengäste. Die Redaktion von „Sylt à la carte" kennt jedes Haus, das für diesen Hotel-Report ausgewählt wurde. Von einfach und gut bis Luxus plus ist alles dabei. Um die Kasse zu schonen, bietet sich das Etagenbett in den Sylter Jugendherbergen an *(ca. 30,- € inkl. Frühstück)*. Das Zelt kann man schon für 13,- € die Nacht in den Dünen aufschlagen. Luxus plus kann dann schon mal mit über *1.000,-* € zu Buche schlagen…

**Alle Angaben ohne Gewähr, Preisangaben vorbehaltlich Änderung.**

## HOTEL STADT HAMBURG

*Hoteldirektion Hanns-Christian Wirsich*

Das 1869 gegründete Haus wurde über viele Jahre in die Moderne geführt, wobei die Liebe zum Detail in jedem Winkel spürbar ist. Seit September 2018 steht das Haus unter neuer Flagge der *12.18. Gruppe*, die den Flair des kleinen Grand Hotels auf jeden Fall fortführt.

„Very british" präsentiert sich das edle Interieur. Überwiegend englische Antiquitäten zeugen von sicherem Gespür für eine Atmosphäre, die man in unserer schnelllebigen Zeit kaum mehr findet. Sehr behutsam wird dieses Traditionshaus mit modernen Akzenten kombiniert. So bekam das Restaurant eine edle Linie mit farblichen Akzenten und gehört somit zu den stilvollsten auf Sylt. Ein Highlight ist die HARDY'S Bar, die sofort zum kommunikativen Treff avancierte. Der Gaumen wird im *Bistro* und dem HARDY'S *Restaurant* gleichermaßen verwöhnt *(s. Restaurant-Report)*, die Seele darf im QIARA Spa *(s. Wellness-Report)* dem Alltag davonfliegen.

*45 Zimmer und 25 Suiten mit 120 Betten. Differenzierte Preisgestaltung. EZ 115/290, DZ 225/440, Suiten 350/510, Suiten m. 2 Schlafräumen 400/760. Frühstück 29,-, (Außer-Haus-Gäste 35,-), HP 79,-.*

**25980 Sylt / OT Westerland, Strandstraße 2,**
**Tel.: 0 46 51 / 8580, Fax: 858220,**
**www.hotelstadthamburg.com,**
**mail@hotelstadthamburg.com**

## HOTEL MIRAMAR

*Familie Kreis*

Das Grand Hotel „in der ersten Reihe" am Westerländer Nordseestrand. Ein wunderbarer Logenplatz am Meer. Ein Traditionshotel – anno 1903 – das immer „am Puls der Zeit" ist. Stil und Charme des Hauses werden in der 5. Generation bewahrt.
Die geräumigen, liebevoll restaurierten Zimmer und Suiten, die individuell und stilecht mit Antiquitäten oder mit neuzeitlichem, edlen Möbeldesign ausgestattet sind, verfügen über modernsten Komfort. Viele Zimmer haben grandiosen Meerblick. Auch in der Bar ist der Atem der „Belle Époque" zu spüren – auf der Strandkorbterrasse weht im besten Fall ein laues Lüftchen... Das stilvolle Restaurant im Haus *(siehe Restaurant-Report)* verwöhnt mit einer umfangreichen Speisenkarte, während der großzügige Wellnessbereich Balsam für den Körper verspricht. Verschiedene Saunen (u.a. Biosauna), eine Dampf-Relax-Grotte, Erlebnisduschen, ein Schwimmbad mit Meerblick! sorgen für Entspannung. Räume für Festivitäten jeder Art sowie für Tagungen stehen zur Verfügung.

Differenzierte Preisgestaltung je nach Zimmergröße, Ausstattung, Saison und Lage.
*EZ ab 220, DZ ab 300, Suiten ab 345, Preise inkl. Frühstücksbuffet. HP pro Person 49,- (ab drei Tage). Diverse Sonderarrangements, Wochenpreise, Nebensaisonpreise.*
**25980 Sylt / OT Westerland, Friedrichstraße 43,**
**Tel.: 0 46 51 / 8550, Fax: 855222,**
**www.hotel-miramar.de, info@hotel-miramar.de**

## HOTEL & RESTAURANT JÖRG MÜLLER

*Barbara & Jörg Müller*
*L`Art De Vivre Gourmet-Residenz*

*Barbara* und *Jörg Müller* haben neben ihrem renommierten Restaurant auch mit dem benachbarten gepflegten Häuserensemble und den elegant ausgestatteten Komfort- und Deluxe-Zimmern eine wahre Wohlfühloase geschaffen. Sie sind großzügig geschnitten sowie individuell und liebevoll eingerichtet. Alle Zimmer haben eine Terrasse oder einen Balkon, einige sind behindertengerecht ausgelegt. Nobler Wellnessbereich mit Betonung auf „Relaxing": Sauna, Dampfbad, Infrarotkabine, und Erlebnisdusche. Ayurvedische Massagen. Physiotherapie auf Anfrage.
*7 Komfort-Zimmer ab 190/210, 12 Deluxe-Zimmer ab 210/250, Suiten ab 270/340 (jeweils Belegung mit 2 Personen). Opulentes Frühstücksbuffet inklusive. Einzelpersonen erhalten 45,- Nachlass pro Nacht, Sonderarrangements auf Anfrage.*

**25980 Sylt / OT Westerland, Süderstraße 8,**
**Tel.: 0 46 51 / 27788, Fax: 201471,**
**www.jmsylt.de, info@jmsylt.de**

## HOTEL GUTENBERG **** DeHoGa*

*Kirsten Vahl-Voss*

Zentral in der quirligen Fußgängerzone Friedrichstraße befindet sich das *Hotel Gutenberg* in einem über 100 Jahre alten schönen Haus aus der Blütezeit des Seebades Westerland. Alle gängigen Geschäfte sind in der Nähe. Der Lesestoff kann hier nicht ausgehen, denn die Buchhandlung Voss ist im gleichen Haus. Das Hotel ist auf den neuesten Stand gebracht. Die Zimmer sind komfortabel und nordisch geschmackvoll eingerichtet. Farbharmonische Atmosphäre. Wurde als „Gastliches Haus" ausgezeichnet. Nichtraucher-Haus. Reichhaltiges Frühstücksbuffet. WLAN ist kostenlos.
Ideal für Gäste, die Stadt und Strand vor der Tür haben möchten. Bahnhof, Syltness-Center und Seepromenade sind fußläufig erreichbar.
*EZ 59,90/104,90, DZ 129,80/189,80 inkl. Frühstück.*
**25980 Sylt / OT Westerland, Friedrichstraße 27,**
**Tel.: 0 46 51 / 9 888 0, Fax: 9 88 888,**
**www.hotel-gutenberg.de, info@hotel-gutenberg.de**

## STRANDHOTEL WYN

Ein großes, modernes Haus der Arcona-Gruppe, direkt an der Strandpromenade von Westerland – dort am „Brandenburger Strand", wo der *Windsurf World Cup* ausgetragen wird.
Hier im „*Wyn*" haben Sie Ihren Logenplatz. Das Wort *Wyn* stammt übrigens aus dem Friesischen und bedeutet nichts anderes als Wind.
Das Haus ist leicht und hell skandinavisch eingerichtet. Es gibt Zimmer mit Meer- und Stadtblick. Restaurant, Lounge und die Bar sind auch für externe Gäste da.

Ein Wellness Höhepunkt – im wahrsten Sinne des Wortes – in der Dachetage. Hier werden neben Sauna auch Fitnessgeräte, Aquagymnastik und Yoga mit Meerblick angeboten.
*Die Preisgestaltung für die Doppelzimmer ist sehr individuell und oft als Paket mit abendlichen Menüs und Wellness-Behandlungen konzipiert. Zum Beispiel: 2 Übernachtungen, jeweils 3-Gang-Menü und 1 x Anwendung nach Wahl – pro Pers. ab 285,-.*

**25980 Sylt OT / Westerland, Brandenburger Str. 13,**
**Tel.: 0 46 51 / 8310,**
**www.wyn-sylt.de, info@wyn-sylt.de**

## HOTEL DÜNENBURG **** *(DeHoGa)*

*Uta Meschke und Olaf Rubin*

Obwohl mitten im Zentrum gelegen und nur wenige Schritte von der Haupteinkaufsmeile Friedrichstraße entfernt, empfängt das *Hotel Dünenburg* den Gast mit einer ruhigen Atmosphäre und einer farbenfrohen Fassadengestaltung. Bis zum Strand sind es nur wenige Meter. Das freundliche und engagierte Team sorgt für entspannte Urlaubstage. Alle geschmackvoll ausgestatteten Zimmer heißen den Gast mit einem gemütlichen und sonnigen Ambiente willkommen. Die Doppelzimmer haben Balkon. Erstklassiges Frühstücksbuffet von 8 bis 11 Uhr, auch für Außer-Haus-Gäste (19,-), Kaffee und Kuchen ab 14.30 Uhr. Wein-Lounge *wein:momente*, die mit ca. 20 ausgesuchten Weinen (exklusive „Sansibar"-Weine) und einer kleinen Speisenauswahl (bis 21 Uhr) aufwartet *(siehe auch Restaurant-Report)*. Wellnessbereich mit Sauna und Dampfbad. Diverse Massageangebote.

*19 EZ 94/127, 18 DZ 134/199, inkl. Frühstück, 4 App. ab 110,„Wohlfühlarrangements" ganzjährig.*

**25980 Sylt / OT Westerland, Elisabethstraße 9,**
**Tel.: 0 46 51 / 82200, Fax: 24310,**
**www.duenenburg.de, hotel@duenenburg.de**

Fotos: Klaus Lorke

## DORINT STRANDRESORT&SPA SYLT/WESTERLAND **** *(DeHoGa)*

*Direktion: Jasmin Kohlbrecher*

Gleich hinter den Dünen – am Strandübergang „Himmelsleiter" – liegt das familienfreundliche *Dorint Strandresort*. Ein Vier-Sterne-Superior-Hotel mit Spa, Fitness- und Spaßfaktor. In ruhiger, aber zentrumsnaher Lage, bietet es den Gästen nicht nur einen echten Erholungsfaktor, sondern auch den Ausgangspunkt für die vielfältigsten Inselunternehmungen. Familien mit Kindern freuen sich über die ganzjährige professionelle Kinderbetreuung im Dorint Kinderclub. 73 bestens ausgestattete Appartements (Studios, Komfort-Suiten, Familien-Suiten, alle Nichtraucher) in natürlichen Materialien und den sanften Wohlfühlfarben der Insel gehalten. Ganzjährig Aquagymnastik, Strandgymnastik, Jogging. Entspannung bietet die 800 m² große Spa-Oase mit Pool, Saunalandschaft, Dampfbad und Beauty-Bereich *(siehe Wellness-Report)* – auch für externe Gäste. Das ausgezeichnete Restaurant *Ebbe & Food* überzeugt die Feinschmecker mit seinen kreativen Speisen aus der offenen Showküche – und die Bar *54° Nord* rundet den Abend mit einem Drink oder Digestif perfekt ab.

*73 Wohneinheiten für Nichtraucher, Studios 148/388 (bis 2 Pers.), Komfort-Suite 208/448 (bis 4 Pers.), Familien-Suite 288/508 (bis 4 Pers.). Gezeiten-Frühstücksbuffet von 7.30 – 12 Uhr (für externe Gäste 25,-).*

**25980 Sylt / OT Westerland, Schützenstraße 20-24,**
**Tel.: 0 46 51 / 850-0, Fax: 850150,**
**www.dorint.com/sylt, info.sylt@dorint.com**

## HOTEL SYLTER ZOLLHAUS

Ein äußerst positives Beispiel für die Restaurierung eines über 100 Jahre alten Bäderzeithauses ist das *Hotel Sylter Zollhaus,* das 2016 als Stadthotel mit hohen Design- und Komfortansprüchen in der Boysenstraße neben dem *Restaurant Altes Zollhaus* eröffnet werden konnte.

Schon das äußere Erscheinungsbild des restaurierten Hauses lässt hohe Kompetenz für die Belange der Historie erkennen. Das Interieur des Hotels mit 7 Suiten bietet dann den wohltuenden Kontrast mit einer hochwertigen, modernen Möbel-Linie mit hervorragenden Einzelstücken. So ist jede Suite thematisch individuell eingerichtet. Kein Wunder, sind doch die „Macher" Inhaber eines Einrichtungshauses in Westerland und der *Höpershof Feriendomizile.*

*7 Suiten, jeweils mit Kamin und Balkon 260/390, inkl. Frühstück (nebenan im Restaurant Zollhaus).*

**25980 Sylt / OT Westerland, Boysenstraße 16-18,**
**Tel.: 0 46 51 / 6695, Fax: 99 55 967,**
**www.hoepershof.de, info@hoepershof-sylt.de**

## SYLTHOTEL RAFFELHÜSCHEN GARNI **** *(DeHoGa)*

*Heidrun und Catharina Raffelhüschen*

Das über 100 Jahre alte Kapitänshaus der Sylter Bäcker-Dynastie *Raffelhüschen* wurde grundlegend restauriert und trägt zur Erweiterung des bereits seit 2005 bestehenden modernen *Sylthotels Raffelhüschen* bei. Zentral und trotzdem ruhig gelegen, sind Fußgängerzone, Hauptstrand und Syltness Center fußläufig schnell zu erreichen. Die Einrichtung ist hier wohnlich-gemütlich mit viel Liebe zum Detail. Man logiert z.B. in der Kapitäns- oder Lotsensuite. Viele Zimmer verfügen über einen möblierten Balkon oder eine Terrasse mit Strandkorb. In dem freundlich gestalteten Frühstücksraum kann man sich mit u.a. Brot und Brötchen der eigenen Bäckerei sowie am Nachmittag mit Kuchen verwöhnen lassen. Das Haus verfügt über einen Wellnessbereich mit verschiedenen Saunen, sowie einen Ruheraum und Massagesessel. Ein Fahrstuhl befindet sich im neuen Gebäudeteil und ein Tiefgaragenstellplatz kann auf Wunsch dazu gebucht werden.

*4 EZ 99/149, 17 DZ 135/229, 2 Suiten 170/245, inkl. reichhaltigem Frühstücksbuffet, nachm. gratis Kaffee und Kuchen aus der eigenen Backstube.*

**25980 Sylt / OT Westerland, Boysenstr. 8,**
**Tel.: 0 46 51 / 836210, Fax: 8362166,**
**www.sylthotel-raffelhueschen.de,**
**info@sylthotel-raffelhueschen.de**

NEU im Buch

## HOTEL WÜNSCHMANN

*Kerstin Hoppe*

Der Name *Wünschmann* ist seit vier Generationen fest verbunden mit der Sylter Hotellerie. Diesen Familienbetrieb führt *Kerstin Hoppe* seit über 20 Jahren und bietet ihren Gästen eine Wohlfühlatmosphäre unter dem Motto „Nicht zu Haus und doch daheim". Das Haus liegt in unmittelbarer Nähe der Westerländer Promenade und des „unendlichen" Sylter Badestrandes.

Großzügige, lichtdurchflutete, wohnliche Räumlichkeiten, 24-Stunden Rezeption, Bibliothek, Getränkeservice, Lift. Alle Zimmer haben ihren ganz individuellen Charme und verfügen über einen Balkon.

*34 Zimmer: Übernachtungspreise je nach Saison, Ausstattung und Personenzahl, EZ 110/180, DZ 180/350, Suite 380/660 inklusive reichhaltigem Frühstück.*

**25980 Sylt / OT Westerland,**
**Andreas-Dirks-Straße 4, Tel.: 0 46 51 / 5025**
**www.hotel-wuenschmann.de, info@hotel-wuenschmann.de**

## LANDHAUS SYLTER HAHN

*Gastgeberin: Bettina Auselt*

Das wunderschön ausgestattete Landhaus im ruhigen Westerländer Süden wird immer wieder gelobt für all die Eigenschaften, die ein Zuhause auf Zeit liebenswert machen. Hier wäre besonders das Frühstück zu erwähnen.

Nur ein kurzer Weg führt von hier über die Dünen zum Strand. Schon der Empfangsbereich und der anschließende großzügige Frühstücksbereich mit kleiner Bar sind sehr gepflegt und wohnlich gestaltet. Viele Zimmer wurden gerade erst renoviert und optimiert. Sie haben entweder Balkon oder Gartenterrasse und einige verfügen über einen Kamin. Garten mit Liegen und Strandkörben. Wellness, Schwimmbad und Sauna für Hotelgäste. Individuelle Anwendungen.

*EZ 80/120, DZ 100/290, inkl. Frühstücksbuffet. Appartements 115/290. Besondere Arrangements außerhalb der Saison.* WLAN, Zeitungs-Download und diverse Magazine gratis. Sky Sport.

**25980 Sylt / OT Westerland, Robbenweg 3,**
**Tel.: 0 46 51 / 92820, Fax: 928222,**
**www.sylter-hahn.de, info@sylter-hahn.de**

## HOTEL ROTH AM STRANDE

*Hayo Feikes*

In hervorragender Lage, direkt am Hauptstrand und gegenüber dem ganzjährig geöffneten Wellness-Paradies, dem „Syltness Center" mit Wellenbad und neuem Schwimmbecken (Eintritt Wellenbad für Hotelgäste mit Wochenpauschale inklusive), befindet sich das zentral gelegene 10-stöckige Hotel mit grandiosem Seeblick, Log-

gien und modernen Bädern mit allen technischen Finessen, z.B. Whirlpoolwannen oder Duschsäulen. Restaurant *„Feikes"* mit exquisiter Hotelküche, Bierstube mit gutbürgerlicher Küche, umfangreiches Frühstücksbuffet. Das *Hotel Roth* führt eine über 130-jährige Hoteltradition in zeitgemäßer Form fort. Der Tagungs- und Bankettbereich wurde nach neuestem technischen Stand umgestaltet. Tagungen für 10 - 80 Personen sind möglich.

Bistro/Bar/Café *„Yellow"*, Sauna und Massagen. Garagenplätze sowie Stellplätze. In allen Zimmern ist WLAN vorhanden.

*26 EZ 79/333, 31 DZ 158/334, 23 App. 74/299, 4 Suiten 135/409, Frühstücksbuffet 19,-, Halbpensionszuschlag (Mittag oder Abend) 24,-. Wochenpauschalen und Sonderarrangements.*

**25980 Sylt / OT Westerland, Strandstraße 31,**
**Tel.: 0 46 51 / 9230, Fax: 5095,**
**www.hotel-roth.de, info@hotel-roth.de**

## HOTEL NIEDERSACHSEN

*Werner Scheidt*

Aus dem über 90 Jahre alten *Hotel Niedersachsen*, das seit Generationen im Familienbesitz ist, entwickelte sich in den letzten Jahren ein anspruchsvolles „Architekten-Hotel" mit Designmöbeln und einer komfortablen Ausstattung. So hält auch das Innere was die moderne, geschwungene Holzfassade verspricht.

Hat man sein lichtdurchflutetes helles Zimmer bezogen, kann es gleich an den Strand gehen, denn der liegt nur wenige Gehminuten quasi „zu Füßen". Aber es gibt auch eine Saunalandschaft im Haus. „Natürlich aufgehoben" ist man im „Frühstücks-Club" mit Bio-Zutaten. Überhaupt legt man in diesem Haus viel Wert auf einen ökologischen und nachhaltigen Betrieb. Das zeigen sogar die positiven Werte bei den $CO^2$-Emissionen und bei der Energiebilanz. Also öko und bio, dazu eine gesunde Sylter Brise – was will man Meehr ...

*18 Zimmer und 12 Suiten, EZ 70/184, DZ 96/264, Suite 125/404, Preise bei Belegung mit 2 Personen. Preise bei Einzelbelegung reduziert. Specials auf Nachfrage. 3 Ferienwohnungen.*

**25980 Sylt / OT Westerland, Margarethenstraße 5, Tel.: 0 46 51 / 92220, Fax: 7729, www.hotel-niedersachsen.de, sylt@hotel-niedersachsen.de**

## LONG ISLAND HOUSE SYLT

*Martina Blum & Lars Poppe*

Viel beachtet ist dieses individuelle, kleine Hotel. Im *Long Island House* ist das Interieur puristisch in Form und Farbe und intelligent in den Details. Dieses zeitlose, stilvolle Design, das an das Interieur der Sommerhäuser in den Hamptons auf Long Island erinnert, stellt das etwas unscheinbare Äußere des Rotklinkerhauses schnell in den Schatten. Ob Captains Room oder Lighthouse – hier wird der entspannte, aber gehobene Stil des amerikanischen Weekend-Vorbilds auf lässige Weise gelebt. Menschen, die Komfort und Ruhe schätzen und dabei auf ein besonders geschmackvolles Ambiente und auf den Service eines privat geführten Hotels nicht verzichten möchten, sind hier richtig. *Feels like coming home.* Die großzügige Gartenanlage mit Sonnenliegen, die kabellose Internetverbindung zur freien Nutzung, das maritime Frühstücksbuffet mit feinsten Sylter Fischdelikatessen aus dem Hause Blum *(siehe auch Restaurant-Report)*, die Verwöhnpflege im Bad und die Lounge-Musik im CD-Player sind kleine Aufmerksamkeiten, an denen der Besucher die Herzlichkeit der jungen Sylter Gastgeber messen darf.

*10 Zimmer. EZ 96/136, kl. DZ 136/186, DZ 156/246, Suite 176/266. Zimmerpreise je nach Kategorie und Saisonzeit; inkl. Frühstücksbuffet bis 11 Uhr. TIPP: Im November und März bietet das Long Island House vergünstigte Kuschelwochen ab 7 Tage Aufenthalt. Sonderpreis EZ 86, DZ 126, Ferienwohnungen „Sylt Homes" ab 108 (siehe unter Feriendomizile). Dieses Haus wird von vielen unabhängigen Reiseführern empfohlen.*

**25980 Sylt / OT Westerland, Eidumweg 13, Tel.: 0 46 51 / 9959550, Fax: 9959551, www.sylthotel.de, info@sylthotel.de**

## SUITEHOTEL WINDHUK

*Gastgeberin: Kristina K.-Sammann*

Der „Brandenburger“ – legendärer Strandabschnitt an der Promenade von Westerland – liegt direkt vor der Haustür des *„Suitehotels Windhuk“* und nicht nur das macht es zum Geheimtipp. Shopping, Kneipen, Surfcups und Meer keine fünf Minuten weit weg, zählen in der ruhigeren Ecke von Westerland vor allem die inneren Werte, die sich hinter der Retro-Fassade vom Kaliber „originell und wieder total cool“ verbergen: sehr lässiger Luxus, ein herrliches Frühstück, ein Wellnessbereich von Privat-Format und viel Charakter, was nicht zuletzt an *Kristina Kosakowski-Sammanns* Charme liegt, die das Haus seit 2021 hier am Strand zu neuen Ufern führt. Mehr Infos gibt's nicht, denn dieses unterschätzte 20-Zimmer-Haus darf gern ein Geheimtipp bleiben. Damit immer ein Zimmer für Sie frei ist.

*Studio mit Balkon, ca. 22 m², 180/240, Suite ca. 35 m² ab 260/340, inkl. Frühstück. Arrangements, Lückenangebote & attraktive Zusatzofferten siehe Homepage.*

**25980 Sylt / OT Westerland, Brandenburger Str. 6,**
**Tel.: 0 46 51 / 44660-0, Fax: 44660-10,**
**www.hotel-windhuk-sylt.de, info@hotel-windhuk-sylt.de**

## BETT & BUDE BOARDINGHOUSE

*Robert Jopp*

Gleich vis-à-vis vom Westerländer Bahnhof befindet sich das imposante Boardinghouse, das mit dem Namen *„Bett & Bude“* auf eine junge und junggebliebene Klientel sowie auf Geschäftsreisende zielt, die aus beruflichen Gründen einen längeren Sylt-Aufenthalt planen und eine zentrale Unterkunft suchen. Von der renommierten Fährhaus Hotel Collection konzipiert (Fährhaus in Munkmarsch, Aarnhoog und Lüüvhoog in Keitum), werden hier 12 Appartements in komfortabler Größe (51 und 65 m²) vorgehalten. Jedes bestens ausgestattete Appartement verfügt über ein separates Schlafzimmer sowie einen Wohn- und Essbereich mit einer großzügig ausgestatteten Küche. Stylish und innovativ ist das Interieur.

*Appartement für 2 Personen 120/180 + Wäschepaket (15) und Endreinigung (60). Nachlässe je nach längerem Aufenthalt 10 bis 20 %. Alleinreisende 10 Euro Abschlag.*

**25980 Sylt / OT Westerland, Kirchenweg 6,**
**Tel.: 0 46 51 / 93970,**
**www.bettundbude.de, info@bettundbude.de**

## HAUS NOGE

*Gastgeber: Enrico Richter*

Wer auf Sylt Ausschau nach einer einfach außergewöhnlichen Unterkunft hält, wird im Westerländer *Haus Noge* fündig. Jedes der acht Zimmer ist einem ganz eigenen Thema gewidmet und lädt mit liebevollen Details und kuriosen Sammlerstücken zum Entdecken und Wohlfühlen ein. So werden sich Freunde der See im Kapitänszimmer wie zu Hause fühlen und Romantiker sind im Terrassenzimmer bestens aufgehoben. Ebenso begeisternd wie das Haus selbst sind auch seine hervorragende Strand- und Westerland-Lage sowie das Langschläfer-Frühstücksbuffet von 8 bis 12 Uhr, das durch besondere Leckereien wie Eier-Spezialitäten nach Wunsch abgerundet wird.

Extra-Tipp: Für alle, die sich im Urlaub nach viel Platz für zwei bis vier Personen sehnen, sind die vier zum Haus Noge gehörenden geräumigen und teilweise über einen eigenen Garten verfügenden Apartments perfekt.

*EZ ab 95, DZ ab 155 inkl. reichhaltigem Frühstücksbuffet.*

**25980 Sylt / OT Westerland, Dr.-Ross-Straße 31,**
**Tel.: 0 46 51 / 1795, Fax: 27759,**
**www.haus-noge.de, office@haus-noge.de**

## VILLA 54° NORD

*Gastgeber: Christian Behet*

Ein Hotel im „Sehnsucht Sylt"-Style. Äußerlich zwar Jahrhundertwende-Bäderstil, im Inneren allerdings trendy und urban. Eine Stadtvilla mit einem jungen, hochwertigen Design. Ein reizvoller Kontrast zum historischen Baustil. Alle Räume sind individuell geschnitten und eingerichtet. Auf allen Zimmern steht eine Nespresso Maschine.

Das Stadthotel liegt zentral in Westerland. Nur wenige Gehminuten in die „City", zum Freizeitbad „Sylter Welle" und an den „Brandenburger Strand". Öffentliche Parkplätze und Bushaltestelle direkt vor dem Haus. 10 Zimmer, 5 Appartements mit WLAN (kostenlos) und Bluetooth-Docking Station.

*DZ 100/200, Dreibettzimmer 110/210, Appartements mit 1 oder 2 Schlafzimmern 120/230.*

**25980 Sylt / OT Westerland, Norderstraße 21,**
**Tel.: 0 46 51 / 8364008, Fax: 9959076,**
**www.villa54-sylt.de, info@villa54-sylt.de**

## STRANDHÖRN **** *(DeHoGa)*

*Dirk Lässig*

Einen festen Platz hat das renommierte *Hotel Strandhörn* in der Reihe der besten Häuser der Insel. Seit Generationen in Familienhand, liegt das weiße Häuserensemble nur wenige Meter vom Wenningstedter Strand entfernt. Stilvolle behagliche Zimmer und Suiten, eine beeindruckende Wellnesslandschaft auf 400 $m^2$ mit Pool, Sauna, römischem Dampfbad, Whirlpool, Solarium, Massage und verschiedene Gesichts- und Körperbehandlungen mit bdr, QMS, Maria Galland, Horst Kirchberger, Goldeneye und Image. Wellness-Wochenarrangements. Windgeschützte Ruhezone im Garten. Flauschige Bademäntel liegen bereit. Hotelbar *„Lässig"*, Loungegarten.

*1 EZ 90/130, 10 DZ 160/250, Studio 175/270, Suiten 175/420, inkl. großem Frühstücksbuffet und Wellness. Zusätzlich verfügt das Hotel Strandhörn über fünf Hotel-Appartements im Nebengebäude der Villa „Dünenblick", 185/360. Sonderarrangements auf Anfrage. Unter gleicher Leitung: „Golfhouse" in Munkmarsch.*

**25996 Wenningstedt, Dünenstraße 20,**
**Tel.: 0 46 51 / 94500, Fax: 945077,**
**www.strandhoern.de, rezeption@strandhoern.de**

## GOLFHOUSE (STRANDHÖRN)

Leicht erhöht, mit Panoramablick über die Insel und das Wattenmeer, liegt die Munkmarscher Dependance des renommierten Wenningstedter Hotels Strandhörn. Im *Golfhouse* genießen die Gäste eine Alleinlage auf parkähnlichem Grundstück, zwischen Heideflächen und Golfplatz. Ruhe und Komfort. Eine Wohlfühloase für Individualisten. Fünf Suiten mit Terrasse. Edle, gradlinige, moderne Privatatmosphäre. Service vom Hotel Strandhörn.

*Suiten mit 2-3 Zimmern (73$m^2$) 155/330.*

**25980 Sylt / OT Munkmarsch, Munkhoog 53,**
**Tel.: 0 46 51 / 94500, Fax: 945077,**
**www.strandhoern.de, rezeption@strandhoern.de**

## ULENHOF RESIDENCE

*Reimer Holst und Uwe Wittfeld*

Der beliebte *Ulenhof* erstrahlt in neuem Look. Eine der besten Adressen für ruhigen, gepflegten Sylt-Urlaub wurde aufgefrischt mit Eichendielen in Wohn- und Schlafräumen. Alles top möbliert. Die Betten nun noch „better"! Und die Bäder! Wanne raus, Dusche rein. Es wurde an nichts gespart. Das freut die Gäste. Schöner eingewachsener Garten. Versteckt gelegene, reetgedeckte Häuser im Friesenstil, großzügige Anlage mit geräumigen 2-Zimmer-Wohnungen mit Terrasse – auch auf zwei Ebenen – von 40 bis 70 $m^2$. Alles ist bestens ausgestattet, sehr persönlich geführt. Auch der Wellnessbereich ist „very well": neue Farben, einladender Ruheraum – aber lesen Sie dazu unseren Wellness-Report. Ulenhof – eine individuelle Perle unter den Sylter Ferienwohnungsadressen.

*Appartements 1 Person 80/120, 2 Personen 130/190, unterschiedliche Appartementgrößen von 40-70 $m^2$ 100/280, 150 $m^2$ – bis zu 5 Personen 210/470 inkl. Wellnessangebot.*

**25996 Wenningstedt, Friesenring 14,**
**Tel.: 0 46 51 / 94540, Fax: 945431,**
**www.ulenhof.de, info@ulenhof.de**

## FITSCHEN AM DORFTEICH

*Verena und Manfred Fitschen*

Die Gastronomenfamilie *Fitschen* bietet in ihrem kleinen, feinen Hotel 3 großzügige Doppelzimmer, eine ebenerdige behindertenfreundliche Suite und 4 Suiten in modernem Ambiente. Im ganzen Haus ist die Atmosphäre sehr herzlich und familiär. Das Interieur-Design besticht durch gekonnt schlichte Formgebung, hochwertige Einbauten und attraktive Farbkonzepte. Das Hotel liegt idyllisch am Dorfteich und nur wenige Minuten vom Hauptstrand entfernt. Das liebevoll am Tisch servierte Frühstück lässt keine Wünsche offen und ist im Preis enthalten. Für das Schlemmen am Mittag oder Abend empfiehlt sich das niveauvolle hauseigene Restaurant *Fitschen am Dorfteich (siehe Restaurant-Report).*

*DZ 135/195, Suiten 175/295, jeweils für 2 Personen, inkl. serviertem Frühstück. Spezielle Arrangements in der Nebensaison.*

**25996 Wenningstedt, Am Dorfteich 2,**
**Tel.: 0 46 51 / 32120, Fax: 30310,**
**www.fitschen-am-dorfteich.de,**
**info@fitschen-am-dorfteich.de**

## HOTEL WIESBADEN

*Familie Kruse-Petersen*

Auf einem großzügigen Parkgrundstück liegt das charmante, sehr persönlich geführte Haus strandnah hinter Friesenwällen und weiß lackierten Gartenzäunen. Die Heimatstadt der ehemaligen Seniorchefin Waltraud Kruse gab diesem Wenningstedter Hotel vor 56 Jahren seinen Namen. Die Herzlichkeit der Familie *Kruse-Petersen* und die Individualität haben dem Haus seitdem viele Stammgäste beschert. Der eingewachsene große Garten mit duftenden Sylter Heckenrosen ist ein Paradies mit Liegen und Strandkörben. Das ganze Haus strahlt eine angenehme Atmosphäre aus. Wohlfühlen und abschalten. Die 15 Zimmer haben teilweise Terrasse, einige haben Meerblick. Der Einrichtung im Landhausstil merkt man die Liebe zum Detail an. So ist jedes Zimmer anders eingerichtet. Allmorgendlich lockt das üppige nordfriesische Frühstück. In den Sommermonaten darf gerne im Garten gefrühstückt werden. WLAN, Safe und Parkplatz sind gratis. Golfplatz in der Nähe. Ganzjährig geöffnet. Im Winter verwandelt sich das *Hotel Wiesbaden* in ein Fastenhaus mit wöchentlich wechselnden Kursen, ausgenommen Weihnachten und Silvester. Angebote siehe Internet.

*5 EZ 90/150, 10 DZ 180/260, inkl. Frühstück, 2 Appartements 45 m² und 65 m² 160/210.*

**25996 Wenningstedt, Hochkamp 8,**
**Tel.: 0 46 51 / 98440, Fax: 984434,**
**www.hotel-wiesbaden-sylt.de,**
**info@hotel-wiesbaden-sylt.de**

## SYLTER DOMIZIL I

***** (DeHoGa)*
*Maike Gesina & Sebastian Schmidt*

First-Class-Hotel garni. Das Foto zeigt das Haupthaus des Wenningstedter Hotel-Ensembles. Die Zimmer – immer auf dem neuesten Stand – sind geschmackvoll und komfortabel eingerichtet. Spezielle Zimmer für Allergiker und Nichtraucher. „Langschläfer"-Frühstücksbuffet. Kleine Hotelbar, Internet-Desk in der Lobby, Südterrassen mit Strandkörben, nachmittags Kaffee und Kuchen. Café/Bistro „Wintergarten" und „SKY" Sportsbar mit 26 Plätzen. Hier gibt es bis 22.30 Uhr gepflegte Getränke und kleine Speisen. Wellness- und Fitnessbereiche auf insgesamt 220m², finnische Saunen, Dampfsaunen, Infrarot-Wärmekabine, Massage-, Fitness- und Ruheraum etc. Nur wenige Schritte entfernt liegt der romantische Dorfteich; 300 m Entfernung bis zum Strand.

*114 Betten in 47 Zimmern und 8 Ferienwohnungen, EZ 64,50/170, DZ 79,50/230, Fam.-Z. 89,50/240, Suite 99,50/250, FeWo 70/210, Preise (ausgen. FeWo) inkl. „Langschläfer"-Frühstücksbuffet, Kurtaxe und vielen Extras.*

**25996 Wenningstedt, Berthin-Bleeg-Str. 2,**
**Tel.: 0 46 51 / 82 90 0, Fax: 82 90 29,**
**www.sylter-domizil.de, info@sylter-domizil.de**

## SYLTER DOMIZIL II

*Maike Gesina & Sebastian Schmidt*

Das Hotel *Sylter Domizil* hat sich mit seinen völlig umgestalteten Häusern zu einer feinen Wenningstedter „Hotel-Größe" entwickelt. Gleich neben dem First-Class-Hotel-garni-Stammhaus (siehe oben) befinden sich die beiden historischen Häuser, die mit einem großzügigen Wintergarten verbunden sind.
Die 27, mit viel Liebe zum Detail umgestalteten Doppelzimmer und Suiten weisen jeglichen Komfort auf. Große Insel-Fotografien begleiten die Gäste in jedem Raum. Die Badezimmer sind geschmackvoll und edel; sie kommen ohne überflüssigen „Schnickschnack" aus.
Der Frühstücksraum ist hell und einladend. Ideal auch die Verbindung zum Restaurant *„Florjan´s"*. Das ist beste Rundumversorgung. Auch Wellness mit finnischer Sauna, Dampfsauna und Infrarot-Kabine bietet dieses Haus.

*EZ 64,50/170, DZ 79,50/230, Fam.-Z. 89,50/240, Suite 99,50/250, inklusive Frühstücksbuffet, Kurtaxe und vielen Extras.*

**25996 Wenningstedt, Hauptstraße 1,**
**Tel.: 0 46 51 / 82900, Fax: 829029,**
**www.sylter-domizil.de, info@sylter-domizil.de**

## HOTEL RUNGHOLT

*Familie Erdmann*

Jeder auf der Insel kennt *Das Rungholt*, wie es die Sylter einfach schon immer nennen. Dieses Hotel hat in jeder Hinsicht eine herausragende Position: In dritter Generation von *Familie Erdmann* geführt, liegt das luxuriöse Haus im Herzen der Insel in Kampen auf dem Roten Kliff. Was für Weitsicht in jeder Hinsicht sorgt: auf die Nordseewellen im Westen und auf das Watt im Osten, auf das exklusivste Dorf der Insel und auf die Besonderheiten, die das Leben hier so mit sich bringt. Ein wenig gesunder Abstand zu allem, insbesondere zum Alltag, das macht hier den Horizont weit und Herzen wie Türen sehr offen. Hier feiert die Insel gern ihre Jubiläen, Geburtstage, Silvester oder Hochzeiten. Hier sind neben den Gästen Besucher willkommen, egal, ob es um den kleinen Schnack oder das große Essen geht, einen Absacker an der legendären Reiterbar oder einen Snack, einfach mal so auf der Terrasse. Die Küche? So wie die Gastgeber hier: geradeaus, im allerbesten Sinne heimatverbunden und weltoffen, mit viel Herz und noch mehr Geschmack, Meeresrauschen stets inklusive.

*111 Betten, 65 Zimmer, EZ 116/226, DZ 220/388, Studio 276/464, Suite 293/568, Frühstück inkl.*

**25999 Kampen, Kurhausstr. 35,**
**Tel.: 0 46 51 / 448-0, Fax: 44848,**
**www.hotel-rungholt.de, info@hotel-rungholt.de**

## HOTEL VILLAGE

*Im Familienverbund der Michels Hotels*

Das VILLAGE im Herzen von Kampen verbindet Individualität und zurückhaltenden Luxus. Es ist eines der hochwertigsten Hotels auf der Insel. Im Mittelpunkt des Hotelgeschehens steht der persönliche, aber unaufdringliche Service für eine wunschlos glückliche persönliche Auszeit. Verwöhnt wird zum Beispiel mit einem Frühstück à la carte – auch für Langschläfer – mit regionalen Produkten auf den Sonnenterrassen, einem Shuttle-Service, Weinkühlschränken auf dem Zimmer und vielen anderen Annehmlichkeiten. Zum Entspannen laden Sauna und Schwimmbad ein. Durch geschickte Architektur lassen sich Suiten und Zimmer zu Hausteilen als Domizil für Familien verbinden und für die Mobilität stehen elektrische Smart-Leihwagen zur Verfügung.

*DZ 259/320, Juniorsuite 310/535, Große Suite 690/825; inkl. Frühstück und Wellness. Viele Nebenleistungen inklusive.*

**25999 Kampen, Alte Dorfstraße 7, Tel.: 0 46 51 / 9707555,**
**www.village-kampen.de, hotel@village-kampen.de**
**reservierung@michelshotels.de, Tel.: 033397 / 121212**

## WALTER'S HOF

*Detlef Tappe*

Eine herausragende Adresse für ein Sylter Feriendomizil. Der Panoramablick auf die ursprüngliche Dünen- und Heidelandschaft und auf beide Meere übt auf jeden Gast eine magische Anziehungskraft aus. Dass sich diese Anziehungskraft auch auf das Haus überträgt, dafür sorgt seit eh und je der umtriebige Gastgeber *Detlef Tappe*. Der *Walter's Hof* besticht mit stilvoller Eleganz. In den Suiten und Appartements erwartet den Gast – neben jedem erdenklichen Komfort – ein großzügiges Raumangebot von 35 oder 85 m². Jedes Appartement ist anders gestaltet, immer mit einem sicheren Händchen für Stil und Geschmack. Im Wellnessbereich darf entspannt werden: Es warten Schwimmbad, Sauna und nach Terminvereinbarung Massagen und Beauty-Anwendungen. Der Gaumen wird im Restaurant *„Tappe's"* hochkarätig verwöhnt. Diesbezüglich ist schon das exzellente Gourmetfrühstück ein idealer Start in den Tag.

Feiern, Tagungen oder private Feste – Detlef Tappe macht alles möglich. Concierge-Service. Vermittlung von Ferienwohnungen, exklusiven Häusern, Partyservice, Incentives, Kreuzfahrtspezialist, Geschäftsreisen, exklusiver Audi-Limousinenservice.

*32 Appartements und Suiten. Ein-Raum-App. 140/380, Zwei-Raum-App. 290/480, Suiten 290/850. Gourmet-Frühstück 19,50, für Außer-Haus-Gäste 24,-. Individuelle Arrangements auf Anfrage.*

**25999 Kampen, Kurhausstraße 23,**
**Tel.: 0 46 51 / 98960, Fax: 45590,**
**www.walters-hof.de, buchung@walters-hof.de**

## REETHÜÜS

*Gastgeberin: Tina Mannheims*

Sehr schön und ruhig gelegen ist dieses gepflegte, reetgedeckte Anwesen, und doch sind alle örtlichen Restaurants und Shopping-Locations sowie auch Strand und Wattenmeer bequem zu Fuß erreichbar. Auf einem weitläufigen Heidegrundstück liegt das schöne *Reethüüs*-Häuser-Ensemble mit Garten. Hier genießt man in privater Atmosphäre seine Urlaubstage, die mit einem wundervollen Frühstück beginnen. Terrassen, Strandkörbe, Sonnenliegen, ein charmanter Pool und Saunabereich sind weitere Pluspunkte. Fahrräder von Mai bis Oktober. WLAN.

*EZ 145/220. Bei Belegung mit 2 Pers.: DZ 170/325, Suiten 245/415, Preise App., Ferienhäuser (bis 6 Personen) auf Anfrage, inkl. Frühstücksbuffet. Interessante Arrangements in der Nebensaison. Hunde erlaubt.*

**25999 Kampen, Hauptstraße 18,**
**Tel.: 0 46 51 / 98550, Fax: 985547,**
**www.reethues-sylt.de, info@reethues-sylt.de**

## AHNENHOF – HOTEL GARNI***S (DeHoGa)

*Sven Scheppler*

Ein Juwel an gepflegter Gastlichkeit. Bestens gelegen, ruhig und doch zentral. In der dritten Generation im Familienbesitz. Viele Stammgäste lieben diese wohnliche, private Atmosphäre. Das Haus grenzt an die weiten Heideflächen und von fast allen Zimmern hat man Meerblick. Relaxen kann man auf den Terrassen. Alle Zimmer wurden in den letzten Jahren renoviert und auf den neuesten Stand gebracht. Das *Ahnenhof*-Team serviert das reichhaltige Frühstück im friesischen Pesel bis 12 Uhr...„Darf auch gerne später sein", meint der Hausherr *Sven Scheppler*. Am Nachmittag gibts Kaffee und Kuchen im rosenumwachsenen Garten. Im individuell gestalteten Wellnessbereich – mit separatem Ausgang in den Garten – werden Dampfbad, Sauna und Solarium angeboten. Zum Strand geht man wenige Minuten. Alles, was in Kampen interessant ist, ist fußläufig zu erreichen.

*4 EZ 90/130, 10 DZ 164/283, inkl. Frühstück und Saunabereich.*

**25999 Kampen, Kurhausstr. 8,**
**Tel.: 0 46 51 / 42645, Fax: 44016,**
**www.ahnenhof.de, info@ahnenhof.de**

## KAMP´S

*Cornelia Kamp*

Das etwas andere Hotel in Keitum – ein Kleinod – fein, ruhig und persönlich von der kunstsinnigen Inhaberin *Conny Kamp* geführt. Sie versteht es auf lockere, humorvolle Art mit ihren Gästen umzugehen.

Das Verwöhnfrühstück mit Hausgemachtem ist biologisch geprägt, wird hoch gelobt und kann im Strandkorb genossen werden. Alles ist sehr gemütlich, so dass man sich wie zu Hause fühlen kann. Conny Kamp organisiert viel beachtete Kunstausstellungen *(siehe Kunst-Report)*. Wie schön, dass das Café mit herrlichem hausgebackenem Kuchen wieder zur Saison öffnet.

*4 DZ 115/175, 3 App. mit Service 140/230, die Preise verstehen sich für zwei Personen inkl. Frühstück.*

**25980 Sylt / OT Keitum, Gurtstich 41,**
**Tel.: 0 46 51 / 98390, Fax: 983923,**
**www.kamps-sylt.de, urlaub@kamps-sylt.de**

## BENEN-DIKEN-HOF

*Anja und Claas-Erik Johannsen*

Das schöne weiße Häuserensemble um ein historisches Friesenhaus in Keitum gilt auf Sylt als eines der schönsten und gepflegtesten Resorts – eine Insel auf der Insel – privat geführt. Unter den Reetdachhauben versteckt sich wie selbstverständlich die noble Eleganz in lichtdurchfluteten zauberhaften Zimmern, Studios, Suiten und Apartments (teilweise mit Kamin und Private-SPA). Friesische Tradition, gepaart mit moderner Kunst und edlem Design, bilden den Rahmen für einen luxuriösen Urlaub. Nicht zuletzt deshalb gehört das Hotel zur Riege exklusiver Privathotels auf Sylt. Zum *Benen-Diken-Hof* gehören das Restaurant *KØKKEN,* mit nordischer Küche *(siehe Restaurant-Report)*, eine Bar mit erstklassigen Weinen sowie eine großzügige Wellnesslandschaft auf 700 m² – das WOLKENLÖN-SPA mit dem renommierten *milon® Zirkel* für Ganzkörpertraining. Die Friesenhäuser *Lönhüs* und *Senhüs* haben je 6 große Wohneinheiten jeweils mit Kamin und 3 Einheiten mit einem privaten SPA. Das *Terphüs* bietet zwei großzügige Hotel-Apartments und einen hochwertigen Konferenzraum für maximal 16 Teilnehmer. Gelobt wird das ausgiebige Langschläfer-Frühstück.

*120 Betten: EZ 194/280, DZ 108/215, Studios und Suiten 172/257, Luxus-App. 190/320, Preise pro Person bei Doppelbelegung. Jede weitere Person 50,-. Inkl. Frühstück und Wellness. Feriendomizile unter Benen-Diken-Hof-Regie – entsprechend sind Stil, Ausstattung und Qualitätsstandard.*

**25980 Sylt / OT Keitum, Keitumer Süderstraße 3-5,**
**Tel.: 0 46 51 / 93830, Fax: 9383183,**
**www.benen-diken-hof.de, info@benen-diken-hof.de**

DIE INSEL AUF DER INSEL
DER BENEN-DIKEN-HOF

## HOTEL HOF GALERIE

*Gastgeberin: Annette Schwalbe*

„Fühlen wie zu Hause!" ist das Motto in dieser besonders schönen Perle im edlen Collier der „Sehnsucht Sylt"-Häuser. Ruhig im Friesendorf Morsum gelegen. In zwanzig individuell gestalteten Suiten liegt das Hauptaugenmerk auf einer beeindruckenden, zeitgemäßen Innenarchitektur, um eine abwechslungsreiche Wohlfühlatmosphäre mit ausgefallenen Einrichtungsgegenständen zu schaffen, die keine Langeweile aufkommen lässt. Der Name *Hof Galerie* erinnert an die jahrelangen Aktivitäten einer Bildergalerie an gleicher Stelle. Auch weiterhin ist das gesamte Hotel galeriemäßig reichhaltig mit Kunst bestückt – vornehmlich mit Arbeiten von Sylter Künstlern. Auf der großen, schön gestalteten Terrasse lässt es sich hier mit weitem Blick über die unendlich erscheinende Wiesenlandschaft bei Kaffee und Kuchen (gratis für Hausgäste) privilegiert genießen. Bäckerei und Restaurant-Café Ingwersen gleich in der Nachbarschaft. Der großzügige Wellnessbereich bietet neben einem Schwimmbad auch Sauna und Dampfbad. Der Morsumer 18-Loch-Golfplatz liegt übrigens „gleich um die Ecke".

*20 Suiten, 180/370 inklusive reichhaltigem Frühstück mit Eierspeisen und Wellness.*

**25980 Sylt / OT Morsum, Serkwai,**
**Tel.: 0 46 51 / 957050, Fax: 9570555,**
**www.hotelhofgalerie.de, info@hotelhofgalerie.de**

## PARKRESIDENZ CHRISTIAN VIII

*Im Familienverbund der Michels Hotels*

Die reetgedeckte Residenz in Archsum ist eine persönliche Ruheoase und verdient wahrhaftig ihren königlichen Namenszusatz. 7.000 m² groß ist der Park mit dem einladenden Gebäudeensemble. Gäste können mit der Ursprünglichkeit der „königlichen" grünen Inselmitte eins werden und zugleich den Wohnkomfort der bis zu 55 m² großen Suiten mit eigenen Sonnenterrassen genießen. Jede von ihnen ist individuell und hochwertig eingerichtet. Ein Wellnessbereich mit Sauna und Pool mit Gegenstromanlage runden das Wohlfühlangebot ebenso ab wie das reichhaltige Genießer-Frühstück à la carte und der individuelle Service. Abendessen können in Partnerrestaurants arrangiert werden. Das Hotel Parkresidenz CHRISTIAN VIII ist ein wunderbares Domizil für die entspannte Auszeit – allein oder mit der ganzen Familie.

*Juniorsuite 120/210, Gartensuite Deluxe 190/290; inkl. Frühstück à la carte und Wellness. Hunde auf Anfrage in ausgewählten Suiten willkommen.*

**25980 Sylt / OT Archsum, Heleeker 1,**
**Tel.: 0 46 51 / 9707666, www.hotel-christianderviii.de,**
**Reservierung: reservierung@michelshotels.de,**
**Tel.: 033397 / 121212**

## KONTORHAUS KEITUM – SUITENHOTEL

*Gastgeberin: Gesa Michahelles*

Ein in vielerlei Hinsicht herausragendes Insel-Domizil, in den Wiesen von Keitum gelegen: Das KONTORHAUS, das bereits mit dem TEEKONTOR und dem TEERAUM eine Verbindung zwischen stilvollem Ladengeschäft und Ort für Kultur und Erholung schafft, bietet dazu in dem als Designhotel konzipierten GÄSTEHAUS großzügig geschnittene, edel-puristisch gestaltete Suiten mit einem traumhaften freien Blick über die Landschaft bis zum Horizont im Sylter Süden. Die lässig-elegante Ausstattung des Hauses verzichtet auf jegliche Schnörkel. Dafür bietet es bestens durchdachte Raffinesse im Ausbau mit edlen Eichendielenböden, modernen Design-Klassikern und antiken Einzelstücken. Außerordentlich wohnenswert!

*Alkovenzimmer 160/240, Suiten ab 250 für 2 Personen inkl. Frühstück und eines Nachmittagstees.*

**25980 Sylt / OT Keitum, Siidik 15,**
**Tel.: 0 46 51 / 8891194**
**www.kontorhauskeitum.de**

KONTORHAUS
Die Mastersuite
Ein Bad im Mondschein

## SEVERIN*S RESORT & SPA

*Hoteldirektor: Christian Siegling*

Das *Severin*s Resort & Spa* in Keitum hat sich seit der Eröffnung im Dezember 2014 als eines der führenden Luxushotels der Insel etabliert.

Im Friesenhausstil mit 6.000 m² Reetdach gebaut, mit modernem Innendesign und behaglichem Ambiente, bietet das Resort echtes Syltfeeling. Auf einem Areal von 30.000 m² bieten 62 Zimmer und Suiten sowie 27 Appartements, Häuser und großzügige Villen eine auf der Insel einzigartige Vielfalt an Feriendomizilen für individuellste Urlaubswünsche. Kinder fühlen sich im Kids Club wohl und vierbeinige Gäste freuen sich über einen Hundekorb und eine Hundedusche. Neue Energie tanken können Gäste kostenfrei im exklusiven Spa-Bereich, der auf 2.000 m² mit einem glasüberdachten Pool und 5 Themensaunen auch den Winterurlaub auf Sylt genießen lässt. Kulinarisch bietet das Restaurant *Hoog* ganztägig beste Produkte der Region sowie eine hauseigene Pâtisserie. Im Abendrestaurant *Tipken's* kann man kulinarisch auf Reisen gehen und Aromen aus aller Welt genießen. Insgesamt ein ebenso edles wie behagliches Zuhause auf Zeit, charmant abgerundet von der natürlichen und herzlichen Gastfreundschaft der Mitarbeiter.

*62 Zimmer und Suiten, 27 Appartements. Saisonale Raten. DZ/Doppelbelegungsbasis 360/490, Suiten 470/850, Maisonette/Maisonette Family Suiten 480/1.500, Appartements: Studio 270/450, Gartensuiten 500/800, Hausteil 650/1.100, Haus Severin*s 900/2.100, Villa Severin*s 1.400/2.950.*

**25980 Sylt / OT Keitum, Am Tipkenhoog 18,**
**Tel.: 0 46 51 / 460660, Fax: 46066500,**
**www.severins-sylt.de, info@severins-sylt.de**

## LANDHAUS SEVERIN*S

*Gastgeber: Olaf Paulat*

Ein herausragender Ort im Sylter Osten: Das *Morsum Kliff* – malerische Naturlandschaft, Ruhe, Abgeschiedenheit. Hier liegt das Hideaway in Alleinlage und ist das erste Haus, das man sieht, wenn man die Insel über den Hindenburgdamm erreicht. Es wurde aufwendig mit hochwertigen Materialien restauriert.

Fast alle der dreizehn äußerst komfortabel ausgestatteten Zimmer bieten einen ungestörten Ausblick über das Naturschutzgebiet und den Nationalpark Wattenmeer bis zum Festland.

Die Gäste des Hauses entspannen in der hauseigenen Sauna oder lassen sich verwöhnen im großzügigen Wellnessbereich des *Severin*s Resort & Spa* in Keitum.

Das Landhaus *Severin*s Morsum Kliff* heißt auch „Nicht-Hotel-Gäste" herzlich willkommen, ob im Sommer auf der Terrasse zum Frühstück, Kaffee & Kuchen oder zu einer herzhaften Stärkung nach einem ausgiebigen Spaziergang, ganztägig ins À-la-Carte-Restaurant oder in die gemütliche Kaminbar. Hier findet jeder seinen Lieblingsplatz.

*Small Classic Landhauszimmer 130/350, Classic Landhauszimmer 160/380, Garden Landhauszimmer 190/410, Boutique Landhauszimmer 220/440.*

**25980 Sylt / OT Morsum, Nösistig 13,**
**Tel.: 0 46 51 / 4606880, Fax: 460688500,**
**www.landhaus-severins.de, info@landhaus-severins.de**

## RELAIS & CHÂTEAUX HOTEL LANDHAUS STRICKER*****S *(DeHoGa)*

*Direktion: Holger Bodendorf*

Behaglicher Luxus und modernster Komfort. Ganz entspannt wohnen auf höchstem Niveau. In 38 gepflegten Zimmern und Suiten fühlt man sich gleich wie „zu Hause“. 5-Sterne-Superior auf Sylt im LANDHAUS STRICKER hat viele Facetten. Auf den Terrassen laden Strandkörbe zum Verweilen ein. Das inzwischen weitbekannte umfangreiche Verwöhnfrühstück bis 14 Uhr, die beiden Restaurants – und natürlich die MILES Bar – bieten alle Möglichkeiten für herrliche Genusserlebnisse. Die Sterne-Küche von *Holger Bodendorf* und der persönlich geprägte Service in allen Bereichen lassen keine Wünsche offen *(siehe Restaurant-Report)*. Die WELLNESS LOUNGE mit Indoor-Swimming-Pool (29°C) wurde völlig umgestaltet und erreicht mit ihrer Exklusivität neue Dimensionen. Eine wahre Wohlfühloase.

*Die Preisgestaltung für Einzel- und Doppelzimmer, Juniorsuiten, Landhaussuiten und King-Size-Suiten ist abhängig von den saisonalen Gegebenheiten. Wellness- und Fitnessangebote siehe Wellness-Report.*

**25980 Sylt / OT Tinnum, Boy-Nielsen-Straße 10, Tel.: 0 46 51 / 88990, Fax: 8899499, www.landhaus-stricker.de, info@landhaus-stricker.de**

## SEILER HOF

*Thorsten und Christine Reckermann*

Ein reizendes und beliebtes reetgedecktes Keitumer Friesenhaus anno 1762. Der inhabergeführte *Seiler Hof* gehört zu den kleinsten und individuellsten Hotels der Insel, in dem der Urgroßvater einst eine Seilerei unterhielt. Hier wird althergebrachte friesische Wohnkultur (original Delfter Fliesen, alte Seefahrerstühle und Königlich Dänisches Porzellan im Frühstücksraum) mit den Komfortansprüchen der modernen Zeit in Einklang gebracht. Das Haus besticht durch eine romantische, anheimelnde Ausstrahlung mit einem parkähnlichen Garten. Inmitten von Hortensien- und Buchsbaumhecken befinden sich Strandkörbe und Liegen. Rosenbüsche beranken das Friesenhaus. Großzügige, behagliche Zimmer und Suiten mit durchdachtem Konzept bieten Wohnqualität auf hohem Niveau. Der schöne Sauna- und Wellnessbereich ist inklusive. Am Haus stehen ausreichend Parkplätze unentgeltlich zur Verfügung. Ein Fahrradverleih befindet sich direkt gegenüber.

*EZ 100/150, DZ 170/260, Suite 220/340, Junior Suiten 200/280 inkl. großem Frühstücksbuffet (Honig aus eigener Imkerei). Günstigste Preise bei Buchung auf der Hotel-Homepage.*

**25980 Sylt / OT Keitum, Gurtstig 7, Tel.: 0 46 51 / 93340, Fax: 933444, www.seilerhofsylt.de, kontakt@seilerhofsylt.de**

## FÄHRHAUS SYLT*****S *(DeHoGa)*

*Robert Jopp · Gourmet-Residenz L`Art De Vivre*

Das historische *Fährhaus* kann auf über 150 Jahre Sylter Geschichte zurückblicken. Es ist heute allein schon von der Traumlage am Wattenmeer und am Munkmarscher Yachthafen eine der Top-Adressen unter den Sylter Hotels.

Die modernen Anbauten bieten dem Gast allen erdenklichen Komfort. Ein angenehmes Zuhause auf Zeit – auf höchstem Niveau. In der Executive-Etage beeindrucken die Zimmer und Suiten mit einem atemberaubenden Blick auf den Nationalpark Wattenmeer und den pittoresken Hafen. Noch mehr Entspannung erwartet den Gast auf dem 700 m² großen Areal des Spas.

In der *Käpt'n Selmer Stube* zaubert das Küchenteam genussvolle Kreationen *(siehe Restaurant-Report).*

*29 DZ ab 320, 12 Suiten ab 440.*

**25980 Sylt / OT Munkmarsch, Bi Heef 1,**
**Tel.: 0 46 51 / 93970, Fax: 939710,**
**www.faehrhaus-sylt.de, info@faehrhaus-sylt.de**

## HOTEL AARNHOOG

Das kuschlige Keitumer Hideaway *Aarnhoog* ist ein Juwel unter den Sylter Domizilen. „Spitzenhotel" bewerten Gäste im Netz. Ausgesuchte Antiquitäten bilden einen reizvollen Kontrast zum edlen 50er Jahre-Touch. Jedes Zimmer, jede Suite ist in einem anderen Farbkonzept gestaltet; über 400 verschiedene, teils eigens für das Aarnhoog gebaute Lampenarten zeugen von Liebe zum Detail. Erkerfenster haben sich mit Polstern zu gemütlichen Leseecken verwandelt. Große Badezimmer, Finessen wie freistehende Badewannen und Kaminöfen. Die meisten Zimmer und Suiten verfügen über eine eigene Terrasse.

Highlight im Spa ist die Spa-Lounge mit modernsten Behandlungsgeräten von KLAFS: einer Pendelliege sowie der SONNENWIESE®, die den Regenerationsprozess der Haut sowie die Kollagenbildung anregen soll. Der Spa-Bereich steht auch externen Besuchern offen.

Zum Hotel gehört auch das Keitumer Reetdachjuwel *Lüüvhoog* mit insgesamt fünf Appartements. Perfekt für alle, die Privatsphäre in Kombination mit Hotelservice lieben. Der hauseigene Aarnhoog-Spa steht auch den Gästen des Lüüvhoog offen. Beide Häuser trennt lediglich ein fünfminütiger Spaziergang. Die *Stuuv* verwöhnt Hotelgäste ebenso wie externe Besucher mit täglich frisch gebackenem Kuchen in rustikaler Atmosphäre *(siehe Cafés und Teestuben).*

*16 Zimmer, Suiten und Appartements. Preis pro Zimmer bei Belegung mit 2 Personen. DZ 270/360, Deluxe DZ 350/460, Junior Suite 390/540, Suite 390/780. Lüüvhoog 290/500. Ohne Service: 200/410, zzgl. 75,- Endreinigung, auf Wunsch Zwischenreinigung 75,- und Frühstück 20,- p.P./Tag.*

**25980 Sylt / OT Keitum, Gaat 13, Tel.: 0 46 51 / 3990,**
**Fax: 39910, www.aarnhoog.de, info@aarnhoog.de**

## WATTHOF

*Kim Helga Buddemeyer*

Lage – Lage – Lage! In dieser Hinsicht ist der Rantumer *Watthof* kaum zu toppen. Schließlich liegt das schöne weiße, reetgedeckte Haus als kleine Oase an den Wattwiesen mit freiem Blick auf den Nationalpark. Der gehobene Anspruch des Hauses spiegelt sich in der hochwertigen Einrichtung mit individuellem Charakter und dem persönlichen Service wider. Der Werbespruch „traumhafte Wohlfühlatmosphäre" besteht hier wahrlich zu Recht.
Es hat sich inzwischen herumgesprochen, dass der Watthof eine exzellente Quelle für außergewöhnliche Weine und Spirituosen aus Italien ist. Persönliche Kontakte zu den Produzenten machen moderate Preise für Top-Qualität möglich.
Alle Zimmer und Suiten (ca. 25 bis 45 m²) bieten Blick auf das Wattenmeer. Deluxe Doppelzimmer und Suiten haben eine Badewanne, ebenerdige Zimmer eine möblierte Terrasse (im Sommer Strandkorb). Der Wellnessbereich bietet Dampfbad und finnische Sauna. Opulentes Frühstück mit warmen Speisen.
*DZ 200/295, Suiten 410/490.*
**25980 Sylt / OT Rantum, Raanwai 42,**
**Tel.: 0 46 51 / 8020, Fax: 80222,**
**www.watthof.com, info@watthof.de**

## TUI BLUE SYLT *****S (DeHoGa)*

*Hoteldirektion: Gabor Hnizdo*
Aus dem bekannten Rantumer Dorfhotel wurde nach umfangreichen Renovierungsarbeiten das *TUI BLUE* Sylt. Eingebettet zwischen Dünen, Meer und Watt präsentiert sich das TUI Hotel als familienfreundliche Adresse in Rantum. Angeboten werden 159 unterschiedlich große Appartements im modernen nordischen Stil. Die Wohneinheiten bieten viel Platz mit bis zu drei Schlafzimmern, Wohnzimmer mit Küchenzeile, Sitz- und Essecke, Terrasse oder Balkon. Für die jungen Gäste steht der Kinder- und Jugendclub bereit. Das BLUE Spa lockt mit einer großzügigen Wellnesslandschaft und zahlreichen Angeboten.
Die Gäste können im Buffetrestaurant *The Restaurant* unterschiedliche Verpflegungsoptionen buchen. Des Weiteren bietet das À-la-carte Restaurant *Villaggio* italienische und regionale Spezialitäten an. Auch externe Gäste können das Restaurant besuchen.
*Die Preise für Appartements sind sehr variabel je nach Jahreszeit und Nachfrage. Beispiel 7 Nächte im November '21 für 2 Erw. ab 694,40. 7 Nächte im Juli '21 für 2 Erw. ab 1.582. Buchung direkt über TUI BLUE Sylt.*
**25980 Sylt / OT Rantum, Hafenstr. 1 a,**
**Tel.: 0 46 51 / 46090, Fax: 4609100,**
**www.tui-blue.com, reservation.sylt@tui-blue.com**
**Weitere Informationen in der BLUE App.**

## HOTEL DUENE

*Gastgeberin: Nina Rink*

Das in Rantum im Friesenstil neu erbaute *Hotel Duene* ist eine Art Perle unter dem Label „Sehnsucht Sylt". Das Haus ist aufgeteilt in 16 komfortable Suiten und Doppelzimmer mit exklusiver Ausstattung. Beispielhaft: Nespresso-Maschine mit Kapseln, Teekocher und Teevariationen sowie freies WLAN.

Die Suiten im Erdgeschoss verfügen über eine eigene Terrasse. Ein Wellnessbereich mit Schwimmbad, Sauna und Dampfbad lädt zu einer Auszeit ein. Der Strand ist über die Dünen in nur wenigen Minuten zu erreichen. Das Top-Restaurant *Coast* befindet sich in direkter Nachbarschaft. Es besteht die Möglichkeit, in unmittelbarer Nähe in Rantum auch größere Dependancen anzumieten *(siehe Domizile-Report).*

*DZ 130/360 inkl. Frühstück. Dependancen 85/800. Frühstück im nahen Restaurant Coast kann für 22,- gebucht werden. Hunde sind willkommen. Zeitungs-Download, diverse Magazine, Sky Sport.*

**25980 Sylt / OT Rantum, Stiindeelke 1,**
**Tel.: 0 46 51 / 1660, Fax: 21096,**
**www.hotel-duene.de, info@hotel-duene.de**

## ALTE STRANDVOGTEI

*Gastgeberin Birte Clarenbach*

In hervorragender ruhiger Randlage zum Rantumer Wattenmeer befindet sich das Ensemble mit luxuriösen weißen Reetdachhäusern. Die *Alte Strandvogtei* ist als Urlaubsdomizil eine Art Juwel. Es sind die großzügigen Suiten, hochwertig elegant eingerichtet, mit Kaminofen und Marmorbädern, mit Terrasse und „eigenem" Strandkorb, die die Alte Strandvogtei so begehrenswert machen. Auch der Wellnessbereich mit Schwimmbad und Sauna lässt keine Wünsche offen. Klasse Frühstück!

*DZ 125/290, Suiten (2 Pers.) 200/290, (4 Pers.) 230/385 inkl. Frühstück. App. 2 Pers. 150/260, App. 4-6 Pers. 295/580. Frühstück 22.*

**25980 Sylt / OT Rantum, Merret-Lassen-Wai 6,**
**Tel.: 0 46 51 / 92250, Fax: 922555,**
**www.alte-strandvogtei.de, info@alte-strandvogtei.de**

## SÖL´RING HOF***** *(DeHoGa)*

*Johannes King*

Direkt am Meer! Bitte sehr: Im *Söl´ring Hof* liegt Ihnen die Nordsee zu Füßen! Ein Inselunikat! Outstanding! Traumhafte Zimmer, Maisonetten und Suiten – wahlweise mit Dünen-, Watt- oder Meerblick – und teilweise mit Kamin. Wie wahr die Zeilen, die uns vom Söl´ring Hof zugespielt wurden: „Ganz egal, ob Sie Dünenliebhaber sind, oder die Wattseite vorziehen – unsere Zimmer haben nur einen einzigen Nachteil: Es kommt vor, dass unsere Gäste an manchen Tagen einfach gar nicht rausgehen, weil sie sich darin so wohlfühlen".

Eine feine Wellness-Oase ist für die Gäste des Hauses reserviert und über die 2-Sterne-Küche des Gourmet-Teams Jan-Philipp Berner und Bärbel Ring lesen Sie bitte im Restaurant-Report. Das Hotel ist in den Wintermonaten auch exklusiv buchbar.

*15 Zimmer und Suiten 450/740, große Meeres-Suite 1.290 inkl. besonders feinem „À-la-carte-Frühstück" und Getränken auf den Zimmern, Kurtaxe, Strandkorb, Tageszeitung, Wellness, Fitness. Transfer bei An- und Abreise. Arrangements für Hochzeiten, Kulinarik, Kochkurse, Port-Room usw.*

**25980 Sylt / OT Rantum, Am Sandwall 1, Tel.: 46 51 / 836200, www.soelring-hof.de, info.soelringhof@hommage-hotels.com**

## APARTMENTHOTEL AM LEUCHTTURM

*Gastgeberin: Andrea Trümper*

Der Name „Am Leuchtturm" zeigt unmissverständlich den Weg zu diesem familiengeführten Apartmenthotel auf. Vom strandnahen Häuserensemble hat man einen herrlichen Blick über die Hörnumer Dünenlandschaft. Die edel ausgestatteten Apartments weisen allen Komfort und ein zeitgemäßes Medienequipment auf. Einige der größeren Wohneinheiten haben einen Kamin, andere eine Terrasse oder einen Balkon. Der großzügige Wellnessbereich wartet u.a. mit Sauna, Dampfbad und Schwimmbad auf. Tiefgarage mit Lift.

*Ap.-Preise ab 7 Nächte, je nach Größe und Saison: 2 Zi. 110/230, 3-4 Zi. 180/290. Frühstücksbuffet 17,-. Außerhalb der Saison Sonderarrangements.*

**25997 Hörnum, An der Düne 38,**
**Tel.: 0 46 51 / 96100, Fax: 961096,**
**www.hotel-leuchtturm.com, info@hotel-leuchtturm.com**

## BUDERSAND HOTEL*****S (DeHoGa) - GOLF & SPA - SYLT

*Claudia Ebert und Simon Ebert*
*Direktion: Marco Winter*

Das 5-Sterne-Superior Hotel BUDERSAND in Hörnum, direkt am Wasser gelegen und angrenzend an den mehrfach prämierten Golfplatz, verbindet eindrucksvolle Architektur, auserwählte Kunst, beispiellosen und entspannten Genuss sowie unzählige Entspannungsmöglichkeiten.

Die lichtdurchfluteten Innenräume des Hotels sind mit edlen Materialien und Kunstwerken ausgestattet. Alle Zimmer haben einen Balkon oder eine Dachterrasse. Exklusiver, luxuriöser Spa-Bereich auf 1.000 m², 18-Loch Links Course durch die Dünenlandschaft. Das Sterne-Restaurant *KAI3* lässt keine kulinarischen Wünsche offen. Das Restaurant *STRÖNHOLT*, oberhalb vom Golfplatz gelegen, bietet ausgefallene saisonale Kreationen, klassische Sylt-Gerichte und eine abwechslungsreiche Snackkarte. Es warten viele kulinarische Erlebnisse auf Sie.

*77 luxuriöse Zimmer und Suiten. Preise je nach Saisonzeiten einsehbar auf der Homepage, inkl. Frühstück, Privatbar, Begrüßungsgetränk, SPA-Nutzung, WLAN frei, Greenfee-Ermäßigung u.v.m. Änderungen vorbehalten.*

**25997 Hörnum, Am Kai 3, Tel.: 0 46 51 / 46070, Fax: 4607450, www.budersand.de, hotel@budersand.de**

## HOTEL 54° NORD

*Gastgeberin: Annika Evers*

Aus dem ältesten Haus Hörnums – anno 1914 –, das die Hamburger Reederei HAPAG für die regelmäßigen Schiffspassagen baute, ist das nun stylische *Hotel 54° Nord* entstanden. Alle Zimmer sind individuell auf hohem Niveau einfallsreich gestaltet. Der Spa-Bereich bietet finnische Sauna, Dampfsauna und Infrarotkabine. Ein Hotel mittendrin im Ort – alles ist fußläufig zu erreichen: Strand, Hafen, Golfplatz und Geschäfte. Mit dem *„Dock 2"* ist auch ein trendig designtes Bistro mit einer kleinen Auswahl leckerer Gerichte eingezogen. Ein Grund, auch als Nicht-Hotel-Gast hier einmal reinzuschauen.

*4 DZ, 18 Deluxe-Zimmer, Preise ab 120 für 2 Pers., inkl. Frühstück, Wellness und Parkplatz, Buchung auch als App. ohne Frühstück möglich: 108/198. Interessante Sonderarrangements inkl. 3-Gang-Menü im Restaurant „Coast".*

**25997 Hörnum, Strandstraße 2,**
**Tel.: 0 46 51 / 449170,**
**www.hotel54gradnord.de, info@hotel54gradnord.de**

## HOTEL STRAND

*Gastgeberin: Karin Mittelsdorf*

Ein Sylter Hotel-Highlight – direkt am Wattenmeer des Lister Königshafens – als nördlichstes Hotel Deutschlands. Die Lage ist sensationell, ein Strand liegt vor der Tür und der Blick schweift übers Meer vom Ellenbogen zur dänischen Küste. Die anspruchsvolle Architektur ist modern, die großzügigen Räumlichkeiten sind lichtdurchflutet. Edle Designausstattung der Suiten mit 2 Balkonen, Doppelzimmer teilweise mit eigener Terrasse. Umfangreicher Frühstücksservice. Großzügiger, edel gestalteter Wellnessbereich mit Schwimmbad. Direkt am Strand: Surfen, Stand Up Paddling, Segeln und Wassersportschulungen auch für Außer-Haus-Gäste.

*DZ 170/320, Suiten 240/500. Specials auf Anfrage.*

**25992 List, Hafenstraße 41,**
**Tel.: 0 46 51 / 889750, Fax: 8897555,**
**www.hotel-strand-sylt.de, info@hotel-strand-sylt.de**

## DER KLEINE STRAND

Gleich neben dem Lister *Hotel Strand* wurde eine Dependance mit 8 luxuriös ausgestatteten Suiten auf 2 Ebenen direkt an das Wasser der Nordsee gebaut. Natürlich haben Sie hier unverbauten Meerblick und einen Garten mit Strandkörben. Eine Einladung zum Relaxen am Meer. Alle Serviceleistungen und die Wellnesseinrichtungen des Haupthauses können selbstverständlich in Anspruch genommen werden. Mit einem gewissen Understatement sei vermerkt: Hier kann man's schon aushalten…

*8 Suiten 280/540 je nach Saison.*

**25992 List, Hafenstraße 41,**
**Tel.: 0 46 51 / 889750, Fax: 8897555,**
**www.hotel-strand-sylt.de, info@hotel-strand-sylt.de**

## EASY LIVING HOTEL

Der Name Easy steht im neuen Lister Hotel für einen lockeren Beach-House-Style, der gleich ein gewisses Strandfeeling aufkommen lässt. Die sonnige Strandhauseinrichtung ist hier mit hochwertigen Materialien und einem durchdachten Designkonzept ausgestattet. Der Gast fühlt sich geborgen in diesem lässig gepflegten Understatement und will doch gleich hinaus, um Abenteuer zu erleben.
List ist einerseits geprägt von einer den Ort umgebenden großartigen Naturlandschaft, aber auch von einer lebendigen Hafenszenerie und vielen Geschäften und Restaurants. Im Haus befindet sich der Lister Markt mit trendigen Shops und dem Restaurant SYNDER *(siehe Restaurant-Report)*. Die 38 Doppelzimmer des Hotels sind großzügig geschnitten, viele Zimmer haben Meer- oder Dünenblick, möblierte Balkone, große Panoramafenster, sind individuell eingerichtet, haben jeglichen Komfort, tolle großzügige Badezimmer und selbstverständlich WLAN. Der Wellnessbereich bietet eine finnische und eine Dampfsauna.
*DZ ab 120,- inkl. reichhaltigem Frühstücksbuffet.*
**25992 List, Hafenstraße 2a, Tel.: 0 46 51 / 9365050, www.hotel-easy-living.de, info@hotel-easy-living.de**

Hotel Easy Living
Lifestyle im Lister Markt

## A-ROSA SYLT***** *S (DeHoGa)*

*Direktion: Marc Hoffmann*

Der große, elegante Hotelkomplex fasziniert durch seine tolle Dünenlage mit Blick auf das Wattenmeer. Die von außen edle und weitläufige Ansicht setzt sich im Inneren des Resorts fort. Sei es im großzügigen Empfangsbereich, in den komfortablen 147 Zimmern und 30 Suiten oder dem beeindruckenden, grandiosen Wellnessbereich auf 3.500 m².

In der Lifestyle-Bar werden die Gäste vor dem Kamin zu Live-Musik eingeladen und die Lounge *„Negroni"* bietet täglich die Möglichkeit, in einem entspannten Ambiente einen leckeren Cocktail zu genießen. Viel Platz für Events, Bankette und exklusive Feierlichkeiten. Die Restaurants des Hauses runden das Angebot ab *(THE FISH CLUB, siehe Restaurant-Report)*. Kinder sind im Kinderclub *„Rosinis"* in besten Händen und der Teens-Club *„Dukes"* lädt auch ältere Kinder im Surfer-Ambiente zum „Chillen" ein.

*Konditionen sehr individuell auf Saison und Nachfrage ausgerichtet. Sonderaktionen werden im Internet angekündigt.*

**25992 List, Listlandstraße 11,**
**Tel.: 0 46 51 / 96750-700, Fax: 96750-799,**
**www.a-rosa-resorts.de, empfang.sylt@a-rosa.de**

A-ROSA WELLNESS

# Campingplätze und Jugendherbergen auf Sylt

Camping, diese Art des naturnahen Übernachtens auf Sylt ist so beliebt, dass es zu den Saisonzeiten immer öfter heißt „ausgebucht“ auf den etablierten Plätzen! Für viele Camper geht es nicht unbedingt um das Sparen von Hotelkosten, haben sie doch oft luxuriöse Wohnmobile, die einer Eigentumswohnung kaum nachstehen.

### ❶ Dünen-Camping in Westerland

Westerland hat beim Strandübergang Südwäldchen den größten, komplett ausgestatteten Campingplatz der Insel. Hier ist man eingestellt auf das Ein-Mann-Zelt bis zum großen Mobilhome mit Außenterrasse. Sehr differenzierte Preisgestaltung. Großes Plus: Gleich hinter den Dünen ist das Meer und vor den Dünen befindet sich das quicklebendige Restaurant *Osteria (siehe Restaurant-Report).*

**Süderstraße 66, Westerland, Tel.: 0 46 51 / 2991939,**
**www.duenencamping-westerland.de,**
**info@duenencamping-westerland.de**

### ❷ Campingplatz Wenningstedt

Großer gut ausgestatteter Platz für Zelte und große Wohnmobile, mit geordnetem Sanitärbereich, behindertengerechtem Bad, Waschsalon, Kochstelle und Spielplatz. Brötchenservice. Langer, aber sehr schöner Dünenweg zum Strand. Restaurant *Aldente (siehe Restaurant-Report).*

**Osetal 3, Wenningstedt, Tel.: 0 46 51 / 944004**
**www.campingplatz-wenningstedt.de,**
**camp@wenningstedt.de**

### ❸ Campingplatz Kampen

Zelte, Wohnwagen und große Wohnmobile haben hier einen schönen Platz mit Einzelduschen, Waschkabinen, Spülküche und Waschmaschinen.

**Möwenweg 4, Kampen, Tel.: 0 46 51 / 42086,**
**www.campen-in-kampen.de,**
**anfrage@campen-in-kampen.de**

### ❹ Campingplatz Tinnum Südhörn

Ganzjährig geöffneter Platz. Komplett ausgestattet. Kiosk und Restaurant *Janke's* auf dem Gelände.

**Ziegeleiweg 2, Tinnum, Tel.: 0 46 51 / 3607**
**dau.sylt@t-online.de, www.campingplatz-suedhoern.de**

### ❺ Campingplatz Mühlenhof

Große gut ausgestattete Anlage mit vielen Dauercampern im ländlichen Morsum zwischen Wiesen und Feldern. Neue Mobilheime 40 m² Wohnfläche.

**Melnstich 7, Morsum, Tel.: 0 46 51 / 890444,**
**www.campingplatz-sylt.de, info@campingplatz-sylt.de**

### ❻ Campingplatz Rantum

Dieser Platz ist auf Höhe des Vogelschutzgebietes Rantum Becken zu finden. Es gibt Plätze für Dauermieter und Urlauber. Einzel- und Familienzeltplätze, Kochmöglichkeiten, Waschmaschinen, Einzelwaschkabinen.

**Hörnumer Straße 3, Rantum, Tel.: 0 46 51 / 8892008**
**www.camping-rantum.de, info@camping-rantum.de**

### ❼ Campingplatz Hörnum

Direkt hinter den Dünen gelegener Platz, voll ausgestattet. Tolles Restaurant *Strænd (siehe Restaurant-Report).*

**Rantumer Straße 20, Hörnum, Tel.: 0 46 51 / 8358431**
**www.hoernum.de, campingplatz@hoernum.de**

## Jugendherbergen auf Sylt

Um die größte und bekannteste Nordseeinsel zu bereisen, muss man sich ja nicht gleich im 5-Sterne-Hotel einmieten. Auf Sylt ist man in einer Jugendherberge mitten in der Natur.

**Sylt hat drei Jugendherbergen.** Eine im Norden, eine in der Mitte und eine im Süden der rund 40 km langen Insel, die auch einen genauso langen wunderschönen weißen Strand aufweist. Jeder Standort hat seine Vorteile und nur wenige Nachteile. Zum Einchecken benötigt man einen DJH-Ausweis. Übernachtung mit Frühstück ca. 30,-.

❶ **List,** im hohen Norden der Insel, bietet neben einer der schönsten Dünenlandschaften die Jugendherberge List-Mövenberg (397 Betten). Etwas einsam gelegen am sogenannten „Königshafen" – einer Meeresbucht, kein Hafen! Zum turbulenten Lister Hafen kommt man mit dem Bus oder mit einem schönen Fußmarsch durch die Natur. In die andere Richtung geht's zum Strand.

**Mövenberg, List, Tel.: 0 46 51 / 870397,**
**list@jugendherberge.de**

❷ Im Süden **Westerlands** liegt in den Dünen und unweit vom Strand die modern gebaute Jugendherberge Westerland „Dikjen Deel" (114 Betten) mit einem Jugendzeltplatz. Von hier aus sind es 4 km zu Fuß am Strand entlang zur City Westerland.

**Lorens-de-Hahn-Straße 44-46, Westerland,**
**Tel.: 0 46 51 / 8357825, westerland@jugendherberge.de**

❸ **Hörnum** wird mit der Bezeichnung „sonniger Süden" wettermäßig schön geredet. Hier pfeift der Wind aber genauso wie im Norden. Die Landschaft ist mit ihren Dünen so schön wie an der ganzen Sylter Küste.

Jugendherberge Hörnum (168 Betten) – von drei Seiten vom Meer umgeben, wurde die Jugendherberge ganz aktuell aufgefrischt. Es gibt viele Ausflugsmöglichkeiten durch Schiffsfahrten vom Hörnumer Hafen aus in die nordfriesische Inselwelt.

**Friesenplatz 2, 25997 Hörnum, Tel.: 0 46 51 / 880294,**
**hoernum@jugendherberge.de**

# Wie man sich bettet... Schöner Wohnen auf Sylt

Auf Sylt wohnt man eigentlich immer auch „am Meer". Oft sind es auf unserem schmalen Eiland nur 100 m und man ist am Strand. Ein Haus mit Meerblick bleibt allerdings eine Ausnahme. Für den, der's hat, ist's Gold wert... denn es schlägt sich merklich im Mietpreis nieder. Die auf den nächsten Seiten erwähnten Ferienhausanbieter halten eine große Auswahl unterschiedlicher Feriendomizile bereit. Ob ein kleines kuscheliges Ein-Raum-Appartement unter der Reetdachhaube oder ein ganzes Haus – strandnah, ländlich oder mit Meeresblick und Meeresrauschen – die Palette ist so breit, dass jeder Urlauber das Richtige für sich finden kann. Viele Anbieter haben sich auf bestimmte Inselregionen spezialisiert, andere bieten syltweit Objekte an. Damit ein jeder sich im Vorfeld schon orientieren kann, stellen wir einige bewährte Vermietungsbetriebe kurz mit ihrem Angebot, ihrem besonderen Service oder ihrer Philosophie vor – damit dem perfekten Urlaub in puncto Feriendomizil nichts mehr im Wege steht!

... und wenn Sie gerade etwas Geld beiseite gelegt haben, könnten Sie sich doch auch gleich eine feste Bleibe anschaffen. Dafür stellen wir Ihnen im Anschluss Sylter Makler unseres Vertrauens vor. Fazit: Die Häuser der Insel werden mit der Zeit nie günstiger.

## APPARTEMENTS & MEHR

*Markus Wenzel*

Hier ist das Motto „Freiheit des perfekten Urlaubens". Besondere Zeiten erfordern besondere Ferien. In diesem Sinne entspannt, luxuriös und flexibel sind Kampen-Ferien mit *Appartements & Mehr.* Wunderschöne Quartiere in Kampen, de luxe in Lage und Ausstattung. Und dazu bietet die Agentur im Herzen des Friesendorfes jene Tools, die zeitgemäßes Urlauben ausmachen. Für maximale Gestaltungsfreiheit in den Tagen, die man gerade jetzt besonders herbeigesehnt hat. Mit dem *„Check-in-und-check-out-wie-es-beliebt".* „Damit offerieren wir einen Service, den auf Sylt halt nur Appartements & Mehr bietet", ist *Markus Wenzel* überzeugt. Bei An- und Abreise sind die Gäste zeitlich völlig flexibel. Wer schon früh auf der Insel ankommt, kann sofort sein Quartier beziehen und direkt im Meer abtauchen. Und wer am letzten Urlaubstag noch richtig ausschlafen und dann ausgiebig frühstücken möchte oder wer die perfekte Welle surfen möchte, der sollte das tun und muss sich nicht beeilen. Denn genau diese Form von Freiheit entspricht der Urlaubsphilosophie von Appartements & Mehr. Urlaubsglück – vom Anfang bis zum letzten Moment, wobei der Gast entscheidet, wann der letzte Moment ist. Und auch sonst bietet die renommierte Agentur Service à la carte. Buchbar für alle, die es wünschen: von der Zwischenreinigung, über E-Zapfsäulen bis hin zur mobilen Massage. Alle Quartiere und Details gibt's hier: **www.kampeninfo.de**

**25999 Kampen, Süderweg 1 a, Tel.: 0 46 51 / 995950, www.kampeninfo.de, urlaub@kampeninfo.de**

## LITZKOW IMMOBILIEN & FERIENVERMIETUNG

Seit über 25 Jahren berät das sympathische Familienunternehmen *„Litzkow"* seine Gäste mit viel Herz und Leidenschaft bei der Suche nach dem individuellen Traumdomizil. Derzeit vermietet die persönlich geführte Agentur allein über 90 Ferienhäuser, die vom Deutschen Tourismusverband mit 5 Sternen ausgezeichnet wurden. Neben zahlreichen Neubauten unter Reet befinden sich hierunter auch wunderschöne Einzelhäuser mit großzügigen Grundstücken und /oder mit Meerblick. Die Einrichtung ist stets luxuriös und lässt es an nichts mangeln. Ein Beispiel: Objekt. Nr. 12808 – ein Neubau unter Reet mit großer Terrasse und spektakulärem Blick auf die Wattwiesen, das Wattenmeer und die Keitumer Bucht. Der knisternde Kamin und die hauseigene Sauna laden zu jeder Jahreszeit zum Entspannen und Träumen ein.

*(Mietpreis pro Woche / 6 Pers.: 1.838 / 2.510 / 3.350)*

*Auch für den Erwerb einer Traum-Immobilie auf Sylt steht mit den Litzkows ein kompetentes und freundliches Team zur Verfügung.*

**25980 Sylt / OT Morsum, Terpstich 25, Tel.: 0 46 51 / 4609810, www.litzkow-sylt.de, vermietung@litzkow-sylt.de**

## SYLT HOMES BY BLUM

*Silke Richter & Martina Blum*

Die gepflegten, privat geführten Sylter Feriendomizile der Gastgeberfamilie Blum erfüllen viele Urlaubswünsche. Besonders schön ist das Westerländer Ensemble *Sylt Homes* mit den Häusern *Ebbe*, *Flut* und *Bootshaus*. Sie sind zentral, strandnah und ruhig gelegen. Die stilvollen Ferienwohnungen haben Balkon, Terrasse, Garten mit Schaukel und Sandkiste. Sie sind prädestiniert für einen gelungenen Familienurlaub. Bahnreisende können ihr „Sylt Homes" bequem zu Fuß erreichen. Auch Sport, Fitness, Kultur- und Einkaufsmöglichkeiten sind in der Nähe. Die nordisch eingerichteten Ferienwohnungen sind mit allem Komfort ausgerüstet. Haustiere auf Anfrage.

*Appartements für 2-6 Personen, 35-60 m². Preise für 2 Personen 106/186, jede weitere Person 20,-. Beste Preise bei direkter Buchung.*

**25980 Sylt / OT Westerland, Trift 20,**
**Tel.: 0 46 51 / 7822, www.sylthomes.de**

## HOTEL DUENE – DEPENDANCEN

*Nina Rink*

Im schönen Rantumer *Hotel Duene* befindet sich auch eine versierte Vermittlung exklusiver, reetgedeckter Ferienhäuser im Friesenstil, die sich vorwiegend in Rantum und damit in Strandnähe befinden. Alle angebotenen Häuser sind auf hohem Niveau im edlen Landhausstil eingerichtet, einige haben Wattenmeerblick, Kamin und/oder Sauna. Alle Häuser sind sehr luxuriös ausgestattet: wertvolle Möbel, exklusive Einbauküchen, edle Naturstein- oder Holzböden, exklusive Badezimmer – nur vom Besten. Zum Beispiel die *„Sylt Lodge"* mit eigener Sauna, 140 m² für bis zu 8 Personen. Aufwendig ausgestattet, eigener Garten.

*Diese luxuriösen Häuser haben ihren Preis. Ab 160,- bis 800,- je nach Saison. Zusätzlich besteht die Möglichkeit Frühstück für 22,- im nahen Restaurant Coast (siehe Restaurant-Report) dazu zu buchen.*

**25980 Sylt / OT Rantum, Stiindeelke 1,**
**Tel.: 0 46 51 / 1660, Fax: 21096,**
**www.hotel-duene.de, info@hotel-duene.de**

## APPARTEMENT- & URLAUBS-VERMIETUNG SYLT TOURISMUS ZENTRALE

*René A. Krüger*

Qualität und Individualität. Dies ist das Motto der seit 30 Jahren privat geführten Appartement- und Urlaubsvermietung. Der Eigentümer und Gastgeber hat es sich mit seinem Team zur Aufgabe gemacht, den Urlaub seiner Gäste mit einer serviceorientierten Rundumbetreuung – menschlich und individuell – zur schönsten Zeit des Jahres zu machen. Durch das vielfältige Angebot an Ferienwohnungen- und Häusern wird man für sich als Gast hier das Passende finden.

Wie vielleicht das neue Feriendomizil *„Meeresrauschen"*, welches strand- und zentrumsnah in Westerland gelegen ist. Das Ferienhaus bietet Platz für bis zu sechs Personen und besticht durch klassische Moderne und die Verarbeitung feiner Materialien. Mit dem großzügigen Platzangebot an vier Schlafzimmern und zwei Bädern eignet es sich ideal für Familien. Der Einrichtung galt hier ein besonderes Augenmerk, um das „Zuhause auf Zeit" im zeitgemäßen Komfort zu präsentieren. Ob nun der Wohnbereich mit Kamin oder die hauseigene Sauna. Es sind die vielen durchdachten Kleinigkeiten, die dieses Objekt zu etwas Besonderem machen.

Wer es nicht ganz so groß möchte, der sollte einen Blick auf die *„Dünensonne"* richten. Die 2-Zimmer Ferienwohnungen sind das ideale Hideaway um es sich gutgehen zu lassen. Ein ansprechendes und geschmackvolles Ambiente mit einem ebenso schönen Außenbereich sind hier inklusive!

**25980 Sylt / OT Tinnum, Keitumer Landstraße 10 b,**
**Tel.: 0 46 51 / 6026, Fax: 28180,**
**www.sylt-tourismus.de, info@sylt-tourismus.de**

Long Beach

## HÖPERSHOF FERIENVERMIETUNG

Alle angebotenen Sylter *Höpershof-Feriendomizile* sind inspiriert von Hochwertigkeit und einem wohnlichen Design erster Güte. Höpershof ist sehr erfolgreich und expandiert auf Sylt. Ca. 60 Ferienobjekte befinden sich in Westerland, Wenningstedt, Rantum, Hörnum und Keitum. Alle strandnah gelegen. Herausragend ist z.B. das *New Port One* in Westerland direkt am Südwäldchen. Stadt- und Strandnähe sowie Meeresrauschen inklusive. Luxuriöses Design by Höpershof ist hier selbstverständlich. Allein darüber könnte man Bücher schreiben. Uns fiel weiterhin das *Calm Island* auf, ein feines Kleinod in Keitum. Das *Lands End* in Hörnum, eine lichtdurchflutete Wohnoase, hat fantastischen Meerblick. Die *Villa Long Beach* liegt in Westerland direkt am Strandübergang. Wie alle Höpershof Objekte sind auch diese Wohnungen individuell auf höchstem Niveau ausgestattet. *Als Beispiel sei noch einmal das New Port One erwähnt: 3 Schlafzimmer mit Doppelbetten, 1 Schlafzimmer mit 2 Einzelbetten, Büro mit Schreibtisch, großzügiges Bad mit Sauna, Garten und Terrasse. Kurz: Ein Juwel für 6-8 Personen, pro Nacht je nach Saison 390/650.*

**25980 Sylt / OT Westerland, Boysenstraße 16,**
**Tel.: 0 46 51 / 6695, Fax: 9955967,**
**www.hoepershof.de, info@hoepershof-sylt.de**

New Port One

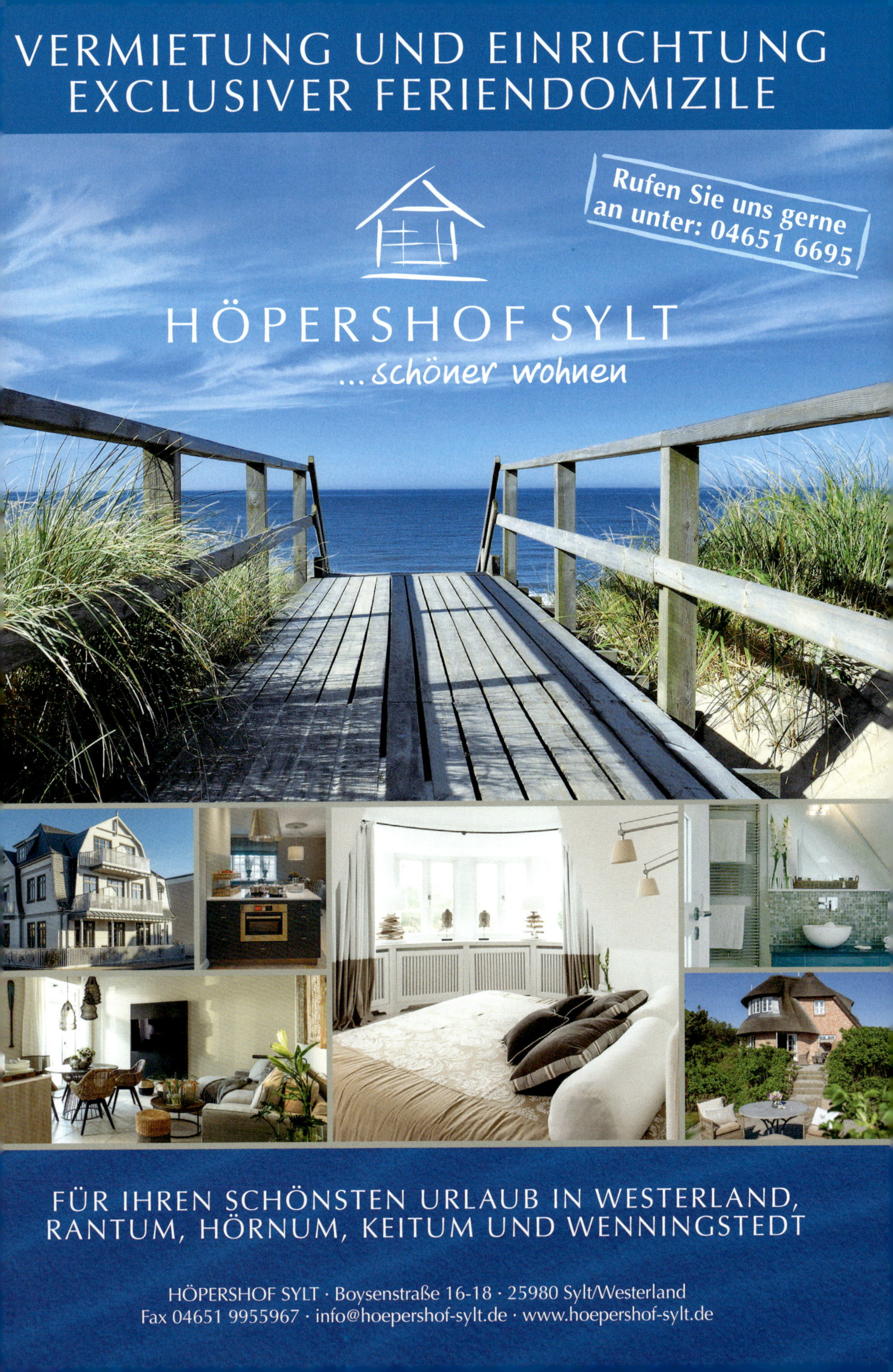
VERMIETUNG UND EINRICHTUNG
EXCLUSIVER FERIENDOMIZILE
Rufen Sie uns gerne an unter: 04651 6695
HÖPERSHOF SYLT
...schöner wohnen
FÜR IHREN SCHÖNSTEN URLAUB IN WESTERLAND, RANTUM, HÖRNUM, KEITUM UND WENNINGSTEDT
HÖPERSHOF SYLT · Boysenstraße 16-18 · 25980 Sylt/Westerland
Fax 04651 9955967 · info@hoepershof-sylt.de · www.hoepershof-sylt.de

## IBF IMMOBILIEN BRIGITTE FÜHR GMBH

In den letzten Jahren hat sich Sylt zu einem Ganzjahres-Ferienziel entwickelt. Zahlreiche neue Hotels und Ferienwohnungen tragen diesem Trend Rechnung und sorgen für ein abwechslungsreiches Angebot.

*IBF Immobilien* von *Brigitte Führ* und ihrem Sohn *Oliver Führ*, die längst ihr 40-jähriges Jubiläum feierten, hat diesen Trend sehr früh erkannt. Das heutige Portfolio umfasst 165 Landhäuser, Hausteile und Appartements für Singles, Paare, Familie und Gruppen bis zu 10 Personen. Hochwertige, gepflegte, familien- und haustierfreundliche Ausstattung ist bei der IBF GmbH selbstverständlich – vielfach auch mit Zusatzausstattungen wie großen Terrassen mit Gärten, Saunen oder Wellnessbereichen, ganz im architektonischen Stil der friesischen Insel, also Seele baumeln lassen inklusive!

Ein Objekt der Superlative beispielsweise entsteht nun in bester Lage, sehr strandnah, in der Seestraße. Das Domizil *Landhaus Meeresleuchten* mit zwei Luxus-Hausteilen unter Reet für Gruppen bis zu 8 Personen, kann ab 2021 als Inselheimat ausgewählt werden.

Bei IBF berät man Sie gerne und sucht für Sie das passende Urlaubsdomizil. Bestellen Sie direkt Ihr persönliches Exemplar des IBF Jahreskatalogs, entweder online oder telefonisch. Auch bei der Vermittlung von Immobilien ist IBF ein versierter Partner.

**25996 Wenningstedt, Hauptstr. 11,**
**Tel.: 0 46 51 / 98420, Fax: 45433,**
**www.ibf-sylt.de, info@ibf-sylt.de**

**Landhaus Meeresleuchten**

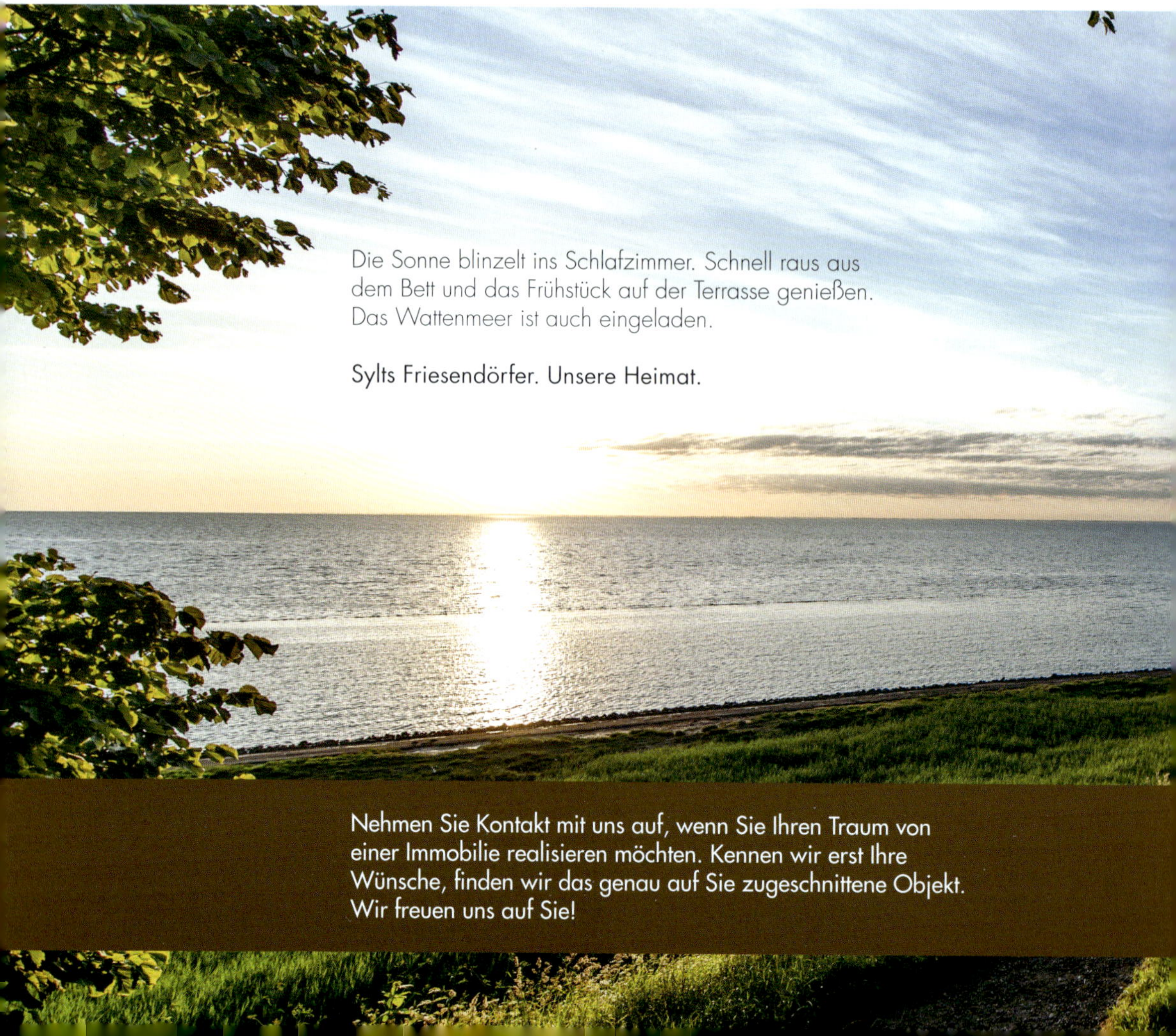

Die Sonne blinzelt ins Schlafzimmer. Schnell raus aus dem Bett und das Frühstück auf der Terrasse genießen. Das Wattenmeer ist auch eingeladen.

Sylts Friesendörfer. Unsere Heimat.

Nehmen Sie Kontakt mit uns auf, wenn Sie Ihren Traum von einer Immobilie realisieren möchten. Kennen wir erst Ihre Wünsche, finden wir das genau auf Sie zugeschnittene Objekt. Wir freuen uns auf Sie!

## IMMOBILIEN ERIK WEDELL

Der Name *Wedell* ist auf Sylt in der Immobilienbranche seit 1967 ein Begriff. Die Bezeichnung „Spezialist für die Friesendörfer" bedeutet für einen Immobilienmakler mit Ambitionen für den Erhalt und den Zusammenhalt der Heimatinsel schon eine große Verantwortung.

*Erik Wedell,* seit 1999 in der Branche am Puls der Zeit, hat sich auf die „aussichtsreichen" Lagen am Wattenmeer im Sylter Osten spezialisiert. So ist er mit reetgedeckten Anwesen betraut und vertraut. Auf die Frage, wie sich die Corona-Krise auf den Sylter Immobilienmarkt auswirkt, antwortet Erik Wedell sehr realitätsbezogen.

„Das Gefühl der Lebensqualität auf Sylt in Verbindung mit der sehr guten Kapitalanlage bestimmt bei allen Sylt-Liebhaber*innen schon seit Jahrzehnten die Kaufentscheidung. Nun kommt in dieser coronavirusgeprägten Zeit noch das Gefühl der Sicherheit und Geborgenheit hinzu, das Sylt ausstrahlt. Unabhängig davon ist das Angebot auf dieser Insel sowieso seit je her stark begrenzt.

Bei einer objektiven Betrachtung dieser Entwicklung erscheint das aktuell vermeintlich „überzogene" hohe Preisniveau ehrlicherweise doch in einem anderen Licht. Die Bewertung dieser sehr emotionalen Faktoren unterliegt naturgemäß einer hohen Bandbreite."

**Helga & Erik Wedell Immobilien GbR**
**25980 Sylt / OT Keitum, „Alte Post" Bahnhofstr. 12,**
**Tel.: 0 46 51 / 33344, Mobil: 0173 / 9212222, Fax: 33353,**
**www.wedell-sylt-immobilien.de,**
**erik@wedell-immobilien.de**

## SCHIEL IMMOBILIEN

Seit 2009 agiert *Thomas Schiel* als studierter Immobilienfachwirt in Wenningstedt und betreut seitdem sehr erfolgreich den Immobilienmarkt inselweit. Seine fachliche Beratung gilt den Eigentümern von Sylter Ferienobjekten, Wohnhäusern und Gewerbeobjekten, die ihren Besitz veräußern wollen, genauso wie den Suchenden, die auf Sylt ihren Traum vom Haus am Meer realisieren möchten. Hier wartet *Immobilien Schiel* mit einer beeindruckenden Palette unterschiedlicher Objekte auf.

„Unsere Beratung ist jederzeit fair, neutral und unabhängig, stets im Interesse beider Partner – dem Verkäufer und Käufer", meint Thomas Schiel, der aus einer alt eingesessenen Hamburger Maklerfamilie stammt und oft auch als Sachverständiger eingesetzt wird.

An seiner Seite steht *Monika Schlüter,* die Immobilien-Ökonomin. Sie ist außerdem die Sachverständige, wenn es um die Bewertung des jeweiligen Objekts geht.

Thomas Schiel fasst die spezielle Sylter Immobiliensituation wie folgt zusammen: „Die Insel Sylt war, ist und wird auch in Zukunft ein Magnet sein für die Suche nach dem eigenen Haus am Meer. Schließlich bietet unser Sandknust alles, was der gestresste Großstadtmensch sucht: Eine herausragende Naturlandschaft mit Ruhe und Beschaulichkeit, man findet aber bei Bedarf auch eine gewisse urbane Vielfalt. Wir haben eine Top-Gastronomie und ein kulturelles Angebot, das für eine Insel seinesgleichen sucht. Bekanntlich regeln Angebot und Nachfrage den Preis und die Nachfrage ist und bleibt groß…"

**25996 Wenningstedt, Berthin-Bleeg-Straße 9**
**Tel.: 0 46 51 / 449900, www.schiel-sylt.de,**
**post@schiel-sylt.de**

Lieber zu Schiel als zu wenig!
Schiel Immobilien
SYLT
IHR MAKLER- UND GUTACHTERBÜRO AUF SYLT
☎ 04651 · 44 99 00
BERTHIN-BLEEG-STRASSE 9 IN WENNINGSTEDT / SYLT • POST@SCHIEL-SYLT.DE • WWW.SCHIEL-SYLT.DE
© RITTER-WERBEAGENTUR.DE

## ERIC WEISSMANN

Der Immobilienmakler *Eric Weißmann* ist in Westerland mit seinem modernen Büro ganz zentral in der Elisabethstraße 1 zu finden. Weißmann hat sich auf das besondere Objekt spezialisiert. Wir sahen in seinem Angebotsportfolio aufwändig restaurierte und sanierte traditionelle Häuser genauso wie exklusive Neubauten in exponierten Lagen der Insel. Die „Luxury Beachhouses" an der Lister Hauptstraße sind so ein herausragendes Objekt.

Diese Häuser entstehen mit loftartigen Grundrissen und es kommen hochwertige Materialien zum Einsatz. Die große Fensterfront gibt den Blick frei aufs Meer. Lage – Lage – Lage! Hier kommt man wirklich ins Schwärmen.
Auch wer auf der Suche nach einer Traumwohnung oder einem Grundstück ist, wird bei Weißmann fündig.

**25980 Sylt / OT Westerland, Elisabethstraße 1**
**Tel.: 0 46 51 / 9679320, Mobil 0176 / 29677555**
**www.weissmann-sylt.de, info@weissmann-sylt.de**

## PETER PETERS IMMOBILIEN

Seit 25 Jahren ist *Peter Peters* Ansprechpartner für hochwertige Immobilien auf Sylt. Grundlagen für seinen langjährigen Erfolg sind Kernkompetenzen wie Offenheit, Diskretion und Ehrlichkeit. Als echter Sylter hat er bereits vielen Verkäufern geholfen, ihre Immobilien an Interessenten zu vermitteln, die so ihren Traum von einem Haus auf Sylt verwirklichen konnten. Um Menschen und Immobilien erfolgreich zusammenzubringen, beschreiten er und sein erfahrenes Team gern auch schon mal andere Wege und fahren mit einem original zurechtgemachten Samba-Bus zu Kundenterminen. Sein Sinn für Tradition und Nostalgie zeigte sich bereits vor über einem Jahrzehnt, als er sein Büro in ein schönes, gepflegtes Friesenhaus legte. Folgerichtig ist für den gebürtigen Sylter der Erhalt traditioneller Häuser eine Herzensangelegenheit. Dem Modernen gegenüber ist Peter Peters dabei aber nicht abgeneigt, denn seit kurzem gibt es im Lister Markt ein zweites und modernes Büro. Interessenten sind also sowohl in seinem Wenningstedter Büro als auch in der neuen Dependance im Lister Markt immer herzlich willkommen.

**Peter Peters Immobilien GmbH & Co. KG**
**Berthin-Bleeg-Straße 4, 25996 Wenningstedt**
**Tel.: 0 46 51 / 9677677, Fax: 9677679, Mobil: 0170 / 5825504**
**www.peters-sylt.de, peters@peters-sylt.de**

NF PP 368

# Wellness und Beauty auf Sylt

**Der große „Palast für Gesundheit und Wohlbefinden", das Westerländer Syltness Center, gilt auf Sylt als umfassende Grundausstattung für Wellness und Beauty. Die größten Hotels der Insel wetteifern geradezu bei ihren Bemühungen um das beste Fitnessangebot und die schönste und größte Wellnessoase. Sylt à la carte hat sich in einigen der besten Hotels der Insel dahingehend umgeschaut.**

Qiara Spa im Hotel Stadt Hamburg

Das Westerländer Hotel **STADT HAMBURG,** das älteste Hotel auf Sylt, geht nicht nur im Bereich Wellness mit der Zeit. Das *„QIARA SPA"* ist wahrlich eine Oase der Ruhe im belebten Westerland. Die 500 m², im asiatischen Kolonialstil gestaltet, bieten alles, was eine entspannte Auszeit ausmacht: Im Pool mit Gegenstromanlage sowie im Fitnessbereich mit TechnoGym-Geräten – auf Wunsch mit Personal Trainer – kommt der Kreislauf in Schwung, Sauna und Dampfbad laden zum Relaxen ein. Das bestens ausgebildete Team verwöhnt mit klassischen Massagen und Schönheitsbehandlungen für Gesicht und Körper, privaten Yogakursen sowie physiotherapeutischen Anwendungen. Neben den exklusiven Produkten von CARITA und PAÑPURI kommt mit der Anti-Aging-Pflegelinie AQUA ORGANIC eine hochwertige organische Pflegelinie zum Einsatz. Die natürlichen Crèmes und Seren sind frei von Mineralölen und künstlichen Duft- und Konservierungsstoffen. Perfekt ergänzt wird das erlesene Sortiment von UND GRETEL, zertifiziertes Make-up mit rein biologischen Inhaltsstoffen. Aromaöl- oder Fußreflexzonenmassagen, ayurvedische Behandlungen und Lomi Lomi runden das individuell auf Sie abgestimmte Wohlfühlprogramm ab. Day-Spa-Programme, auf Wunsch Tages- oder Abend-Make-up, machen die Schönheitsrituale komplett. Der „Relax Guide" bezeichnet das „QIARA SPA" als „außergewöhnlich".

*Tägl. geöffnet von 9-18 Uhr (siehe auch Hotel- u. Restaurant-Report).*

**Westerland, Norderstraße 1, Tel.: 0 46 51 / 858500,**
**www.hotelstadthamburg.com**

Dorint Strandresort

Das über 100 Jahre alte **HOTEL MIRAMAR**, direkt am Westerländer Strand gelegen *(siehe auch Hotel- und Restaurant-Report)*, bietet seinen Hotelgästen im Bereich Beauty und Wellness ein umfangreiches Verwöhnprogramm. Außerordentlich wohltuend sind die Massagen des Wellness-Zen-Man *Michael Lee*. Er bietet individuelle therapeutische Body Works, Traditionelle

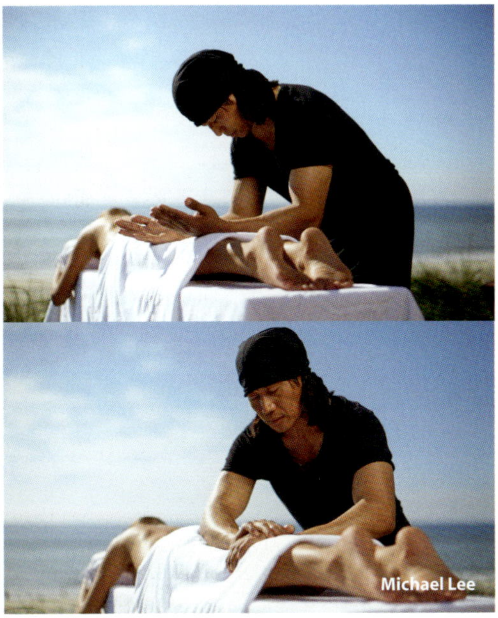

Michael Lee

Chinesische Medizin, Ernährungsberatung, Yoga und Meditation an. Ob Sie „Hot Stone" oder „Quick Refresh" wählen, die „Ganzheitliche Maui-Massage" oder das große „Anti-Cellulite-Programm": Hier sind Sie immer in guten Händen. Darüber hinaus vervollständigen eine opulente Badelandschaft mit Wasserfall, Schwallbrause, Wasserkanone und Meerblick sowie ein Fitnessraum und eine großzügige Saunalandschaft (mit Bio-Sauna, Dampfgrotte und Lichttherapie) den renovierten Spa-Bereich.
**Westerland, Friedrichstr. 43, Tel.: 0 46 51 / 8550, www.hotel-miramar.de, info@hotel-miramar.de**

Der exklusive Spa-Bereich im Vier-Sterne-Superior **DORINT STRANDRESORT** *(siehe Hotel-Report)* bietet auf 800 m² Beauty und Wellness auf hohem Niveau. Das Spa *„Seestern"* hat verschiedene Saunen und ein Dampfbad im Programm, einen Pool mit Ruhelandschaft und besondere Körperpflegeangebote. Die „Wellness de luxe"-Massage steht für einen exklusiven Behandlungsmix mit Elementen aus klassischer und Fußreflexzonenmassage, aus hawaiianischer und Aromamassage sowie aus Reiki und Lymphdrainage. Der Kosmetikbereich bietet wohltuende Gesichtsbehandlungen mit den hochwertigen OCEANWELL-Produkten an. Mit Blick auf den wogenden Strandhafer vor der Tür schenkt man sich gerne eine entspannende Auszeit und taucht ab in die besondere Philosophie der Spa Verwöhnwelt.
**Westerland, Schützenstr. 20-24, Tel.: 0 46 51 / 850-0, www.dorint.com/sylt**

Strandhotel Wyn

Am „Brandenburger"-Strand, wo der Surf World Cup stattfindet, hat das **STRANDHOTEL WYN** „top on the roof" einen großen Wellnessbereich aufzuweisen. Zu Fitness, Sauna und Yoga fasziniert der Blick über Strand und Meer.
**Westerland, Brandenburger Str. 13, Tel.: 0 46 51 / 8310, www.wyn-sylt.de**

*Erholung und Gesundheit*

# Für Ihre Gesundheit und mehr **Wohlbefinden.**

Vereint unter einem Dach finden Sie auf 5.000 Quadratmetern unser ganzheitliches Konzept für Ihr Wohlergehen und ein stabiles gesundheitliches Fundament. Loslassen, wohlfühlen und durchatmen.

Syltness Center · Dr.-Nicolas-Straße 3 · 25980 Sylt/Westerland

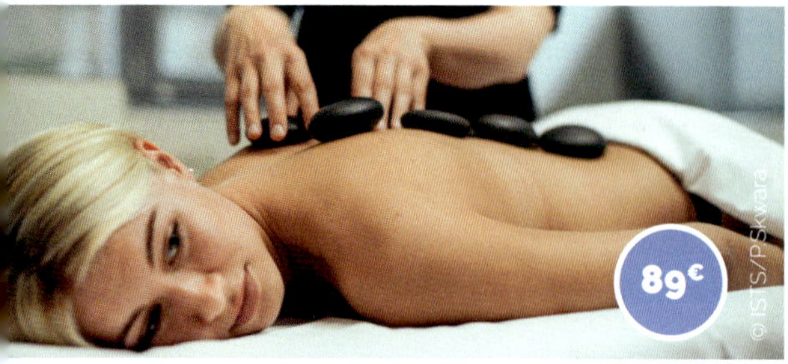


**WELLNESSS**

## Hot Stones Massage

Dauer ca. 75 Min.

**BEAUTY**

## Maniküre mit Handmassage und Lack

Dauer ca. 60 Min.

**Buchungs- & Servicenummer:** 04651 998-112 · Unser Sylt · unsersylt · **www.syltnesscenter.de** Sylt

Änderungen und Irrtümer vorbehalten. Anbieter der Leistungen ist die Insel Sylt Tourismus-Service GmbH · Strandstr. 35 · 25980 Sylt/Westerland

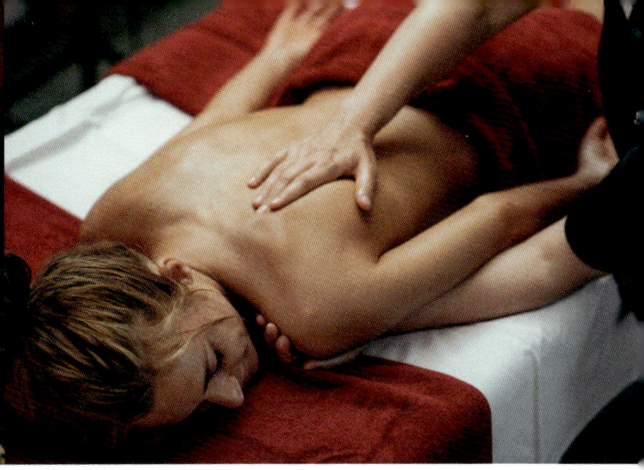

## SYLTNESS CENTER

*Das Spa am Meer –*
*Kompetenz für Ihre Gesundheit und Ihr Wohlbefinden*

Das ***Syltness Center*** am Flutsaum der Nordsee, mitten in Westerland, steht für besondere Wohlfühlmomente auf einem durchdachten und gesundheitsbasierenden Fundament mit den fünf Säulen ***Health, Thalasso, Wellness, Beauty und Fitness.*** Auf 5.000 m² finden Sie hier alles, was zur körperlichen Gesundheit und inneren Ausgeglichenheit beiträgt. Ausgesuchte Produktlinien, fachkompetente Therapeuten und ein SPA-Konzept, das sowohl altbewährte Traditionen als auch die ganzheitliche Philosophie von Gesundheit und Wohlbefinden berücksichtigt, lassen Stress und Hektik für eine Weile verblassen. Ob individuelle Einzelanwendungen, verordnete Therapien, Wohlfühlmassagen, Kosmetik und Sport – das ***Syltness Center*** vereint alles unter einem Dach.

Loslassen, wohlfühlen und durchatmen ist das Motto Ihrer individuellen Wohlfühlzeit. Im Thalassobereich des ***Syltness Centers*** entdecken Sie die Heilkraft des Meeres. Spüren Sie die ausgezeichnete Wirkung der Naturkräfte an Ihrem Körper: Meerwasser, Meersalz und Meeresschlick – genau das brauchen Sie im Urlaub, um wieder neue Kraft und Energie zu tanken. Und wo könnte ***Thalasso*** authentischer und effektiver umgesetzt werden als in dem ***Kompetenzzentrum des Insel Sylt Tourismus-Service***, das nur wenige Meter von der Nordseebrandung entfernt ***„Gesundheit aus dem Meer"*** bietet? Die Erhaltung der Harmonie von Körper, Geist und Seele steht im ***Wellnessbereich*** im Vordergrund. Hochwirksame Entspannungs- und Erholungsprogramme für jeden Anspruch verhelfen auch hier zu kleinen Auszeiten für Körper und Geist. Von der indischen Kunst des ***Ayurveda*** über ***orientalische Hamam- und Rasul-Rituale*** bis hin zu Wellnessanwendungen aus fremden, fernen Kulturen – buchen Sie den gewünschten Frischekick auf Ihrem Weg zu mehr Wohlbefinden. ***Schönheit*** bedeutet nicht nur Schönheitspflege von außen, sondern auch „sich wohlfühlen, harmonisieren und schmücken". Im lichtdurchfluteten Beautystudio mit Blick auf das Meer genießen Sie erholsame und exklusive Schönheits- und Pflegeprogramme für Gesicht und Körper – wohltuende Momente für eine wunderbare Ausstrahlung, Gelassenheit und innere Ruhe. Behandlungen mit Meereskosmetik von „La mer" versprechen „Meer für Ihre Haut". Die Inhaltsstoffe, abgestimmt auf Ihre individuellen Bedürfnisse der Haut, verhelfen zu einem strahlend schönen, vitalen, gepflegten und gesunden Erscheinungsbild.

Darüber hinaus hält die ***Syltness Lounge***, das Premium Spa am Meer im Syltness Center, viele exklusive Behandlungen in privater Atmosphäre bereit. Außergewöhnliche und hochmoderne Behandlungsmethoden machen das Angebot der Syltness Lounge zu etwas ganz Besonderem. Mit dem Syltness Lounge Signature Treatment, dem Deep Dream Entspannungs-Ritual, wird der Traum von einer Tiefenentspannung, die zudem noch lange nachwirkt, Wirklichkeit. Bei dieser exklusiven Relax-Anwendung werden die essentiellen Massageöle individuell zusammengestellt. Sie geben sich Ihrem Wohlfühlexperten und den neuartig miteinander kombinierten Massagegriffen aus Lymphdrainage, Fußreflexmassage, Druckpunktmassage und Meridiantherapie vom Kopf bis zu den Fußspitzen hin. Endlich spüren Sie ein ganzheitliches und wiedergewonnenes Gleichgewicht Ihres Körpers.

Um sportlich aktiv zu werden, empfiehlt es sich, das vielfältige Kursangebot des ***Sportcenters*** von A wie Aquafitness über Physio Yoga bis Z wie Zumba zu erproben. Mit unvergleichlichem Blick auf das Meer oder Outdoor-Kursen an der frischen Meeresluft wird von klassischen Ausdauer- und Kräftigungskursen bis hin zu den trendigsten Sportkursen jeder Altersklasse Genüge getan.

**25980 Sylt / OT Westerland, Dr.-Nicolas-Straße 3,**
**Tel.: 0 46 51 / 998-112, Fax: 998-6000,**
**www.syltnesscenter.de, info@syltnesscenter.de**

Ulenhof

Durchatmen, Ruhe und Entspannung in vollen Zügen genießen. Dazu lädt der erstklassige Spa-Bereich vom **SEVERIN*S RESORT & SPA** ein. Auf 2.000 m² ist eine Wellnessoase entstanden, die auf Sylt ihresgleichen sucht. Nur beste Materialien wie massiver Naturstein, ein zurückgenommenes Farbkonzept sowie ein bis ins Kleinste durchdachtes Lichtsystem machen deutlich, wie viel Wert auf Details gelegt wurde. Der großzügige, glasüberdachte Pool, von dem aus man den Blick auf den Kamin – ebenfalls in Übergröße – genießt, ist nur eines von vielen Spa-Highlights. Fünf Themensaunen und ein Fitness- und Yogaraum stillen den Drang nach Entspannung und Bewegung. Zum Nachspüren genießen Sie das Spa-Café – in dieser Form einmalig auf der Insel – oder den weitläufigen Ruheraum. Severin*s einzigartige Rituale verheißen pures Wohlgefühl: wie zum Beispiel bei der „Chakra-Stein-Behandlung" – eine besondere Chakra-Öl-Behandlung auf warmem Quarzsand oder ein „Reines Hamamerlebnis" zu zweit (mit Wassergüssen, Peeling und Seifenschaummassage). In der Spa-Suite tauchen Gäste am liebsten in ihre ganz persönliche „Auszeit zu zweit". Kosmetikanwendungen mit hochwertigen Produkten von TEAM DR JOSEPH, PHARMOS NATUR, PERRIS SWISS LABORATORY oder LIGNE ST BARTH. Externe Gäste sind herzlich willkommen. So haben Hotel- und Inselgäste die Möglichkeit, sich auch im *La Biosthetique Hair Spa* verwöhnen zu lassen.

**Keitum, Am Tipkenhoog 18, Tel.: 0 46 51 / 46066522, www.severins-sylt.de**

Eine der schönsten Wellness-Wonnen bietet das aufgefrischte Badehaus vom Wenningstedter **ULENHOF** *(siehe auch Hotel-Report)*. Es ist jetzt noch einladender. Hier können Sie auf 400 m² in den Saunen relaxen, sich mit Massagen verwöhnen lassen oder den Kampf mit der Gegenstromanlage des 10m-Schwimmbades aufnehmen. Die Saunalandschaft bietet römische und finnische Wärme: Tepidarium (auf Körpertemperatur), Caldarium (gemächliche 50°- 60°C), angenehmes neues Dampfbad (43°- 48°C), finnische Sauna (90°C) – und ab geht's unter den kalten Wasserfall! Wählen können Sie auch unter diversen Massagepraktiken: medizinisch, ayurvedisch zur Entspannung oder für die Schönheit, Shiatsu für den Ausgleich oder Fußreflexzonenmassage für die Mobilisierung der körpereigenen Heilkräfte und, und, und... Relaxen ist hier angesagt.

**Wenningstedt, Friesenring 14, Tel.: 0 46 51 / 94540, www.ulenhof.de**

Severin*s Resort & Spa

Der 700 m² Wellnessbereich im 5-Sterne-Superior-**HOTEL „FÄHRHAUS"** am Munkmarscher Hafen ist ein Garant für eine entspannte Auszeit vom Alltag. Hier stehen zahlreiche Beautybehandlungen für Körper und Gesicht im Rampenlicht. Erfrischung für Körper und Geist bieten eine finnische Sauna, ein Dampfbad mit Farblicht sowie ein Whirl- und Innenpool. Sportler können im Fitnessraum mit TechnoGym-Geräten sowie einer Vibrationsplattform ihr individuelles Workout absolvieren. Ein Klassiker ist die Fährhaus-Massage für den ganzen Körper mit aromatischem Kokos-Minzöl. So werden muskuläre Verspannungen sanft gelöst und der Energiefluss aktiviert. Eine Massage mit Ölen lockert Verspannungen und verführt mit Düften von Kokos und Aloe Vera. Zweisamkeit genießt man bei Anwendungen wie einem orientalischen Dampfbad mit Relaxmassage exklusiv und privat in der Double-Treatment-Kabine. Externe Gäste sind herzlich willkommen – im Rahmen des Half Day Spa, eines Beauty-Tages oder für einzelne Anwendungen.

**Munkmarsch, Bi Heef 1, Tel.: 0 46 51 / 9397410, www.faehrhaus-hotel-collection.de**

Eines der schönsten Landhotels Deutschlands, der **BENEN-DIKEN-HOF** in Keitum, hat einen großzügigen Wellness-, Beauty- und Fitnessbereich. Auf 700 m² entstand eine ganz eigene, individuelle Wellnesswelt, die auch von Nicht-Hotelgästen besucht werden kann. Das „WOLKENLÖN SPA" Angebot ist umfangreich. Es hat u.a. ein 15 m langes Schwimmbecken, das auch das Bahnschwimmen erlaubt, finnische Sauna, Dampfbad, Soft-Sauna und Infrarotsauna mit Soleinhalation. Studios sind eingerichtet für Massagen, Beauty mit den Marken LA PRAIRIE und SISLEY, Mani- und Pediküre. Das Fitnessprogramm am milon® Zirkel ist ein ganzheitliches Zirkeltraining für Ausdauer und Kraft. Es rundet das Wohlfühl-Programm im WOLKENLÖN SPA ab.

**Keitum, Keitumer Süderstraße 3-5, Tel.: 0 46 51 / 93830, www.benen-diken-hof.de**

WOLKENLÖN SPA im Benen-Diken-Hof

Landhaus Stricker

Wohlbefinden und Entspannung pur erleben! Eine außergewöhnliche Atmosphäre mit einer Großzügigkeit, die beispielhaft ist. Zu erleben im Relais & Châteaux Hotel **LANDHAUS STRICKER** in Tinnum. Hektik und Stress können draußen bleiben. Die WELLNESS LOUNGE ist ein Refugium für die innere und äußere Schönheit und gehört zur Topklasse auf Sylt. Hier bekommen Körper und Geist ganz individuell neue Energie – mit Indoor-Pool und Gegenstromanlage, Sauna, klassischer Dampfsauna, Fass-Sauna im Garten oder Fitnessraum mit modernsten Geräten. Echte Highlights sind die exklusiven Beautybehandlungen und das Verwöhnprogramm von BABOR. Fitnessraum mit Technogym-Geräten und Kinesis-Turm für das ganzheitliche Training. Verbunden mit dem sehr persönlichen Service, ist das Relais & Châteaux Hotel LANDHAUS STRICKER eine der besten Wellness-Adressen auf der Insel. Ganz viele Infos auf der Homepage.

**Tinnum, Boy-Nielsen-Str. 10, Tel.: 0 46 51 / 8899-0, www.landhaus-stricker.de**

An der schmalsten Stelle der Insel und mit direktem Blick auf das Rantum Becken steht das Spa vom *DORFHOTEL*, das neuerdings **TUI BLUE** heißt. Unter dem wellenförmigen Dach widmet man sich auf 1.100 m² der Wellness für Körper und Seele. Hier erwartet den Hotel- als auch den externen Gast ein Schwimmbad (10 x 15 m) mit Kinderbecken und herrlichem Panoramablick auf das Naturschutzgebiet des Rantum Beckens. Finnische Blocksauna, Bio-Sauna, Dampfbad, Kneippgang, Tauchbecken und Ruheraum. In dem mit sieben Anwendungsräumen ausgestatteten Wellnessbereich verwöhnt ein Team aus erfahrenen Masseuren und Kosmetikerinnen unter professioneller Leitung. Eine Sylter Heilschlick- und Rücken-Nacken-Massage oder eine Hot Stone-Massage werden unter anderem als Specials angeboten. Ein moderner Fitnessraum rundet das breite Angebot ab. Weiterhin werden Aquafitness und Aquajogging für die ganze Familie geboten.

**Rantum, Hafenstr. 1 a, Tel.: 0 46 51 / 4609166, www.tui.com**

Tui Blue Spa

Vielfach ausgezeichnetes SPA im Inselnorden: „spa business award", „Bestes SPA der Welt" (Traveller's World Award). Das *SPA-ROSA* im **A-ROSA** in List bietet Luxus für Körper und Seele auf zwei Ebenen, 3.500 m² und in 18 Anwendungsräumen. Ruheraum mit Meerblick. Von der Empore aus schweift der Blick über die ganzjährig beheizte, großzügige Innen- und Außenpool-Meerwasserlandschaft, dahinter erstrecken sich Dünenlandschaft und Wattenmeer. Sechs Themensaunen und Dampfbäder mit täglich wechselnden Aufgüssen und Saunaritualen, tiefenentspannende Teil- oder Ganzkörpermassagen sowie Ayurveda-Anwendungen bringen Körper und Seele sanft in Einklang. Gesichts- und Körper-Treatments mit hochwertigen Produkten von CLARINS und LIGNE ST BARTH verwöhnen alle Sinne auf höchstem Niveau. Krönung ist die private SPA-Suite. Fitnessgeräte und Personal Training runden den ganzheitlichen Ansatz zu mehr körperlichem und geistigem Wohlbefinden ab und die Functional Fitness-Fläche bietet Sportbegeisterten viel Platz sich auszupowern. Vitalbar mit frischen Säften und gesunden Snacks. Attraktive Day-Spa-Angebote für externe Gäste *(siehe auch Hotel- und Restaurant-Report)*.

**List, Listlandstraße 11, Tel.: 0 46 51 / 96750-873, www.a-rosa-resorts.de**

Der exklusive 1.000 m² umfassende, luxuriöse Spa-Bereich des Hörnumer Hotels **BUDERSAND** hat ein vielfältiges Angebot für Hausgäste, aber auch für externe Gäste, die hier im Day-Spa relaxen können. In ambitioniertem Design können hier alle Entspannungsmöglichkeiten wahrgenommen werden. Der „Relax Guide" urteilt: „hervorragend und 17 Punkte". Neben dem großen Schwimmbad (12,5 x 6 m) stehen Bio-Sauna, finnische Sauna sowie ein Dampfbad bereit. Die große Frischluftterrasse mit Meerblick ist eine perfekte Ruhe-Oase. Behandlungen mit Massage, Kosmetik und Körperpflege. Cardio- und Fitnessraum. Der Clou: eine absolut private Spa-Suite allein oder zu zweit mit eigenem Dampfbad, Behandlungsraum und natürlich mit Meerblick!

**Hörnum, Am Kai 3,**
**Tel.: 0 46 51 / 4607-0, www.budersand.de**

Mit **MAREN SCHULZ,** seit 2008 auf Sylt, tauchen Sie ein ins Yoga-Meer: Die Körpertherapeutin und Yogalehrerin ist Yogini seit ihrer Kindheit. Sie begleitet Menschen jeden Alters und jeder Lebenssituation mit ihren Yoga-Angeboten. Ihr Anliegen ist es, ihre KlientInnen tiefgründig, fundiert und humorvoll durch wohltuende Atem-, Bewusstseins- und Körperübungen zu leiten und damit heilsame Verbundenheit erleben zu lassen.

Ganzjährig bietet Maren Schulz dazu Privateinheiten für Einzelgäste, (Freundes)Paare, Familien, Firmen-Incentives, Feiern sowie Online- und Präsenz-Kongresse an.
Während der Sommermonate unterrichtet die Yogalehrerin und Körpertherapeutin offene Strand-Yoga-Klassen:
Mo, Mi & Fr in Wenningstedt, Di und Do in Westerland jeweils von 10-11:45 Uhr. Beliebt und immer schnell ausgebucht sind ihre Yoga-Retreats im Herbst sowie über Himmelfahrt und Pfingsten.
Nach Sylt kommen, auf innere Reise und in Resonanz gehen:
Naturverbunden, ganzheitlich und erfrischt wieder auftauchen! Sylt-Entspannung zum Mitnehmen und immer wieder Genießen ermöglicht die Yoga-CD...

**Westerland, Am Bastianplatz 4, Tel.: 0178/5831538, www.yogamare.de, info@yogamare.de und facebook: yogamare Sylt**

Mehr Infos im Restaurant-/ Hotelreport

# Süße Sylter Landschaften

*Alles begann 1855, als Westerland zum anerkannten Seebad wurde und man es damals schon den verwöhnten Sommerfrischlern aus den Metropolen alles so schön bequem machen wollte, wie sie es zu Hause gewohnt waren.*
*So traf man sich schon vor 150 Jahren zum Kaffeesieren nach dem Bade im Pavillon in den Dünen. Mit den Jahren entwickelte sich Westerland zu einem mondänen Seebad und ganz besonders in der Strandstraße reihte sich um die Jahrhundertwende ein Café und Vergnügungslokal an das andere. So wurden in dem damals sehr beliebten „Café Wiedermann" die Friesenkekse als Reiseproviant erfunden und schon zu dieser Zeit in alle Welt verschickt.*

## WESTERLAND

Mit einer traditionellen Caféhauskultur wartet das **Café Wien** in der Strandstraße auf. Die Auslagen im Schaufenster und in den großen Vitrinen sind ein einziger Angriff auf die schlanke Linie. Das Familienunternehmen wird in der zweiten Generation von Konditormeisterin *Tania Langmaack* geführt. Tania, ein Sylter „Urgewächs", bietet mit ihren Konditoren über 80 verschiedene Kuchen- und Tortenleckereien an. Dazu gibt es viele verschiedene Kaffee- und Teevariationen. Außerdem wird hier eine äußerst leckere gutbürgerliche Küche geboten.

Gleich nebenan wird die Verführung Café Wiens mit dem Laden der hauseigenen **Schokoladenmanufaktur** fortgesetzt: handgeschöpfte Schokoladen als Tafeln oder als Figuren in den exotischsten Geschmacksrichtungen. Eine Fundgrube für Geschenke zum Anbeißen.
Die Nachfrage nach den über 300 verschiedenen süßen und bitteren Schokoladentafeln ist so groß, dass im Tinnumer Gewerbegebiet am Flugplatz eine große Schokoladenwerkstatt mit Laden entstand. Dort ist man auch mit Torten bestens ausgerüstet.
**Café Wien und Sylter Schokoladenmanufaktur, Strandstraße 13, Westerland, Zum Fliegerhorst 15, Tinnum, www.cafe-wien-sylt.de**

Das **Café Mateika** ist als Caféhaus alten Stils Jahrzehnte Bestandteil der Sylter Caféhaus-Szene. Im Frühjahr 2017 eröffneten Mateikas eine neue reizende Konditorei im nostalgischen Caféhaus-Stil als Nachfolge des alten Hauses. Es ist jetzt im kleineren Rahmen noch gemütlicher geworden.
Beachtlich ist die gutbürgerliche preisgünstige Küche *(siehe Restaurant-Report, Seite 56).*
**Café Mateika, Bismarckstraße 11, Westerland, www.mateika.de**

Im schwarz-weißen Marmor-Ambiente vom Bistro **Leysieffer** werden neben den bewährten Bistrogerichten üppige Früchteträume und warmer Apfelstrudel mit Vanillesauce über den Tresen gereicht. Die Schlange vor dem „Eispavillon" ist im Sommer endlos, um an den Eistraum in „frisch gebackenen Waffeln" ranzukommen. Die gegenüberliegende Confiserie Leysieffer führt weiterhin herzhafte Delikatessen, die „Himmlischen" und weitere „Kuchenträume".
**Café Leysieffer, Friedrichstraße 38, Westerland, www.leysieffer.de**

Auch die Westerländer Hotels haben ihre Vorzüge, wenn man nachmittags eine Kaffeepause einlegen will. Hier sei einmal das noble **Hotel Stadt Hamburg** genannt. Die ganz besonders guten Kuchen und Torten aus der hauseigenen Patisserie können im edlen Bistro oder auf der Straßenterrasse vor der schönen alten Fassade des Hauses von 1869, aber hinter einer schützenden Hecke, genossen werden.
⭐ **Hotel Stadt Hamburg, Strandstraße 2, Westerland, www.hotelstadthamburg.com**

Auf der Terrasse vom **Hotel Miramar** sitzt man in einem Strandkorb in der ersten Reihe, quasi über der Nordsee. Kaffee und Kuchen mit Blick Richtung England – erste Sahne!
⭐ **Hotel Miramar, Friedrichstr. 43, Westerland, www.hotel-miramar.de**

Das **Café Orth**, Traditionscafé aus den 20er Jahren, war früher ein mondänes Café für die bessere Gesellschaft. Die Terrasse auf der Friedrichstraße war immer schon der Platz, um zu sehen und um gesehen zu werden. Aus vergangenen Zeiten stammt der Spruch: „Nur der kann ganz auf Sylt genesen, der auch im Café Orth gewesen."
**Café Orth, Friedrichstraße 30, Westerland, www.cafe-orth-sylt.de**

Folgende Strandlokale mit einem Kaffee-, Tee- und Kuchenangebot reihen sich wie Perlen an der Westerländer Seepromenade mit Blick aufs Meer: **Luzifer, Extrablatt, Friends, Sunset Beach, Badezeit, Beach House, Seenot** und im Schatten der Düne **S-Point** und **Aldente** im Aquarium.

Das Café-Restaurant **Strandoase** in den Dünen im Süden von Westerland hat immer Strudel mit Früchten und andere leckere Kuchen im Angebot. Auf der geschützten Terrasse und auf dem Dünensteg sitzt es sich ganz wunderbar und der Strandübergang befindet sich gleich hinter dem Haus. Ein Strandspaziergang hierher lohnt sich immer wieder.
⭐ **Strandoase, Lorens-de-Hahn-Str. 42, Westerland, www.strand-oase.de**

Die Idylle im kleinen Westerländer Wäldchen, dem Friesenhain. **Café Waldidyll** bietet neben der gutbürgerlichen Küche immer Kuchen frisch aus der Röhre. Viele sind angetan von der etwas in die Jahre gekommenen Einrichtung. Hier findet man die Ruhe – Idylle eben!
**Café Waldidyll, Nordstraße 82, Westerland**

## FRIESENTORTE
## À LA MATEIKA

**WENNINGSTEDT** ist mit seinem „Haus am Kliff" und **iismeer** ein attraktiver Anziehungspunkt. Vom iismeer hat man einen herrlichen Blick aufs Meer. Viele Bio-Eissorten locken, Kuchen gibt´s selbstverständlich auch und abends sitzt man am Tisch-Lagerfeuer und brutzelt Stockbrot sowie Fisch und Fleisch „am Spieß". Ein kommunikativer Spaß.
**iismeer, Strandstraße 25, Wenningstedt, www.iismeer.com**

Gleich beim Strandübergang kann man sich auf der Terrasse der weißen Villa **Meeresblick** zur friesischen Teestunde niederlassen. Aus eigener Konditorei kommen herrliche Kuchenplatten mit Apfel, Rhabarber, Pflaume oder Kirsche, auch Waffeln mit allem Drum und Dran.
**Villa Meeresblick, Strandstr. 26, Wenningstedt**

Bei **Fitschen am Dorfteich** sitzen die Gäste im schönen Cafégarten in Strandkörben oder im neuen Wintergarten, um den Enten auf dem Dorfteich zuzuschauen. Hier gibt's aus eigenem bewährten Hause u.a. Mohn- und Käsekuchen oder Apfelstrudel mit Vanilleeis bzw. Vanillesauce.
**Fitschen am Dorfteich, Am Dorfteich 2, Wenningstedt, www.fitschen-am-dorfteich.de**

**Gosch am Kliff** ist auf die Kliffkante gebaut wie eine geöffnete Muschel. Vom ersten Tag an der Renner, denn alle wollen hier mal gewesen sein und wenn auch nur, um nach dem Fischbrötchen noch einen Kuchen mit Meerblick-Genuss zu verdrücken.
**Gosch am Kliff, Dünenstraße 17a, Wenningstedt, www.gosch.de**

**KAMPEN** ist berühmt als wahres Café-Eldorado, denkt man an **Manne Pahl**, wo jeden Nachmittag „voluminöse Kuchenpakete außer Haus geschleppt werden". Der Konditormeister offeriert immer sehr einfallsreiches Backwerk.
**Manne Pahl, Zur Uwe Düne 2, Kampen, www.manne-pahl.de**

Das **Gogärtchen** im Strönwai, das vor 60 Jahren als Café mit Inge Gogartens Hausgebackenem Furore machte und später als Promitreff einen legendären Ruf begründete, wird mit jugendlichem Elan in die Zukunft geführt. Es wurde fast alles auf neu und jung gebürstet. Der Cafégarten wurde neu möbliert. Kuchen im Garten oder gleich an der Champagner-Bar.
**Gogärtchen, Strönwai 12, Kampen, www.gogaertchen.com**

Von der etwas erhöhten Terrasse des Hauses **Odin** hat man bei Kaffee und Kuchen einen guten Blick auf das Geschehen auf dem Strönwai, dem Kampener Hotspot. Immer sehr kreativ das Hausgebackene!
**Haus Odin, Strönwai 10, Kampen**

Der legendäre, unkomplizierte Strandbuden-Treff **Buhne 16** an den Ausläufern des nördlichen Kampener Hauptstrands. Hier trifft sich Jung und Alt, Reich und Schön, um in entspannter, lässiger Surfer-Atmosphäre von früh bis spät zu genießen – die Sonne, das Meer, den Strand, die Dünen – und nicht zuletzt die erstklassige Rundum-Strandversorgung des *Behrens*-Clans; man steht gerne an für Kaffee, Rosinenkuchen – mmh, Eis und sonstige Leckereien.
**Buhne 16, Listlandstraße 133b, Kampen, www.buhne16.de**

**Kaamps7** (ehemals La Grande Plage) ist die Sunset-Location über dem Sand, ganz nah am Meer auf Stelzen gebaut. Um hier nördlich von Kampen heißen Kaffee und Tee sowie leckeren Kuchen bei Meerblick zu genießen, muss man durch die Dünen oder immer am Flutsaum entlang watscheln. Auto ist tabu! Auf Höhe des kleinen Leuchtturms sind Sie am Ziel.
**Kaamps7, Riperstig, Kampen, www.kaamps7.de**

Der **Dorfkrug** ist ein „must have". Man sitzt vor dem Friesenhaus auf der Sonnenseite und genießt das Leben an der Außenbar – nicht nur bei Kaffee und Kuchen.
**Dorfkrug, Braderuper Weg 3, Kampen, www.dorfkrug-kampen.com**

Gleich gegenüber bietet sich der große Garten vor dem Friesenhaus zum Relaxen an. Im **94Kampen** werden große Kuchenbleche mit den jahreszeitlichen Früchten in den Ofen geschoben. Die Küche bietet die guten ländlichen Gerichte, so wie Mutti sie hätte kochen sollen.
**94Kampen, Alte Dorfstraße 2, Kampen, www.facebook.com/94Kampen**

Mindestens einmal sollte man im Urlaub in der **Kampener Kupferkanne** gewesen sein. Hier duftet es nach verschiedenen Kaffeesorten, die im urigen Refugium selbst geröstet werden. Zusätzlich duftet es nach dem leckeren Kuchen, der hier ständig frisch aus dem Ofen kommt und in Maxigröße auf der Ostterrasse mit Wattenmeerblick oder auf der Sonnenuntergangs-Westterrasse serviert wird.
Die kunsthandwerklich ausgestatteten ehemaligen militärischen Katakomben sind sehenswert.
**Kupferkanne, Stapelhooger Wai, Kampen, www.kupferkanne-sylt.de**

Auf dem Weg von Kampen nach List sollte man bei Kuchengelüsten in die **Vogelkoje** einkehren. In urwüchsiger Natur schwelgt man im allerschönsten Strandkorbgarten weit und breit oder im stimmungsvollen Reetdachhäuschen mit Rhabarber-, Mohn-, Pflaumen- oder Quarkkuchen. Wer's herzhafter mag, dem sei das Kojenbrot empfohlen.
**Vogelkoje Kampen, Lister Straße 100, Kampen, www.vogelkoje.de**

Dass LIST, auch Gosch-Town genannt, zur Kaffeezeit nicht nur Fischkuchen serviert, beweist die gemütliche **Alte Backstube** an der Hauptstraße. Auf überdachter Terrasse, im schönen Cafégarten oder im kuscheligen Biedermeierzimmer werden Kuchenträume wahr: Apfel- und Pflaumenkuchen vom Blech, Käse-, Nuss-, Orangen- oder Malakofftorten, frisch gebackene Waffeln und der riesige „Sturmsack", der Windbeutel, der gleich mit Lätzchen serviert wird.
**Voigts Alte Backstube, Süderhörn 2, List, www.voigts-sylt.de**

Im Lister Markt gibt's das trendy **Restaurant SYNDER.** Das hört sich nach Sünde an. Hier befindet sich mit der **GenussMacherei** und **Ingwersens Caféstube** ein reines Genuss-Eldorado.
**Restaurant Synder, Hafenstraße 2a, List, www.synder-sylt.de**

Das große Blockhaus in und hinter den Dünenbergen am Weststrand von List wurde einem umfangreichen Facelifting unterzogen. Mit großen Lettern wird hier die neue Zeit angekündigt: **WONNEMEYER**. A nice place to be! Eine große neue Terrasse „mit Blick" lädt zum Kaffeesieren ein. Herrlicher Weitblick und ebenso herrlicher Kuchen.
**Wonnemeyer in der Weststrandhalle, Am Weststrand, List, www.weststrandhalle.de**

Auf der Lister Wattenmeerseite ist die Strandbude **L.A. Lister Austernperle** ein traumhafter Strandort. Auf der Terrasse mit Weitblick lässt man sich Kaffee und Kuchen schmecken.
**Lister Austernperle, Oststrandpromenade, List**

**Sylter Eismanufaktur** Vom Geheimtipp zum Hype. Wie kommt es nur, dass eine Eisdiele auf dem nördlichsten Zipfel Deutschlands zu den 10 besten des Landes gezählt wird? Okay, hingehen und Eis schlecken und unseren Bericht im Buch lesen. Dann wird alles klar *(siehe Seite 151)*.
**Sylter Eismanufaktur, Dünenstraße 3, List, www.sylter-eismanufaktur.de**

RANTUM ist im Aufwind, aber das **Hus in Lee** ist hier schon seit über 30 Jahren d e r Kaffee- und Kuchentipp. Ein traumhafter Cafégarten, der immer wieder aufgehübscht wird, lockt. Man hat Wattenmeerblick und Rhabarberkuchen ... Was will man Meer?
**Hus in Lee, Hörnumer Straße 26, Rantum, www.hus-in-lee.de**

Die Suche nach der etwas abgelegenen **Kaffeerösterei Sylt** im Areal des Rantumer Segelhafens sollte man aufnehmen. Ein unwiderstehlicher Geruch von frisch geröstetem Kaffee liegt in der Luft. Gehen Sie also immer der Nase nach! Sie werden belohnt!
**Kaffeerösterei Sylt, Hafenstraße 9, Rantum, www.kaffeerösterei-sylt.com**

Ein Novum für Sylt stellt die bunte **Bonscherei** gleich neben der Rantumer Sylt Quelle dar. Ein zuckersüßer Laden mit einer Bonbonmanufaktur ist entstanden. Dazu lädt ein Cafégarten ein mit einer bunten Möblierung wie aus einem Märchenfilm. Hier kann man seine Bonbons lutschen oder eine von den opulenten Torten schlecken. Echt süß!
**Sylter Bonscherei, Hafenstraße 4, Rantum, www.sylter-bonscherei.de**

Die **Strandmuschel** findet man in Rantum am Ende vom Strandweg. Hoch auf der Düne ist man auch auf Kaffee- und Kuchen-Gäste eingestellt. Der Blick über Dünen zum Meer wird nicht extra berechnet.
**Strandweg 30, Rantum, www.strandmuschel-sylt.de**

Das **Seepferdchen** am Rantumer Samoa-Strand ist nicht nur ein Dünenparadies, auch der Kuchen aus der eigenen Konditorei ist paradiesisch. Käsekuchen, Pflaumenkuchen, Mohnstrudel, Apfelstrudel – mit und ohne Vanillesauce. Mmh! Herrlich, hier bei Kaffee und Kuchen im Strandkorb zu sitzen und über die Dünengräser zum rauschenden Meer zu schauen.
**Samoa Seepferdchen, Hörnumer Straße 70, Rantum, www.samoa-seepferdchen.de**

Und nun weiter ab in den Süden, an den Strand von **Sansibar**. Obwohl so abgelegen, ist hier das ganze Jahr über Betrieb. Selbst in der kalten Jahreszeit sitzt man tapfer eingemummelt vor Herberts Hütte bei heißen Getränken und wunderbarem Kuchen, frisch aus dem Backofen.

**Sansibar, Hörnumer Straße 80, Rantum, www.sansibar.de**

In **HÖRNUM**, in der **Bäckerei und Konditorei Lund**, heizt man schon seit über 60 Jahren den Backofen an. Wenn die nichts vom Backen verstehen, wer denn sonst? So gibt es viele Kuchen-Renner, z.B. die üppig belegten Erdbeertörtchen. Das Eis ist hausgemacht und aus natürlichen Rohstoffen – natürlich!

**Bäckerei Lund, Rantumer Straße 1, Hörnum, www.cafe-lund.de**

Hoch auf einer Düne bietet das **Restaurant Strönholt** einen tollen Panoramablick auf Golfplatz und Hotel Budersand sowie den Hörnumer Hafen. Die Terrasse ist ideal für eine Kaffeepause.

**Restaurant Strönholt, Fernsicht 1, Hörnum, www.stroenholt.de**

Ein Highlight ist die Terrasse der Luxusherberge **BUDERSAND**. Man sitzt quasi direkt am und über dem Meer mit Blick auf die Schiffsbewegungen und auf die Nachbarinseln. Dass hier auch der Kuchen Luxus ist, versteht sich von selbst. Aber man gönnt sich ja sonst nix.

**Budersand, Am Kai 3, Hörnum, www.budersand.de**

**KEITUM UND DIE OSTDORFER** sind von jeher Ausflugsziele für Wanderungen und Radtouren und viele Lokale konkurrieren um die Gunst der Gäste.

Gleich am Ortseingang befindet sich der **Genuss-Shop** vom 2-Sterne-Koch Johannes King, der hier auch ganz besonderen Gourmet-Kuchen sowie Tee- und Kaffeespezialitäten bereithält.

**Kings Genuss-Shop, Gurtstig 2, Keitum, www.johannesking.de**

Die **Kleine Teestube** in Keitum hat ihren ganz besonderen Zauber im Innern des Friesenhauses und im Blumengarten mit Strandkörben. Täglich wird hier frisch gebacken: Früchte- und Friesentorte, Waffeln mit Brombeeren und Sauerrahm und, und, und … und Tee gibt's in vielen Variationen.

**Kleine Teestube, Westerhörn 2, Keitum, www.kleineteestube-sylt.de**

Die Keitumer Traditionsadresse für Kaffee, Tee und Kuchen **Nielsens Kaffeegarten** ist wieder da und bestens modernisiert. *100 Jahre Nielsens Kaffeegarten* wurden bereits ausgiebig gefeiert. Kuchen wie zu alten Zeiten Spitzenklasse. Tolle Terrasse, super Blick aufs Wattenmeer. Tipp: Zitronenomelette!

**Nielsens Kaffeegarten, Am Kliff 5, Keitum, www.nielsens-kaffeegarten-sylt.de**

Keitums 5-Sterne-Superior-Hotel Severin*s serviert im **Restaurant Hoog** Tee- und Kaffeespezialitäten und herrlichen Kuchen – bei schönem Wetter auch auf den Terrassen.

**Restaurant Hoog, Am Tipkenhoog 18, Keitum, www.severins-sylt.de**

**Für Sylt à la carte gebacken von Nielsens Kaffeegarten**

Der Teeraum im Keitumer Kontorhaus

Immer noch eine Art Geheimtipp: Das **Kontorhaus Keitum**, das etwas außerhalb des Friesendorfs an den weiten Wiesen und Feldern liegt. Der modern eingerichtete helle Teeraum strahlt Ruhe aus. Genau die richtige Atmosphäre für die friesische Teetied oder auch die britische Tea-Time, mit Scones und clotted Cream. Das hausgemachte Gebäck ist genauso herrlich wie der Blick von der Strandkorbterrasse über die Wiesen bis zum Deich.

**Kontorhaus Keitum, Siidik 15, Keitum, www.teekontorkeitum.com**

Ein beliebtes Ziel für Wanderer und Radler ist das in den Tinnumer Wiesen gelegene ländliche **Hofcafé Klein'er Kuhstall**. Hier backt täglich (außer donnerstags) ein versierter Konditor saftige Früchtekuchen je nach Saison (Apfel-Pflaume ist der Renner) und himmlische Sahnetorten (Eierlikör! Käse-Mohn!). Es gibt auch eine deftige Brotzeit und 20 verschiedene Teesorten.

**Klein'er Kuhstall, Südhörn 7c, Tinnum, www.kleinerkuhstall.de**

**Salon 1900** – Ob im gemütlichen Salon oder auf der Gartenterrasse mit Außenbar – der hausgebackene, gedeckte Apfelkuchen schmeckt hier und da. Die Friesentorte ist ein Muss und der „Sturmsack" mit frischen Früchten macht richtig satt. Über 15 Teesorten werden zur friesischen Teestunde stilvoll auf dem Stövchen serviert.

**Salon 1900, Keitumer Süderstraße 40, Keitum, www.salon1900.de**

Urgemütlich ist es in der **Stuuv** des Hotels **Aarnhoog**. Der Kuchen kommt täglich frisch aus der Backstube des Fährhauses in Munkmarsch. Die Renner: Eierlikörtorte, Donauwellen oder saisonal gedeckter Apfelkuchen.

**Hotel Aarnhoog, Gaat 13, Keitum, www.faehrhaus-hotel-collection.de**

Das „am Ende von Keitum" gelegene kleine **Kamps Hotel** beherbergt nicht nur Gäste. Das Haus wartet auch mit einer beachtlichen Galerie auf und kann nun wieder für einen Cafébesuch eingeplant werden. *Conny Kamp* schmeißt den Laden äußerst eloquent. Die Redaktion ist sich einig: vorzüglicher Kaffee und wunderbarer Kuchen. Tipp: Käsekuchen!

**Kamps Hotel, Gurtstig 41, Keitum, www.kamps-sylt.de**

Kamps Hotel: Kunst und Kuchen

In Ingwersens Cafégarten

In MUNKMARSCH liegt das Café und Restaurant **Zur Mühle** und weist eine der schönsten Wattenmeerlagen auf. Das Wasser plätschert unweit der Caféterrasse und nach Familienrezepten gebackener Kuchen wird serviert. Käsekuchen, Friesenpai, Apfelkuchen und natürlich die Friesentorte sind beliebt wie eh und je.
**Zur Mühle, Lochterbarig 24, Munkmarsch, www.zur-muehle-sylt.de**

Das **Hotel Fährhaus** in Munkmarsch hat wohl eine der schönsten Caféterrassen vor dem historischen Haupthaus mit Blick auf den kleinen Segelhafen und das Wattenmeer. TIPP: Herausragend sind die Fährhaustorte und der Käsekuchen – das wäre der „weltbeste" wird gemunkelt. Probieren!
**Fährhaus, Bi Heef 1, Munkmarsch, www.faehrhaus-sylt.de**

In MORSUM, im äußersten Osten der Insel, hat die **Bäckerei Ingwersen** ihren gepflegten Cafégarten schön wohnlich mit Weidenzäunen ausgebaut und mit Skulpturen bestückt. Ingwersen bietet hier das ganze Spektrum eines friesischen Caféhauses, seien es der Apfel- oder Walnuss-Strudel, die leckeren Waffeln mit Sauerkirschen oder die Friesentorte sowie eine große Anzahl bester Teesorten und Kaffeevarianten. Ein toller Ort zum Entspannen.
**Bäckerei Ingwersen, Terpstig 76, Morsum, www.ingwersen-sylt.de**

Das **Landhaus Severin*s** mit Hotel, Restaurant und Café liegt in traumhafter Alleinlage ganz am östlichen Ende der Insel. Das Morsum Kliff ist von jeher ein ideales Ausflugsziel und im „Severin*s" kann man getrost einkehren und auf der großen Terrasse herrlich „kaffeesieren".
**Landhaus Severin*s, Nösistig 13, Morsum, www.landhaus-severins.de**

Viel Spaß also in den süßen Sylter Landschaften!

# Shopping auf Sylt

## Eine Auswahl exklusiver Läden der Insel

Geld ausgeben, wenn man es ausreichend hat, ist auf dieser Insel nicht das Problem, denn Sylt ist zwar auch eine „Dörfer-Insel“, doch lebt man hier nicht am Ende der Welt. Für manche scheint hier eher der Nabel der Welt zu liegen – schließlich gibt es wohl nur in wenigen Orten mehr Luxusläden mit den Image-Marken, „die man haben muss“, als auf Sylt. Hermès, Wempe und nun auch Porsche mit einem „Schmuckkasten“ für diese prestigeträchtige Automarke. Fast jede Weltmarke möchte auf Sylt, möglichst in Kampen, präsent sein. Längst ist der Luxus auch nach Westerland und Keitum geschwappt. Tauchen Sie mit uns ein in einen Teil der Sylter „Shopping Welt“ und lassen Sie sich verführen...und denken Sie daran, was Karl Lagerfeld über sein Einkaufsverhalten zu berichten wusste: „Der Höhepunkt des Luxus ist es, nicht auf den Preis zu gucken“. Gott hab ihn selig! Dabei gibt es auf Sylt auch Schnäppchen all überall.

**roy:** CELEBRATES YOUR STYLE.

„Mit einem individuellen Marken-Mix, guter Ladenatmosphäre, viel persönlicher Präsenz und einem großartigen Team wollen wir unseren Kunden auch beim Shoppen Urlaubsfeeling bieten!“, formuliert *Roy Komorr* seinen Anspruch und hebt sich mit dem inhabergeführten Fashionstore „auf dem Weg zum Meer“ wohltuend vom Mainstream ab.

Auf 200 m² Fläche werden Outfit-Ideen von lässig bis angezogen der Marken DRYKORN, SET, EMILY, JNBY, 10 DAYS, NORTH OF GERMANY, TIGHA, DEUS, CHIEMSEE und vielen weiteren kleinen Labels präsentiert. Im weitläufigen Ambiente schließen sich ein smarter Anzug oder trendiges Kleid für besondere Anlässe und das Kuschel-Sweatshirt für ein entspanntes Strandpicknick nicht aus. Schuhe, unter anderem von VEJA, COPENHAGEN und DR. MARTENS und passende Accessoires machen die Outfits komplett. Die Form- und Größenauswahl der Jeansmarken LEVIS, REPLAY, PEPE, NUDIE, ER-DENIM, LE TEMPS DES CERISES und THE. NIM ist super – und die kompetente Beratung auch :-)
Ferner finden Sie hier die inselweit größte Auswahl an Damen- und Herrenjacken von EMBASSY, SAVE THE DUCK und RAINS!
Wer tagsüber lieber Sylter Luft, Strand und Nordsee genießen will, hat die Möglichkeit, einen Shoppingtermin außerhalb der üblichen Öffnungszeiten und in privater Atmosphäre zu verabreden. Auch eine schöne Geschenkidee für F“roy“nde.
Neben Mode versteht sich das bei Gästen und Insulanern gleichermaßen beliebte Geschäft aber auch einfach als Treffpunkt für einen netten Schnack, Live-Musik und andere unterhaltsame Überraschungen. Neugierig geworden?
Alle Infos bei facebook.com/Roy.Sylt
**25980 Sylt / OT Westerland, Strandstr. 25, Tel.: 0 46 51/ 834958, www.roy-sylt.de, roy.sylt**

NEU auf Sylt

EST. 2013

# saltwater shop

SURF VANLIFE ADVENTURE

*Saltwater Shop Sylt* – alles rund um Surf, Vanlife und Adventure!

Ganz neu in Westerland und ganz nah am Strand befindet sich seit Anfang April der Saltwater Shop. Neben den Shops in Travemünde, Heiligenhafen und Hamburg betreiben zwei Hamburger Surfer hier ihren vierten Standort und erfüllen sich damit einen lang gehegten Traum: Den ersten Store direkt am Surfspot.

Entstanden ist ein außergewöhnlich designtes Geschäft über zwei Ebenen mit ausgewähltem Sortiment in perfekter Sylt-Lage. Da kommt gerne mal der ein oder andere Surfer vorbei und steckt sich auf dem Weg zum Strand schnell ein eigens für die Jungs und Mädels gebrautes Saltwater Brew unter den Arm.

Wer lieber trocken bleiben will, der findet hier tolle Skate- und Longboards, die man sogar vor der Tür ausprobieren darf.

Auch Naturliebhaber kommen auf ihre Kosten: Hier werden nachhaltige, kleine und authentische Marken unterstützt und ihr könnt damit gleich etwas Gutes für die Umwelt tun.

Für ihr Sortiment mit Rucksäcken aus Meeresplastik, natürlicher Kosmetik, Decken aus recycelten Plastikflaschen und vielem mehr wurden sie sogar bereits in der ersten Woche von der Sylter Organisation „Bye Bye Plastic" zertifiziert!

Hier muss man einfach mal vorbeikommen – Saltwater Feeling inklusive !

**25980 Sylt / OT Westerland , Friedrichstraße 44,**
**Tel.: 0 46 51 / 8044924, www.saltwater-shop.com,**
**@saltwater.shop**

# STEFFI - MODEN

## H. A. GÜLCHER

Selten geworden sind sie – die inhabergeführten Modegeschäfte, die mit einem individuellen Sortiment überzeugen. Genau dies tut jedoch *Steffi-Moden* seit 1957 auf Sylt sowie in Hamburg und ist dabei immer am Puls der Zeit geblieben. Viele Trends hat Seniorchef *Horst-Arno Gülcher* kommen und gehen sehen, einige hat er selbst mitinitiiert und Steffi-Moden über Jahrzehnte zu einem Inbegriff des jeweiligen modischen Zeitgeistes gemacht. Das Traditionsunternehmen hat längst seinen 100. Geburtstag erlebt und ist dabei so jung und frisch wie eh und je.

Sportive Mode für sie und ihn war und ist das Credo. Die Modebegeisterten finden im außergewöhnlich großen Geschäft an Westerlands Flaniermeile Friedrichstraße immer topaktuelle Kollektionen nationaler und internationaler Designer und Labels für Damen und Herren. Wir sahen u.a. BETTER RICH, BLONDE NO.8, BOGNER, CAMBIO, FRIEDA & FREDDIES, FREAKY NATION, FUCHS & SCHMITT, MALVIN, MARLINO, MILESTONE, NZA, PAUL & SHARK, PHIL PETTER und ZAUBERMOND. Nur einige von denen, die sich auf Sylt teilweise exklusiv nur bei Steffi-Moden präsentieren. Von klassisch elegant über modisch schick bis hin zu extravagant – Gülchers haben ein gutes Gespür für tragbare Mode zu einem fairen Preis, die Persönlichkeiten hervorhebt und Individualität unterstreicht.

**25980 Sylt / OT Westerland, Friedrichstraße 35,**
**Tel.: 0 46 51 / 23122, Fax: 836948,**
**www.steffi-moden.de, info@steffi-moden.de**

## BÜRSTENHAUS REDECKER

Und es gibt sie doch noch: Inhabergeführte Fachgeschäfte in Innenstadtlagen, so auch in Westerlands Friedrichstraße. Was früher mit „Tante Emma" allgegenwärtig war, ist heute eine seltene Ausnahme geworden. Schon deshalb kann man *Jutta, Gernot* und *Felix Redecker* für ihren Farbtupfer im grauen Einerlei deutscher Fußgängerzonen danken, erst recht wenn man bedenkt, dass es sich hier um einen „Bürstenladen" handelt. Aber was für einen! Hier sind Bürsten, Schaufeln und Besen nicht nur

Alltagsgegenstände, sondern Designobjekte für den täglichen Bedarf. Ein Beweis dafür, dass sich das Gute durchsetzt, dass Qualität immer noch ihren Platz hat, dass „form follows function" auch für Haushaltsartikel gilt und vor allem, dass es glücklicherweise Menschen gibt, die billigen Wegwerfartikeln entgegentreten – Produzenten wie Kunden.
„Für uns Redeckers hat neben der handwerklichen auch immer die gestalterische Qualität eines Artikels im Mittelpunkt gestanden. Interessant dabei ist, dass gutes Design immer auch etwas mit guter Funktion zu tun hat – und erst beides zusammen ergibt die perfekte Mischung, die ein Redecker-Produkt ausmacht", sagt Gernot Redecker.
Mit dieser Sorgfalt scheinen alle Haushaltshelfer von der Nagelbürste bis zum Stubenbesen im Bürstenhaus Redecker konzipiert zu sein. So gibt es eine wunderschöne Kollektion mit Küchenwerkzeug aus Olivenholz, Rasierpinsel mit Dachshaar, Spülbürsten mit Rosshaar, Rückenkratzbürsten, Scheuerbürsten und, und, und... Diesen Laden kann man eigentlich nicht wieder verlassen, ohne etwas gekauft zu haben.

**25980 Sylt / OT Westerland, Friedrichstraße 16, Tel.: 0 46 51 / 8895070, www.redecker.de, info@redecker.de**

## Tisch & Herd

*Ludger M. Löbbert*

Sie suchen in Westerland Ihren Koch- und Küchenutensilienladen *Tisch & Herd?* Das Haus ist weg, aber Ihre Quelle für Haushaltswaren ist nur einige Häuser weiter in ein Eckhaus Bötticher-/Bismarckstraße gezogen.
Die Auswahl liest sich wie das Who's who der exklusiven Haushaltswaren: WESCO, RIEDEL, PEUGEOT, KITCHENAID, ALFI, RÖSLE und CILIO...
Herr über dieses Reich ist *Ludger M. Löbbert*, der seit 20 Jahren als geschätzter Spezialist an der Seite von anspruchsvollen Haushalten und der Kochelite von Sylt steht.

Löbbert besitzt ein unglaublich tiefes und breites Fachwissen und kennt nicht nur jeden Artikel aufs Genaueste, sondern auch seine Kunden, ihre Vorlieben und Bedürfnisse. Auch deshalb vertrauen ihm nicht nur ambitionierte Hobby- und Familienköche, sondern auch die Profis der Sylter Gastronomie. Sie schwören beispielsweise auf die exzellente Auswahl hochwertiger Messer von KAI, YAXELL, WÜSTHOF und NESMUK. So wie letztere den weltweit hochwertigsten Damast-Stahl herstellen, sind viele der hier vertretenen Produzenten die führenden ihres Fachs. Dies gilt für Kochgeschirre von DE BUYER und LE CREUSET ebenso wie für die große Auswahl an LAGUIOLE Sommelier-Bestecken und Messern.
Dass es hier neben allem, was man fürs Kochen und Backen, für die schöne Tafel (große Auswahl DIBBERN-Porzellan!) oder stilvolles Anrichten und Servieren (Salatbestecke aus Olivenholz oder herrliche Käsebretter) benötigt auch sämtliche Dinge für den exklusiven Genuss gibt, versteht sich fast von selbst. Edle Champagnerkühler, Austernmesser und -handschuhe, Hummerscheren und -zangen – dieser Laden ist eine Rarität.

**25980 Sylt / OT Westerland, Böttícherstraße 11 / Ecke Bismarckstraße 7, Tel.: 0 46 51 / 995270, Fax: 995271, www.tischundherd-sylt.de**

Friedrichstraße mit Haus Westerland, Mitte der 30er Jahre

**WEGST**
SYLT

Das Jahr 2021 steht für das Ladengeschäft *Wegst* ganz im Glanz des 125 JAHRE Firmenjubiläums. Das Traditionshaus Wegst steht seit Generationen für schöne Sylt-Souvenirs ebenso wie für erlesenen Schmuck von höchster Qualität und Handwerkskunst. Friesen- und Bernsteinschmuck nach eigenen Entwürfen und Exklusivpartner aus den Bereichen Uhren und Schmuck wie TISSOT, SWATCH, FOSSIL, KERBHOLZ, ICE WATCH und ENGELSRUFER, die ganz neu auch Uhren im Programm haben. Apropos Neuheiten: Solche kommen auch von MVMT in Form von Trenduhren aus den USA und im Schmuckbereich von COEUR DE LION  und VIVENTY. Neben einer Fülle von inseltypischen Mitbringseln sind es vor allem Textilien, die im „Haus der Geschenke" immer mehr Platz eingeräumt bekommen. So beispielsweise die modische Bekeidung, mit der man seine Liebe zur Insel zum Ausdruck bringen kann. Neben der BASEFIELD Sylt-Edition und modischen Accessoires wie Taschen und Lederwaren von KIPLING, TOM TAILOR, CANVASCO, REISENTHEL, ZWEI und einem weiteren Neuling MEORI ist auch die hauseigene Modekollektion zum Dauerbrenner geworden.

Das Sylt-Sortiment an Heimtextilien mit inseltypischen Motiven und Schriftzügen wird stetig erweitert. Diese kleinen Sylt-Geschenke sind seit Jahrzehnten beliebte Objekte, die zu Hause die Zeit bis zum nächsten Sylt-Urlaub verschönern. Dazu zählen immer wieder neue Schmuckstücke ebenso wie die klassischen Mitbringsel z.B. Figuren von tierischen Nordseebewohnern oder Muschelkästchen. Nützliches und Schönes wird hier vereint und immer wieder gibt es Neues zu entdecken.

**25980 Sylt / OT Westerland, Friedrichstraße 33,**
**Tel.: 0 46 51 / 22600, Fax: 29181, www.wegst-sylt.de**

## HÖPERSHOF
### ... schöner wohnen

Der Name *Höpershof* steht für exklusiven Einrichtungsstil mit hoher Lebensqualität – sowohl im Urlaub als auch zu Hause. Öffnen sich die Türen zu den Feriendomizilen auf Sylt, darunter das *Suiten-Hotel Sylter Zollhaus* und die zahlreichen Häuser & Wohnungen vom Höpershof, ist man von einem Interieur mit Liebe zum Detail umgeben. Die Symbiose aus Farben, Stoffen und Möbeln bestimmen den Höpershof-Stil. Stets klassisch und modern mit fein gewählten Akzenten.

Seit 2021 befindet sich das Interieur-Geschäft im attraktiven Ladenkomplex der Alten Meierei – gleich neben Porsche. Hier findet man inspirierende Wohnszenerien, um sie ganz oder in Teilen in eine private Wohnwelt zu integrieren. So kann man durchaus sein Stück Höpershof mit nach Hause nehmen.

Ausgewählte Möbel, Stoffe und Leuchten u.a. von BIELEFELDER WERKSTÄTTEN, FREIFRAU, GERVASONI, JANUA, LAMBERT, MANUTTI, MERIDIANI, RIVA 1920 ergänzt durch außergewöhnliche Accessoires bilden ein harmonisches Ganzes. Es erwarten Sie individuelle und professionelle Beratung für den kleinen Raum oder exklusive Wohnkonzepte. Viel Spaß beim Inspirieren lassen.

**25980 Sylt/Westerland, Keitumer Landstraße 12, Tel.: 0 46 51 / 8050, einrichtung@hoepershof.de, www.hoepershof.de**

## PORSCHE AUF SYLT

Diese Repräsentanz auf der Nordseeinsel steht für ein besonderes Markenerlebnis. Das Verweilen bei „Porsche auf Sylt" und damit das Eintauchen in die Markenwelt gehört ebenso dazu wie das Entleihen eines Fahrzeugs über Porsche Drive Rental für einen Ausflug über die Insel.

Auf über 400 Quadratmetern Fläche über zwei Ebenen gibt es einen Shop mit einer kleinen, feinen Auswahl an Porsche Design und Porsche Driver's Selection Produkten, sowie eine wechselnde, *kuratierte* Ausstellung.In einer Fitting-Lounge kann man – nach Terminabsprache – in entspannter Atmosphäre anhand von Materialproben und virtuellen Interfaces seinen Wunsch-Porsche konfigurieren. Wer seinen Traum in die Realität umsetzen möchte, kann das Fahrzeug dann genau so im Porschezentrum am Heimatort bestellen.

Leidenschaft. Gemeinsam. Erleben.

Dafür wurde dieser besondere Ort geschaffen. Überzeugen Sie sich selbst bei einem Besuch in der Markenrepräsentanz in Westerland und erleben Sie in Ihrem Urlaub *Porsche auf Sylt*.

**25980 Sylt / OT Westerland,**
**Keitumer Landstraße 14, Tel.: 0 46 51 / 886580,**
**www.porsche-auf-sylt.de, info@porsche-auf-sylt.de**

## FRITZ KRAUSE

JUWELIER · MEISTERWERKSTATT

Ein edler Anziehungspunkt in der Friedrichstraße ist die Sylter Firma *Fritz Krause*, die seit 1971 – also seit 50 Jahren zu den ersten Adressen für hochwertige Uhren der ganz großen Marken sowie für individuellen Schmuck zählt.

*Anna-Cathrin Krause* führt diesen feinen Laden mit Uhrmacher- und Goldschmiedewerkstatt in der dritten Generation. „Unser Geschäft ist heute mehr denn je ein Treffpunkt großer internationaler Herstellernamen. Wir führen nur Top-Marken wie PATEK PHILIPPE, ROLEX, TAG HEUER, TUDOR und NOMOS GLASHÜTTE."

Im Schmuckbereich werden hauptsächlich führende Marken wie MARCO BICEGO, SERAFINO CONSOLI, LEO WITTWER und ADOLFO COURRIER genannt. Letzterer glänzt u.a. mit der abgebildeten Ringkollektion. Ganz groß raus kommt GIOVANNI RASPINI mit seiner extravaganten Silber-Kollektion in atemberaubendem Design.

Anna-Cathrin Krause richtet aber zunehmend ihr Augenmerk auf ihre eigene Kollektion „designed by FRITZ KRAUSE". Mit ihren heimatbezogenen Ideen und ihrer Spendenbereitschaft hat sie sich auf Sylt und über die Grenzen von Sylt hinaus einen Namen gemacht. Aktuell steht ihre Schmuck-Kollektion RÜM HART – KLAAR KIMING – ein friesischer Spruch, der so viel heißen soll wie „Weites Herz – klarer Horizont" im Mittelpunkt. Hiervon wird ein nicht geringer Erlösanteil an den Küstenschutz abgeführt. In den letzten Jahren konnten für diese Aktion über 15.000 Euro übergeben werden. „Der Glaube versetzt Berge, die Liebe gibt Kraft und die Hoffnung stärkt die Zuversicht" – unter diesem Motto möchte die Familie Krause mit ihren Schmuckanhängern ihre uneingeschränkte Liebe zur wunderschönen Insel mit ihren vielen Reizen und Naturgewalten und dem herrlichen Klima unterstreichen.

**25980 Sylt / OT Westerland, Friedrichstraße 32,**
**Tel.: 0 46 51 / 7977, Fax: 28837,**
**www.fritzkrause.de, info@fritzkrause.de**

MAJASYLT
KAMPEN

Das weiße reetgedeckte Geschäftshaus an Kampens Hauptstraße – schräg gegenüber vom Kaamp Hüs – ist nicht zu verfehlen. Dort strahlt der Laden MAJASYLT – von *Maja Kohlstrunk* und *Michael Buchholtz* schon seit über 20 Jahren. Diese Beständigkeit hat für Kampen Seltenheitswert, wechseln hier die Geschäfte doch sehr oft.

Viele MAJASYLT Stammkunden vertrauen eben auf den stilsicheren Einkauf der Damen- und Herrenmode und der jeweils passenden Accessoires im gehobenen Genre.

Kollektionen aus Italien von CINZIA ROCCA, LE TRICOT PERUGIA, DUNO oder ALTEA! Premiummarken aus Deutschland und fester Bestandteil seit vielen Jahren im Portfolio: JOOP!, WINDSOR und AIGNER (Taschen und Sonnenbrillen)! Neben all den bekannten Namen entdeckt man bei MAJASYLT KAMPEN auch handwerklich gearbeitete Produkte aus der Welt der Designer wie „GRÄFIN VON LEHNDORFF" mit ihren handgearbeiteten Gürteln, „STIEBICH & RIETH" mit den erlesenen zertifizierten Taschen oder die handgefertigten Büffelhornketten von YAEL NADIV aus der Schweiz! Haben wir Ihnen einen Besuch bei MAJA schmackhaft gemacht?

**25999 Kampen, Hauptstraße 15,**
**Tel.: 0 46 51 / 41734, geöffnet von März bis November und über Weihnachten / Neujahr**

Maja Kohlstrunk

# WEMPE

FEINE UHREN & JUWELEN

Eine funkelnde Schmuckschatulle begrüßt mit einem Glanz in ihren Schaufenstern gleich am Anfang vom Kampener Strönwai die interessierten Flaneure. *WEMPE* – das 1878 gegründete Hamburger Familienunternehmen – empfängt Sie hier in einem typischen reetgedeckten Rotklinkerhaus mitten in Kampen.

Das Unternehmen wird von *Kim-Eva Wempe* in vierter Generation geführt und hat weltweit 33 Niederlassungen, unter anderem in New York, Paris und London. Seit der Gründung ist das Haus eng mit den namhaften Schweizer und deutschen Uhrenmanufakturen verbunden und fertigt im sächsischen Glashütte auch eigene Armbandchronometer der Marke Wempe Glashütte I/SA. Auf dem Grundstück der historischen Sternwarte Urania werden die Uhrenlinien CHRONOMETERWERKE, ZEITMEISTER und IRON WALKER, die letztes Jahr lanciert wurde, gefertigt. „Unser gesamtes Wissen über Stahluhren steckt in dem markanten Design der Linie IRON WALKER“, erklärt Kim-Eva Wempe. Zeitlose Eleganz und sportive Funktionalität lautet der Designcode, der die Persönlichkeit der Trägerin oder des Trägers unterstreicht: selbstbewusst im Business, stilsicher in der Freizeit, standhaft beim Sport. Die Armbandchronometer aus Edelstahl mit integrierten Metallarmbändern bieten 16 Modellvarianten von Chronographen über Taucheruhren bis zu Dress Watches. Mit Automatik- oder Quarzwerk und Zifferblättern in Blau, Schwarz oder Weiß. Für Frauen steht ab sofort als Designvariante zu den klassischen Modellen mit Automatikwerk eine IRON WALKER mit Brillantlünette zur Verfügung. Das Edelstahlband ist selbstverständlich auch hier integriert und sorgt für einen optimalen Sitz der Uhr am Handgelenk.

WEMPE bietet Kennern und Liebhabern neben der bewährten Eigenmarke eine umfassende Auswahl an feinsten mechanischen Uhren namhafter Schweizer und deutscher Manufakturen, wie u.a. ROLEX, BREITLING und IWC.

Neugierig? Geschäftsführerin *Sandra Finzel* und ihr Team freuen sich auf Sie.

**25999 Kampen, Strönwai 16,**
**Tel.: 0 46 51 / 99 59 45 9,**
**Fax: 99 59 44 9, www.wempe.com**

WEMPE IRON WALKER aus Edelstahl mit integrierten Metallarmbändern

## SYLT BY VIGLAHN IN DER PARFÜMERIE KAMPEN

Champagner und Kampen gehören zusammen wie Ying und Yang. Die Lebenslust in diesem duftenden Kleinod ist fast ebenso spürbar wie die Kraft des Meeres, die die Luft erfüllt. Es prickelt zu jeder Tages- und Nachtzeit. Dieses Lebensgefühl einzufangen und mit einem Duft auszudrücken ist mit einer einzigartigen Komposition aus dem Hause SYLT BY VIGLAHN® DUFTCOLLECTION gelungen: KAMPAGNER. Traum und Wirklichkeit werden eins, wenn dieser Unisex-Duft die Stärke von Wind, Wellen und Gischt vereint, mit dem warmen Character des im Sonnenuntergang leuchtenden Roten Kliffs. Dies ist der vorläufige Höhepunkt der duftenden Hommage an die Insel von *Wilhelm K. Th. Viglahn*, deren Ursprung und Heimat auch in der *Parfümerie Kampen* liegt.
Inzwischen umfasst das Angebot fast 30 verschiedene Producte, von edlen Geschenksets bis zu den 13 Fragrances für sie und ihn. Handgesiedete Pflanzenölseifen mit hochwertigen Ingredienzen wie Meeresalgen, Sylter Sand, Lavendel, Hortensien oder Sylter Heckenrosen schmeicheln der Haut und verwöhnen die Nase. Letzteres gilt auch für die hochwertigen Raumdüfte, die die in schönen Flacons enthaltenen Aromen über Bambusstäbchen freigeben und das Zuhause zu einem Wohlfühlort der Sylt-Sehnsucht machen. So fühlt man sich in den eigenen vier Wänden als ob man im Urlaub auf der Lieblingsinsel wäre. Die gesamte SYLT BY VIGLAHN® DUFTCOLLECTION ist auf Sylt erhältlich in der Parfümerie Kampen an der Hauptstraße.
**25999 Kampen, Hauptstr. 11, Tel.: 0 46 51 / 44177, Fax: 44170, www.syltduft.de**

Sewing-Delius Design

## GALERIE FÜR LICHTKUNST

Wenn man meint auf Sylt alles zu kennen, weil die kleinsten Winkel der Insel bereits ausgeleuchtet scheinen, kommt doch in Braderup in einer bescheidenen Scheune die große Erleuchtung. Im wahrsten Sinne des Wortes, denn dieser „Scheunenfund" ist eine Art Leuchten-Tempel.
*Barbara Sewing-Delius*, die Inhaberin der *Lichtkunst-Galerie*, hat sich hier voll und ganz dem Thema der Inszenierung von Licht und Raum verschrieben. Zum einen verzaubern in dieser Saison großformatige, kreisförmige Lichtobjekte von *Manfred Just* durch ihr sphärisches Leuchten. Zum anderen findet sich eine einzigartige Ausstellung, die auf einem Scheunenfund basiert, denn die „unberührten" Lampenobjekte stammen zum großen Teil von der *Kopenhagener Kultmarke Lyfa*, die bis in die 70er Jahre stilbildend auf dem Gebiet Lampen und Kronleuchter war. Geht Ihnen ein Licht auf?
Hier ist der Hinweis zwingend auf ein nächstes Highlight, das Barbara Sewing-Delius in Kampen zur Saison 2021 gezündet hat. Siehe den Kampener Kunstrundgang im Kunst-Report dieses Buches.
**25996 Braderup, M.T. Buchholz-Stich 9, Tel.: 0179/3902829**
**info@sewing-delius.de**

## NORDLICHT
Living & Style

Den modernen, leichten Wohnstil bietet in Keitum der *Nordlicht Living & Style* Concept Store von *Kathrin Gribbohm*. Dort findet man die Kollektionen der dänischen Hersteller HOUSE DOCTOR, MERAKI und MONOGRAPH zusammen mit den Design-Klassikern vom ebenfalls dänischen Leuchten-Label LOUIS POULSEN. Zudem gibt es hier die Kollektionen von CHI CHI FAN Hamburg, schnörkellose Basics, echte Klassiker und zeitlose Neuheiten mit klaren Linien in einem Meer von Farben. Entdecken Sie die Freude am Kombinieren und lassen Sie sich von der Vielzahl unserer Farben und Formen inspirieren. Natürlich sind weiterhin die brandneuen Kollektionen der Night- und Homewear Produzenten SUNDAY IN BED Made in Europe präsent. Zusammen mit der Bettwäsche und den farblich passenden Baumwollplaids ergibt sich ein Highlight in jedem Zuhause! Weiterhin gibt es die coolen Schmuckkreationen von PERNILLE CORYDON DK. Und dann noch MAILEG ... zauberhafte Mäuse und Hasen aus der bekannten dänischen Kinderversteher-Manufaktur.

**25980 Sylt / OT Keitum, Gurtstig 48, Tel.: 0 46 51 / 8356735, www.nordlicht-keitum.de, info@nordlicht-keitum.de**

## TEE KONTORHAUS KEITUM
SYLT

Unter einem Dach vereint: Eine Trilogie aus *Teekontor, Teeraum* und dem *Gästehaus*, einem kleinen exquisiten Hotel *(siehe Hotel-Report)*. Es hat sich längst herumgesprochen, dass sich etwas außerhalb vom Friesendorf an Wiesen und Feldern eine Tee- und Design-Oase befindet. In dem außergewöhnlich gestalteten Ensemble widmet man sich mit 200 Sorten Tee und passendem Zubehör dem faszinierenden Universum eines Getränks, in dem sich Genuss und Lebensart gleichermaßen entfalten. Das Angebot an ausgesucht schönen, stilvollen Einrichtungsobjekten, Wohnaccessoires und Geschenkideen macht das Teekontor Keitum zur exzellenten Adresse für gehobene Lebens- und Wohnkultur. Alle Accessoires haben etwas Besonderes an sich, seien es Schalen, Kerzenleuchter, Geschirre oder Bestecke. Im Teeraum lässt sich der köstliche Tee gleich vor Ort entspannt genießen – mit hausgebackenem Kuchen und weitem Blick über Wiesengrün zum Deich. Tee war und ist ein Ausdruck von Kultur. So wundert es nicht, dass im Teekontor regelmäßig ausverkaufte, hochklassige Konzerte und Lesungen stattfinden. Weltbekannte Künstler traten hier schon auf, die sonst große Konzerthallen füllen und längst ihren ECHO erhalten haben.

**25980 Sylt / OT Keitum, Siidik 15, Tel.: 0 46 51 / 8891194, www.kontorhauskeitum.de**

Luis Trenker

Alpine Lifestyle

Since 1995

*Peter Watzulik*

In einem schönen Keitumer Backsteinhaus ist die LUIS TRENKER COLLECTION zu finden, die längst anerkennend mit Mode-Awards ausgezeichnet wurde. *Peter „Peti" Watzulik*, eine Sylter Modeinstitution,

hat diese Marke nach Sylt geholt. Dass Luis Trenker als legendärer Bergsteiger, Geschichtenerzähler und Filmidol einmal als internationale, trendy Modemarke Furore machen würde, hat er sich wohl zu Lebzeiten nicht träumen lassen. Unterstützt wird Watzulik von *Claudia* und *Andreas*, zwei ausgewiesene Kenner der Branche. Es wird lässige, hochwertige Mode präsentiert, die einen gewissen unaufdringlichen Landhaus-Pfiff besitzt. T-Shirts, Hemden, Hüte, Jacken, Hosen und Schuhe – fast alle Artikel haben modische Applikationen. Der Witz an diesem Trenker-Modedesign lässt schon Urlaubsfeeling aufkommen.

„Mediterrane Lebensfreude gepaart mit alpinem Charme – Gegensätze ziehen an!", meint Andreas Kindl.

Ein Hit ist Trenkers buntes Schuhwerk aus feinstem Kalbsleder, das man auf jeder Plattform tragen kann. Mit beiden Beinen auf Sylt!

Auch im Trenker-Shop: feines gewalktes HEMISPHERE-CASHMERE der Extraklasse. Wir sahen sehr schöne Schals und Pullover, prägnante Stücke in dezenten Trendfarben. Anfassen und erspüren! Diese Qualität von HEMISPHERE gibt´s hier exklusiv. Ein Grund mehr, bei „Luis" mal vorbeizuschauen…

**25980 Sylt / OT Keitum, Museumsweg 2,**
**Tel.: 0 46 51 / 8863692, Fax: 31941, watzulik@online.de**

# Hüs bi Hüs

*Minka & Peter M. Stütz*

Besucht man das weiße Haus in der Keitumer C.-P.-Hansen-Allee und die Räumlichkeiten der kreativen Einrichter *Minka* und *Peter M. Stütz*, ist man begeistert von einer geglückten Zusammenführung unterschiedlichster Möbelstücke, Lampen, Skulpturen, Bilder und den vielen Accessoires aus aller Welt. Eine Einrichtung mit herausragenden Einzelstücken, die Geschichten erzählen könnten. Heute nennt man diese Räume „Showroom". Es sind Räume von weitgereisten, kulturell interessierten Bewohnern mit einem ausgezeichneten Blick für Farben, Stoffe, Licht und Proportionen.

Im *Hüs bi Hüs* sprudelt eben ein Quell der Stilsicherheit, der schier unerschöpflich scheint. Wohndesign wie es individueller, anspruchsvoller und außergewöhnlicher kaum sein kann – das ist das Markenzeichen für Interieur à la Minka und Peter M. Stütz. Sie entwickeln von Sylt aus für ihre Kunden in ganz Europa unverwechselbare Wohnkonzepte. Mit Mut, Kreativität und noch mehr Erfahrung erfüllen sie Räume mit Atmosphäre.

Bei Hüs bi Hüs ist nichts beliebig oder zufällig. Nach ihren Ideen schöpfen die "Stützen des guten Geschmacks" für die Realisierung aus einem Pool hochqualifizierter Handwerker. Für einen Besuch ist eine vorherige Anmeldung notwendig. Schließlich wollen Minka und Peter M. Stütz ihren Gästen ihre volle Aufmerksamkeit widmen.

**25980 Sylt / OT Keitum, C.-P.-Hansen-Allee 3,**
**Tel.: 0 46 51 / 32135, Fax: 35858, hues-bi-hues@t-online.de**

# SYLT SELECTED

TRENDY. STYLISH. EXCLUSIV.

3 x auf Sylt

„Eine Frau kann alles tragen – sie muss nur wissen, wie man richtig kombiniert!" – das ist das Motto von *Sylt Selected*-Geschäftsführerin *Engin Sazimet*. Die neue Geschäftsführerin hat den drei Läden, die sich inzwischen unter der Dachmarke Sylt Selected wiederfinden, eine echte Frischzellenkur verpasst: Ob 16 oder 86 Jahre alt – in einem der Stores findet frau mit Sicherheit mindestens ein neues Lieblingsteil. Gut zu wissen ist auch, dass bei Größen zwischen 34 und 48 auch für echte Frauen etwas dabei ist.

Nach langen Monaten im Homeoffice und in der Jogginghose als „best friend" darf frau sich auf einen wunderbar kreativen Modesommer freuen: Auf kräftige Farben, eine neue, spielerische Leichtigkeit in den Designs und viel Weiblichkeit. Für den Shoppingtrip sollte man gerne etwas Zeit mitbringen. Denn die neuen Teile der Saison bringen ein ganz besonderes Flair in unsere Garderobe. Etwa mit den farbenfrohen, luftig-leichten Sommerkleidern im Ibiza-Style – da will man einfach nur noch in die Sandalen schlüpfen und dann nichts wie ab an den Strand! Was die Farbpalette diesen Sommer angeht ist erlaubt, was gute Laune macht: eine hinten länger geschnittene, lässige Bluse in kräftigem Pink zum Beispiel – ein Lieblingsteil unserer Autorin. Oder eine schmale Hose in Kiwi-Grün, kombiniert mit einer lässig geschnittenen Jersey-Jacke in Aqua-Blau – herrlich! Jetzt nur noch den passenden Sneaker dazu: Den gibt's natürlich bei Sylt Selected auch. Wer es eleganter mag, ist mit einem zeitlosen Etuikleid gut beraten. Apropos zeitlos: In der Sylt Selected Boutique in Keitum gibt es exklusiv Mode von MARC AUREL – für authentische, selbstbewusste Frauen, die wissen, wie man sich in Szene setzt. Im Sylt Selected Flagship Store und im Sylt Selected Pop-Up findet frau immer wieder ausgesuchte Einzelteile.

Für den letzten Schliff fehlt noch ein Tuch, eine trendige Tasche oder stylishe Kette? Auch da hat Geschäftsführerin Engin Sazimet das Passende für Sie parat. Das Rundum-Glücklich-Paket gibt's sogar von zu Hause aus: Im Online-Shop von Sylt Selected kann man nicht nur shoppen, sondern sich per Video-Chat beraten lassen. In diesem Sinne: Auf einen beschwingten, farbenfrohen Modesommer voller Leichtigkeit!

- **Sylt Selected Boutique, Am Tipkenhoog 2, 25980 Sylt / OT Keitum, Tel.: 0 46 51 / 9575601**
- **Sylt Selected Flagship Store, Friedrichstr. 7, 25980 Westerland, Tel.: 0 46 51 / 9365305**
- **Sylt Selected Pop-Up, Elisabethstr. 1a, Tel.: 0 46 51 / 4462040 25980 Westerland. www.sylt-selected.de, www.facebook.com/Sylt-Selected-891310574271212**

Kunst in Sylter Hotels: Udo Lindenberg malte im Hotel Miramar

# Ein Kunstbummel über die Insel

## Keitum · Morsum · Kampen · Westerland

**Das Kapitänsdorf Keitum** eignet sich bestens für einen gemütlichen Bummel von Kunstwerkstatt zu Galerie – selbstverständlich mit einem stärkenden Zwischenstopp in einem der gastlichen Häuser.

### Der Gurtstig

Beginnen wir unsere Keitumer Kunst-Tour am Ortseingang des ehemaligen Kapitänsdorfs, das sich allerdings auch mit Kunst und Kunsthandwerk einen legendären Namen gemacht hat.
Ein regelrechter „Walk of Art" ist der Gurtstig – die „Hauptschlagader" des Friesendorfs.

Es fängt an mit Kochkunst, schließlich hat *Johannes King* hier seinen *Genuss-Shop,* der auch Speisen vom Feinsten bietet. Gegenüber türmt man bei *Brot+Bier* kunstvoll mit Delikatessen das frisch Gebackene *(siehe Restaurant-Report*.

**MOMO** nennt *Astrid Jahnke* ihre *Schmuckwerkstatt und Galerie*. Es ist die erste Werkstatt, die wir auf unserem Kunstbummel besuchen. Hier fertigt Astrid außergewöhnliche Schmuckstücke mit individuellem Charakter zu erstaunlich moderaten Preisen. So können es wertvolle Edelsteine in naturbelassener Form sein, aus denen moderne Ketten entstehen oder auch einmal ein funkelnder Saphir, der auf einen unregelmäßig geformten Silberring mit rauer Oberfläche gesetzt wird. Klassische Perlen werden ohne Schnörkel und sichtbare Fassung verarbeitet, so dass sie in ungewohnt puristischem Design daherkommen.

Astrid Jahnke bezieht den Großteil ihrer Edelsteine direkt aus den Herkunftsländern und verarbeitet diese zumeist in Silber, aber auch in Gold. Daneben kreiert sie auch moderne Silberketten und -ringe ohne Steine, deren Design von der Sylter Natur und dem Meer inspiriert ist. Bei der Fülle der Auswahl fällt es nicht schwer, hier auch ohne Extra-Anfertigung ein bleibendes Lieblings- und Erinnerungsstück zu finden.
Als einzige Goldschmiedin auf Sylt bietet Astrid Jahnke individuelle *Goldschmiede-Stunden* an, die jederzeit kurzfristig vereinbart werden können. „Auch ohne Vorkenntnisse kann hier jeder in zwei bis drei Stunden einen professionell aussehenden Ring selbst anfertigen", garantiert die Designerin. So kann beispielsweise auch ein am Sylter Strand gefundener Kiesel zu einem unvergesslichen Erinnerungsstück verarbeitet werden!
**Gurtstig 12, Keitum, aktuelle Öffnungszeiten unter Tel.: 0 46 51 / 8357140, www.momo-sylt.de, astrid.jahnke@momo-sylt.de**

Gleich neben MOMO unter demselben Reetdach befindet sich die gut bestückte „Bücherdeele" von *Astrid Manthey* mit reichlich Lesestoff für Strand und Regentage (Gurtstig 12).

Christoph Freier

Ein kleines, bescheiden wirkendes Haus, fällt im Gurtstig besonders auf. Es ist quasi naturbelassen. So einfach und schön hat man im Jahre 1869 gebaut. Auffällig ist in der Blumen- und Blütezeit das Farbenmeer des Vorgartens. Das Auge hängt auch an den vergoldeten Steinen, Objekten und Skulpturen, die Haus, Garten und Schmuck des Goldschmieds Christoph Freier zu einem Gesamtkunstwerk verschmelzen.
Damit die vielen Farbblüten sich jedes Jahr neu entfalten können, verbringt Christoph Freier viel Zeit in den Blumenbeeten, die an alte Bauerngärten erinnern. „Auch wenn die Arbeit im Garten nicht weniger anstrengend ist als mein Handwerk am Werktisch – wenn die Farben der Blüten und der Edelsteine strahlen, sind alle Mühen vergessen!"
Schaut man auf die Vielzahl der Schmuckstücke – jedes von ihnen ein Unikat – die der Goldschmied Christoph Freier in seiner Werkstatt in Keitum ausstellt, wird dem Besucher schnell klar, welch wunderbare Stücke hier in den Vitrinen liegen. Der Handwerker verwendet für seine Arbeiten ausschließlich handverlesene und in ihrer Art einzigartige Edelsteine: rote Turmaline, blaue Saphire, grüne Tsavorite, orange Spessartine, alle in extrem leuchtenden Farbigkeiten. Oft setzt Christoph Freier sie in einem Schmuckstück nebeneinander, ihre Leuchtkräfte scheinen sich dann gegenseitig noch zu verstärken. Der aufmerksame Besucher entdeckt daneben antike Spiel-Jetons aus Porzellan, die aus dem Königreich Siam stammen und dort bis 1875 verwendet wurden, Blüten- und Tiermotive von Verzierungen antiker Samurai-Schwerter, antike griechische Münzen, uralte Jade – immer wieder ergänzen wunderschöne Darstellungen aus vergangenen Zeiten die sonst eher strenge Formensprache des Künstlers.

**Ecke Erich-Johannsen-Wai 1 / Ecke Gurtstig, Keitum**
**Werkstatt geöffnet Mo, Die, Mi nach telefonischer Absprache**
**Do, Fr 11-17.30, Sa 12-16 Uhr, sonntags nie,**
**Tel.: 0163-2760489, www.gold-silberwerkstatt.de**

Die Gold- und Silberwerkstatt wird von zwei beliebten Gastronomien flankiert. Das *Restaurant „Sünhair"* steht für regionale Küche und gegenüber warten in der *Kleinen Teestube* eine leckere Brotzeit und 80 verschiedene Teesorten.

Im Haus Gurtstig 9 hat sich die Malerin und Illustratorin Christina Thrän ihr Atelier eingerichtet. Sie hat sich bereits durch viele Buchveröffentlichungen, Kalender und Karten einen Namen gemacht. Sie hat es auf die humorvolle, karikaturistische Darstellung des menschlichen Körpers abgesehen. Ihre oft skurrile aber auch besinnliche Bilderwelt ist einem breiten Publikum bekannt. Das „Große Buch für Syltfreunde" ist in Erinnerung und just ist ihr Sylt-Malbuch erschienen.
Das Atelier ist normalerweise von Di-Fr von 11 bis 17 Uhr geöffnet. Manchmal auch an anderen Tagen, aber sonntags nie!

**Gurtstig 9, Keitum, Tel.: 0176 / 23162275**
**www.christina-thraen.de**

Schmuck Birte ist gleich gegenüber mit ihrem Atelier zu finden. **Goldschmiedin Birte Wieda** bringt Herzenswünsche wortwörtlich ins Rollen.
In jedem ihrer silbernen „Wunschringe“ birgt eine kleine Messingdose eine Pergamentrolle, auf der Sie Ihren tiefsten, innigsten Wunsch vermerken können, und wenn Sie glauben, dass „die Energie den Gedanken folgt“, dann kann ein solcher Ring beim positiven Ausrichten und Handeln helfen.
So individuell und persönlich sind alle ihre Schmuckstücke. Jedes Collier, jeder Ring, doch vor allem der fantasievolle Ohrschmuck ist ein Unikat aus eigener Werkstatt und verzaubert mit schlichter Eleganz und poetischer Raffinesse.
Sogar lang vergessene Erbstücke verlassen durch Umarbeitung als zeitgemäßes Schmuckstück mit Pfiff die Goldschmiede.
**Gurtstig 26, Keitum, Tel.: 0 46 51 / 33160,**
**www.goldschmiede-wieda.de,**
**contact@goldschmiede-wieda.de**

Im Westerweg 1/Ecke Gurtstig eröffnete Ostern 2021 der international agierende Fotokunsthandel **159.gallery** seinen Showroom.
Eine Galerie, die sich auf übergroß reproduzierte Fotokunst von namhaften Fotografen spezialisiert hat. Hier ist Wildlife-Fine-Art-Fotografie das Thema. Die großformatigen Schwarz-Weiß-Portraits wilder Tiere sind beeindruckend durch das Können der Fotografen und durch die opulente raumsprengende Präsentation in einem kleinen Friesenhaus. Von diesen Fotografien können teilweise aber auch kleinere Versionen bestellt werden.
Die namhaften Fotografen sind *Lars Beusker* und *David Yarrow*. Von letzterem wird der Jahresumsatz von „rund 28 Millionen“ verraten.
**Westerweg 1, Keitum, Tel.: 0176 / 64989537,**
**www.159.gallery**

Gleich nebenan befindet sich das neue *Restaurant Oma Wilma* im Gurtstig 32. Hier gibt's sogenannte Heimatküche. Eine gesunde Mischung aus regionalen Gerichten und der klassischen „Oma Küche“. Schöner Café-Garten.

Nur wenige bildende Künstler laden in ihr Atelier ein. Beispielhaft die Malerin **Anke Bertheau,** bei ihr ist „offene Tür“ angesagt. Sie ist in Keitums Gurtstig 38 zu finden. Ihre Bilder sind im wahrsten Sinne des Wortes „zauberhaft“, denn Bertheaus Gemälde haben einen Zug ins Märchenhafte. Sie komponiert Bilder von Menschen, die sie in die Landschaft stellt. Sie erzählen ganz subtile Geschichten. Stark sind auch ihre Landschaftsmotive, die sich aus nur leicht strukturierten farbigen Flächen zusammensetzen und Harmonie und Ruhe ausstrahlen. Anke Bertheaus Arbeiten zeigen ein spannendes Zusammenspiel von kontrastierenden Flächen, Farbflecken und Pinselstrichen. Die fundierte künstlerische Ausbildung (Wien und Düsseldorf) sieht man ihrer Malweise an. Sehr beliebt sind ihre Bilder, die mit üppigen Farbtupfern einen prächtigen dekorativen Blumenstrauß abgeben oder ein Keitumer Friesenhaus im milden Abendlicht zeigen. Kunst kommt bei Anke Bertheau von Können.
**Gurtstig 38, Keitum, Tel.: 0 46 51 / 32333,**
**ganzjährig Mo-Sa immer nachmittags**
**www.galerie-bertheau.de**

Zur bunten Keitumer Kunsthandwerkerszene gehört die kleine malerische Töpferwerkstatt **Kunststück gedreht und gemalt** seit nun über 40 Jahren. Sie befindet sich in einer Seitenstraße zum Gurtstig. Das alte, im Sommer mit Rosen umrankte Friesenhaus ist ein Highlight des Keitum-Bummels und man sagt hier unwillkürlich: „Ach wie isses schön!“

Ölbild von Barbara Koch / Galerie Cornelia Kamp

Eine unverwechselbare Töpferware für den Alltagsgebrauch und Einzelobjekte als Hingucker sind hier zu betrachten. Den kreativen Stil von *Regine Skoluda* und *Till Bruttel* kann man als kongenial bezeichnen. Die Töpferform gepaart mit strengen

Kreation mit bemalten Masken

geometrischen Zeichen oder schwunghaften Ornamenten ist jeweils als individuelles Einzelstück konzipiert. Leider ist Regine Skoluda verstorben. Mit ihr ging ein kreatives Urgestein der Sylter Kunsthandwerkerszene. Doch Till Bruttel gestaltet weiterhin die unverwechselbare Töpferware à la Kunststück – gedreht & gemalt.

**Gaadt 6, Keitum, Tel.: 0 46 51 / 31587**

Beim Tourismusbüro geht eine kleine Straße vom Gurtstig ab. Im Alten Kirchenweg 4 befindet sich die kleine Werkstatt der Goldschmiedin Antje Ballauf. Perlen aus Glas und Ton sowie Edelsteine aus aller Welt und aus allen Zeiten werden von ihr höchst malerisch zu ganz individuellen Schmuckstücken zusammengefügt – verbunden mit einem Verschluss von handwerklich bester Qualität. Nicht zu übersehen sind ihre opulenten Ketten und die kunstvollen, traditionellen Treibarbeiten. Wer Sinn hat für das kreative Silber- und Goldschmiedehandwerk... auf in die kleine Werkstatt. Ausgezeichnet mit „Stern und Goldenem Hammer!"

**Alter Kirchenweg 4, Keitum, Tel.: 0 46 51 / 31266**

So ziemlich am Ende des Gurtstigs fällt das kleine Hotel Kamp mit seinem Cafégarten auf. Die Sylterin *Cornelia Kamp* ist nicht nur Namensgeberin, sondern auch eloquente Galeristin. Dass sich also hinter der Klinkerfassade auch eine vielbeachtete Galerie befindet, die etablierte, aber auch aufstrebende Künstler präsentiert, hat sich längst herumgesprochen. Das Thema ist Kunst und Genuss.

Folgende Ausstellungen können wir vermelden:
Ab Pfingsten werden Arbeiten von *Christian Barho, Joe Barnes, Barbara Koch, Karsten Kusch, Ivo Ringe* und *Rolf Rose* gezeigt.

**Gurtstig 41, Keitum, Tel.: 0 46 51 / 98390,**
**www.galerie-cornelia-kamp.de,**
**ck@galerie-cornelia-kamp.de**

Unweit befindet sich im Tipkenhoog das *Restaurant Reblaus* mit einer sehr ambitionierten Küche und tollen Weinen. Der *Eisbärwagen* lockt mit exotischen Eissorten vom Feinsten.

Die Keitumer Kunst-Tour kann parallel zum Wattenmeer durch die Straße Am Kliff fortgesetzt werden.
Das Sylter Heimatmuseum und das Altfriesische Haus liegen an der Straße Am Kliff. Wer verpasst, diese Museen zu besuchen, nimmt sich die Möglichkeit, die Identität und die Vergangenheit der Friesen zu verstehen.

Wie sehr die Insel Sylt von jeher und bis in die heutige Zeit Künstler inspiriert, präsentiert das Sylter Heimatmuseum. Hier hängen die Werke verschiedenster Epochen und Stilrichtungen mit den Motiven der Insel. Aktuelle Sonderausstellungen mit internationalen Werken belegen den künstlerischen Anspruch der Museumsmacher ebenso wie die Präsentation des *„Silberschatzes von Morsum"*. Dessen Fund hat weltweit für Aufsehen gesorgt und wird im Ranking mit der Nofretete in Berlin in einem Atemzug genannt. Für seine angemessene Präsentation wird der Archäologiebereich des Sylter Museums neu konzipiert.
Bei allem Anspruch hat Museumsleiter *Alexander Römer* stets die jungen Besucher im Blick. „Museum darf nicht langweilen!" ist seine Maxime und deshalb bietet er nicht nur familienfreundliche Preise, sondern auch kindgerechte Angebote.

Einige Meter weiter steht das Altfriesische Haus, ein authentisches Beispiel eines uthlandfriesischen Hauses anno 1640. Schauen Sie, wie die Friesen in der sogenannten „Guten alten Zeit" gelebt haben. Zu den Museen der Söl'ring Foriining, dem Sylter Verein, gehört in Wenningstedt der *Denghoog* als „Stonehenge des Nordens". Das tonnenschwere Steingrab kann sogar begangen werden und der Besucher nimmt dort Platz, wo vor über 5.000 Jahren rituelle Handlungen stattgefunden haben. Der Denghoog ist zur Zeit durch eine geplante Ferienhausbebauung gefährdet.
Die *Vogelkoje* nördlich von Kampen entführt in die an dieser Stelle der Insel dschungelhafte Natur gleich hinterm Deich. Wer Biologie bisher nicht besonders spannend fand, wird sich ihrem Zauber hier nicht entziehen können und fasziniert feststellen, welch elementare Bedeutung Naturphänomene im wahrsten Sinne des Wortes für das Überleben der Insulaner haben.

Geht man die Straße Am Kliff weiter parallel zum Wattenmeer trifft man auf die *Kleine Küchenkate* mit einer bodenständigen Küche und auf *Nielsens Kaffeegarten* mit einer großen Kuchenauswahl und regionalen Speisen. Von Nielsens Terrasse hat man einen bombastischen Wattenmeerblick.

In dieser kulinarisch interessanten Ecke ist auch das Witthüs Kunsthandwerk & Töpferei zu Hause.
Das *WITTHÜS* – ein klingender Name auf Sylt. Wer zurückblickt, denkt an die legendäre Teestube in Wenningstedt, dem Treffpunkt von Anthroposophen, Freigeistern, Künstlern, Kunsthandwerkern, Schriftstellern, „68ern" und anderen Teetrinkern. Das heutige WITTHÜS in Keitum am „Grünen Kliff", ganz nah am Wattenmeer gelegen, widmet sich weiterhin dem anspruchsvollen Kunsthandwerk.
*Jürgen Wolf,* experimenteller Objektgestalter, präsentiert seine Wandobjekte aus Edelstahl und natürlichen Werkstoffen. Sehr anregend ist die Kombination aus streng geformtem Edelstahl und lebendigen unterschiedlichen Steinen.
Zwei Goldschmiede aus Kiel zeigen in dieser Saison ihren Pate de Verre Schmuck. Die Kunst des Glasschmelzens ist eine alte Technik, bei der jedes Objekt ein Unikat ist. Ganz anders, modern und unverwechselbar der Schmuck von Step by Step aus der Schweiz. Aus Edelstahl, Aluminium und Kautschuk entstehen wandelbare handgearbeitete Schmuckstücke.
Aus Frankreich kommt der Schmuck von *la mollla*. Federleicht sind die Armbänder und Ketten aus Edelstahlfedern. Neue Schmuckstücke von *Petra Meiren* werden aus unterschiedlichen Materialien gefertigt. Beide Designerinnen kreieren jede Kollektion mit ihrem einmaligen Gespür für Eleganz, Kraft, Kreativität und Ästhetik.
Die „Moving Sculptures" von *Jürgen Heinz* sind auch 2021 richtige Hingucker im Garten. Der Bildhauer *Franz-Josef Vanck* hat großen Erfolg mit seinen figurativen Plastiken aus Stein und Bronze. WITTHÜS ist ein äußerst anregender Laden, den man selten verlässt ohne etwas zu erstehen.
**Am Kliff 5a, Keitum, Tel.: 0 46 51 / 3606,**
**Öffnungszeiten in der Saison:**
**Mo-Sa 10.30 bis 18.00 Uhr**
**www.witthues-keitum.de,**
**info@witthues-keitum.de**

***MOVING SCULPTURES***
***Metallskulptur von Jürgen Heinz***
***vor dem WITTHÜS***

Ingo Kühl

Etwas abseits vom Keitumer „Mainstream" befindet sich in Keitums Süderstraße das Atelier des Malers Ingo Kühl. Dieser ist viel und weit gereist von den Lofoten bis zum Kap Hoorn, vom Baltikum bis nach Papua-Neuguinea, lebte ein Jahr in der Südsee und hatte immer ein Atelier in Berlin und an der Nordsee.

Seit nunmehr achtzehn Jahren malt er auf Sylt in beständig wiederkehrenden Variationen, angeregt durch das Meer und die Landschaft in der Nähe des Meeres, Bilder, in denen die Macht der Natur zum Ausdruck kommt. Auf seinen Reisen zeichnet und aquarelliert er meist in Skizzenbüchern und so hat er auch die Insel Sylt erkundet. Diese mehr als vierzig – zwar unverkäuflichen – Skizzenbücher sind aber bereits in fünf originalgetreuen Publikationen erschienen und sie machen neugierig auf mehr... Seine oft großformatigen Werke sind in seinem der Öffentlichkeit zugänglichen Atelier mit dazugehörigen Ausstellungsräumen zu sehen. Dort sind neben hunderten von Bildern auch die neuesten Arbeiten des Künstlers präsent.

Seine Werke wurden bisher in zahlreichen Ausstellungen im In- und Ausland gezeigt, wie z. B. 2019 im Nordfriesland Museum, Nissenhaus in Husum unter dem Titel „In der Nähe des Meeres". Aktuell zeigt die Norddeutsche Galerie der Schleswig-Holsteinischen Landesmuseen auf Schloss Gottorf in Schleswig das dreiteilige Bild „Azoren – Felsenküste", das sich seit 2018 im Besitz des Museums befindet.

Ingo Kühl, der zunächst Architektur studierte, formt auch Skulpturen: Phantastische organoide Architektur-Skulpturen, die später in größeren Dimensionen begehbar sein sollen. Auch diese Architektur-Phantasien sind in Buchform veröffentlicht worden. Ein Besuch seines Ateliers kann demnach äußerst anregend sein.

**Keitumer Süderstraße 42, Keitum,**
**Tel.: 04651 / 8892070 oder 0174 / 3761422,**
**Öffnungszeiten Mo.-Sa. 11-17 Uhr und nach Vereinbarung**
**www.ingokuehl.com, ingo.kuehl@online.de**

Gleich neben dem Atelier von Annette und Ingo Kühl lockt der *Salon 1900* mit verfeinerter regionaler Küche und Kaffee und Kuchen im Garten.

Annette Kühl bietet für Groß und Klein im Ausstellungsraum des Ateliers ihres Mannes Ingo Kühl die Gelegenheit eigene Malerfahrungen zu machen!

Mit Acrylfarben und speziellem Pinselangebot wird auf 50 x 70 cm großen Papieren gemalt, gespachtelt, gewischt und gekratzt.

Sie öffnet den Raum für eigenes Erfahren und lockt durch gemeinsames Experimentieren, Schauen und Erkunden Unerwartetes und Neues hervor.

Große Freude bereitet es, sich auf die Farbenwelt und den freien Malprozess einzulassen, sich miteinander auszutauschen und zu staunen!

**Keitumer Süderstraße 42, Keitum, Tel.: 0176 / 72973183 oder info@annettekuehl.com, www.annettekuehl.com**

Um zu Georg's Galerie zu kommen, muss man schon die Straße nach Morsum überqueren und den Siidik entlang gehen. Man passiert das *Kontorhaus* oder geht hinein. Ein ganz toller Laden mit vielen ausgesucht guten Wohnaccessoires und einem noch besseren Teeraum und wunderbaren Kuchen. Das ist auch Kunst!

Die bereits erwähnte Galerie von *Georg Meierhenrich* befindet sich schräg gegenüber in dem ehemaligen Ziegenstall und neben dem kleinen Käselädchen.

Der Künstler und Galerist Georg Meierhenrich ist in der Sylter Kunstszene eine Art Urgestein. Er ist an die 50 Jahre auf der Insel künstlerisch tätig. Meierhenrich war und ist ein Individualist, der ganz konsequent seinen Weg geht.

Meierhenrich, Schöpfer der weithin bekannten filigranen Baumskulpturen aus Metallresten, verfolgt die Idee einer künstlerischen Gestaltung der prägnanten Form der Insel Sylt. Sylter Thematik wird in Collagetechnik verarbeitet und mit Büttenpapier, Blattgold und Edelsteinen zu *Sylter Juwelen* gestaltet.

Einige Künstler von *Georg´s Galerie* sollen noch genannt werden: *Uwe Herbst*, *Dimitri Petrov* und *Volker Kühn*. Man muss einfach mal bei Georg´s Galerie vorfahren. Parken ist hier kein Problem und der Käse im benachbarten Käselädchen ist so gut, dass er in manchen Gourmet-Restaurants auf der Karte steht...

**Siidik 6, Keitum, Tel.: 0 46 51 / 7360,**
**www.georgs-galerie.de, info@georgs-galerie.de**

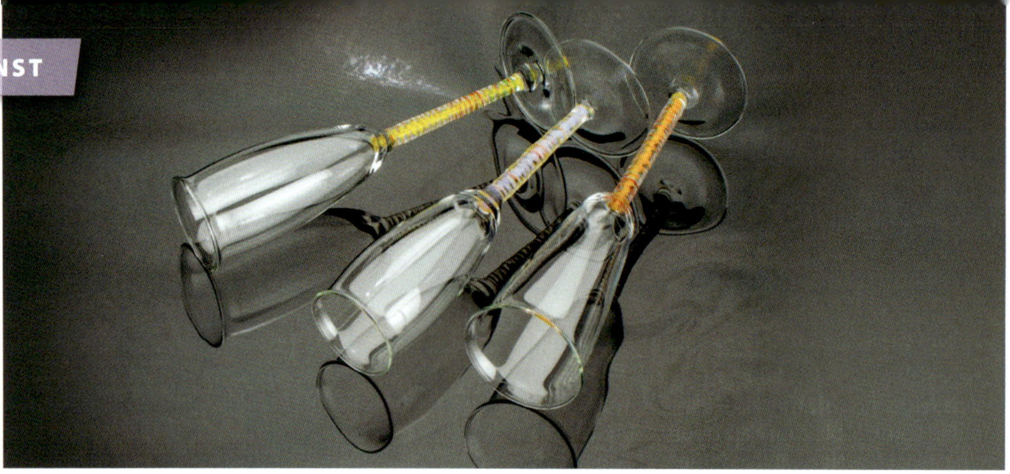

Wer in Keitum aus dem Zug steigt, könnte sozusagen quasi gleich bei der Glasgestalterin *Antje Otto* ein individuelles Gastgeschenk einkaufen, denn ihre Glasatelier-Galerie-Werkstatt ist in Räumen des alten Bahnhofs zu finden. *Antje Otto* heizt ordentlich ein. Die Glasverschmelzung bei hohen Temperaturen nimmt einen Hauptteil ihrer Arbeiten ein. So entstehen aus farbigen Glasscheiben vielschichtig aufgebaute Reliefobjekte mit tiefen Strukturen und Farbabstufungen. Jedes Stück in ihrem Atelier ist ein Unikat.
Ihre fundierte Ausbildung (Studium für Glastechnik, Glasgestaltung, Glasmeisterin) lässt sie mit dem Material spielerisch und künstlerisch umgehen. So formt sie Gesichter als Masken: „Naturgeister" oder „Küstenköpfe". Aber auch Gebrauchsgegenstände wie Trinkgefäße, Kerzenleuchter, Schalen und farbiger Glasschmuck gehören zu ihrem Repertoire.
Besucher können von Zeit zu Zeit den Entstehungsprozess mitverfolgen, wenn die versierte Glasgestalterin mit ihrem Glasbrenner aus Röhren und Stäben durch Blasen, Ziehen und Stauchen ein Weinglas oder ein Crème brûlée-Schälchen formt.
**Bahnhofstraße 37, Keitum,**
**(im Bahnhofsgebäude), Tel.: 0 46 51 / 32933,**
**www.glaskunst-antjeotto.de, info@glaskunst-antjeotto.de**

Die Galerie Art of Silence befindet sich auf dem Weg zur Kirche St. Severin. Das Haus liegt etwas versteckt an der Munkmarscher Chaussee 16 und zeigt Bilder des Malers und Gastronomen *Wolfgang Heinrich* (1920-2002), der in seiner Vita eine fundierte künstlerische Ausbildung durch große Künstler und Akademiker vorweisen konnte, die im Keitumer Seminar- und Kunsthaus zu sehen sind.
Wolfgang Heinrichs hinterlassenes Œuvre aus 50 Jahren künstlerischem Schaffen umfasst Stillleben, Portraits in expressionistischer Weise, zarte Zeichnungen, Gouachen, Öltempera und vor allem Landschaftsmalerei in Öl.
Seine Bilder sind von Lebendigkeit, Farbenpracht und Tiefe bestimmt. Heinrich, der von 1945 bis 2002 auf Sylt lebte, präsentierte seine Bilder in der eigenen Galerie „Wolfgangs Pub" in der Westerländer Friedrichstraße und ließ so seine Gäste immer ganz aktuell an seinem künstlerischen Schaffen teilhaben.
Mit seiner Ehefrau *Dorit* – sie studierte visuelle Kommunikation im Bereich der bildenden Kunst in Paris und an der Carl von Ossietzky Universität in Oldenburg – setzte er seine Leidenschaft für die Malerei in ihrem Keitumer Atelierhaus fort. In dem heutigen *Seminar- und Kunsthaus Heinrich & Heinrich* können die künstlerischen Arbeiten von Wolfgang Heinrich und von Dr. Dorit Heinrich (Künstlerin und Psychotherapeutin) nach Vereinbarung besichtigt werden.
**Munkmarscher Chaussee 16, Keitum,**
**Tel.: 0 46 51 / 935090, Besuch nach telefonischer Vereinbarung, www.keitumer-seminar-sylt.de, seminar-keitum-sylt@freenet.de**

Dorit Heinrich

Auf nach Morsum zur Goldschmiede von Edda Raspé und Sohn Jonas Raspé. Sehenswert ist hier nicht nur das gut erhaltene Friesenhaus und der gepflegte Garten, es ist der besondere Schmuck , der hier kunstsinnig gefertigt wird. Es sind die schönen kleinen Steine, die am Sylter Strand gesucht und gefunden wurden und dann von Edda und Jonas kunstvoll und überraschend zu einem Schmuckstück geformt werden.
In der Goldschmiedewerkstatt kann man zusehen, wie gesägt, gefeilt oder Gold geschmolzen wird. Mit großer Sorgfalt werden auch herrliche Edelsteine und Münzen verarbeitet. Schmuckstücke können auch nach individuellem Käuferwunsch gefertigt werden. Der Schmuck der Raspés ist wie die Insel: elegant und klar, zeitlos und stilvoll.
**Terpstig 15, Morsum, Tel.: 0 46 51 / 890258,**
**täglich geöffnet Mo-Fr 11 bis 18 Uhr,**
**samstags 11-15 Uhr sowie nach telefonischer Vereinbarung**
**www.edda-raspe.de, mail@edda-raspe.de**

Im *Morsumer Hansenhof* – dort,wo die freilaufenden Hühner für frische Eier sorgen, betreibt der Kunstpädagoge im Ruhestand Hans Joachim Pohl in der etwa 110 Jahre alten Reetdachscheune direkt neben dem Hofladen seit vielen Jahren seine Ateliergalerie.
Der vielseitige Künstler zeigt dort seine Skulpturen aus Holz, Eisen oder auch Bronze und Bilder der Insellandschaft. Für kleine Formate bevorzugt er die Technik des Aquarells, bei größeren Arbeiten experimentiert er gern mit verschiedenen Materialien in Verbindung mit Acrylfarben.
Die facettenreiche Sylter Natur ist neben vielen Reisen seine größte Inspiration. Besucher sind zu den Öffnungszeiten des Hofladens oder nach telefonischer Vereinbarung herzlich willkommen.
**Terpstig 65, Morsum, Tel.: 0170/3459093,**
**www.hansenhof-sylt.de**

Dieses Bild ist das Markenzeichen der Hamburger Malerin Traute Nierth, die seit vielen Jahren in Morsum am Terpstich in der Alten Schmiede ihr Atelierhaus hat.

Sie zeigt hier ihre farbintensiven, expressiven Arbeiten in Aquarell, Acryl und in Mischtechnik.
Unter dem Motto „Von der Farbe zur Form" veranstaltet Traute Nierth das ganze Jahr hindurch Malkurse. Ein großer Raum mit bis zu acht Arbeitsplätzen bildet den Rahmen für effektives und fröhliches Schaffen.
Alle Kurse finden jeweils Mo-Do 10 bis 13 Uhr statt. Die Kursgebühr beträgt für vier Tage inklusive Material 200,-.
**Terpstich 64, Morsum, Tel.: 0 46 51 / 890551**

Nach oder auch vor dem Kunstgenuss empfiehlt Sylt à la carte das Morsumer *Café Ingwersen* und das *Landhaus Severins* am Morsum Kliff.

# Kunstbummel durch Kampen

## Maler auf Sylt

Schon kurz nach der Gründung eines Seebades auf Sylt 1855 malte der berühmte Landschafts- und Genremaler *Hans Peter Feddersen* Dünentäler, Hünengräber sowie die „Friesin in der Küche". Bekannte Maler wie *Emil Nolde, Erich Heckel, Eduard Bargheer, Lovis Corinth, Wenzel Hablik* oder *Ivo Hauptmann* haben Sylt und Kampen mit ihren Bildern ein bleibendes Denkmal gesetzt.

## Kunst in Kampen

Der Sehnsuchtsort Kampen zog bereits anno 1900 namhafte Dichter und Denker an, die beeindruckt durch die wilde Meereslandschaft und die ursprüngliche Architektur, hier einen idealen Ort für ihr Schaffen fanden. Einer steckte den anderen mit seinen Reiseberichten an, sodass das einfache Friesendorf zum Hotspot für Kunstschaffende wurde.
Mit dem Dichter *Ferdinand Avenarius* (*1856 Berlin; † 1923 Kampen) fing alles an. Seine 1903 errichtete exzentrische „Villa Uhlenkamp", in die er aufstrebende Künstler einlud, war den Kampenern nicht ganz geheuer. Das Haus musste einem angepassteren Bau weichen.
Einige Künstler haben Kampen sogar zu ihrer Heimat gemacht. An diese wird auf dem *Kampener Kunstpfad* mit bislang 31 Bronzegusstafeln erinnert.

## Kunstpfad

Die Kunst ist kein Lückenbüßer, sie ist eine Lebensnotwendigkeit". Dieses Zitat steht auf der ersten Gedenkstele, die im November 2008 vor dem Atelier Sprotte in Kampen enthüllt wurde. Sie erinnert an den 2004 verstorbenen Künstlerphilosophen *Siegward Sprotte.*
Mittlerweile erinnern 31 Stelen an große Künstler, Schriftsteller, Verleger, Musiker und Philosophen, die in Kampen ein inspirierendes Zuhause auf Zeit oder ihre Wahlheimat fanden. Jeweils mit in Bronze gegossenen Zitaten und markanten Daten ihres Lebens aufgestellt an beziehungsreichen Orten des Dorfes.
Unterwegs auf dem Kunstpfad wandelt man auf den Spuren von *Emil Nolde, Otto Eglau, Peter Suhrkamp, Max Frisch, Valeska Gert, Thomas Mann, Christian Hinrich* und anderen herausragenden Persönlichkeiten.
Als Wegbegleiter empfiehlt sich das Handbuch des Tourismus-Service Kampen mit Kurzbiografien der Künstler, Übersichtskarten und Wegbeschreibungen. Alternativ bucht man einen Kunstspaziergang mit dem Kampener Künstler *Thomas Landt,* der ein buntes und liebenswertes Bild von einem lebendigen Dorf vermittelt.

Das **Atelier Sprotte** in der Alten Dorfstraße von Kampen ist keineswegs eine Gedenkstätte für den 2004 verstorbenen Maler *Siegward Sprotte.* Seine Bilder sind durch die Reduzierung auf das Wesentliche dermaßen zeitgemäß, dass sie sehr gut zu der Kunst in heutiger Zeit passen.
So ist eine ständige Ausstellung mit den Werken von *Siegward Sprotte* mit der ganzen künstlerischen Bandbreite das ganze Jahr in seinem Kampener Atelierhaus zu sehen. Jedes Jahr werden Sprotte-Bilder gezeigt, die noch nicht ausgestellt wurden. Auch in diesem Jahr ist wieder ein Eiland Kalender mit sehr guten Reproduktionen von Sprotte-Bildern erschienen.

*Der neue Sprotte Kalender 2022 vom Eiland Verlag*

Die Kampener **Galerie Falkenstern Fine Art & Atelier Sprotte**, von *Cosmea Sprotte* und Sohn *Armin Sprotte* geführt, zeigt immer wieder Überraschendes aus der gesamten Schaffensperiode dieses namhaften Künstlers. Neben den Bildern Sprottes werden hier im Kontext auch Arbeiten der Großen der Klassischen Moderne ge-

zeigt: *Gabriele Münter, Erich Heckel, Ernst-Wilhelm Nay* und *Fritz Winter*, um nur einige zu nennen. In diesem Jahr werden unter dem Motto „Kunst ist Sprache“ u.a. neben Siegward Sprotte folgende Künstler ausgestellt: *Alexander Calder, Alexander Camaro, Serge Poliakoff, Günther Uecker, Antoni Tápies, Jörg Plickat.*
Die Kunstmeile im Kampener Strönwai zeigt Skulpturen der Galerie Falkenstern Fine Art unter dem Motto: „Art Matters“. *Jörg Plickat* ist mit großen Skulpturen aus Stein und Metall vertreten. *Volkmar Haases* abstrakte Gebilde aus Edelstahl sind zu sehen. Aus China kommend setzt *Lin Yonggang* Zeichen aus lackiertem Stahl. Sehenswert!
**Alte Dorfstraße, Kampen, Tel.: 0 46 51 / 42413, ganzjährig geöffnet, täglich 11-18 Uhr. Außerhalb der Saison 11-17 Uhr (montags geschl.), Atelier Sprotte in Potsdam, Katharinenholzstraße 8, www.falkensternfineart.com**

Unweit der Galerie Sprotte zeigt die Galerie Herold in den stimmungsvollen Räumlichkeiten des *Hauses Meeresruh* immer wieder großartige Werke namhafter Künstler des 19. und 20. Jahrhunderts – oft Motive, die sich mit der Landschaft und dem Leben auf Sylt und im weitesten Sinn mit Norddeutschland beschäftigen. *Rainer Herold* hat einen sicheren Blick für Qualität.
Hier sind immer klingende Künstlernamen mit musealen Werken vertreten: u.a. *Nolde, Heckel, Kirchner, Pechstein, Liebermann,* um nur einige zu nennen. Galerist *Rainer Herold*, der auch in Hamburg in den Colonnaden mit großzügigen Galerieräumen aufwartet, hat sich auf die norddeutsche Malerei spezialisiert. So ist das umfangreiche Werk der Hamburgischen Sezession bestens präsent. Wir sahen Bilder von *Ivo Hauptmann* und Werke der diesbezüglichen Crème de la Crème: *Bargheer, Steinhagen, Fiedler, Flinte, Grimm, Kluth, del Banco, Maetzel, Rée* – eine beeindruckende Who is who-Liste für Kenner.

Rainer Fetting

Emil Nolde

Der zeitgenössischen modernen Malerei wird neuerdings in Herolds Contemporary Galerie ein größerer Platz eingeräumt – im wahrsten Sinne des Wortes, denn es konnte eine zusätzliche Fläche im gleichen Hause für Ausstellungszwecke geschaffen werden, die von Sohn *Patrick Herold* kuratiert wird und die ganz für Arbeiten bekannter Künstler der aktuellen Avantgarde reserviert ist. Mit der Idee zur Reihe „Artist in Residence“ hat Patrick Herold eine Möglichkeit für zeitgenössische Künstler geschaffen, ihrer Kreativität auf Sylt freien Lauf zu lassen. Diese Herausforderung hat der bekannte Maler *Frank Schult* angenommen und 25 Werke auf der Insel geschaffen. In 2021 stehen Werke des Malers, Bildhauers und Aktionskünstlers *Heini Linkshänder* (1938-2012) im Mittelpunkt des Geschehens. Weitere Künstler bei *Herold Contemporary:* u.a. *Rainer Fetting*, der auch regelmäßig auf Sylt zu Gast ist, *Walter Stöhrer, Dieter Glasmacher, Heinrich Meier, Frank Schult* sowie der „Pasteuse“ *Christopher Lehmpfuhl*. Eine spannende Saison ist bei Herold zu erwarten.
**Braderuper Weg 4, Kampen, Tel.: 0 46 51 / 45135, und Colonnaden 5, Hamburg, Tel.: 040/47 80 60. Die Galerie ist ab 1. Mai durchgehend bis Oktober geöffnet, außerdem zu Weihnachten und Neujahr, sowie zu Biike und über Ostern. www.galerie-herold.de, Herold@Galerie-Herold.de**

Im Braderuper Weg 2 befindet sich zwischen der Galerie Herold und dem Restaurant Henry's die bemerkenswerte **Galerie Werkhallen** mit dem Fokus auf zeitgenössische Fotografie.
Die Galeristen *Christiane Obermann* und *Axel Burkhard* haben ihre Galerie erheblich im Souterrain erweitert, so dass die Bezeichnung Werkhallen durchaus berechtigt erscheint. Endlich Platz für eine großformatige Präsentation von herausragender Fotografie. Künstler wie *Bryan Adams*, *Till Brönner*, *Jimmy Nelson*, *Vera Mercer*, *Martin Schoeller*, *Abraham David Christian*, *Josef Hoflehner* und *Thomas Röthel*, die zuvor in großen Ausstellungen in den alten Industriehallen in Remagen zu sehen waren, werden nun auch in der Kampener Galerie gezeigt.
Man darf auf viele weitere Highlights gespannt sein. So bringt der *Tony Cragg* Meisterschüler *Stephan Marienfeld* seine Bondage Skulpturen nach Sylt, *Tina Trumpp* überrascht mit ihren sinnlichen Nude-Fotografien, *Douglas Kirkland* zeigt seine außergewöhnlich intimen Fotos von Marilyn Monroe und Coco Chanel; *Vanessa von Zitzewitz* ist mit ihren wunderbaren Schwarz-Weiß-Fotografien erstmals auf Sylt präsent.
Das Portfolio der zeitgenössischen Künstler wird zudem noch durch sogenannte MASTERPIECES erweitert. So werden ausgesuchte Raritäten gezeigt wie ein Motorrad der Marke MÜNCH aus den 70er Jahren, historisches *Louis Vuitton* und *Hermès* Reisegepäck, sowie auch Unikate des weltweit bekannten Fotografen *Peter Beard*.
Der Fokus liegt immer auf dem Besonderen, Außergewöhnlichen.
Christiane Obermann: 0175/4106606
Axel Burkhard: 0171/5266635
**Braderuper Weg 2, Kampen, www.werkhallen.net, kontakt@werkhallen.net**

---

Die **Galerie Rudolf** im Souterrain des Hauses „Kampeneck" ist ein Highlight eines Kampener Kunstspaziergangs. Hier ist bedeutende, geradezu museale Kunst der *Klassischen Moderne* zu Hause.
Der Galerist *Gernot Rudolf*, der sich bereits seit über 40 Jahren im deutschen Kunsthandel engagiert, zeigt auf Sylt schon seit 30 Jahren museale Kunstwerke dieses Genres.
Tochter *Annegret Rudolf* stellte für die Saison 2021 hochwertige Neuerwerbungen zusammen. Viele Raritäten aus Privatbesitz von expressionistischen Arbeiten der Künstlergruppen *„Brücke"* und *„Blauer Reiter"* sind zu entdecken. So sind die Arbeiten von *Heckel*, *Kirchner*, *Schmidt-Rottluff*, *Pechstein*, *Liebermann*, *Jawlensky* und *Münter* zu sehen. Außerdem *Picasso*, *Chagall*, *Braque* und *Dalí*. Hinzu kommen Bilder von Malern, die eng mit Sylt in Verbindung gebracht werden, so *Bargheer*, *Eglau* oder *Sprotte*. Schließlich ist auf die Vielzahl von Originalzeichnungen des bekannten Berliner Künstlers *Heinrich Zille* sowie auf *Hermann Hesses* bezaubernde Aquarelle hinzuweisen.
**Hauptstraße 8, „Haus Kampeneck", Kampen, Tel.: 0 46 51 / 8357773, in den Saisonzeiten geöffnet, Mo-Sa 11-18 Uhr und nach Vereinbarung, galerie.rudolf@t-online.de**

*HERMANN MAX PECHSTEIN (1881-1955)*
*Fischer am Strand bei der Arbeit*
*Aquarell 1951,*
*50,6 x 65,5 cm, signiert*

An Kampens Hauptstraße, gleich neben dem Kaamp-Hüs, das neben der Tourismus-Info auch Künstlern das ganze Jahr über eine Ausstellungsfläche bietet, haben sich im Haus Wattweg 1 neuerdings zwei neue Kunstadressen etabliert, die mit der Galerie Michael Rühmling eine regelrechte Kampener Kunst- und Kulturinsel bilden. Die *Galerie Michael Rühmling*, seit über 20 Jahren in Kampen, ist ein Schatzkästlein für ausgefallene Kunst, für seltene Objekte, Bilder des 20. Jahrhunderts und Arbeiten der aktuellen Avantgarde. Jedes Teil der Raritäten in seiner Kampener Galerie hat eine Geschichte und die kann Michael Rühmling bestens vermitteln.

Christian Peschke

Das betrifft auch eine interessante Bildersammlung mit Arbeiten des Bildhauers und Malers *Christian Peschke* (1946-2017, s. Abbildung). Wir sahen außerdem „neue" alte Art-Déco-Objekte, gesuchte Rolex-Uhren und Atmos-Tischuhren. Der ständige Wechsel der Ausstellungsstücke macht einen Besuch hier immer interessant. Rühmlings Galerie ist für jeden Kenner ein kleines aber einzigartiges Design-Juwel.

**Wattweg 1 / Ecke Hauptstraße, Kampen, Tel.: 46 51 / 943080, www.ruehmling.de, ruehmling@t-online.de**

Die seit vielen Jahren in Hamburg etablierte Galerie Schimming eröffnete 2020 die Kampener Dependance. Das vorwiegende Thema von *Birgit* und *Holger Schimming* ist ganz offensichtlich die Pop-Art – aber vom Feinsten. Hier ist *Heiner Meyer* ein Meister dieses Genres. Er spielt in

Heiner Meyer „meets" Roy Lichtenstein

seinen Bildern mit den bekannten Symbolen der berühmtesten Pop-Art-Malern des 20. Jahrhunderts und zitiert gezielt die plakative Weltkunst beispielsweise von *Roy Lichtenstein, Andy Warhol* oder *David Hockney.* Auch *Alex Katz* ist mit seinem Realismus vertreten. Wir sahen noch Hasen von *Hunt Slonem,* Bildkompositionen von *Xenia Hausner* sowie Natur- und Landschaftsmalerei von *Yvette Kießling*. See you at Schimming!

**Wattweg 1, Kampen, Tel.: 0175 / 1867826, www.galerieschimming.de, sylt@galerieschimming.de Jungfrauenthal 4, Hamburg, Tel.: 040 / 441520, art@galerieschimming.de**

Die Galerie Sewing-Delius komplettiert das Galerie-Dreigestirn auf Kampens Kunst- und Designinsel am Wattweg 1.
Es ist unglaublich mit welchem Understatement hier große Werke arrivierter moderner Kunst mit Top-Einzelstücken des Interieur-Designs collagiert werden. Dahinter steht *Barbara Sewing-Delius* als Initiatorin.
Eine Aufzählung der Künstlernamen, die hier präsentiert werden, kommt einem vor wie das „Who is who" der zeitgenössischen Kunstelite. Wir sahen im Frühjahr Gemälde, Zeichnungen, Grafiken und Skulpturen u.a. von *Lüpertz, Immendorff, Baselitz, Richter, Polke, Zangs* und *Warhol*, um nur einige zu nennen.
Handbemalte Bronze-Skulpturen von *Markus Lüpertz?* Ein großes Bild in Mischtechnik von *Georg Baselitz?* Ein großes Ölgemälde von *Jörg Immendorff?* Sind wir hier in einem Museum für moderne Kunst? Nein, es ist nur eine kleine Galerie!
Verlässt man die Galerie, schreitet man durch den Vorgarten und rechts und links durch zwei übergroße, schlanke Skulpturen von *Jörg Immendorff* – einfach so...

...und schauen Sie sich mal die Galerie Sewing-Delius im Internet an: **www. galerie-sewing-delius.de, info@sewing-delius.de** *(siehe auch in unserem Shopping-Guide, was wir über den Interieurladen Sewing-Delius in der Braderuper Scheune berichten).*
**Wattweg 1, Kampen, Tel.: 0 46 51 / 8045540**

---

Der Bildhauer Jürgen Ebert ist seit über 20 Jahren auf Sylt mit seinen großen, freistehenden Skulpturen präsent. Unübersehbar stehen Ebert-Skulpturen auf dem Grundstück vor dem weißen reetgedeckten Geschäftshaus an der Hauptstraße von Kampen zwischen Strönwai und Kurhausstraße.
Da die Arbeiten frei zugänglich sind, kann man mit ihnen – ohne Maske – ganz nah Bekanntschaft schließen. Schauen Sie der in ein Buch versunkenen „Lesenden" über die Schulter oder beobachten Sie die fröhliche Dreiergruppe junger Menschen, wie sie händchenhaltend auf einer Kugel balancieren – „Freundschaft verbindet!"
Ästhetik, Symbolik, Proportionsspiele und Realität im Wechselspiel mit dem Abstrakten, das ist die Skulpturenwelt des Bildhauers Jürgen Ebert. Er möchte die Betrachter zur Kommunikation anregen. Das geschieht ganz ohne Zweifel bei einer Kunsttour durch Kampen.
**Tel.: 0 28 71 / 37914,**
**www.juergen-ebert.com, info@juergen-ebert.com**

Die Galerie Peerlings ist wahrlich eine Kunst-Institution, die seit 1972 in Kampen etabliert ist. Ein wunderschönes Haus in der Kurhausstraße und eine Galerie, die ihren Stil bewahrt. Große Namen der Kunst sind hier mit ihren Bildern zu Hause: *Braque, Chagall, Janssen, Marini, Miró, Picasso* oder *Poliakoff* – um nur einige zu nennen. Der Maler *Klaus Fußmann* ist mit Peerlings befreundet und scheint die Galerie bevorzugt zu beliefern, denn seine Bilder sind gefragt. Ein Schüler von ihm richtet in diesem Jahr bei Peerlings eine Ausstellung aus. *Till Warwas,* ein „Norddeutscher Realist", hat sich auf die Landschaft „Pleinair" und auf Stillleben spezialisiert. Die Abbildung zeigt seine akurate Malweise.

**Kurhausstraße 7, Kampen, Tel.: 0 46 51 / 4940,**
**in den Saisonzeiten geöffnet Mo-Sa 11 bis 13 Uhr u. 16 bis 18 Uhr sowie nach Vereinbarung.**
**www.peerlings.de, hpeerlings@peerlings.de**

*Till Warwas · „Norddeutsche Realisten"*

*In der Galerie Peerlings gesehen: Ölbild von Klaus Fußmann*

Ein krönender Abschluss unserer Kampen-Kunsttour: Die spannende Schmuckwerkstatt der Schweizer Designerin *Susanna Dünne,* die seit den 80er Jahren diesen schon legendären Laden mit unglaublicher Energie bespielt.
Die bunt dekorierte Schmuckwerkstatt ist von der Ecke Kurhausstraße/Westerweg nicht wegzudenken. In und um die witzig gestalteten Schaufensterauslagen ist immer Leben. Ihre individuell gestalteten Preziosen sind allerdings weit über Kampen hinaus begehrt. Sie ist bei ihrer exklusiven Linie geblieben, die ständig innovative Schmuckideen hervorbringt. Die einzige Konstante ist bei ihr die Veränderung. So wird es für sie und die Kundschaft auch nie langweilig, wenn neue Schmuckideen verwirklicht werden. Wir sahen große und kleine Preziosen u.a. aus Gold, Platin mit Edelsteinen und ungewöhnlichem Materialmix.
Ihre ungewöhnlich gestalteten und individuell bearbeiteten Einzelstücke sind eher Kunst als Kunsthandwerk. Das ist Susanna aber eigentlich egal. Sie entwickelt ihren Schmuck mit den edelsten Materialien „aus dem Bauch heraus" und hält sich nicht im Geringsten an Konventionen. Das scheint das Rezept für ihren Erfolg zu sein.
**Westerweg 14, Kampen, Tel.: 0 46 51 / 43483,**
**www.duenne-kampen.de, duenne-kampen@web.de**

# Kunstbummel durch Westerland

Beginnen wir unsere Kunst-Tour in Alt-Westerland, wo es ziemlich verwinkelt ist und viele alte Friesenhäuser mit einheimischem Leben erfüllt sind.

Kommt man in Westerland mit dem Zug an, braucht man nur geradeaus in die Kjeirstraße zu gehen und schon fällt der interessierte Blick durchs Schaufenster der Antiquitätengalerie Radzuweit. Da gehen einem schon mal die Augen auf: Wertvolles altes Silber in einer Auswahl, die ihresgleichen sucht. Und die Wände scheinen mit Bildern geradezu tapeziert.
*Jörn Radzuweit* versteht es, Raritäten dieses Genres aufzuspüren: *Dirks, Weidemann, Köcke, Petersen, Röttger* und *Bräuner* sind einige klingende Künstlernamen. *Helene Varges* (1877-1946) lebte und arbeitete ab den 20er Jahren auf Sylt. Radzuweit ist es gelungen, einen beträchtlichen Nachlass mit vielen Zeichnungen und Grafiken zu erwerben. Eine Ausstellung im Keitumer Heimatmuseum ist geplant.

Von klein auf mit der Materie vertraut, verfügt er über einen großen Erfahrungsschatz im gesamten Bereich der Antiquitäten.
Die Spezialitäten des Hauses werden weiterhin die handgefertigten Silber-Accessoires der berühmten Schmieden von *Jensen*, *Hansen* und *Nielsen* sein. Komplette hochwertige Bestecksätze sind hier präsent. Wer Porzellan für Sammlungen oder für einen großen kulinarischen Auftritt sucht, ist hier goldrichtig. *Royal Copenhagen* und *Musselmalet* sind die gesuchten Raritäten, die hier jedoch in großer Anzahl vorrätig sind. Auch andere Manufakturen sind vertreten. Wir sahen eine größere Anzahl an Gläsern und Flaschen mit filigranen Silver-Overlays der Jahrhundertwende. Wieder einmal ein gesuchtes Spezialgebiet für Antiquitätensammler, das hier bedient wird.
**Kjeirstraße 2, Westerland, Tel.: 0 46 51 / 7331, www.sylt-antik.de, info@sylt-antik.de**

Dagmar und *Michael Lönnecker* haben in einem kleinen, weißen Haus an der Keitumer Chaussee ihre wohnlich eingerichtete Galerie Schönes & Altes betitelt. Wie wahr! Ist die kleine Galerie erstmal entdeckt, sollte man nicht zögern die Schwelle zu überwinden, um sich auf Schönes und Altes einzulassen.
Man kommt hier gefühlt zum privaten Besuch bei einem kunstsinnigen Paar, das seit Jahrzehnten Sammler schöner Dinge ist. Sie betreten hier sozusagen die „Gute Stube" der Lönneckers. Als Besucher ist man überrascht, dass hier mit einer gewissen Selbstverständlichkeit Bilder präsentiert werden von Malern, die im norddeutschen Raum

*Friedrich Karl Gotsch, „Maike L. - VI" 24.10.1966, Gouache*

als Crème de la Crème des 20. Jahrhunderts gelten. Als arrivierte „Inselmaler" sahen wir *Korwan, Weidemann, Eglau* und *Sprotte*. Hamburg war beispielsweise vertreten mit Bildern von *Eitner, Bargheer, Schaper* und *Hauptmann*. Auch unverwechselbar florale Motive von *Klaus Fußmann* schmückten die Wände. Alle Bilder adäquat gerahmt. Den wohnlichen Rahmen bieten einige gepflegte Antiquitäten und Kuriositäten. Alles mit Liebe zum Detail. Es lohnt sich also, hier einmal die Schwelle für „Schönes & Altes" zu überwinden.

**Keitumer Chaussee 8, Westerland,**
**Mobil 0172/8020331, geöffnet ganzjährig Montag bis Freitag 11 - 18 Uhr und nach Vereinbarung**
**michael@loennecker-hh.de**

An der Keitumer Chaussee befindet sich in Alt-Westerland ein historisches Friesenhaus, das so recht prädestiniert ist für einen Antiquitätenladen. Bingo! Der Name passt! Zur Alten Dorfschmiede.
Hier empfängt einen die Fülle alter aufgearbeiteter Möbel aus Skandinavien: Schränke, Tische, Kommoden, alte Spiegel und und und.
Interieur für ein altes Friesenhaus genauso wie für ein urbanes Loft. Wir sahen auch altes und neues Geschirr und ländliche Leinentextilien. Alles ist hier stimmig. Wie schön, dass sich guter Geschmack durchsetzen kann.

**Keitumer Chaussee 11, Westerland, Tel.: 0 46 51 / 22136**
**grilfeldt.antik@gmail.com**

Ein Haus weiter befindet sich das Atelier und die Galerie von Svetlana Vorreiter. Sie ist seit über 18 Jahren sehr erfolgreich auf Sylt künstlerisch tätig. Ihre profunde Ausbildung hat sie in Kunstschulen in ihrer Heimat St. Petersburg genossen. Sie zeigt ihre Arbeiten in ihrer Atelier-Galerie in Alt-Westerland. Hier sind in den hellen Räumlichkeiten viele ihrer dekorativen Inselmotive und Seestücke zu besichtigen. „Svetlana Vorreiter gehört zu den besten Marinemalern unserer Zeit...", meinte ein Kritiker. Na, also!

**Keitumer Chaussee 13, Westerland,**
**www.svetlana-vorreiter.de, svetlanasylt@t-online.de**

Gleich neben Svetlana fertigt Mathias Graf in seinem Goldschmiedeatelier handwerklich vollendete Schmuckstücke ganz unkonventionell nach Inspiration.
Seine Werkstoffe Gold, Silber und Platin verbindet er gekonnt mit den wunderbarsten Edelsteinen.

**Keitumer Chaussee 22, Westerland, Tel.: 0 46 51 / 22162**
**www.schmuck-graf.de**

Auch für die Saison 2021 hat *Hildegard Dick* wieder viele Raritäten in ihrem schönen Laden in Alt-Westerland zu bieten. Der Name Antiquitäten Hildegard Dick ist seit über 50 Jahren ein Begriff. Sehenswert ist das alte, handgeschmiedete Silber aus der Werkstatt des berühmten *Georg Jensen*. „Es ist hier tatsächlich europaweit die größte Auswahl an handgeschmiedetem Jensen-Silber zu besichtigen", meint Frau Dick. Ein klingender Name im Luxussegment ist *Louis Vuitton*. Hier findet man diese historischen, bestens restaurierten Koffer.
Eine weitere Leidenschaft der passionierten Sammlerin sind historische Buddha-Figuren ab dem 7. Jahrhundert. Ob Lucky-Buddha oder Cobra-Buddha – Buddha-Figuren... mit einer Aura, die auch diesen schönen Laden zu erleuchten scheint.

**Keitumer Chaussee 22, Westerland,**
**Tel.: 0 46 51 / 31465, geöffnet von 10 bis 18.30 Uhr,**
**www.antiquitaeten-hildegard-dick.de**

In der Fußgängermeile stehen sich zwei Galerien gegenüber, die ein ähnliches Genre, die dekorative Pop-Art vertreten: Mensing und Walentowski. In Toplage – in der Mitte der Friedrichstraße – ist die Walentowski Galerie eingezogen, die inzwischen an vielen Standorten mit ihrem populären Kunstprogramm präsent ist. *Familie Walentowski* ist in der 2. Generation bereits seit 50 Jahren im Kunsthandel erfolgreich.
Hier wird man von farbintensiver Pop-Art empfangen; dekorative Siebdruck-Collagen und Malerei auf großformatigem Aluminium. Wir sahen die filigranen, dreidimensionalen Arbeiten von *James Rizzi*. Mit *Elvira Bach* sind auch die sogenannten Wilden präsent. Keine Panik! Auch *Udo Lindenbergs* Likörelle und der in Szene gesetzte Humor von *Otto Waalkes* sind hier prominent vertreten.

**Friedrichstraße 27, Westerland,**
**Tel.: 0 46 51 / 8869270, www.walentowski-galerien.de,**
**sylt@walentowski-galerien.de**

Die Galerie Mensing gilt mit ihren diversen deutschen Dependancen in den Metropolen, auf Mallorca und mit 2.000 m² Ausstellungsfläche am Firmensitz in Hamm als größte Galerie Europas. Seit über 20 Jahren ist Mensing in der Friedrichstraße mit einer Filiale präsent. Dazu gekommen ist das runderneuerte historische Westerländer Haus „Seeburg" aus der Blütezeit des Seebades. In den großzügigen Galerieräumen zeigt Mensing die dekorativen, farbintensiven Pop-Art-Werke seiner Stars: *Britto, Fazzino, Guldenstern, Rocca* oder *Rubenstein*. Die Mensing-Künstler besuchen gerne die Insel, um ihre Werke zu promoten.

**Friedrichstraße 32 und 42, Westerland, Tel.: 46 51 / 8862054,**
**www.galerie-mensing.de, sylt@galerie-mensing.de**

Kunsthaus Uerpmann / Seestück von Karsten Meiwald

Unweit der Einkaufsmeile Friedrichstraße, in der Abzweigung Bismarckstraße, befindet sich das **Kunsthaus Uerpmann.**

Die Bielefelder *Familie Uerpmann* ist bereits in der 3. Generation im Kunsthandel tätig. Ihre Westerländer Dependance hat sich prächtig entwickelt. Einige der erfolgreichen Künstler seien genannt: *Karsten Meiwald* bringt äußerst fotorealistisch Dünen und Meer auf die Leinwand. *Malte von Schuckmann*, auch Realist, ist spezialisiert auf das lichtdurchflutete bewegte Meer. Großartig! *Frank Getty* trägt gekonnt mit Spachteltechnik „dick auf". *Mario Malfer* schafft in seinen Bildern eine spannende Synthese aus Abstraktion und einer realistischen Landschaftsdarstellung. Echte Hingucker sind die Bilder vom „Pool". Echt cool von *Jean-Pierre Kunkel*. In Pop-Art-Manier bringt *Ute Hillenbrand* „zerknüllte" Getränkedosen auf gebürstetes Alluminium. *Axel Crieger* macht echt coole, verblüffende Fotocollagen mit Kultfiguren und Idolen, *Vanni Saltarelli* bewegt mit eigenwilligen Frauenportraits. Old fashioned sind die impressionistischen Motive im Stil anno 1900. Also! Kreative Abwechslung ist angesagt bei Uerpmann. Bestens und informativ präsentiert von der Galeristin *Jule Plate*.

**Bismarckstr. 3, Westerland, Tel.: 0 46 51 / 299 900 3, www.kunsthaus-uerpmann.de, sylt@kunsthaus-uerpmann.de**

Diese Kunstadresse in der Elisabethstraße hat sich auf Sylt etabliert. Auf der Insel gibt es schließlich viele Räume, die mit Kunst zu schmücken sind. Wenn sich eine Galerie selbst als **Kunstsupermarkt** bezeichnet, muss dahinter ein gehöriges Selbstvertrauen stecken. Dass die Bilder dieses Vertrauen rechtfertigen, stellen sie Bild für Bild unter Beweis. Zu betrachten sind gut 2.000 Originalkunstwerke. Ein Stop für die Kunst, der sich wahrlich lohnt.

Diese Originale! von teilweise bereits arrivierten Künstlern und vielversprechenden Newcomern gibt es in einer Größen-Preis-Staffelung von 69,-, 129,-, 249,- oder 359,- Euro. Großformatige Kunstwerke liegen im niedrigen vierstelligen Bereich. Wir sahen dekorative Qualitätsbilder von absoluten Könnern. So kann im Sylter Kunstsupermarkt die Bestückung eines ganzen Hauses mit Kunst-Originalen zu einem erschwinglichen Vergnügen werden.

**Elisabethstraße 1, Westerland, Tel.: 0 46 51 / 8357786, www.kunstsupermarkt.de**

KUNSTSUPERMARKT

Die *Gemeinde Sylt* und der Verein der *Sylter Kunstfreunde* verfügen mit der **Westerländer Stadtgalerie** in der „Alten Post" über eine ideale zentrale Ausstellungsfläche von über 100 m² für arrivierte Künstler, aber auch für Newcomer. Aufgrund der Einschränkungen durch die Corona-Pandemie ist eine Ausstellungsplanung nur bedingt realisierbar. Folgende Ausstellungsdaten können wir allerdings schon vermelden:

Vom **22. Mai bis um 12. Juni** zeigen die Sylter Kunstfreunde großformatige Bilder von *David Tollmann.* Unverwechselbar ist sein Stil der figürlichen Malerei von expressiver Farbigkeit. Typisch für seinen Malstil sind die aufgesetzten weißen Konturen.

Im **August** zeigen die Sylter Kunstfreunde die Fotografien der Inselkünstlerin 2021. Wir sind gespannt auf die Ausstellung von *Constanze Flamme,* die sich fotografisch mit den „Ikonen der Insel" beschäftigt hat. Es ist eine Auseinandersetzung mit dem weniger Sichtbaren. Landschaft und Portraits bilden ein Kaleidoskop.

Der **Oktober** ist für zwei Künstler vorgesehen, die die Insel Sylt im Fokus haben. *Hans Jessel* der Fotograf und *Lars Wiggert* der Maler sind beide Söhne der Insel. Sie arbeiten für diese Ausstellung quasi synchron, der eine fotografiert, der andere malt das gleiche Motiv. Wir sind gespannt auf die Ergebnisse.

**Stephanstraße 4, Westerland, Informationen zu den Ausstellungen: Sylter Kunstfreunde / Petra Nies, Tel.: 0 46 51 / 8694018 oder petra.nies@t-online.de und bei der Gemeinde Sylt / Birgit Kühne, Tel.: 0 46 51 / 851211, www.sylter-kunstfreunde.de**

*Elvira Bach,* eine der bekanntesten zeitgenössischen deutschen Künstlerinnen stellt ihre Bilder im ***September 2021*** erstmals in einer größeren Ausstellung in der Westerländer Stadtgalerie vor.

Das ist vom Verein der Sylter Kunstfreunde lang ersehnt und kann nun auch anlässlich des 70. Geburtstags von Elvira Bach durch Vermittlung ihrer *Berliner Galerie Kornfeld* verwirklicht werden.

Mit der Präsentation ihrer Werke auf der Documenta 7 im Jahr 1982 erlangte Bach internationale Anerkennung. Seitdem sind ihre Werke weltweit bei wichtigen Ausstellungen in bedeutenden Museen und Sammlungen wie beispielsweise dem Guggenheim in New York, dem Museum in Groningen, dem Haus der Kunst in München, dem Städel in Frankfurt oder zuletzt dem Museum in Landerneau (Frankreich) zu sehen.

Im Mittelpunkt ihres künstlerischen Schaffens steht seit Anbeginn die Frau in all ihren Facetten des Menschseins, in ihrer Kraft und Stärke, aber auch Verletzlichkeit und Zerbrechlichkeit, vor allem jedoch als autonomes und unabhängiges Individuum. Elvira Bach hat die Frau an die Rampe gestellt, ihr breite Schultern und große Hände gegeben, sie geschmückt und ihr Sinnlichkeit und Stärke zugemalt. Ihre Bilder sind Leuchttürme weiblicher Kraft.

Ab 1978 entstehen die ersten „Selbstporträts", die bis heute ihr Markenzeichen geblieben sind. In ihnen thematisiert Elvira Bach jenes existentielle Phänomen, das ihre ganze Arbeit wie ein roter Faden durchzieht: das Ich in allen seinen Ambivalenzen. Dabei handelt es sich nie nur um Privat-Persönliches, sondern immer wird auch das Archetypische ihrer „Evastöchter" angesprochen. Leidenschaft, Glück, Leid, Trauer, Angst oder Einsamkeit spiegeln sich in diesen Portraits in einer Gratwanderung zwischen Maskierung und Selbst-Enthüllung. Ob als Femme fatale oder als Schlangenbändigerin: die faszinierende Mischung von Melancholie und Ironie, Erotik und Exotik sind unverwechselbar Elvira Bach.

*Hans Jessel – der Sylter Fotograf und Lars Wiggert – der Sylter Maler*
*Gemeinsam im Oktober in der Stadtgalerie*

Bach 97

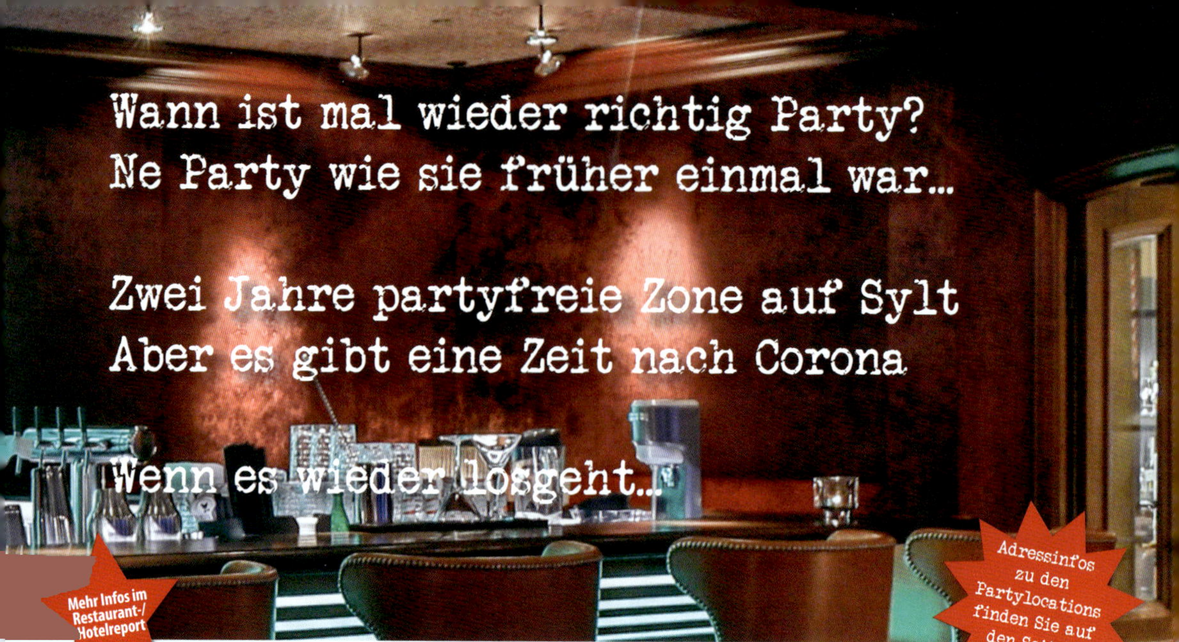

Wann ist mal wieder richtig Party?
Ne Party wie sie früher einmal war...

Zwei Jahre partyfreie Zone auf Sylt
Aber es gibt eine Zeit nach Corona

Wenn es wieder losgeht...

Mehr Infos im Restaurant-/Hotelreport

Adressinfos zu den Partylocations finden Sie auf den Seiten 336 - 352

# ...in Kampen

Beginnen wir ganz solide unseren Nachtbummel mit einem Sundowner im *Hotel Rungholt* in der Kurhausstraße an der traditionellen **REITERBAR**. An der alten Hufeisen-Bar kann man von den guten alten Kurhaus-Zeiten schwärmen und gepflegt in die Tiefen nach „Rungholt" abtauchen.

Ein paar Häuser weiter, die Kurhausstraße entlang in Richtung Strönwai, lockt eine hochklassige Wein- und Champagnerauswahl an *Detlef Tappes* **WALTER'S-HOF-BAR**.

Im *Kampener Strönwai*, der sogenannten Whiskymeile, reiht sich ein Gastro-Highlight an das andere.

Wie schnell ein Generationswechsel vollzogen werden kann, zeigt das neue Image der Kampen-Institution ★ **GOGÄRTCHEN**.
Ein junges Team hat eine gute Portion Zeitgeist in den Laden gesteckt, ohne ganz die Tradition zu verleugnen. Tagsüber Restaurant, Kaffeegarten, Barbetrieb draußen an der Champagnerbar und abends an der Promi-Bar abhängen.

Ein ähnliches Programm wie das Gogärtchen bietet der **RAUCHFANG**. Große, stark umlagerte Außenbar, gutes Essen und Trinken; abends wird mit etwas Glück dezent das Tanzbein an der Außenbar geschwungen. Hier beschallt die Musik eindeutig am lautesten.

Das ★ **ODIN** ist perfekt für den Absacker nach dem Strand in der Kampener Restsonne. Oder zum Vorglühen zu Beginn einer langen Nacht auf den 200 Metern Strönwai. Auch gut geeignet für jene, die sich in die anderen Meilen-Lokale nicht hineintrauen oder nicht rein wollen oder meinen, sich die nicht leisten zu können.

Das **PONY** – jetzt mit neuen Besitzern. Bald 60 Jahre und kein bisschen müde. Noch heute zehrt das Pony von den Zeiten, als der feierwütige Jetset in den 60er und 70er Jahren hier Furore machte, Kapazitäten wie Gunter Sachs plus Entourage gern und oft aufliefen und so zur Legende von Kampen beitrugen.

Den Club hat es in der Zeit der Pandemie wohl am härtesten getroffen: **CLUB ROTES KLIFF** – „the world's finest club" wurde zum „Lost Place". Partymacher *Peter Kliem* war arbeitslos. Aber es soll ja wieder bessere Zeiten geben. Dann treffen wir uns, klar bei Peter...

Ergänzt wird der Club durch das kulinarische Angebot vom benachbarten ★ **DORFKRUG**, der auch noch zu später Stunde Leckeres zu bieten hat.

Dorfkrug Bar

# ...in Westerland

Erstmal geht es ins Bermuda-Dreieck von Westerland, in die Paulstraße: gleich am Beginn das **AMERICAN BISTRO**, auch schon über ein Vierteljahrhundert alt. Hier feiert die jüngere Generation sich selbst oder die After-Show. Schräg gegenüber in der Paulstraße, die **WUNDERBAR:** das ist ein wenig wie Après-Ski-Party in Ischgl und Mallorca-Ballermann zusammen. Gute Laune, viele Kurze und Erdnüsse satt.

50 Meter weiter, im **IRISH PUB** treffen Insulaner auf Festländer. Hier spült man frisch gezapfte Biere wie „Kilkenny", „Guinness" und „Harp Lager" die Kehle herunter und beklönt dabei im schummerigen Licht den neuesten Inselschnack.

Zwei Gehminuten von der Paulstraße entfernt, am Fuße der Strandstraße, liegt der **CLASSIC CLUB**. Der Name ist hier Programm: klassisch ist nicht nur die vornehmliche Beschallung mit Dance Classics der 70er und 80er Jahre, sondern auch das Publikum, welches sich im Schnitt zwischen 30 Lebensjahren und Hospiz bewegt (das ist gemein!).

★ **HARDY`S** heißt die angesagte Bar im Hotel Stadt Hamburg. Ein großer Wurf. Farbe und Interieur top! Exzellente Auswahl an Cocktails. Ein Treff mit Stil vor dem Dining und hinterher zum Absacken. Im Hause zwei sehr gute Restaurants.

Die ★ **BAR VOM HOTEL MIRAMAR** ist ein Klassiker. Direkt hinter der Rezeption am Eingang des Hotels anno 1903 gelangt man in den altehrwürdigen – dem Jugendstil nachempfundenen – Bar-Raum und atmet historische Luft. Man fühlt sich bei einem Glas Champagner in die gute, alte formidable Bäderzeit zurückversetzt.

Im **CHEERS** fühlt man sich wie bei guten Bekannten im Wohnzimmer. Es sind über 20 Jahre, dass *Maike & Frido* diese Bier-, Rum-, Whisky-, Gin-Kneipe schmeißen. Frido ist es nicht egal, was er seinen Gästen ausschenkt. Um das Gute vom weniger Guten zu unterscheiden, da muss man schon Erfahrung mitbringen (etwas abgelegen beim großen Parkplatz der Andreas-Nielsen-Straße 8).

Weiter geht es in die **COHIBAR**, inzwischen auch seit über 20 Jahren eine insulare Institution. Hier wird das Bier gern im Liter-Glas, der Cocktail im Halbliter-Glas ausgeschenkt. Warum? Weil die Cohibar das kann und darf.

Das **KLEIST CASINO** in der Elisabethstraße, kurz **KC** genannt. Seit Jahrzehnten eine Institution für die Gay-Community, allerdings sind die richtig wilden Zeiten, als es noch den Sylter Leder-Männer-Club gab und an der Tür ordentlich gesiebt wurde, vorbei. In der kleinen Bar-Disko sind natürlich auch Heterosexuelle herzlich willkommen.

**EVE´S NIGHTBAR** ist seit über 35 Jahren eine feste, einschlägige Adresse im Sylter Nightlife. Am diskreten Eingang werden die Gäste freundlich empfangen. Das „grundsolide Etablissement" kann von jeder und jedem besucht werden. Wer allein kommt, hat die Möglichkeit entsprechende Gesellschaft zu finden.

Hat man in den Restaurants BODENDORF'S oder SIEBZEHN84 im ★ **LANDHAUS STRICKER** in Tinnum gespeist, lohnt der Absacker in der schönen **MILES BAR** mit einer gewissen zurückhaltenden Vornehmheit. Benannt nach dem Pop-Art-Künstler Devin Miles ist die Bar jetzt stylisch, poppig, farbiger. Doch die wuchtige Balkenkonstruktion erinnert daran, dass man sich schließlich in einem altehrwürdigen Reetdachanwesen aus dem Jahr 1784 befindet.

Wie Bar-Kultur in den Achtzigern und Neunzigern aussah, ist wieder total in. Das sieht man in der **LÄSSIG BAR** im Hotel Strandhörn in Wenningstedt. Schwarzes Leder, blaues Licht, Marmortische und Paisley-Stoffe, plus Discokugel und Schwarzlicht. Wer so etwas nur aus den Erzählungen der Eltern kennt, sollte hier einen fancy Drink mit Zuckerrand und Schirmchen zu sich nehmen.

Das Luxushotel ★ **SEVERIN*S** in Keitum beherbergt eine der schönsten Bars auf der Insel. Diese besteht aus drei Teilen: dem eigentlichen Barbereich, der jeden gehobenen Getränkewunsch erfüllt, daneben befindet sich ein ebenso großer Raucherbereich mit Humidor und schließlich ein gediegener Außenbereich mit herrlichem Blick auf alte Bäume und Reetdächer.

Erwähnenswert ist noch die **NEGRONI-BAR** vom ★ **Hotel A-ROSA** in List mit kosmopolitischem Flair. Negroni, ein klassischer Cocktail aus Gin, Campari und Wermut, ist der Namensgeber und wird hier auch bevorzugt kredenzt.

Last but not least in den Süden: In der ★ **BAR VOM HOTEL BUDERSAND** herrscht gediegene Luxushotel-Atmosphäre. Am u-förmigen Tresen lässt sich nach einer Handicap-Verbesserung auf dem Golfplatz nebenan ein wunderbarer Absacker nehmen. Am besten startet man hier mit der Spezialität des Hauses in den Abend: Mit mindestens 80 Sorten Gin wartet der geschulte Bartender auf, bietet bei Interesse kleine und große Verkostungen mit ausführlicher Erklärung an.

## Strandlocations

Im Sommer sind bestimmte Strände nicht nur tagsüber belebt. Auch noch nach Sonnenuntergang gibt es am Meer Hot-Spots für die Party. Hier ist dann die Versorgung mit Drinks und Snacks gesichert und auch für den passenden Chill-out-Sound ist gesorgt.
Nur – zu Fuß muss man schon gehen, den Strand entlang oder über die Dünen. Das ist anstrengend. Vor allem im Urlaub! Mit den Kampener Strandhütten ist das auch nicht anders. Immer durch den Sand: ★ **KAAMPS7** und ★ **BUHNE 16** sind die idealen Summer-Night-Hot-Spots.

Die „Sturmhaube", früher Party-Highlight, hält auch in diesem Sommer noch Winterschlaf.

★ **WONNEMEYER** früher am Wenningstedter Strand die Nr. 1 ist jetzt nach List in die Dünen gezogen. Dort erklingt nun die wonnige Chill-out-Musik.

In Westerland kommt man abends auch ohne Strandticket ans Meer. Hier versorgen ★ **HANS' HÜTTE**, ★ **BADEZEIT** und **BEACHHOUSE** das Partyvolk. Eine eigene Party-Zone ist schnell am Strand gebaut: Ein paar Strandkörbe zusammengestellt und schon kreist der Rhabarbersaft.

**Have a good time!**

**MILES BAR im LANDHAUS STRICKER**

meerkabarett
27. SAISON 2021
14. JULI - 31. AUGUST 2021
THEATER | KABARETT | COMEDY | MUSIK | LESUNG
Mi 14.7. HANS-JOACHIM HEIST GROSSER HEINZ ERHARDT-ABEND
Fr 16.7. WIGALD BONING & BERNHARD HOËCKER GUTE FRAGE
So 18.7. MATTHIAS JUNG CHILL MAL
Mo 19.7. ANNA DEPENBUSCH ECHTZEIT TOUR
Fr 20.7. ELKE WINTER DAS BESTE
Mi 21.7. GAYLE TUFTS WIEDER DA!
Fr 23.7. LALELU UNPLUGGED
Sa 24.7. FRAU JAHNKE HAT EINGELADEN
So 25.7. FRAU JAHNKE HAT EINGELADEN
Mi 28.7. JÖRG KNÖR OLD SCHOOL - ABER GEIL
Do 29.7. EMMI & WILLNOWSKY DER WAHNSINN GEHT WEITER
Fr 30.7. EMMI & WILLNOWSKY DER WAHNSINN GEHT WEITER
So 01.8. BERND STELTER HURRA, AB MONTAG IST WIEDER WOCHENENDE
Mo 02.8. BERND STELTER HURRA, AB MONTAG IST WIEDER WOCHENENDE
Di 03.8. HORST EVERS FRÜHER WAR ICH ÄLTER
Mi 04.8. LARS REICHOW LUST
Do 05.8. WOLFGANG TREPPER TOUR 2021
Fr 06.8. MARKUS KREBS BEST OF
Sa 07.8. MARKUS KREBS BEST OF
So 08.8. COMEDIAN HARMONISTS IN CONCERT
Mo 16.8. WLADIMIR KAMINER ROTKÄPPCHEN RAUCHT ...
Di 17.8. DER POSTILLON-LIVE DIE GROSSE JUBILÄUMS-TOUR
Mi 18.8. FLORIAN SCHROEDER NEUSTART
Fr 30.8. DORA HELDT MATHILDA
Mo 31.8. JENS WAWRCZECK DIE VÖGEL
Irrtümer und Änderungen vorbehalten. Stand April 2021.
CONGRESS CENTRUM SYLT
FRIEDRICHSTRASSE 44 | WESTERLAND / SYLT
KARTEN & INFO:
WWW.MEERKABARETT.DE
04651-4711 • 040-4711 0 644
Die Vorstellungen beginnen um 20:00 Uhr
Einlass ab 19:00 Uhr
Frühes Buchen sichert die besten Plätze!
DLER-SCHIFFE
Sylt Quelle
ANTENNE SYLT
LANDHAUS SYLTER HAHN
shz
GEMEINDE SYLT
DB BAHN Sylt Shuttle

# Die Meerkabarett-Saison 2021 ist gerettet!

# MEERKABARETT

NEU

## Zu Gast im Congress Centrum Sylt in Westerland

**GAYLE TUFTS, BERNHARD HOËCKER, JÖRG KNÖR, DORA HELDT, WIGALD BONING, FLORIAN SCHROEDER, ANNA DEPENBUSCH, MARKUS KREBS, BERND STELTER, WOLFGANG TREPPER, EMMI & WILLNOWSKY, WLADIMIR KAMINER ...**

Sie alle und viele namhafte Bühnen- und TV-Größen mehr sorgen für erstklassiges Entertainment beim **MEERKABARETT AUF SYLT.** Seit 1994 gehört das Festival zum Sylter Sommer wie Sonne, Strand und Meer – längst ist es das größte Kleinkunstfestival Norddeutschlands und kulturelles Highlight der Insel. Das Meerkabarett präsentiert anspruchsvoll-unterhaltsames Entertainment mit bekannten Stars, interessanten Newcomern und künstlerischen Entdeckungen. Da ist für jeden etwas dabei – perfekt, um einen wunderschönen Sylter Sommertag abends kulturell ausklingen zu lassen.
Die Heimat des Festivals ist seit vielen Jahren das atmosphärisch einzigartige Gelände der *Sylt Quelle* in Rantum. Dort verwandelte sich jeden Sommer die Produktionshalle neben der Mineralwasser-Abfüllanlage in ein Theater, einen Konzertsaal, eine Kabarettbühne – doch pandemiebedingt musste Festivalleiter *Joachim W. Wussow* das Meerkabarett im letzten Sommer zum ersten Mal komplett absagen. Und auch der diesjährigen, schon fest geplanten Festivalsaison drohte das pandemiebedingte Aus. Joachim Wussow ist es jedoch gelungen, in Kooperation mit dem Insel Sylt Tourismus Service (ISTS) einen Großteil der für den Spielort Sylt Quelle geplanten Veranstaltungen in das *Congress Centrum Sylt in Westerland* zu verlegen.
Die Meerkabarett-Saison 2021 ist somit gerettet!

Auf geht's in einen schwungvollen, satirischen, heiteren, bezaubernden, verrückten, besinnlichen, komischen, hervorragenden Meerkabarett-Show-Sommer – viel Vergnügen!

Detaillierte Informationen, das komplette Festivalprogramm und Tickets erhalten Sie auf der Homepage des Meerkabarett **(www.meerkabarett.de)**.

**Wenningstedt mit dem**

# KURSAAL³

Im neu erbauten Kursaal³ sind das Kliff und das Meer ganz nah. Luftig und locker ist auch das Programm, das die Organisatorin Elke Wenning für die Saison 2021 ganz optimistisch zusammengestellt hat. Auf der folgenden bunten Seite sind die namhaften Akteure aufgeführt, die für Gastauftritte nach Wenningstedt kommen wollen. Ein anregender Vorgeschmack auf garantiert unterhaltsame Abende. Den Künstlern ganz nah.

Infos zu den aktuellen Auftrittsdaten und für den Vorverkauf sind bei www.kursaal3-sylt.de einzusehen. Nicht vergessen:

Es gibt eine Zeit nach Corona!

Der große Sport mit dem kleinen Ball.

# Golfen auf Sylt

## ALLES LINKS – MIT 72 LÖCHERN ZUM GOLFPARADIES

Viermal 18 Löcher auf der 99 Quadratkilometer-Insel. Sylt avanciert zur wichtigsten, ja besten Golf-Destination im Norden.

Alle Sylter Golfplätze gelten als Links-Courses der klassischen Art, die in ein wunderschönes Landschaftsbild eingebettet sind, Meer- oder Dünenblick aufweisen und – wie auf Sylt kaum anders zu erwarten – meistens von einer strammen Brise umweht sind, die an den Golfer zusätzliche Anforderungen stellt.

Das Areal des *Golfplatzes Budersand* in Hörnum besitzt einen Links-Course sondergleichen. Der *Marine-Golf-Club Sylt* am Westerländer Flugplatzgelände hält schottische Traditionen hoch. Das private Refugium des *Golfclubs Morsum* wurde auf 18-Loch erweitert und öffnet auch für einen größeren Gästekreis seine Pforten. Last but not least ist der *Golf-Club Sylt* zwischen Wenningstedt und Kampen am Fuße des Kampener Leuchtturms zu nennen, der mit einer äußerst gepflegten Anlage und einem breiten Gesamtangebot aufwartet. Worauf warten Sie also noch? Erobern Sie die Golfinsel Sylt!

FOTOGRAFIE · BUDERSAND

## GOLFPLATZ BUDERSAND MIT RESTAURANT „STRÖNHOLT"

In seiner einzigartigen Kombination von Sport- und Naturerlebnis sowie des kulinarischen Angebots sucht der im äußersten Süden der Insel gelegene 18-Loch *Golfplatz Budersand* vom gleichnamigen 5-Sterne-Superior-Hotel weit und breit seinesgleichen. Herrlich in der Dünen- und Heidelandschaft gelegen. Der Blick schweift über das Meer bis zu den Nachbarinseln. Als klassischer Links-Course stellt er die typischen hohen Ansprüche auf dem Green. Die Indoor Golf Anlage des GC Budersand bekam Anfang 2019 ein deutliches Upgrade. Mit der Installation des TrackMan Systems, der modernsten Golf-Radartechnologie auf dem Markt, präsentiert sich die Anlage nun als eine der besten in Deutschland.

Es gibt wohl nichts Schöneres, als nach einem anstrengenden Flight im angrenzenden *Restaurant Strönholt* einzukehren *(siehe Restaurant-Report Seite 189).* Seit Eröffnung des Golfplatzes im Jahr 2008 sparte die begeisterte Golf-Journaille nicht mit Auszeichnungen:„Bester neuer Golfplatz" und immer wieder wird der Budersand-Golfplatz vom Golf Magazin im Ranking ganz oben platziert. Im Golf Journal Travel schaffte es Budersand bei den beliebtesten und besten Greens 2019 auf den 1. Platz.

**25997 Hörnum, Fernsicht 1, Tel.: 0 46 51 / 4492710.**
**Greenfee je nach Saison und Tageszeit: 18-Loch 45,- bis 110,-, 9-Loch 30,- bis 55,-, bis 18 Jahre 25,- bis 65,- Euro.**
**Beachten Sie die Golf-Arrangements des Budersand-Hotels.**
**www.budersand.de, golf@gc-budersand.de**

## MARINE-GOLF-CLUB SYLT

*Links Golf pur mit Clubhaus und Marine Restaurant*

Die älteste Golfanlage der Insel vor den Toren Westerlands wurde vor über 60 Jahren von der Royal Air Force während der Besatzungszeit auf dem Flugplatzgelände mit sechs Löchern angelegt, 1980 wurde dann der *Marine-Golf-Club Sylt* gegründet.„Wer sich auf den nächsten Golftrip auf die Britischen Inseln vorbereiten will, ist hier richtig", urteilte die Süddeutsche Zeitung und attestiert dem 18-Loch Golfplatz einer der schwersten Courses Deutschlands zu sein.

Das *Marine Restaurant* versorgt nicht nur die Golfer. Auch Nicht-Golfer können hier mit kleinen Leckereien bis zum Menü kulinarisch glücklich werden. Die *Golfakademie* des Schweden *Andreas Strandberg* bietet von Anfänger- bis zu Intensivkursen für Fortgeschrittene ein ausgefeiltes Lernprogramm mit Video- und Computerkursen an. Infos und Anmeldung im Proshop (Tel.: 0 46 51 / 449127).

**25980 Sylt / OT Sylt-Ost, Flughafen 69, Tel.: 0 46 51 / 927575, Greenfee: 18-Loch 40,- bis 90,-, 9-Loch 30,- bis 50,- Euro. (Sundowner 50,- bis 60,- Euro)**
**www.sylt-golf.de, info@sylt-golf.de**

## GOLFCLUB MORSUM

Der *Golfclub Morsum* ist ein 230 mitgliederstarker Privatclub, der – gegründet 1963 von *Medien-Tycoon Axel Springer* – lange seine Exklusivität pflegte. Ein exklusives Refugium ist der Club nach wie vor, doch begann mit der Erweiterung des Areals auf 18 Bahnen auch eine neue Ära, die u.a. Gäste willkommen heißt. Nur im Juli und August möchte man hier „unter sich" bleiben. Der Golfplatz in Morsum ist bekannt für sein großartiges Ambiente – eingebettet in die Morsumer Wiesen, reicht der Platz bald hinauf bis zum neuen *Landhaus Severin*s* auf dem Morsum Kliff und bietet großartige Ausblicke auf die künstlich angelegten Wasserhindernisse, die Heidelandschaft sowie das Wattenmeer. So abgeschieden der Golfclub liegt – er wird in Zukunft noch viel von sich reden machen. Fürs leibliche Wohl wird gesorgt mit leckeren Kleinigkeiten sowie Kaffee und Kuchen im schicken reetgedeckten Clubhaus (Clubausweis mit Handycap 32 bis 34 erforderlich).

**25980 Sylt / OT Morsum, Uasterhörn 37, Tel.: 0 46 51 / 890387, Greenfee: 18 Loch 50,- bis 125,-, 9 Loch 30,- bis 65,-, für Jugendliche 20,- bis 60,- Euro.**
**www.golf-morsum.de, info@golfclubmorsum.de**

## GOLF-CLUB SYLT E.V.

In traumhafter Lage zwischen den Kampener Dünen und dem Wattenmeer, mit dem Kampener Leuchtturm in Sichtweite, befindet sich der *Golf-Club Sylt e.V.*, der nördlichste Golfplatz Deutschlands. Die anspruchsvolle Golfanlage ist die einzige der Insel, die neben dem ersten *18-Loch-Championship-Course* (6.135 m, Par 72, CR 73,3, Slope 127) auch über einen *6-Loch Par-3-Kurzplatz* verfügt und somit Fortgeschrittenen wie Einsteigern top-gepflegt ganzjährig einiges zu bieten hat. Für qualifizierten Golfunterricht sorgt die *Sylter Golf Academy Allan Owen* (www.sylter-golfakademie.de). Das sehr gelobte *Restaurant Steffen`s* bietet ab 10 Uhr Frühstück.Tagsüber gibt`s vieles für den kleineren oder größeren Hunger. Auch Nicht-Golfer sind willkommen *(siehe unseren Restaurant-Bericht auf Seite 80).*

**25996 Wenningstedt, Norderweg 5, Tel.: 0 46 51 / 9959810, Fax: 9959819, Startzeiten-Tel.: 0 46 51 / 9959813, Greenfee für den Hauptplatz 35,- bis 90,-, 9 Loch 40,- bis 50,- Euro (Jugendliche 50%).**
**www.gcsylt.de, info@gcsylt.de**

Schönes Spiel!

# Ab nach Sylt!

## DIE ANREISE MIT DER BAHN

Mit dem Zug anzureisen ist die bequemste und umweltfreundlichste Art um die Insel zu erreichen. Seit 1922 führt die Reise über den Damm vom Festland durchs Wattenmeer nach Sylt. Diese Überfahrt ist schon mal ein beeindruckendes Urlaubserlebnis.

Die Erlebnisfreude hält sich bei den Pendlern, die täglich vom Festland zur Insel „auf Arbeit" fahren, durchaus in Grenzen. Ihr Erlebnis besteht aus unkalkulierbaren Verspätungen aus welchen Gründen auch immer. Diese Behinderungen stören aber den relaxten Urlauber weniger.

Haltestellen gibt es auf dem Weg nach *Westerland* in *Morsum* und im Kapitänsdorf *Keitum*. Am Bahnhof Westerland ist Endstation.

Während dort Taxen und Busse warten, die in alle Inselorte fahren, ist die Situation für einen Weitertransport zur Unterkunft zu überdenken, denn die Dörfer sind weitläufig. Hier wäre unter Umständen der Ruf nach einem Taxi wohl sinnvoll, wenn die Unterkunft sich nicht in Bahnhofsnähe befinden sollte.

**Taxen auf Sylt**
**0 46 51 / 5555, 0 46 51 / 5050, 0 46 51 / 7070, 0 46 51 / 6699**

**Fernverkehrszüge der Deutschen Bahn**
Sylt ist an vier IC-Strecken angeschlossen. So ergeben sich viele Stadtverbindungen. Karlsruhe, Frankfurt, Köln, Dresden, Berlin. Alle Schienenverbindungen laufen über Hamburg. Die Hin- und Rückreise ist oft erstaunlich günstig, wenn man ein paar Tage im Voraus online bucht. Die Bahn bietet auch einen Gepäck-Bringservice an.
www. bahn.de

**Regionalbahn NAH.SH zwischen Hamburg-Altona und Westerland**
Für diese Regionalstrecken erweist sich der Tarif des Schleswig-Holstein-Tickets als am günstigsten. Für ca. 31,- fährt man morgens in einer Fahrzeit von ca. 3 Stunden von Altona nach Westerland und nach dem Sonnenuntergang wieder zurück in die große Stadt.

**TIPP:** Findet man dann noch Freunde, die mitfahren wollen – bitte schön, für jeweils 3,- mehr können sich bis zu 4 Personen zusätzlich mit diesem Ticket an den Sylter Strand begeben. Wildfremde Personen für diesen Trip findet man am Fahrkartenautomat in Altona. Aber erst wenn die Mitfahrerzahl feststeht, sollte man die Fahrkarte am Automaten kaufen. Dann fahren bestenfalls 5 Personen für 41,- an den Strand und zurück.

# Mit dem Rad auf Sylt

***Kommen Sie möglichst ohne Auto auf die Insel!***

***Alle Orte auf Sylt sind mit dem Bus erreichbar. Die Radwege sind bestens ausgebaut. Fahrradverleihe gibt's am Westerländer Bahnhof und in fast jedem Ort.***

***Und der Bus nimmt Räder huckepack!***

**Alle Angaben ohne Gewähr. Beachten Sie die Mitteilungen in der Tagespresse.**

DER ROTE

## Niebüll – Westerland (Sylt)

| Verladeschluss* | | | | | | | | |
|---|---|---|---|---|---|---|---|---|
| Montag bis Donnerstag | | Freitag | | Samstag | | Sonn- und Feiertag | | Ankunft |
| W | S | W | S | W | S | W | S | |
| 05:05[1)] | 05:05[1)] | 05:05[1)] | 05:05[1)] | 05:05[1)] | 05:05[1)] | 05:05[1)] | 05:05[1)] | 05:51 |
| 05:35[1)] | 05:35[1)] | 05:35[1)] | 05:35[1)] | 05:35[1)] | 05:35[1)] | 05:35[1)] | 05:35[1)] | 06:21 |
| 06:35 | 06:35 | 06:35 | 06:35 | 06:35 | 06:35 | 06:35 | 06:35 | 07:21 |
| | 07:35 | | 07:35 | | 07:35 | | 07:35 | 08:21 |
| 08:05 | 08:05 | 08:05 | 08:05 | 08:05 | 08:05 | 08:05 | 08:05 | 08:51 |
| | 09:05 | | 09:05 | | 09:05 | | 09:05 | 09:51 |
| 09:35 | 09:35 | 09:35 | 09:35 | 09:35 | 09:35 | 09:35 | 09:35 | 10:21 |
| 10:35 | 10:35 | 10:35 | 10:35 | 10:35 | 10:35 | 10:35 | 10:35 | 11:21 |
| | 11:35 | | 11:35 | | 11:35 | | 11:35 | 12:21 |
| 12:05 | | 12:05 | | 12:05 | | 12:05 | | 12:51 |
| 13:05 | 13:05 | 13:05 | 13:05 | 13:05 | 13:05 | 13:05 | 13:05 | 13:51 |
| | 13:35 | | 13:35 | | 13:35 | | 13:35 | 14:21 |
| 14:35 | 14:35 | 14:35 | 14:35 | 14:35 | 14:35 | 14:35 | 14:35 | 15:21 |
| 15:35 | 15:35 | 15:35 | 15:35 | 15:35 | 15:35 | 15:35 | 15:35 | 16:21 |
| 17:05 | 17:05 | 17:05 | 17:05 | 17:05 | 17:05 | 17:05 | 17:05 | 17:51 |
| | 18:05 | | 18:05 | | 18:05 | | 18:05 | 18:51 |
| 18:35 | 18:35 | 18:35 | 18:35 | 18:35 | 18:35 | 18:35 | 18:35 | 19:21 |
| 19:35 | 19:35 | 19:35 | 19:35 | 19:35 | 19:35 | 19:35 | 19:35 | 20:21 |
| 21:05 | 21:05 | 21:05 | 21:05 | 21:05 | 21:05 | 21:05 | 21:05 | 21:51 |

## Westerland (Sylt) – Niebüll

| Verladeschluss* | | | | | | | | |
|---|---|---|---|---|---|---|---|---|
| Montag bis Donnerstag | | Freitag | | Samstag | | Sonn- und Feiertag | | Ankunft |
| W | S | W | S | W | S | W | S | |
| | 05:00 | | 05:00 | | 05:00 | | 05:00 | 05:45 |
| 05:30 | 05:30 | 05:30 | 05:30 | 05:30 | 05:30 | 05:30 | 05:30 | 06:15 |
| 06:30 | 06:30 | 06:30 | 06:30 | 06:30 | 06:30 | 06:30 | 06:30 | 07:15 |
| 07:00 | 07:00 | 07:00 | 07:00 | 07:00 | 07:00 | 07:00 | 07:00 | 07:45 |
| 08:00 | 08:00 | 08:00 | 08:00 | 08:00 | 08:00 | 08:00 | 08:00 | 08:45 |
| 09:30 | 09:30 | 09:30 | 09:30 | 09:30 | 09:30 | 09:30 | 09:30 | 10:15 |
| | 10:30 | | 10:30 | | 10:30 | | 10:30 | 11:15 |
| 11:00 | 11:00 | 11:00 | 11:00 | 11:00 | 11:00 | 11:00 | 11:00 | 11:45 |
| 12:00 | 12:00 | 12:00 | 12:00 | 12:00 | 12:00 | 12:00 | 12:00 | 12:45 |
| 13:30 | 13:30 | 13:30 | 13:30 | 13:30 | 13:30 | 13:30 | 13:30 | 14:15 |
| 14:30 | 14:30 | 14:30 | 14:30 | 14:30 | 14:30 | 14:30 | 14:30 | 15:15 |
| 16:00 | 16:00 | 16:00 | 16:00 | 16:00 | 16:00 | 16:00 | 16:00 | 16:45 |
| | 17:00 | | 17:00 | | 17:00 | | 17:00 | 17:45 |
| 17:30 | 17:30 | 17:30 | 17:30 | 17:30 | 17:30 | 17:30 | 17:30 | 18:15 |
| 18:30 | 18:30 | 18:30 | 18:30 | 18:30 | 18:30 | 18:30 | 18:30 | 19:15 |
| | 19:30 | | 19:30 | | 19:30 | | 19:30 | 20:15 |
| 20:00 | 20:00 | 20:00 | 20:00 | 20:00 | 20:00 | 20:00 | 20:00 | 20:45 |
| 21:00 | 21:00 | 21:00 | 21:00 | 21:00 | 21:00 | 21:00 | 21:00 | 21:45 |

**W = Wintersaison vom 13.12.2020 bis 25.03.2021 und 02.11.2021 bis 11.12.2021**

**S = Sommersaison vom 26.03.2021 bis 01.11.2021**

**Anreise zum Sylt Shuttle Terminal mit Navigationssystem**

Geben Sie für die Anreise zum Terminal Niebüll oder Westerland folgende Adressen in Ihr Navigationssystem ein:

DER BLAUE

## NIEBÜLL → WESTERLAND (SYLT)

| VERLADESCHLUSS | ANKUNFT | WOCHENTAGE |
|---|---|---|
| 4:30 | 5:20 | Mo.-Fr. \| *1 |
| 6:05 | 6:50 | täglich |
| 7:05 | 7:50 | täglich \| *2 |
| 8:35 | 9:20 | täglich |
| 10:05 | 10:50 | täglich |
| 11:05 | 11:50 | täglich |
| 12:35 | 13:20 | täglich |
| 14:05 | 14:50 | täglich |
| 15:05 | 15:50 | täglich |
| 16:35 | 17:20 | täglich |
| 17:35 | 18:20 | täglich |
| 19:05 | 19:50 | täglich |
| 20:05 | 20:50 | nur am 1. April und 12., 21., 22. Mai |

## WESTERLAND (SYLT) → NIEBÜLL

| VERLADESCHLUSS | ANKUNFT | WOCHENTAGE |
|---|---|---|
| 6:00 | 6:45 | täglich \| *2 |
| 7:30 | 8:15 | täglich |
| 8:30 | 9:15 | täglich |
| 10:00 | 10:45 | täglich |
| 11:30 | 12:15 | täglich |
| 12:30 | 13:15 | täglich |
| 14:00 | 14:45 | täglich |
| 15:30 | 16:15 | täglich |
| 16:30 | 17:15 | täglich |
| 18:00 | 18:45 | täglich |
| 19:00 | 19:45 | täglich |

GÜLTIG: 29. März bis 31. Oktober 2021*

***HINWEISE:**

| | | | |
|---|---|---|---|
| 1 | Zug verkehrt nicht an gesetzlichen Feiertagen | 2 | Zug verkehrt nicht am 13. Mai |

***Bitte prüfen Sie vor Fahrtantritt stets auf *autozug-sylt.de*, ob Ihr Zug planmäßig fährt.**

**Alle Angaben ohne Gewähr. Beachten Sie die Mitteilungen in der Tagespresse.**

# Von und nach Sylt:
## Autozug · Fähre · Personenzug · Flugzeug

## Autozug

**ROT** oder **BLAU**? Es gibt zwei konkurrierende Autozüge von und nach Sylt. Terminal Westerland oder Niebüll.
Wenn man sich für den Roten oder den Blauen entschieden hat, muss man sich am Terminal in die ausgeschilderten Spuren einordnen.
Schaut man auf die geringen Preisunterschiede, sollte man sich nicht den Stress antun, einen bestimmten Autozug erreichen zu wollen. Es sei denn, man hat ein günstiges Ticket vorab im Internet ergattert. Bitte schauen Sie dazu auf die jeweiligen Fahrpläne.

**Der „Rote"** wird seit eh und je als Sylt Shuttle von der Deutschen Bahn betrieben.
Normaltarif für Einzelfahrt ca. 57,-
Di – Mi – Do Hin- und Rückfahrt ca. 89,-
Fr – Sa – So – Mo Hin- und Rückfahrt ca. 102,-
Zwölferkarte ca. 510,-
Servicetelefon 0800 / 822 8383
www.syltshuttle.de, info@syltshuttle.de

**Der „Blaue"** Autozug-Sylt wird seit 2016 von der Firma RDC eingesetzt.
Normaltarif für Einzelfahrt 61,-
Di – Mi – Do Hin- und Rückfahrt 88,-
Fr – Sa – So – Mo Hin- und Rückfahrt 105,-
www.autozug-sylt.de · Hotline 01806 / 258 258
Insulaner erhalten bei Vorlage eines Persos und der KFZ-Zulassung auf Sylt ca. 50 % Rabatt.

## Syltfähre

Eine Fahrt über die Nordsee vom Hafen Havneby auf der dänischen Nachbarinsel Rømø nach Sylt ist günstiger als der Autozug. Zwar dauert die Anreise aus Deutschland durch Dänemark ca. eine Stunde länger als zum Autozug-Terminal in Niebüll, sie ist aber auch interessanter und gemütlicher – wenn man Zeit hat. Schließlich liegen die historische Stadt Tønder und der pittoreske Ort Møgeltønder auf der Strecke. Auch die Insel Rømø, durch einen Straßendamm mit dem Festland verbunden, ist zumindest einen Zwischenstopp wert.
Zu Saisonzeiten ist die Reservierung der Fähre per Telefon oder online ratsam. Ansonsten muss eine Wartezeit eingeplant werden. So eine Seefahrt mit Verpflegung an Bord ist eigentlich ein gemütlicher Einstieg für einen Sylt-Urlaub.
PKW bis 6 m inkl. Personen – einfache Fahrt 53,-
Hin- und Rückfahrt am gleichen Tag 77,-
Kombi-Tagesrückfahrt Fähre / DB Sylt-Shuttle ca. 83,-
An- und Abreise an unterschiedlichen Tagen 87,-
Das Insulaner-Ticket kostet für einen PKW 22,-
Infos unter: www.syltfaehre.de, info@frs-syltfaehre.de

## Der schnelle Katamaran

Von Cuxhaven mit dem Katamaran MS Adler Cat nach Hörnum und zurück. Eine neue Möglichkeit die Urlaubsinsel ohne Auto in 2,5 Stunden über das Meer zu erreichen.
Abfahrten siehe www.adler-schiffe.de/Sylt
**Zum Beispiel:** ab Cuxhaven um 7 Uhr, an Hörnum um 9.25 Uhr, ab Hörnum um 19 Uhr, an Cuxhaven 21.20 Uhr.
Einfache Fahrt Erwachsene ab 43,- / Kinder ab 28,-
Hin-und Rückfahrt Erwachsene. ab 76,- / Ki. ab 49,-
www.adler-schiffe.de/sylt

## Flughafen Sylt

Wem es nicht schnell genug geht, um auf die Insel zu kommen, setzt sich ins Flugzeug und jettet an den Strand.
Hamburg, Düsseldorf, Mannheim, Frankfurt, München, Berlin, Zürich und Wien sind Abflugorte, die sich auch schnell mal ändern können.
Lufthansa, easyjet, Sylt Air, Rhein-Neckar Air, Eurowings und Swiss sind die Fluggesellschaften, die in diesen Zeiten auch mal plötzlich ihre Maschinen in andere Richtungen fliegen lassen. Geflogen wird hauptsächlich in den Saisonzeiten. Die Kosten sind sehr variabel. Die Ökobilanz der Flüge steht am Pranger.
Flugpläne: www.flughafen-sylt.de

**Alle Angaben ohne Gewähr. Beachten Sie die Mitteilungen in der Tagespresse.**

# Ausflüge auf Sylt...

## Mit dem Linienbus über die Insel und an den Strand

*Die Sylter Verkehrsgesellschaft ist seit 1888 für die „Öffis“ auf der Insel zuständig. Früher mit der Inselbahn, heute fahren die Busse an fast jeden Strand von Nord nach Süd und West nach Ost.*

Die Fahrpreise sind jeweils nach Streckenlänge gestaffelt – 2,15 bis 8,25. Eine Tageskarte kostet 10,20, Familienkarten ab 16,20.
7-Tageskarte kostet 54,70, Familienkarte 106,50.
Leider gelten die Bahnfahrkarten für den Bus nicht.

## Inselrundfahrten

***Eine organisierte Inselrundfahrt*** ist in einem blauen Doppeldeckerbus immer sehr amüsant. Der Chauffeur kennt die Insel wie seine Westentasche. Er hat immer spannende „Döntjes“ auf Lager, die selbst manchen Insulanern unbekannt sind.
Auf der *kleinen Inselrundfahrt* lernt man von Westerland aus den Norden der Insel kennen: Das Seebad Wenningstedt mit seinem Dorfteich, Kampen mit seinen reetgedeckten Millionärsanwesen, das Wanderdünengebiet und den Lister Hafen. Danach steuert der eloquente Fahrer die östlichen Orte an: Braderup, Munkmarsch mit dem kleinen Segelhafen und das Kapitänsdorf Keitum. Danach geht's über Tinnum zurück nach Westerland.
In der Saison täglich von 11 bis 13 Uhr.
Erwachsene 18,- / Kinder 13,- / Familien 49,-
ab Bahnhof Westerland.

***Die große Inselrundfahrt . . .***
. . . führt wie bei der kleinen, erstmal gen Norden über Wenningstedt, Kampen, das Wanderdünengebiet nach List. Nach einer Pause am Hafen geht es über die Ostdörfer Braderup, Munkmarsch und Keitum weiter in den Süden der Insel nach Rantum und an den Hörnumer Hafen. Dort kann man sich aufhalten oder eine Kurzseefahrt beim Busfahrer extra buchen. Danach geht's durch die Dünenlandschaft zurück nach Westerland.
Täglich 14 – 17.15 Uhr ab Bahnhof Westerland
Erw. 20,50 / Ki. 14,- / Fam. 55,-

## Die neue MOBILITÄTS-APP für Sylt

Der Anfang ist gemacht für nachhaltigen grünen Tourismus.

Elektrisch betriebene Mercedes Kleinbusse (EQV) mit 8 Sitzplätzen könnten den Insel-ÖPNV revolutionieren. **Das Ziel:** Weniger Individualverkehr auf Sylt. Das gilt anfangs für Westerland, Tinnum, Keitum, Kampen, Wenningstedt, Braderup und Munkmarsch.

**UND SO FUNKTIONIERT'S:**

- **Herunterladen der App SYLT GO!**
- **Registrieren mit Namen und Email-Adresse**
- **Abhol- und Zielort angeben**
- **Der Weg zum nächstmöglichen Haltepunkt wird angezeigt (max. 200 m)**
- **1.000 virtuelle Haltepunkte – Wartezeit max. 20 Minuten**
- **Dieser Service ist an 365 Tagen im Jahr verfügbar**

**TARIF: Grundpreis 2,12 + Komfortzuschlag 2,- pro gefahrenen Kilometer + 0,50**
**Mitfahrpreis für jeweils eine zusätzliche Person 2,-**
**Also, Sylt GO!**
**www.sylt-go.de**

# Mit dem Oldiebus über die Insel

*Seit 2011 gehören ein rüstiger blauer Borgward-Bus (33 Personen) aus den 50er Jahren und ein grüner Magirus (29 Personen) aus der gleichen Wirtschaftswunderzeit zum Angebot für private Events, als Hochzeitskutsche oder für exklusive Rundfahrten.*
**www.svg-busreisen.de, Tel.: 04651/836100, info@svg-busreisen.de**

# ...und um Sylt herum. Schiffsausflüge

## Amrum · Föhr · Halligen · Helgoland

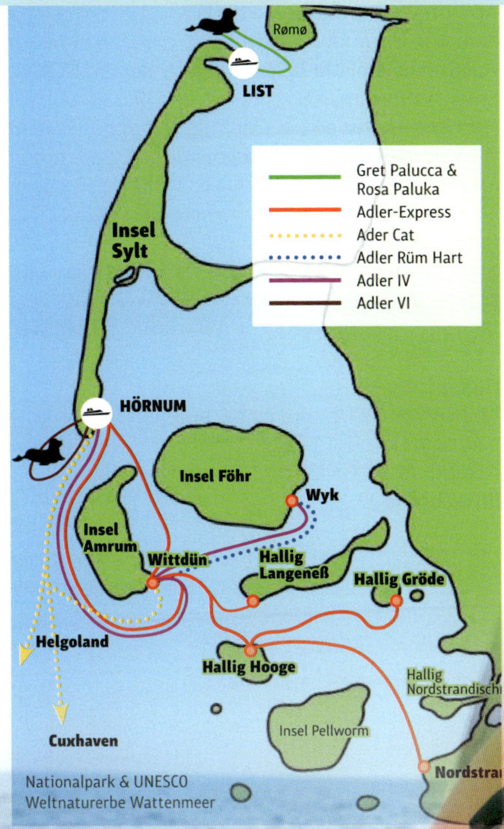


Mit der weißen Flotte der Sylter Adler-Reederei kann man von Sylt die nordfriesische Inselwelt und den Nationalpark Wattenmeer erkunden. Ab Hafen Hörnum an der südlichen Inselspitze kann eine Tagestour beginnen.
Hier einige Ausflugsdaten, die als Anhaltspunkte zu verstehen sind.
*Viele Abfahrten finden nur zu den Saisonzeiten statt, ca. Mitte April bis ca. Ende Oktober.*
Die Abfahrtzeiten, Aufenthaltszeiten, die Rückkehr sowie die Kosten sind sehr differenziert. Unsere Angaben sollen Lust machen, die vielfältigen Möglichkeiten eines Ausflugs einmal wahrzunehmen.
Exakte Angaben zu den Ausflügen erhalten Sie in den Adler-Pavillons in Westerland am Bahnhof, in Hörnum sowie in List jeweils am Hafen und in den ausliegenden Werbeprospekten.
**Adler-Schiffe, Boysenstraße 13**
**25980 Westerland, Tel. 04651/9870888**
**www.adler-schiffe.de/sylt,**
**info@adler-schiffe.de**

# Auf zu Sylts Nachbarinseln

## Amrum

**Adler-Express:**
Ab Hörnum 12 Uhr täglich –
zurück in Hörnum 17 Uhr
Aufenthalt auf Amrum 3,5 Stunden
Erwachsene 33,-

**Adler IV:**
Ab Hörnum 10 Uhr So bis Do –
zurück in Hörnum 17 Uhr
Aufenthalt auf Amrum 4,5 Stunden
Erwachsene 32,-

*Amrum hat den breitesten zusammenhängenden Sandstrand Europas, den höchsten Leuchtturm an der Nordseeküste und viele schöne Friesendörfer. Der Ort Nebel ist das Keitum von Amrum.*

## Insel Föhr

**Adler IV**:
Ab Hörnum 10 Uhr So bis Do –
zurück in Hörnum 17.45 Uhr
Aufenthalt auf Föhr 3 Stunden
Erwachsene 32,-

**Adler Cat:**
Ab Hörnum 10.10 Uhr Mo bis Fr –
zurück in Hörnum 18.30 Uhr
Aufenthalt auf Föhr 5,5 Stunden
Erwachsene 42,-

*Föhr ist eine grüne Insel. Der Hauptort ist das Seebad Wyk, das 2019 immerhin schon die 200. Badesaison feierte.*

## Die Halligen

Mit der **ADLER-EXPRESS** gibt es eine Schnellverbindung nach **Amrum** **Hooge**.

**Hallig Hooge**
Ab Hörnum 12 Uhr täglich
zurück in Hörnum 17 Uhr
Aufenthalt auf Hooge ca. 2,5 Stunden
Erwachsene 33,-

**Hallig Langeneß**
Ab Hörnum 10.10 Uhr, Abfahrtstage tidenabhängig
zurück in Hörnum 18.30 Uhr
Aufenthalt auf Langeneß ca. 2-3 Stunden
Erwachsene 42,-

**Hallig Gröde**
Ab Hörnum 12 Uhr nur an bestimmten Tagen –
zurück in Hörnum 17 Uhr
Aufenthalt auf Gröde ca. 1,5 Stunden
Erwachsene 37,50

*Die Halligen im Wattenmeer haben einen völlig intakten Naturraum. Am Hafen kann man Fahrräder mieten oder man wird mit einer Pferdekutsche abgeholt. Halligen sind Erholung pur!*

**Alle Angaben ohne Gewähr. Beachten Sie die Mitteilungen in der Tagespresse.**

# Natur entdecken

**Wattwandern zwischen Amrum und Föhr**
Ab Hörnum freitags um 10, 10.10 oder 12 Uhr, je nach Schiffstyp an differenzierten Tagen, Rückkehr Hörnum ca. 18 oder 18.30 Uhr, (tidenabhängig)
Erwachsene 42,50

**Kegelrobben-Watching**
Ab Hörnum montags 11.30 bis 13.30 Uhr
Erwachsene 24,-
*Fahrt zu einer Kegelrobben-Kolonie mit Nationalpark-Ranger.*

# Piratenfahrt mit der „Gret Palucca"

Ab List 16.15 -18.15 Uhr,
differenzierte Abfahrtstage
Erwachsene 27,- / Kinder 21,-
*Ein großer Spaß für Kinder. Eine unterhaltsame Fahrt mit einer Menge Seemannsgarn, Meuterei, Schatzsuche. Auch die „Verwachsenen" sind herzlich willkommen.*

# Kulinarisch in See stechen

**Frühstücksfahrt**
Ab Hörnum Sa und So von 10 bis 11.15 Uhr
rund um die Sylter Südspitze
Erwachsene 12,50 inkl. Frühstück

**Kaffeefahrt**
Ab Hörnum täglich von 16 bis 16.50 Uhr
Erwachsene 11,-

**Happy Hour**
Ab Hörnum täglich von 17.30 bis 19.00 Uhr
Erwachsene 11,50
*Eine Kurzseefahrt mit Getränken zum ½ Preis. Vernünftigerweise ist der Linienbus für die An- und Abreise inklusive.*

**Austernbank-Tour mit dem Kutter „Rosa Paluka"**
Ab List mittwochs 16 bis 17.15 Uhr
Erwachsene 27,-
*Genießen Sie während einer Schiffstour den Blick auf Sylts malerische Küste, erhalten allerhand Infos zur Austernart „Sylter Royal" und verkosten die edle Muscheldelikatesse an Bord.*

**Krabben-Tour mit dem Kutter „Rosa Paluka"**
Ab List donnerstags 16 – 17.15 Uhr
Erwachsene 27,-
*Fahrt zum Krabbenfang. Die schmackhaften Meeresbewohner werden an Bord gekocht und von den Passagieren gepult – so frisch schmecken sie am besten.*

**Alle Angaben ohne Gewähr. Beachten Sie die Mitteilungen in der Tagespresse.**

# Führungen mit Silke von Bremen

## Warten auf die Gäste – Silke v. Bremen und Promenade im Coronamodus

Zum Sommer 2021 soll es also tatsächlich wieder losgehen! Nach wochenlangem Hin und Her, Modellregionkonzept und Bestimmungen, die sich so schnell veränderten wie das Sylter Wetter im April, werden die Touren mit *Silke v. Bremen* im Juni starten. Einzige Ausnahme: das grandiose *Living History Projekt*, bei dem zahllose SylterInnen in historische Kostüme schlüpfen und das Leben ihrer Vorfahren nachspielen, startet zum ersten Mal am Sonntag, den 4. Juli. Ganz Keitum wird wie eine Bühne sein, denn die SchauspielerInnen spielen direkt vor jenen Häusern, in denen die Menschen damals tatsächlich lebten. Living History Keitum ist kein Fake, sondern die Personen, die zur Aufführung kommen, haben tatsächlich existiert und Zeugnis abgegeben. Wer hierfür eine Karte ergattern kann, wird einen der Höhepunkte der Sylter Veranstaltungssaison erleben dürfen.

Die Themenrundgänge, die Silke v. Bremen dieses Jahr in Keitum, Kampen, Wenningstedt und Westerland anbietet, sind längst Geheimtipps, für die wir an dieser Stelle gar keine große Werbung mehr machen wollen. Wer das Glück hat mit ihr das Leben einer armen Kostgängerin in Keitum zu erleben, das Dritte Reich an jeder zweiten Ecke in Westerland zu entdecken oder den wilden 60er Jahren in Kampen nachzuspüren, hat anschließend verstanden, dass Sylt einfach mehr ist als Sonne, Sand und Meer.

www.living-history-sylt.de

Silke v. Bremen kann sogar noch aus einer Baustelle eine spannende Geschichte machen
Die Tickets sollten im Vorverkauf (Corona) erworben werden.
Über die Seite www.guideaufsylt.de werden Sie automatisch auf die Buchungsplattformen weitergeleitet.

DER EILAND REISETIPP

# Norwegens Städte und Fjorde

## Mit den Post- und Expeditionsschiffen ab Kiel oder Hamburg und zurück

Ist unsere Insel schon für jeden Feriengast ein Reisehöhepunkt, so kann man diesem Inselbesuch – ist man schon im Norden – ein Erlebnis-Highlight vorausstellen oder anschließen. Das Gute, man geht in Kiel oder Hamburg an Bord und wird wieder an den Ausgangsort zurück „geschifft". Bequemer und komfortabler kann man die Küste vom Land der Mitternachtssonne nicht bereisen.

Ab Hamburg fährt das Expeditionsschiff *MS Otto Sverdrup* auf den Spuren der Postschiffroute auf einer 14-tägigen Reise mit vielen Zwischenstopps in kleinen und größeren Häfen. Landgänge sind möglich.

Fährt man von Sylt mit Auto oder Bahn nach Hamburg, geht man an Bord – möglichst vor der Abfahrt um 18 Uhr. Nach einer ereignisreichen Reise erreicht das Schiff nach 14 Tagen morgens um 9 Uhr wieder den Hamburger Hafen. Für diese Reise konnten wir einen Preis pro Person ab ca. 4.500 € recherchieren.

Die deutschsprachig begleitete 14-tägige Norwegen-Schiffsreise ab Kiel beginnt mit der fahrplanmäßigen *Color Line* Überfahrt nach Oslo. Dort wartet die Bergen Bahn, die in die UNESCO-Weltkulturerbe-Stadt Bergen fährt. Ab Hafen Bergen heißt es „Leinen los!" für das Postschiff Richtung Norden. Nun werden die Lofoten, Tromsø und das Nordkap angesteuert. Bei Kirkenes ist am 9. Tag der Wendepunkt der Reise erreicht. Nun geht es zurück und es werden die nordgehend nachts besuchten Orte am Tag angelaufen. Am 14. Tag ist man dann zurück im Kieler Hafen. Für diese „Gruppenreise" ab Kiel haben wir einen Preis pro Person von ca. 4.200 € recherchiert. Organisierte Ausflüge werden extra berechnet.
www.hurtigruten.de

Foto: Fabrice Milochau

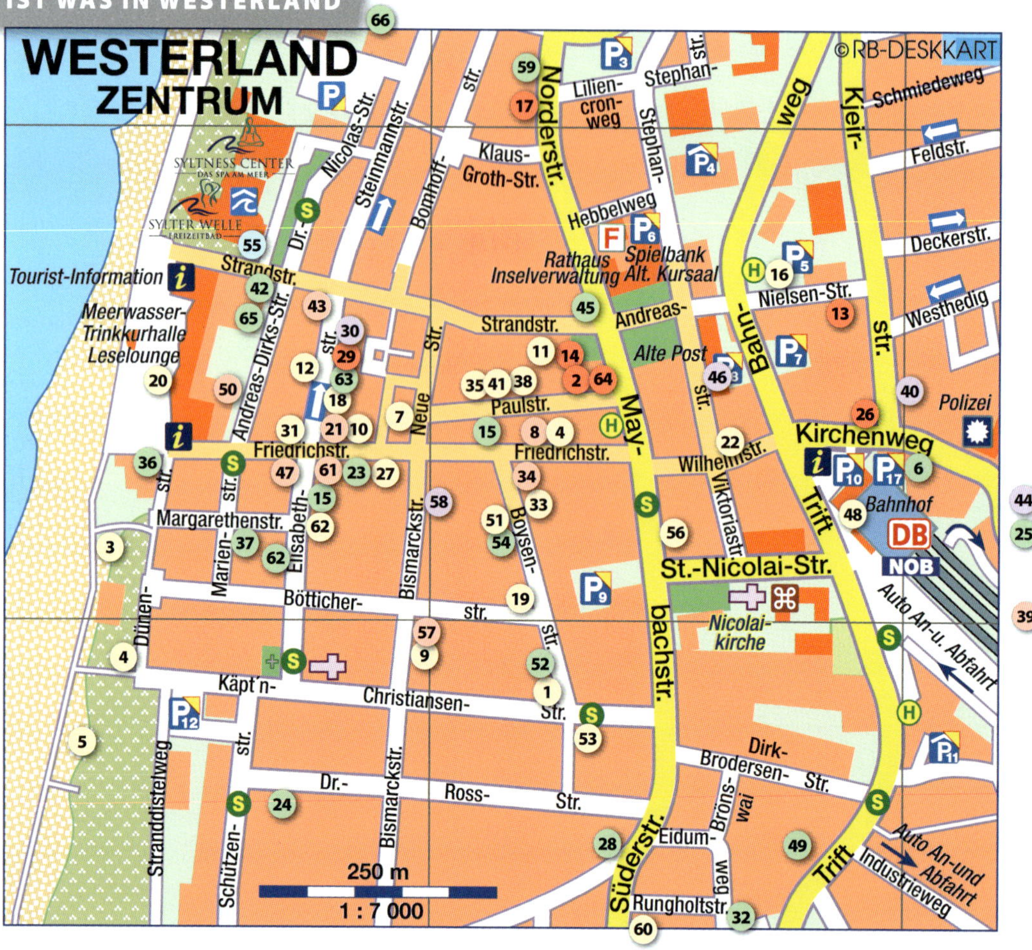


| NAME | ADRESSE | SEITE |
|---|---|---|
| 1 **ALTES ZOLLHAUS** \| *International und stimmungsvoll* | *Boysenstraße 18* | 18 |
| 2 **AMERICAN BISTRO** \| *Speisen und feiern* | *Paulstraße 3* | 298 |
| 3 **BADEZEIT** \| *Strandrestaurant* | *Strandpromenade* | 40 |
| 4 **BEACH BOX** \| *Beste Burger aus einer einfachen Hütte* | *Käpt'n-Christiansen-Straße* | 12 |
| 5 **BEACH HOUSE** \| *Strandrestaurant* | *südl. Strandpromenade* | --- |
| 6 **BETT & BUDE BOARDINGHOUSE** \| *Bahnhofsnähe* | *Kirchenweg 6* | 225 |
| 7 **BLUM´S FISCH-SPEZIALITÄTEN** \| *Frische-Tipp* | *Neue Straße 2 \| Tinnum Mittelweg 7* | 44 |
| 8 **BÜRSTENHAUS REDECKER** \| *Hier findet jeder seine Bürste* | *Friedrichstraße 16* | 284 |
| 9 **CAFÉ MATEIKA** \| *Kaffeehausatmosphäre* | *Bismarckstraße 11* | 56 |
| 10 **CAFÉ ORTH** \| *Sehen und gesehen werden* | *Friedrichstraße 30* | 275 |
| 11 **CAFÉ WIEN** \| *Kuchenträume* | *Strandstraße 13* | 274 |
| 12 **CASA BIANCA** \| *Cucina perfetta* | *Elisabethstraße 4* | 42 |
| 13 **CHEERS** \| *Rock, Pop, Soul, Whisky* | *Andreas-Nielsen-Straße 8* | 298 |
| 14 **CLASSIC CLUB** \| *Disco 30+* | *Strandstraße 3-5* | 298 |
| 15 **DÜNENBURG** \| *Hotel mit Weinbar* | *Elisabethstraße 9* | 220 |
| 16 **EINTOPF SYLT** \| *Franzis leckere Suppen aus der Bude* | *Andreas-Nielsen-Straße 3* | 12 |

**RESTAURANTS + CAFÉS**
**HOTELS + FERIENWOHNUNGEN**
**SHOPPING**
**KUNST & ANTIK**
**NIGHTLIFE**

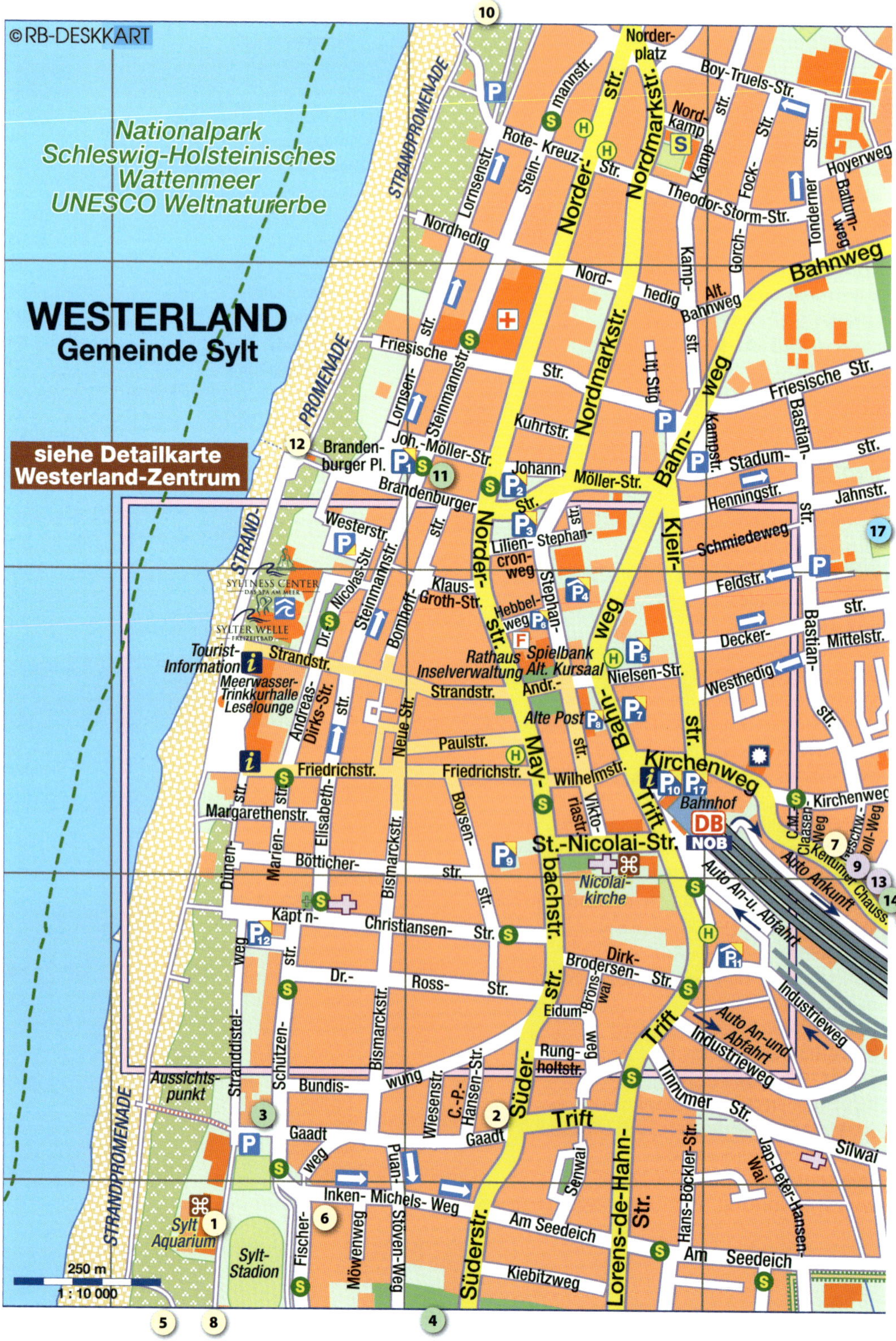
©RB-DESKKART
Nationalpark
Schleswig-Holsteinisches
Wattenmeer
UNESCO Weltnaturerbe
WESTERLAND
Gemeinde Sylt
siehe Detailkarte
Westerland-Zentrum
STRANDPROMENADE
PROMENADE
STRAND-
SYLTNESS CENTER
SYLTER WELLE
Tourist-
Information
Meerwasser-
Trinkkurhalle
Leselounge
Strandstr.
Friedrichstr.
Margarethenstr.
Bötticher-
Käpt'n-
Christiansen-
Str.
Dr.-
Ross-
Bundis-
wung
Gaadt
Inken-
Michels-
Weg
Am Seedeich
Kiebitzweg
Süderstr.
Süder-
Trift
Lorens-de-Hahn-
Str.
Hans-Böckler-Str.
Jap.-Peter-Hansen-
Wai
Silwai
Tinnumer
Industrieweg
Auto An-und
Abfahrt
Auto An-u. Abfahrt
Auto Ankunft
Bahnhof
DB
NOB
Kirchenweg
St.-Nicolai-Str.
Nicolai-
kirche
Dirk-
Brodersen-
Eidum-
Rung-
holtstr.
Senwai
Wiesenstr.
C.-P.-
Hansen-Str.
Bismarckstr.
Schützen-
Stranddistel-
weg
Dünen-
Marien-
Elisabeth-
Aussichts-
punkt
Sylt
Aquarium
Sylt-
Stadion
Fischer-
Möwenweg
Puan-
Stoven-Weg
250 m
1 : 10 000
Norder-
platz
Boy-Truels-Str.
Nord-
kamp
Kamp-
Theodor-Storm-Str.
Hoyerweg
Ballum-
weg
Tonderner
Fock-
Gorch-
Bahnweg
Alt.
Bahnweg
Nord-
hedig
Nordhedig
Nordmarkstr.
Norder-
str.
Rote-
Kreuz-
Stein-
Lornsenstr.
mannstr.
Friesische
Str.
Friesische Str.
Lili-Stig
Kuhrtstr.
Bahn-
weg
Kampstr.
Stadum-
Bastian-
str.
Jahnstr.
Henningstr.
Schmiedeweg
Feldstr.
Decker-
Mittelstr.
Westhedig
Kjeir-
Branden-
burger Pl.
Joh.-Möller-Str.
Johann-
Möller-Str.
Brandenburger
Westerstr.
Lilien-
cron-
weg
Stephan-
Klaus-
Groth-Str.
Hebbel-
weg
Rathaus
Inselverwaltung
Spielbank
Alt. Kursaal
Andr.-
Nielsen-Str.
Alte Post
Paulstr.
Neue Str.
Wilhelmstr.
Vikto-
riastr.
Boysen-
May-
bachstr.
Andreas-
Dirks-Str.
Dr.-Nicolas-Str.
Steinmannstr.
Bomhoff-
C.-M.-
Claassen-
Weg
Keitumer Chauss.
Wenningstedt

| | NAME | ADRESSE | SEITE |
|---|---|---|---|
| 1 | **ALDENTE 49er** \| *Im Aquarium – familienfreundlich!* | *Gaadt 33* | 34 |
| 2 | **ALTE FRIESENSTUBE** \| *Regional bis fein im historischen Haus* | *Gaadt 4* | 36 |
| 3 | **DORINT STRANDRESORT & SPA** \| *Gleich hinter den Dünen* | *Schützenstraße 20-24* | 265 |
| 4 | **LANDHAUS SYLTER HAHN** \| *Hotel und Wellness* | *Robbenweg 3* | 222 |
| 5 | **OSTERIA** \| *Das bunte Mediterrane* | *Strandübergang Campingplatz, Fischerweg 32* | 62 |
| 6 | **SIAM** \| *Ein Stück Thailand auf Sylt* | *Fischerweg 15* | --- |
| 7 | **SHIROBAR** \| *Sushi, Sashimi, Maki* | *Keitumer Chaussee 5a* | 35 |
| 8 | **STRANDOASE** \| *Dünenrestaurant* | *Lorens-de-Hahn-Straße 42* | 68 |
| 9 | **DICK** \| *Antiquitäten · Jensen Silber · Antik-Buddha-Figuren* | *Keitumer Chaussee 22* | 313 |
| 10 | **S-POINT** \| *Genusshütte hinter der Düne* | *Lornsenweg 7* | 66 |
| 11 | **SUITEHOTEL WINDHUK** \| *Strandnah* | *Brandenburger Straße 6* | 225 |
| 12 | **SUNSET BEACH** \| *Strandbistro* | *Brandenburger Straße 15* | 33 |
| 13 | **SVETLANA VORREITER** \| *Malerei* | *Keitumer Chaussee 13* | 313 |
| 14 | **SYLT TOURISMUS ZENTRALE** | *Keitumer Landstraße 10b* | 250 |
| 15 | **VINO VIN** \| *Wein + Delikatessen Tinnum* | *Keitumer Landstraße* | 212 |
| 16 | **WEIN HEILIGER** \| *Weine + Spirituosen Tinnum* | *Zum Fliegerhorst 22* | 213 |
| 17 | **YOGAMARE** \| *Yoga by Maren Schulz* | *Am Bastianplatz 4* | 272 |

**RESTAURANTS + CAFÉS**
**HOTELS + FERIENWOHNUNGEN**
**SHOPPING**
**KUNST & ANTIK**
**NIGHTLIFE**

SYLTER WERKSTÄTTEN

## Wer wir sind

Unser Team besteht aus Menschen mit und ohne Behinderung, die Freude an ihrer Arbeit haben, die kreativ sind, Ideen entwickeln und sich gemeinsam auf den Weg machen, um sie umzusetzen. Jeder findet hier seinen Platz, und bringt seine Fähigkeiten ein.
Wir entwickeln gemeinsam neue Projekte, wie unsere gläserne Kerzenwerkstatt, unsere Müsli-Manufaktur und unsere Marmeladen-Kocherei.

- RESTAURANTS + CAFÉS
- HOTELS + FERIENWOHNUNGEN
- SHOPPING
- KUNST & ANTIK
- NIGHTLIFE

| NAME | ADRESSE | SEITE |
|---|---|---|
| 1 **ADMIRALS STUBEN** \| *Im Hotel Windrose* | *Strandstraße 19* | --- |
| 2 **ALDENTE STRANDGUT** \| *Crossover Küche* | *Osetal 3 / Campingplatz* | 82 |
| 3 **BEACH DINER - TWISTER´S** | *Promenade* | --- |
| 4 **FITSCHEN AM DORFTEICH** \| *Hotel und Restaurant* | *Am Dorfteich 2* | 74/228 |
| 5 **GALERIE LICHTKUNST** \| *Sewing-Delius Braderup* | *M.T. Buchholz-Stich 9* | 290 |
| 6 **GOSCH AM KLIFF** \| *Frischer Fisch mit Meeresblick* | *Dünenstraße 17a* | 152 |
| 7 **IBF IMMOBILIEN BRIGITTE FÜHR** \| *Spezialist für Feriendomizile* | *Hauptstraße 11* | 254 |
| 8 **IISMEER** \| *Eis + Stockbrot + BBQ* | *Strandstraße 25* | 76 |
| 9 **MEERESBLICK** \| *Schönes Restaurant mit Terrasse* | *Strandstraße 26* | 277 |
| 10 **PETER PETERS IMMOBILIEN** \| *Peter Peters* | *Berthin-Bleeg-Straße 4* | 262 |
| 11 **SCHIEL IMMOBILIEN** \| *Thomas Schiel* | *Berthin-Bleeg-Straße 9* | 258 |
| 12 **STEFFENS** \| *Speisen im Golf-Club* | *Norderweg 5* | 80 |
| 13 **STRANDHÖRN** \| *Hotel mit Restaurant lässig & easy* | *Dünenstraße 20* | 227/300 |
| 14 **SYLTER APPARTEMENT SERVICE** \| *Ferienwohnungen und Häuser* | *Berthin-Bleeg-Str. 4* | |
| 15 **SYLTER DOMIZIL** \| *Hotel zentral gelegen* | *Berthin-Bleeg-Str. 2* | 229 |
| 16 **ULENHOF** \| *Schöne reetgedeckte Ferienwohnungen* | *Friesenring 14* | 227/268 |
| 17 **WIESBADEN** \| *Hotel mit großem Garten* | *Hochkamp 8* | 228 |
| 18 **FISCH BLUM** \| *Wie der Name schon sagt…* | *Westerlandstraße 8* | 44 |
| 19 **LA PERGOLA** \| *Italienische Küche – schöne Terrasse* | *Dünenstraße 6* | 78 |

©RB-DESKKART
NSG. Nielönn
ehem. Quermarkenfeuer
Bauhof
Haus Kliffende
Hügelgräber
barrierefreier Strandzugang
Plattform
Lister Str.
Hauptstr.
Grönning
Dikstig
Büürlön
Norderende
Hoogenkamp
Hoogenheide
Hans-Hansen-Wai
Heideweg
Heidewinkel
Hoogenkamp
Norderheide
Riperstieg
Kroghooger Wai
Ligusterweg
Erica-Weg
Rosenweg
Parkweg
Kurhausstr.
Arnikaweg
Boule-platz
Avenarius-Park (Dorfpark)
Wattweg
Finn-Wai
Stapelhooger Wai
Westerweg
Strön-Wai
Tourist-Information
Bergenten-Weg
Gemeinde
Mittelstieg
Hans-Jürgen-Kamp-Wai
Stieglitzweg
Kuckucksweg
Kiebitzweg
Kupferkanne
Uwedüne
50,2 m
Aussichtspunkt
Zur Uwe Düne
Lerchenweg
Braderuper Str.
Sjip Wai
Drosselgang
Floriansweg
Reimert-Hansen-Weg
Kirchenstieg
Wuldeweg
Swarte Wall
Dorfstr.
Brunnenweg
Ginsterweg
KAMPEN
Naturschutzgebiet Dünenlandschaft auf dem Roten Kliff
Alte Süderweg
Bronshooger Weg
Oseweg
Finkenweg
Süderweg
Wulde-Schlucht
Möwenweg
Wasserwerk
Wenningstedter Weg
Hauptstr.
Esling-Wung
Börderstich
Börder-Wai
Heckenrosenweg
Leuchtturm Rotes Kliff 300 m
250 m
1 : 10 000

| | NAME | ADRESSE | SEITE |
|---|---|---|---|
| 1 | **94Kampen** \| *Bodenständige Küche, Terrasse* | *Alte Dorfstraße 2* | 102 |
| 2 | **AHNENHOF – Hotel Garni** \| *Zimmer mit Blick auf Heide und Meer* | *Kurhausstraße 8* | 232 |
| 3 | **APPARTEMENTS & MEHR** \| *Domizile vom Besten* | *Süderweg 1a* | 248 |
| 4 | **ATELIER SPROTTE & FALKENSTERN FINE ART** \| *Siegward Sprotte Bilder* | *Alte Dorfstraße 1* | 304 |
| 5 | **BUHNE 16** \| *Die Strandlocation ist Kult* | *Listlandstraße 133* | 86 |
| 6 | **CLUB ROTES KLIFF** \| *„World´s Finest Club"* | *Braderuper Weg 3* | 298 |
| 7 | **DORFKRUG** \| *Wiedereröffnung mit neuem Konzept* | *Braderuper Weg 3* | 88/298 |
| 8 | **GALERIE HEROLD** \| *Norddeutsche Expressionisten + Contemporary* | *Braderuper Weg 4* | 305 |
| 9 | **GALERIE PEERLINGS** \| *Fußmann und Janssen u. v. a.* | *Kurhausstraße 7* | 309 |
| 10 | **GALERIE RUDOLF** \| *Große Präsentationsfläche – große Namen* | *„Haus Kampeneck", Hauptstraße 8* | 306 |
| 11 | **GOGÄRTCHEN** \| *Neues Image – junges Team* | *Strönwai 12* | 86/298 |
| 12 | **KAAMPS7** \| *Ex La Grande Plage – Strandrestaurant* | *Riperstig/Am Strand* | 94 |
| 13 | **HENRY im Gourmet Eck** \| *Restaurant · Bistro · Bar* | *Braderuper Weg 2* | --- |
| 14 | **IISMEER EISWAGEN** \| *Ein Sommervergnügen. Eis & Meehr* | *Strand Kampen, Strandkorbpodest* | 92/93 |
| 15 | **IL RISTORANTE** \| *Pasta, Pesce, Pavarotti* | *Süderweg 2* | 90 |
| 16 | **KAAMP HÜS** \| *Tourist Info, Kunstausstellungen* | *Hauptstraße 12* | 307 |
| 17 | **KAAMP MEREN** \| *Bistro im Kaamp Hüs* | *Hauptstraße 12* | 96 |
| 18 | **MAJASYLT** \| *Top-Marken, innovative Styles* | *Hauptstraße 15* | 288 |
| 19 | **MANNE PAHL** \| *Der Dauerbrenner* | *Zur Uwe Düne 2* | 98 |
| 20 | **MICHAEL RÜHMLING** \| *Die kleine, feine Galerie* | *Wattweg 1 / Ecke Hauptstraße* | 307 |
| 21 | **ODIN – DELI** \| *Neue Ideen im Strönwai und Vinothek* | *Strönwai 10 / Hauptstraße 15* | 100/298/215 |
| 22 | **PARFÜMERIE VIGLAHN** \| *Beauty Palace* | *Hauptstraße 11* | 290 |
| 23 | **PONY** \| *Die Disco-Legende · Neue Betreiber* | *Strönwai 6* | 318 |
| 24 | **RAUCHFANG** \| *Küchenqualität ganz locker* | *Strönwai 5* | 298 |
| 25 | **REETHÜÜS** \| *Schöne, gepflegte Zimmer* | *Hauptstraße 18* | 231 |
| 26 | **RUNGHOLT** \| *Traditionshotel mit Panoramablick* | *Kurhausstraße 35* | 230/298 |
| 27 | **SUSANNA DÜNNE** \| *extravagante Schmuckwerkstatt* | *Westerweg 14* | 310/311 |
| 28 | **STURMHAUBE** \| *2019 - Geschlossen wegen Renovierung* | *Riperstig 1a* | --- |
| 29 | **VILLAGE SUITEN-HOTEL** \| *Es gibt nichts Schöneres…* | *Alte Dorfstraße 7* | 230 |
| 30 | **VOGELKOJE** \| *Beste Küche in romantischem Ambiente* | *Lister Straße 100* | 104 |
| 31 | **WALTER'S HOF** \| *…mit Tappe's Restaurant Panoramablick* | *Kurhausstraße 23* | 231/298 |
| 32 | **WEMPE** \| *Feine Uhren und Juwelen* | *Strönwai 16* | 289 |
| 33 | **WERKHALLEN** \| *Galerie für Fotografie und Malerei* | *Braderuper Weg 2* | 306 |
| 34 | **KUPFERKANNE** \| *Café mit Wattenmeerblick* | *Stapelhooger Wai 7* | 277 |
| 35 | **GALERIE SCHIMMING** \| *Pop-Art* | *Wattweg 1 / Ecke Hauptstraße* | 307 |
| 36 | **GALERIE SEWING DELIUS** \| *Kunst und Interieur* | *Wattweg 1 / Ecke Hauptstraße* | 308 |

**RESTAURANTS + CAFÉS**
**HOTELS + FERIENWOHNUNGEN**
**SHOPPING**
**KUNST & ANTIK**
**NIGHTLIFE**

©RB-DESKKART
Nationalpark
Schleswig-Holsteinisches
Wattenmeer Zone 1
UNESCO Weltnaturerbe
KEITUM
Gemeinde Sylt
Weststeg
Oststeg
Keitumer Kliff
St. Severin
Kirche
Pastorat,
Ev. Kirchen-
gemeinde
Altfriesisches
Haus
Sylt Heimatmus.
Tourist-Information
Feuerwehr-
museum
Friesensaal
Fußgänger-
tunnel
NOB
K118
K117
250 m
1 : 10 000
Munkmarscher Chaussee
Alter Kirchenweg
Am Mühlenhof
Ludwig-Borstelmann-Weg
Prästefeft
Trachtenstegelk
Takerwai
Hoyerstig
Kiff
Gurtstig
Andreas-Hübbe-Wai
Westerhörn
Boy-Peter-Möller-Wai
Koppel
Westerweg
Benendiken-wai
Keitumer Süderstr.
Bahnhofstr.
Bahnhofstr.
Gaat
Melnwai
Ingiwai
Tipkenhoog
Weidemannweg
Museumsweg
Kastanienweg
Uwe-J.-Lornsen-Wai
Kairem Dikwai
Osterweg
Süderstr.
Siidik
Oststeg
Koogstr.
Sii
Hingstwai
Lörkiwai
Kliiriwai
Luuvwai
Twesk Diker
Allee
Am Kliff
Koogstr.
Alter Kirchenweg

| NAME | ADRESSE | SEITE |
|---|---|---|
| 1 **AARNHOOG** \| *Feines Hotel mitten im Dorf* | *Gaat 13* | 238 |
| 2 **AMICI** \| *Mediterrane Küche, schönes Ambiente* | *C.-P.-Hansen-Allee 1* | 110 |
| 3 **ANKE BERTHEAU** \| *Künstler-Atelier* | *Gurtstig 38* | 298 |
| 4 **ATELIER INGO KÜHL** \| *Große expressive Seestücke* | *Keitumer Süderstraße 42* | 301 |
| 5 **BENEN-DIKEN KØKKEN** \| *Das gepflegte feinheimische Restaurant* | *Keitumer Süderstraße 3* | 122 |
| 6 **BENEN-DIKEN-HOF** \| *Hotel, Wellness und Kunst* | *Keitumer Süderstraße 3* | 233/269 |
| 7 **BIRTE WIEDA** \| *Die Goldschmiedin* | *Gurtstig 26* | 298 |
| 8 **BROT & BIER** \| *Edelstullen und Sylter Bier* | *Gurtstig 1* | 116 |
| 9 **CHRISTINA THRÄN** \| *Grafik · Malerei · Illustration* | *Gurtstig 9* | 297 |
| 10 **GEORGS GALERIE** \| *Baumskulpturen und Dekorative Kunst* | *Siidik 6* | 301 |
| 11 **GLASATELIER ANTJE OTTO** \| *Gebrauchsgläser und Glasverschmelzungen* | *Bahnhofstraße 37* | 302 |
| 12 **GOLD- UND SILBERWERKSTATT** \| *Christoph Freier* | *Erich-Johannsen-Wai 1* | 297 |
| 13 **GOLDSCHMIEDE ANTJE BALLAUF** \| *Große Goldschmiedekunst* | *Kirchenweg 4* | 299 |
| 14 **HOOG** \| *Bistro im Hotel Severin*s* | *Am Tipkenhoog 18* | 138 |
| 15 **WEDELL** \| *Ferienwohnungen und Häuser · Erik Wedell* | *Bahnhofstraße 12* | 257 |
| 16 **KAMP´S** \| *Hotel, Galerie und Café* | *Gurtstig 41* | 232 |
| 17 **JOHANNES KING** \| *Der Gourmet „to go" – Die Dependance* | *Gurtstig 2* | 120 |
| 18 **KLEINE KÜCHENKATE** \| *Von Land und Meer* | *Am Kliff 1* | 139 |
| 19 **KLEINE TEESTUBE** \| *Gemütliches Haus und Blumengarten* | *Westerhörn 2 / Ecke Gurtstig* | 108 |
| 20 **KONTORHAUS KEITUM** \| *Teekontor, Teeraum, Gästehaus* | *Siidik 15* | 235/291 |
| 21 **MEERESGÆRTNEREI** \| *Hier wird mit Keitumer Zitronen gehandelt* | *Munkmarscher Chaussee 29* | 124 |
| 22 **MOMO** \| *Schmuckwerkstatt und Galerie* | *Gurtstig 12 (neben der „Bücher-Deele")* | 296 |
| 23 **NIELSENS KAFFEEGARTEN** \| *Torten und mehr* | *Am Kliff 5* | 126 |
| 24 **NORDLICHT LIVING & STYLE** \| *Wohnaccessoires* | *Gurtstig 48* | 291 |
| 25 **OMA WILMA** \| *Bodenständige, ambitionierte Küche* | *Gurtstig 32* | 118 |
| 26 **PIUS** \| *Die Weinwirtschaft* | *Am Kliff 5* | 128/214 |
| 27 **REBLAUS + EISBÄR** \| *Wine & Dine + Eis* | *Am Tipkenhoog 2* | 130 |
| 28 **SEILER HOF** \| *Das gepflegte Hotel im Friesenhaus* | *Gurtstig 7* | 237 |
| 29 **SEVERIN*S** \| *5-Sterne Hotel* | *Am Tipkenhoog 18* | 236/300/268 |
| 30 **SÜNHAIR BY KLAUS** \| *Bistrorant* | *Erich-Johannsen-Wai 2* | 134 |
| 31 **SYLT SELECTED** \| *Trendy & stylish* | *Am Tipkenhoog2* | 294 |
| 32 **SYLTER HEIMATMUSEUM** \| *Söl´ring Foriining* | *Am Kliff 19* | 300 |
| 33 **TIPKEN´S** \| *Restaurant im Hotel Severin*s* | *Am Tipkenhoog 18* | 136 |
| 34 **WITTHÜS** \| *Kunsthandwerk und Töpferei* | *Am Kliff 5a* | 300 |
| 35 **LUIS TRENKER** \| *Hochwertige Modelabel* | *Museumsweg 2* | 292 |
| 36 **HÜS BI HÜS** \| *Einrichtungskonzepte* | *C.-P.-Hansen-Allee 3* | 292 |
| 37 **GALERIE ART OF SILENCE** \| *Seminar- und Kunsthaus Dorit Heinrich* | *Munkmarscher Chaussee 16* | 302 |
| 38 **BUTCHEREI** \| *Hier ist Fleisch das Gemüse* | *C.-P.-Hansen-Allee 2* | 110 |
| 39 **SALON 1900** \| *Gut speisen im Friesenhaus* | *Keitumer Süderstraße 40* | 132 |
| 40 **KUNSTSTÜCK** \| *Töpferei Regine Skoluda und Till Bruttel* | *Gaat 6* | 298 |

**RESTAURANTS + CAFÉS**
**HOTELS + FERIENWOHNUNGEN**
**SHOPPING**
**KUNST & ANTIK**
**NIGHTLIFE**

15
©RB-DESKKART
Deichweg
Mövenbergstr.
Am Loo
Auf dem Priel
Am Buttgraben
Friedhofstr.
Am Brünk
Urwald
Landwehrdeich
Alte Dorfstr.
Am Königshafen
Wattenmeer-station
Lister Reede
Hafenstr.
Nordpromenade
6
7
Kirchenweg
St. Jürgen, ev.
Erlebniszentrum NATURGEWALTEN SYLT
An der Düne
Kurverwaltung, Bürgerbüro, Bücherei
Sportzentrum
Zum Sportplatz
Dünenstr.
Fennenweg
Bahnhofstr.
Alte Bahnhofstr.
Slipanlage
ZOB
5
Tourist-Information
Hafenamt
LIST
Am Hermannshain
Listlandstr.
Lister Markt
2
4
11
3
Am Fähranleger
Dünenschutzweg
Jenstonghal
Süderhörn
9
8
Am Lister Tor
St. Raphael, kath.
Aussichtspunkt
L24
13
12
1
Listland Str.
Werner-Schöne-Str.
Frischwassertal
Oststrand-Promenade
Nationalpark Schleswig-Holsteinisches Wattenmeer Zone 1 UNESCO Weltnaturerbe
14
250 m
1 : 10 000

| | NAME | ADRESSE | SEITE |
|---|---|---|---|
| 1 | **A-ROSA Sylt** \| *Großer Hotelkomplex am Wattenmeer* | *Listlandstraße 11* | 245/271 |
| 2 | **AUSTERNSTUBE · SYLTER ROYAL** \| *Dittmeyers Austern Compagnie* | *Hafenstraße 10-12* | 156 |
| 3 | **EASY LIVING HOTEL** \| *Beach-House-Style* | *Hafenstraße 2a* | 244 |
| 4 | **GENUSSMACHEREI** \| *Die wahren Inselprodukte* | *Hafenstraße 2* | 154 |
| 5 | **GOSCH** \| *…immer wieder* | *Hafen und Hafenstraße 16* | 152 |
| 6 | **HOTEL STRAND + DER KLEINE STRAND** \| *Luxuriöses Wohnen am Meer* | *Hafenstraße 41* | 243 |
| 7 | **KÖNIGSHAFEN** \| *Landgasthof in 5. Generation* | *Alte Dorfstraße 1* | --- |
| 8 | **SYLTER EISMANUFAKTUR** \| *Das Gourmet Eis* | *Dünenstraße 3* | 151 |
| 9 | **SYLTER SUPPEN** \| *Maurice Morell macht sein Ding* | *Dünenstraße 1* | 13 |
| 11 | **SYNDER** \| *Cooles Restaurant im Lister Markt* | *Hafenstraße 2a* | 154 |
| 12 | **THE FISH CLUB** \| *Cooles Sharing Dinner* | *Listlandstraße* | 148 |
| 13 | **VOIGT'S ALTE BACKSTUBE** \| *Das Pfannkuchen-Paradies* | *Süderhörn 2* | 146 |
| 14 | **LA LISTER AUSTERNPERLE** \| *Direkt am Wattenmeerstrand* | *Oststrandpromenade* | --- |
| 15 | **WONNEMEYER / WESTSTRANDHALLE** \| *Speisen in den Dünen* | *Ellenbogen 3* | 158 |

**RESTAURANTS + CAFÉS**
**HOTELS + FERIENWOHNUNGEN**
**SHOPPING**
**KUNST & ANTIK**
**NIGHTLIFE**

©RB-DESKKART
Rantum
Gemeinde Sylt
Hafenstr.
Hörnumer Str.
Am Sandwall
Sport-platz
Sylt Quelle
ADS Schullandheim
ADS
ADS Mutter-Kind-Klinik
Erholungsheime
Immenhus
Stegerwald
Haus Norden
Raanhus
Am Torbogen
Dünen-grund
Mini-golf
Deichweg
Ual Serk
Dikwai
Raanwai
Naturschutz-gebiet
Markt-platz
Strandmuschel
Dünem
Wai
Stiindeelke
Strandweg
Strand-weg
23,3 m
St. Peter
Insel Sylt Tourismus-Service GmbH
Geschäftsstelle Rantum
Tourist-Information
Merret-Lassen-Wai
Henning-Rinken-Wai
22,1 m
Nationalpark
Schleswig-Holsteinisches
Wattenmeer Zone 2
UNESCO Weltnaturerbe
250 m
1 : 10 000

| | NAME | ADRESSE | SEITE |
|---|---|---|---|
| 1 | **ALTE STRANDVOGTEI** \| *Gepflegtes Hotel im historischen Haus* | *Merret-Lassen-Wai 6* | 240 |
| 2 | **BONSCHEREI** \| *Bonbon-Werkstatt · Cafégarten* | *Hafenstraße 4* | 163 |
| 3 | **COAST** \| *Junge, ideenreiche Küche* | *Stiindeelke 1* | 164 |
| 4 | **DER PATE** \| *Pizza und Pasta molto buone* | *Hörnumer Straße 5* | 168 |
| 5 | **HOTEL DUENE** \| *Ein „Sehnsuchts"-Hotel* | *Stiindeelke 1* | 240 |
| 6 | **HUS IN LEE** \| *Schönes Reetdachhaus – romantischer Garten* | *Hörnumer Straße 26* | 166 |
| 7 | **KAFFEERÖSTEREI SYLT** \| *Frisch geröstet und aufgebrüht...* | *Hafenstraße 9* | 163 |
| 8 | **SANSIBAR** \| *Die meistbesuchte Gourmet-Hütte / Weinhütte* | *Strand „Sansibar" / Hafenstraße 12* | 167/211 |
| 9 | **SÖL'RING HOF** \| *Luxushotel mit 2-Sterne-Restaurant* | *Am Sandwall 1* | 172/241 |
| 10 | **SEEPFERDCHEN SAMOA** \| *Wunderschön gelegen mit Meerblick* | *Strandabschnitt Samoa* | 170 |
| 11 | **STRANDMUSCHEL** \| *Geheimtipp für gute Küche und Wein!* | *Strandweg 30* | 178 |
| 12 | **SYLTER FERIENKONTOR** \| *Im Hotel Duene* | *Stiindeelke 1* | 250 |
| 13 | **SYLTER TRADING KONTOR** \| *Whisky at its best* | *Hafenstraße 14* | 211 |
| 14 | **TUI BLUE SYLT** \| *Das ehemalige „Dorfhotel"* | *Hafenstraße 1a* | 239 |
| 15 | **WATTHOF** \| *Das weiße Haus am Wattenmeer* | *Raanwai 42* | 239 |

**Auf ein Wort!**

Die Auswahl der im Buch präsentierten Restaurants und Hotels wird von der Redaktion getroffen – völlig unabhängig. Nur wenn ein Restaurant in den abgewogenen Mix aus einfach und Luxus stimmig passt, können wir ein neues Lokal in das Buch aufnehmen. Ein Restaurant kann sich also nicht in das Buch „einkaufen".
Um die Restaurantbeschreibungen möglichst neutral zu erstellen, wird im Restaurant recherchiert. Keinesfalls schreiben die Restaurantbetreiber ihre Texte selbst. Sie können aber Hinweise geben, um ein Stimmungsbild vom jeweiligen Lokal abgeben zu können. Keinesfalls kann sich ein Schlemmer-Imbiss von uns gegen Bezahlung zum Nobel-Restaurant machen lassen.
Die Berichte werden redaktionell erstellt. Offensichtliche Werbesprüche wie „Lassen Sie sich verwöhnen oder verzaubern", „Tauchen Sie ein in unsere betörende Aromenwelt" werden von der Redaktion abgelehnt. Für Platzierung von Logo, Bild oder Speisenkarte berechnet der Verlag eine Aufwandsentschädigung. Aus rechtlichen Gründen ist der Hinweis „Advertorial" zu fast jeder Firmenpräsentation obligatorisch, da es sich um redaktionell gestaltete Berichte handelt.

**Hinweis zu Allergenen und Zusatzstoffen**

Die Restaurants sind gesetzlich verpflichtet gewisse Zusatzstoffe auf der Speisen- und Getränkekarte gut sichtbar kenntlich zu machen. Auch zu Allergenen müssen die Restaurants ihre Gäste aufklären. Die Aufklärung kann nicht auf den in diesem Buch abgedruckten Speisenkarten erfolgen. Die Aufklärungspflicht des Restaurants beginnt beim Bestellvorgang im jeweiligen Restaurant.

**IMPRESSUM**
ISBN 978-3-86926-565-0
RECHERCHE · REDAKTION · REALISATION:
Frank Rosemann
- Redaktion: Stefanie Hiekmann, Franziska Heinemann, Simone Steinhardt, Frank Rosemann
- unter Mitwirkung anonymer „Probierer" und „Kontrollierer"
- Bildmaterial: Eiland Verlag und die Sylter Betriebe, Hans Jessel (Inselfotos).

Speziellen Dank an Maike Sieglinski und Claudia Nagel, besonderen Dank an den Mediengestalter Gregor Baals und an die Lektorin Christiane Baals – ohne ihre Aufmerksamkeit das Buch foller Vähler wäre.

Dank auch an die Sylter Betriebe und die Inserenten.
Zu Pfingsten 2022 erscheint die 44. aktualisierte Ausgabe von Sylt à la carte. Alle Angaben ohne Gewähr.

Druck: Brochmann GmbH, Essen

Sylt à la carte · Eiland-Verlag · Frank Rosemann
Telefon: 04651-936212 · Fax 936214
Internet: www.eiland.de · E-Mail: info@eiland.de
www.sylt-a-la-carte.de + Instagram

Wir freuen uns über Zuschriften – ob mit Lob oder Tadel…
Gastronomische „Erlebnisberichte" werden mit einem „Eiland"-Kalender belohnt.

| NAME | ADRESSE | SEITE |
|---|---|---|
| 1 **APARTMENTHOTEL AM LEUCHTTURM** \| *Blick auf die Dünen* | An der Düne 38 | 241 |
| 2 **BIIKE** \| *Restaurant im Hapimag Resort* | Rantumer Straße 23a | |
| 3 **BREIZH STRANDRESTAURANT** \| *Bretonisch* | Strandweg | |
| 4 **HOTEL BUDERSAND - GOLF & SPA - SYLT** \| *Fünf Sterne am Meer* | Am Kai 3 | 242/272 |
| 5 **KAI3** \| *Neues kulinarisches Konzept* | Am Kai 3 | 188 |
| 6 **LUND** \| *Bäckerei-Konditorei-Café* | Rantumer Straße 1 | 279 |
| 7 **MÖLLER´S ANKER** \| *Regionale Küche mit Pfiff* | Blankes Tälchen 8 | 186 |
| 8 **HOTEL 54° NORD** \| *Hotel im Hapag Haus* | Strandstraße 2 | 242 |
| 9 **SEEPFERDCHEN** \| *Apartmenthotel* | Odde Wai 1 | 170 |
| 10 **STRÆND** \| *Strandbistro im chabby Chic* | Am Campingplatz | 185 |
| 11 **STRÖNHOLT** \| *Das Restaurant auf der Düne am Golfplatz* | Fernsicht 1 | 189 |
| 12 **SYLTER MUSCHELN** \| *Bistro für die Früchte des Meeres* | | 182 |

**RESTAURANTS + CAFÉS**
**HOTELS + FERIENWOHNUNGEN**

# „SAMOA“ DU BIST SCHÖN
## WANN WERDEN WIR UNS WIEDERSEHN...

| | NAME | ADRESSE | SEITE |
|---|---|---|---|
| MUNKM. | **FÄHRHAUS** \| *5-Sterne-Hotel – Restaurant Käpt´n Selmer Stube* | *Bi Heef 1* | 269/111/238 |
| | **GOLFHOUSE (Strandhörn)** \| *Das ruhige Domizil am Golfplatz* | *Auf dem Munkmarscher Hoog* | 227 |
| | **ZUR MÜHLE** \| *Speisen direkt am Wattenmeer* | *Lochterbarig 24* | 143 |
| TINNUM | **BODENDORF'S IM LANDHAUS STRICKER** \| *Feines Sterne-Restaurant* | *Boy-Nielsen-Straße 10* | 112 |
| | **HOFCAFÉ KLEIN'ER KUHSTALL** \| *Café-Treff in den Wiesen* | *Südhörn 7c* | 109 |
| | **SIEBZEHN84** \| *Modernes Restaurant im Landhaus Stricker* | *Boy-Nielsen-Straße 10* | 114 |
| | **JANKE'S** \| *Einfach, aber super gut* | *Liiger Hörn 34* | |
| | **LANDHAUS STRICKER** \| *Relais & Châteaux Hotel* | *Boy-Nielsen-Straße 10* | 237/300/270 |
| | **SYLT TOURISMUS ZENTRALE** \| *Ferienwohnungen* | *Keitumer Landstraße 10b* | 250 |
| | **VINO VIN** \| *Wein und Delikatessen* | *Keitumer Landstraße* | 212 |
| | **WEIN HEILIGER** \| *Weinhandel im Tinnumer Gewerbegebiet* | *Zum Fliegerhorst 22* | 213 |
| MORSUM | **HOF GALERIE** \| *Hotel an den Morsumer Wiesen* | *Serkwai 1* | 234 |
| | **ATELIERHAUS „ALTE SCHMIEDE" – TRAUTE NIERTH** \| *Malkurse* | *Terpstig 64* | 303 |
| | **GOLDSCHMIEDE EDDA JONAS RASPÉ** \| *Strandsteine als Schmuck* | *Terpstig 15* | 303 |
| | **LITZKOW** \| *Immobilien & Ferienvermietung* | *Terpstig 25* | 249 |
| | **LANDHAUS SEVERIN*S** \| *Hotel und Restaurant* | *Nösistig 13* | 138/236 |
| | **INGWERSEN** \| *Die Traditionsbäckerei mit schönem Garten* | *Terpstig 76* | 140 |
| | **WIE ZUHAUSE** \| *Gutbürgerliche Küche* | *Muasem Hüs* | 108 |
| ARCHS. | **ALTE SCHULE** \| *Gute bodenständige Küche* | *Dorfstraße 6* | 109 |
| | **PARKRESIDENZ CHRISTIAN VIII** \| *Das Hotel im Park* | *Heleeker 1* | 234 |

sh:z das medienhaus sylt
Zurücklehnen und genießen
mit Ihren Zeitungen und Magazinen
von der Insel für die Insel.
DER REISE- UND LIFESTYLE-GUIDE FÜR DIE INSEL
Sylt 2021 2022
MAGAZIN
DAMALS UND HEUTE: Insulaner erinnern sich
LUXUS UND LEICHTIGKEIT: Sylter Ambiente
GENUSS UND GEDANKEN: Wie soll sich Sylt entwickeln?
Nie war die Insel so wertvoll wie heute
Interviews • Reportagen • Hintergründe • Fotografien
HALLO SYLT
Sylter Immobilien
Neubau!
Erhältlich im
sh:z-Kundencenter,
im Zeitschriftenhandel,
unter www.syltmagazin.de
und www.shz.de/probe
Sylter Rundschau
Düt & Dat
Sylter Rundschau
sh:z ePaper

SYLT
LONGEILAND 2022
LEUCHT
TÜRME
LILLE EILAND 2022
LEUCHT
TÜRME
HANS JESSEL
SYLT
2022
WATT'N MEER
Die Natur im Nationalpark
2022
Postkartenkalender
16 x 17 cm 6,99 €
SYLT
Meine Insel
SYLTPANORAMA
LongEiland-Kalender
23 x 80 cm,
Wire-O-Bindung, 19,99 €
Lille Eiland-Kalender
Lesezeichenformat
6,2 x 21,4 cm,
Wire-O-Bindung, 4,80 €
Mittelformat
44 x 34 cm 16,99 €
Panorama
Postkartenformat
23,5 x 17 cm 9,99 €
EILAND
KALENDER
www.eiland.de

KALENDER
Ein ganzes Jahr Sehnsucht
MEERLANDSCHAFTSYLT
HANS JESSEL 2022
EILAND
BRONZE 2013
BRONZE 2015
BRONZE 2016
BRONZE 2017
PUBLIKUMS FAVORIT 2017
gregor 2018 BRONZE
Panorama Großformat
96 x 45 cm 66,00 €
DIE INSEL SYLT
HANS JESSEL
2022
EILAND
FASZINATION
LEUCHTTÜRME
an den Grenzen der Landschaft
2022
EILAND
Großformat
48 x 46 cm 28,00 €
FOTOGRAFIE | HANS JESSEL
ATHESIA
UNTERNEHMENSGRUPPE

# Das Buch von A bis Z

## DIE RESTAURANTS & CAFÉS 2021

## DIE RESTAURANTS & CAFÉS 2021

| NAME | ORT | STRASSE | |
|---|---|---|---|
| OSTERIA | Westerland | Strandübergang Campingplatz, Fischerweg 32 | 62 |
| PABLITO | Westerland | Paulstraße 6 | 55 |
| PIUS' WEINWIRTSCHAFT | Keitum | Am Kliff 5 | 128 |
| REBLAUS WINE & DINE | Keitum | Am Tipkenhoog 2 | 130 |
| RIVA | Westerland | Paulstraße 10 | 54 |
| SALON 1900 | Keitum | Keitumer Süderstraße 40 | 132 |
| SANSIBAR | Rantum | Strand „Sansibar" | 167/211 |
| SHIROBAR | Westerland | Keitumer Chaussee 5a | 35 |
| SEEKISTE | Westerland | Käpt´n-Christiansen-Straße 9 | 64 |
| SEEPFERDCHEN SAMOA | Rantum | Strandabschnitt Samoa | 170 |
| SIEBZEHN84 | Tinnum | Boy-Nielsen-Straße 10 | 114 |
| SÖL'RING HOF JOHANNES KING ** | Rantum | Am Sandwall 1 | 172/241 |
| S-POINT | Westerland | Lornsenweg 7 | 66 |
| STADT HAMBURG BISTRO UND RESTAURANT HARDY´S | Westerland | Strandstraße 2 | 48 |
| STEFFEN´S | Wenningstedt | Norderweg 5 | 80 |
| STRANDMUSCHEL | Rantum | Strandweg 30 | 178 |
| STRANDOASE | Westerland | Lorens-de-Hahn-Straße 42 | 68 |
| STRÆND | Hörnum | Am Campingplatz | 185 |
| STRÖNHOLT | Hörnum | Fernsicht 1 | 189 |
| SÜNHAIR BY KLAUS | Keitum | Erich-Johannsen-Wai 2 | 134 |
| SUNSET BEACH | Westerland | Brandenburger Straße 19 | 33 |
| SYLT ENTRÉE | Westerland | im Bahnhof | 32 |
| SYNDER | List | Hafenstraße 2a | 154 |
| SYLTER EISMANUFAKTUR | List | Dünenstraße 3 | 151 |
| SYLTER KAFFEERÖSTEREI | Rantum | Hafenstraße 4 | 163 |
| SYLTER SUPPEN | List | Dünenstraße 1 | 13 |
| TELLERRAND | Westerland | Maybach/Ecke St.-Nikolai-Straße 1 | 67 |
| TIPKENS – RESTAURANT IM SEVERIN*S | Keitum | Am Tipkenhoog 18 | 136 |
| VOGELKOJE | Kampen | Lister Straße 100 | 104 |
| VOIGTS ALTE BACKSTUBE | List | Süderhörn 2 | 146 |
| WEB CHRISTEL | Westerland | Süderstraße 11 | 70 |
| WEIN:MOMENTE | Westerland | Elisabethstraße 9 | 34 |
| WIE ZUHAUSE | Morsum | Muasem Hüs | 108 |
| WONNEMEYER · WESTSTRANDHALLE | List | Ellenbogen 3 | 158 |
| ZUR MÜHLE | Munkmarsch | Lochterbarig 24 | 143 |

## WEIN & CO.

| NAME | ORT | STRASSE | |
|---|---|---|---|
| ODIN VINOTHEK | Kampen | Hauptstraße 15 | 215 |
| PIUS' | Keitum | Am Kliff 5 | 214 |
| SYLTER FÄSSCHEN | Westerland | Andreas-Dirks-Straße 12-14 | 214 |
| SYLTER TRADING KONTOR | Rantum | Hafenstraße 14 | 211 |
| VINO VIN | Tinnum | Keitumer Landstraße | 212 |
| WEIN HEILIGER | Tinnum | Zum Fliegerhorst 22 | 213 |
| WEINHANDEL SANSIBAR | Rantum | Strand Sansibar | 211 |

# Das Buch von A bis Z

## HOTELS



## FERIENWOHNUNGEN, HÄUSER UND MAKLER

## SHOPPING

| NAME | ORT | STRASSE | |
|---|---|---|---|
| BÜRSTENHAUS REDECKER | Westerland | Friedrichstraße 16 | 284 |
| FRITZ KRAUSE JUWELIER · MEISTERWERKSTATT | Westerland | Friedrichstraße 32 | 287 |
| GALERIE FÜR LICHTKUNST | Braderup | M.T. Buchholz-Stich 9 | 290 |
| HÖPERSHOF SCHÖNER WOHNEN | Westerland | Keitumer Landstraße 10c | 286 |
| HÜS BI HÜS | Keitum | C.-P.-Hansen-Allee 3 | 292 |
| JUWELIER WEMPE | Kampen | Strönwai 16 | 289 |
| KONTORHAUS KEITUM | Keitum | Siidik 15 | 291 |
| LUIS TRENKER | Keitum | Museumsweg 2 | 292 |
| MAJASYLT | Kampen | Hauptstraße 15 | 288 |
| NORDLICHT LIVING & STYLE | Keitum | Gurtstig 48 | 291 |
| PORSCHE AUF SYLT | Westerland | Keitumer Landstraße 14 | 286 |
| ROY | Westerland | Elisabethstraße 1 und Strandstraße 25 | 282 |
| STEFFI-MODEN H. A. GÜLCHER | Westerland | Friedrichstraße 35 | 283 |
| SYLT SELECTED | Keitum | Am Tipkenhoog 2 | 294 |
| TISCH & HERD | Westerland | Bismarckstraße 7 | 284 |
| VIGLAHN PARFÜMERIE AUF SYLT | Kampen | Hauptstraße 11 | 290 |
| WEGST – HAUS DER GESCHENKE, SCHMUCK & UHREN | Westerland | Friedrichstraße 33 | 285 |
| SALTWATER SHOP | Westerland | Friedrichstraße 44 | 283 |

## KUNST, KUNSTHANDWERK UND GALERIEN

| NAME | ORT | STRASSE | |
|---|---|---|---|
| 159.GALLERY | Keitum | Gurtstig 26 | 298 |
| ANKE BERTHEAU | Keitum | Gurtstig 38 | 298 |
| ANNETTE KÜHL - FREIES MALEN IN KEITUM | Keitum | Keitumer Süderstraße 42 | 301 |
| ANTIQUITÄTEN DICK * 50 JAHRE | Westerland | Keitumer Chaussee 22 | 313 |
| ATELIERHAUS „ALTE SCHMIEDE" – TRAUTE NIERTH | Morsum | Terpstig 64 | 303 |
| ATELIER INGO KÜHL | Keitum | Keitumer Süderstraße 42 | 301 |
| ATELIER SPROTTE & FALKENSTERN FINE ART | Kampen | Alte Dorfstraße | 304 |
| BIRTE WIEDA GOLDSCHMIEDE | Keitum | Gurtstig 26 | 298 |
| CHRISTINA THRÄN | Keitum | Gurtstig 9 | 297 |
| GALERIE ART OF SILENCE | Keitum | Munkmarscher Chaussee 16 | 302 |
| GALERIE CORNELIA KAMP | Keitum | Gurtstig 41 | 299 |
| GALERIE HEROLD | Kampen | Braderuper Weg 4 | 305 |
| GALERIE MENSING | Westerland | Friedrichstraße 32 | 313 |
| GALERIE PEERLINGS | Kampen | Kurhausstraße 7 | 309 |
| GALERIE RUDOLF KAMPEN | Kampen | „Haus Kampeneck", Hauptstraße 8 | 306 |
| GALERIE SCHIMMING | Kampen | Wattweg 1 | 307 |
| GALERIE SEWING-DELIUS | Kampen | Wattweg 1 | 308 |
| GEORGS GALERIE | Keitum | Siidik | 301 |
| GLASATELIER ANTJE OTTO | Keitum | Bahnhofstraße 37 (im Bahnhof) | 302 |
| GOLDSCHMIEDE ANTJE BALLAUF | Keitum | Alter Kirchenweg 4 | 299 |
| GOLDSCHMIEDE EDDA UND JONAS RASPÉ | Morsum | Terpstig 15 | 303 |
| GOLD- UND SILBERWERKSTATT CHRISTOPH FREIER | Keitum | Erich-Johannsen-Wai 1 | 297 |
| HANS JOACHIM POHL | Morsum | Terpstig 65 | 303 |
| JÜRGEN EBERT | Kampen | Hauptstraße | 308 |
| KUNSTHAUS UERPMANN | Westerland | Bismarckstraße 3 | 314 |
| KUNSTSTÜCK - GEDREHT & GEMALT | Keitum | Gaat 6 | 298 |
| KUNSTSUPERMARKT | Westerland | Elisabethstraße 1 | 314 |
| MICHAEL RÜHMLING | Kampen | Wattweg 1 / Ecke Hauptstraße | 307 |
| MOMO SCHMUCKWERKSTATT UND GALERIE | Keitum | Gurtstig 12 | 296 |
| RADZUWEIT – ANTIQUITÄTEN & GALERIE | Westerland | Kjeirstraße 2 | 312 |
| SCHÖNES & ALTES | Westerland | Keitumer Chaussee 8 | 312 |
| SUSANNA DÜNNE | Kampen | Westerweg 14 | 310/311 |
| SVETLANA VORREITER | Westerland | Keitumer Chaussee 13 | 313 |
| SYLTER HEIMATMUSEUM | Keitum | Am Kliff 19 | 300 |
| WERKHALLEN | Kampen | Braderuper Weg 2 | 306 |
| WESTERLÄNDER STADTGALERIE | Westerland | Stephanstraße 4 | 316 |
| WITTHÜS KUNSTHANDWERK & TÖPFEREI | Keitum | Am Kliff 5a | 300 |

# Die letzte Seite

Merret reicht's
Aus Liebe zu Sylt

Herzlich willkommen auf der wunderschönen Nordseeinsel Sylt. Willkommen in dieser einzigartigen Naturlandschaft mit diesen herrlichen Stränden, der unvergleichlichen Gastronomie und den vielen Freizeitmöglichkeiten. Viele empfinden für diese Insel eine tiefe Liebe und kommen immer wieder. Verständlich. Wo gibt es diese Horizonte? Dieses Licht? Diese Farben? Jedes Inseldorf hat seinen ganz eigenen Charakter. Die Insulaner sind offen und freundlich, der Fremdenverkehr hat hier auf Sylt eine lange Tradition. Man darf sich wohlfühlen. Jeder kann hier finden, was er sucht.

Allerdings – es ist ein bisschen voll geworden in den letzten Jahren. Das fällt inzwischen allen auf. Auch unseren Gästen und natürlich uns selbst. Manche sagen sogar, es ist viel zu voll geworden auf Sylt. Es gibt lange Staus, und das nicht nur bei der An- und Abreise. Man findet keinen Parkplatz mehr. Nicht an den Supermärkten, nicht an den Stränden, schon gar nicht in der Westerländer Innenstadt. Überall wimmelt es von Menschen. Ohne Reservierung klappt es in keinem Restaurant. Die Fußgängerzonen sind voll. Die Läden sind voll. Und es wird auch wahnsinnig viel gebaut. Haus an Haus. Jede noch so kleine Lücke wird ausgenutzt, um sich den Traum von einer Immobilie auf Deutschlands beliebtester Ferieninsel zu erfüllen. Es sind Zweitwohnungen. Es sind Ferienwohnungen. Mehr Betten. Mehr Menschen. Sylt wird langsam aber sicher zu Tode geliebt, erstickt ganz langsam an seinem eigenen Erfolg. Immer größer und pompöser geraten Hotels und Ferienwohnanlagen, die Preise für Grund und Boden sind seit Jahrzehnten die höchsten in der Republik und steigen trotzdem immer noch weiter. Es ist schon viel zu eng geworden auf dieser Insel, auf diesen 99 Quadratkilometern, die für uns vor allem eins ist: Heimat. Wir wohnen hier. Wir arbeiten hier. Wir haben ein Leben. Mit Freunden und Familie. Doch es wird immer enger und immer stressiger und wir finden keine bezahlbare Bleibe mehr. Deshalb haben wir uns zusammengetan und ein Bürgernetzwerk gegründet, um die Balance wiederherzustellen zwischen Gästebetrieb und insularem Leben. Wir möchten, dass auch unsere Kinder auf dieser Insel noch eine Zukunft haben. Wir möchten nicht weiter „syltrifiziert" werden, wir möchten, dass unsere wunderschönen Friesenhäuser erhalten bleiben, wir möchten, dass Wohnraum für Einheimische erhalten bleibt. Wir wünschen uns weniger Autos und weniger Hektik. Wir wünschen uns das für alle Seiten belebende Miteinander zurück. Wir wissen, dass Geld nicht glücklich macht. Wir wollen unsere Insel nicht aufgeben.

Susanne Matthiessen · 06.05.2021
Merret reicht's – aus Liebe zu Sylt
Eine Mitmach-Initiative · www.merret-sylt.de

Leben im Haifischbecken